**Analysis and Review of Selected Intellectual Property Cases**
***(2020)***

# 知识产权精品案例评析

(2020)

广州知识产权法院　组织编写
主编　黎炽森

知识产权出版社
全国百佳图书出版单位
—北京—

**图书在版编目（CIP）数据**

知识产权精品案例评析．2020／广州知识产权法院组织编写；黎炽森主编．—北京：知识产权出版社，2022.1

ISBN 978－7－5130－7821－4

Ⅰ．①知…　Ⅱ．①广…　②黎…　Ⅲ．①知识产权法—案例—中国　Ⅳ．①D923.405

中国版本图书馆 CIP 数据核字（2021）第 225407 号

**责任编辑：**程足芬　武　晋　　**责任校对：**王　岩
**封面设计：**纺印图文·韩力君　　**责任印制：**刘译文

**知识产权精品案例评析（2020）**
广州知识产权法院　组织编写
黎炽森　主编

**出版发行：**知识产权出版社有限责任公司　　**网　　址：**http://www.ipph.cn
**社　　址：**北京市海淀区气象路50号院　　**邮　　编：**100081
**责编电话：**010－82000860 转 8390　　**责编邮箱：**chengzufen@qq.com
**发行电话：**010－82000860 转 8101/8102　　**发行传真：**010－82000893/82005070/82000270
**印　　刷：**天津嘉恒印务有限公司　　**经　　销：**各大网上书店、新华书店及相关专业书店
**开　　本：**720mm×1000mm　1/16　　**印　　张：**28
**版　　次：**2022 年 1 月第 1 版　　**印　　次：**2022 年 1 月第 1 次印刷
**字　　数：**470 千字　　**定　　价：**118.00 元

ISBN 978－7－5130－7821－4

# 知识产权精品案例评析（2020）

# 序

2020年，突如其来的新冠肺炎疫情让这一年深刻地被历史记住。“六稳六保”成为这一年各项工作应当秉持的大局任务，我院充分利用智慧法院建设成果，确保“疫情防控”和“司法审判”两不误，全年共新收各类案件13738件，审结12167件，法官人均办结案件507件。“知识产权争端解决优选地”建设持续加强。高通公司诉苹果公司专利纠纷案被写入十三届全国人大四次会议上的最高人民法院工作报告。

这一年，习近平总书记在主持中共中央政治局第二十五次集体学习会时强调，知识产权保护工作关系国家治理体系和治理能力现代化，关系高质量发展，关系人民生活幸福，关系国家对外开放大局，关系国家安全。知识产权保护工作的重要性被提高到前所未有的高度。以“严保护”“大保护”“快保护”“同保护”为关键词的知识产权保护政策，掀起了强化知识产权保护又一波高潮。这一年，中华人民共和国成立以来第一部以“法典”命名的法律——《民法典》横空出世，专条规定了侵犯知识产权惩罚性赔偿请求权。以《民法典》为圭臬，《专利法》等多部法律和相关知识产权司法解释完成修订，《最高人民法院关于依法加大知识产权侵权行为惩治力度的意见》《最高人民法院关于知识产权民事诉讼证据的若干规定》等司法解释密集印发实施。知识产权审判的展示舞台越来越宽广，越来越受到聚光灯追逐。

这一年，我院把诉讼禁令作为强化知识产权保护的切入点，印发实施《关于全面加强诉讼禁令（行为保全）措施适用意见》和《关于审查知识产权纠纷行为保全案件工作指引（试行）》；积极探索适用惩罚性赔偿措施，对重大科技发明创造侵权行为依法加大侵权惩治力度，使损害赔偿额充分反映知识产权的技术价值和市场价值；完成“质效提升年”各项既定指标；圆满收官“办精品案件、育精英法官、建现代法院”《三年规划纲要（2018—2020）》。我院办案质效整体向好，司法公信力和影响力明显提升；我院法官面对大量复杂疑难新类型案件，勇于创新，在审判实践中开创性地确立了裁判规则，深受理论界和司法实践重视。两篇案例入选“2020年中国法院50件典型知识产权案例”，三篇案例入选“全国法院系统2020年度优秀案例分析”。在TCL空调器公司诉广东美博公司涉立式空调专利侵权纠纷、微播视界公司涉“抖音”平台不正当竞争纠纷等多宗案件中，发出诉讼禁令，及时制止侵权行为。在“红日燃气灶”不正当竞争纠纷案中，依法认定被告存在攀附原告品牌的恶意侵权行为，作出了5000万元的国内燃气灶行业最高赔偿数额的裁判。在网易雷火公司诉思锋公司等著作权侵权及不正当竞争案中，探索网络游戏的“全整体化”保护方式。在欧宝公司诉施富公司侵害商标权及不正当竞争纠纷案中，依法对平行进口商标及不正当竞争的侵权定性问题进行回应，明确侵权认定规则，这在全省法院是首次。在涉“粤禾丝苗”植物新品种权纠纷案中，对合法育种等科研行为与商业性使用行为的边界进行探索，为种业司法解释的制定提供鲜活的审判素材。

本书延续我院《知识产权精品案例评析》系列丛书的案例汇编思路，推出2020年我院法官锻造的精品案例，展示我院法官服务和保障科技创新、准确划定权利边界、统一侵权判定尺度、戮力破解审判难题、平等保护市场主体的司法成果。此外，本书在传统审判案件的基础上，增设技术调查案件专栏，选取技术调查典型案例，展现近年来我院加强技术调查官制度建设取得的成果。希望本书能发挥知识产权司法审判的辐射效应，传递裁判规则，传播产权理念，传承司法为民优良传统，让人民群众透过一宗宗案例的深入解读进一步感受到知识产权审判的公平和正义。

本书编委会

2021年4月26日

# 目　　录

## 专利权案件

## 著作权案件

## 商标权及不正当竞争案件

## 植物新品种案件

## 技术调查案件

# 专 利 权 案 件

# 1

# 华为公司与广州捷普公司等侵害发明专利权纠纷案

**阅读提示：**专利权人的损失明显超过法定赔偿标准时，赔偿数额该如何确定？

**【裁判要旨】**

在侵权案件中，权利人明确主张根据侵权人的获利作为计算赔偿数额的依据，并积极、全面举证，人民法院应当进行全面审查，充分运用当事人提供的来源于第三方的证据，根据权利人的请求，进行高效合理的判赔。

**【案号】**

一审：广州知识产权法院（2019）粤73知民初510号

**【案情与裁判】**

原告：华为公司

被告：广州捷普公司、所乐上海公司、所乐广州公司

**起诉与答辩**

华为公司起诉称：华为公司是专利号为ZL201210038327.9、名称为“金手指、端子和通信设备主板”的发明专利的专利权人，依法享有发明专利权。广州捷普公司、所乐上海公司、所乐广州公司未经许可，大量生产、销售、许诺销售的光伏逆变器设备侵害了华为公司涉案专利权。广州捷普公司、所乐上海公司、所乐广州公司应承担立即停止侵权和赔偿损失的法律责任，故

请求法院判令广州捷普公司、所乐上海公司、所乐广州公司：1. 立即停止侵害华为公司的专利号为 ZL201210038327.9、名称为“金手指、端子和通信设备主板”的发明专利权的行为，即立即停止使用、制造、销售、许诺销售被诉产品的行为；2. 连带赔偿华为公司经济损失 1000 万元人民币及合理开支 50 万元人民币；3. 承担全部诉讼费用及保全费用。

广州捷普公司答辩称：华为公司提供的证据均不能证明广州捷普公司实施了任何侵害涉案专利权的行为，被诉产品所采用的技术方案属于现有技术，没有落入涉案专利的保护范围，应驳回华为公司的诉讼请求。

所乐上海公司答辩称：其不存在专利法意义上的制造、销售和许诺销售的侵权行为。请求法院驳回华为公司的全部诉讼请求。

所乐广州公司答辩称：其不存在专利法意义上的制造和使用的侵权行为。请求法院驳回华为公司的全部诉讼请求。

**一审审理查明**

**一、关于华为公司涉案专利权及无效审查的事实**

华为公司于 2012 年 2 月 20 日向国家知识产权局申请名称为“金手指、端子和通信设备主板”的发明专利，并于 2014 年 7 月 9 日被公告授权。华为公司于 2019 年 1 月 30 日缴纳涉案专利年费 300 元，涉案专利至今处于有效状态。华为公司在诉讼中主张权利要求保护的范围是权利要求 1—3、5、7。

所乐上海公司曾经两次提出无效宣告申请，国家知识产权局专利局复审和无效审理部分别在 2020 年 4 月 27 日及 2020 年 5 月 6 日作出维持涉案专利全部有效的决定。在国家知识产权局第 44113 号及第 44240 号无效复审案件中，所乐上海公司提交的附件中包含了“PCIExpress 卡电机规范修订版 2.0”及中文译文。

**二、关于被诉侵权的事实**

华为公司为证明被告实施了被诉侵权行为，通过公证购买及证据保全的方式获得被诉产品，海外购买的产品为带“-US”后缀的产品。

华为公司为证明三被告分工配合实施了侵权行为及三被告的获利，对三被告的工商登记、招聘信息及美国证监会公布信息等内容进行了公证。经华为公司申请，一审法院向广州海关调取广州捷普公司涉案产品的出口数据。华为公司称，三被告的工商登记信息能够进一步证明三被告共同分工配合实施了被诉侵权行为。

广州捷普公司向一审法院提交说明一份，该说明记载，该公司 2015 年 1 月至 2020 年 3 月 24 日生产的 SolarEdge 单相逆变器及优化器全部出口至 "SolarEdge Technologies, Ltd."。

**三、关于广州捷普公司、所乐上海公司、所乐广州公司不侵权抗辩方面的事实**

广州捷普公司、所乐上海公司、所乐广州公司提交了上海硅知识产权交易中心有限公司司法鉴定所出具的沪硅所（2019）鉴字第024号司法鉴定意见书，拟证明被诉产品并不侵权。

在诉讼中，广州捷普公司、所乐上海公司、所乐广州公司提供的证据还包括：1. 捷普集团 2019 年度财务报告，拟证明捷普集团的营业收入等情况；2. "PCIExpress 卡电机规范修订版 2.0" 及中文译文；3.《办公软件高级应用案例教程》《现代司法科技词典》，拟证明 "通信设备" 含义；4. 广州捷普公司的报关单，拟证明海关数据中 "品牌" 栏目无法对应被诉产品；5. SolarEdge 公司技术人员对被诉产品的技术说明。

对于现有技术抗辩，广州捷普公司、所乐上海公司、所乐广州公司提交了 "PCIExpress 卡电机规范修订版 2.0" 及中文译文；并认为，被诉产品的印刷电路板是根据名称为 "PCIExpress 卡电机规范修订版 2.0" 的工业标准进行设计的，该标准的公开时间为 2007 年 4 月 11 日，早于涉案专利申请日，构成涉案专利的现有技术。

**四、关于赔偿方面的事实**

华为公司在本案中主张根据被告侵权获利作为计算赔偿的依据，并请求支持维权费用支出。华为公司称能够证明被告侵权获利的证据如下：

1. SolarEdge 公司在其官网《所乐分析日展示》的文稿显示，2015 年至 2019 年的收入为 3881.3 百万美元，营业利润为 564.4 百万美元，营业利润除以总收入，可计算出 SolarEdge 公司营业利润率约为 15%。

2. 华为公司主张，根据 SolarEdge 公司的年报，可计算出 SolarEdge 公司年均营业利润率约为 15%；捷普集团 2019 年年报显示，其营业利润率为 7.4%。广州捷普公司、所乐上海公司、所乐广州公司则主张 2015 年至 2019 年的捷普集团的平均营业利润为 2.56%。

3. 所乐上海公司、所乐广州公司向一审法院提交的2017年度审计报告。

**五、其他事实**

广州捷普公司企业信用信息公示报告显示，广州捷普公司为有限责任公司（外国法人独资），注册资本为8290万美元，该公司的唯一股东为捷普投资（中国）有限公司。所乐上海公司、所乐广州公司均为有限责任公司（外国法人独资），唯一股东为SolarEdge Technologies Inc.。

**一审判理和结果**

一审法院经审理认为，华为公司是专利号为ZL201210038327.9、名称为"金手指、端子和通信设备主板"发明专利的权利人，其专利权至今是合法有效的，华为公司的合法权利应受法律保护，他人未经其许可，不得为生产经营目的制造、销售、使用、许诺销售其专利产品。

经审理，一审法院归纳本案的争议焦点并作出如下认定：

一、广州捷普公司、所乐上海公司、所乐广州公司系分工负责，共同实施了制造、销售、许诺销售、使用被诉产品的行为。

SolarEdge公司的财务数据报告显示，中国有且仅有广州捷普公司在为SolarEdge公司制造逆变器，且广州捷普公司承认其需要用到金手指对被诉产品进行出厂前质量检测，即可以证明广州捷普公司必然存在使用金手指的行为。结合法院从海关调取的广州捷普公司出口数据以及广州捷普公司的自认，广州捷普公司制造的逆变器等产品全部出口提供给SolarEdge公司。一审法院认为，广州捷普公司将包含金手指和通信设备主板的逆变器通过海关出口并提供给SolarEdge公司，显然也存在销售行为。

所乐广州公司和所乐上海公司均为SolarEdge的全资子公司，两公司的高级管理人员高度混同。结合本案证据，可以认定所乐广州公司为广州捷普公司生产被诉产品提供技术支持和质量管理工作，属于与广州捷普公司共同制造了被诉产品，所乐上海公司实施了许诺销售被诉产品的行为。

从现有证据可以看出，在产业链全球化的背景下，相关企业将制造环节放在中国境内，而具体销售在境外进行，其利润的实现是跨境的。虽然华为公司在本案中并没有将SolarEdge公司列为本案当事人，但SolarEdge公司将涉案侵权产品交给广州捷普公司代工并由广州捷普公司与SolarEdge公司所直接控制的所乐上海公司、所乐广州公司分工合作，将逆变器通过海关出口至海外销售给具体客户，通过在海外的具体销售行为实现利润最大化，最终损害了华为公司因涉案专利可得的利益。

据此一审法院认为，SolarEdge公司将含有金手指、端子和通信设备主板的逆变器产品交由广州捷普公司代工，而所乐广州公司直接为广州捷普公司提供技术支持和质量管理，所乐上海公司为逆变器提供许诺销售及订购渠道，广州捷普公司根据SolarEdge公司的指示将涉案逆变器通过海关出口至境外。在此情况下，可以认定广州捷普公司、所乐上海公司、所乐广州公司系分工负责，共同实施了制造、销售、许诺销售、使用被诉产品的行为。

二、华为公司从澳大利亚所购买的被诉产品可以作为本案的物证并用于技术比对，且该物证具备涉案专利1—3、5、7的全部技术特征，落入权利要求1—3、5、7的保护范围。结合华为公司多份公证书及相关认证可知，被诉产品SE3000H和SE5000H是从与相关联的SolarEdge公司官方授权的澳大利亚本地经销商处购买的，综合购买过程，可以用于技术比对。经比对，该物证落入涉案专利权利要求1—3、5、7的保护范围。

三、广州捷普公司、所乐上海公司、所乐广州公司主张的现有技术抗辩不成立。将被诉产品与相关材料反映的技术方案比较，该技术标准所反映的相应引脚和引脚对，均系分别接不同类型的信号而不能短接，与被诉产品在印刷电路板的同一侧的两面设置金手指单元并短接，且第一金手指组一长一短的设置明显不同。因此，广州捷普公司、所乐上海公司、所乐广州公司的现有技术抗辩不成立。

四、关于责任承担及赔偿损失的问题。一审法院认为，广州捷普公司、所乐上海公司、所乐广州公司未经许可，制造、销售、许诺销售、使用被诉产品，侵害了华为公司的涉案专利权，应当立即停止侵权并赔偿损失。

关于赔偿计算方法及举证责任分配的问题。根据民事侵权一般原则，侵权人的赔偿数额应相当于权利人所受到的损失，即主要是填补权利人的损失。就专利侵权而言，首先，《中华人民共和国专利法》第六十五条规定了三种侵权赔偿的计算方式，其中侵权人的侵权获利及许可费的倍数的计算方式并非完全是对权利人损失的填补。其次，根据三种计算方式计算得出的赔偿数额也是存在差异的，也就是说，专利侵权损害赔偿的计算并非是针对专利权人之具体损害而为的精确计算。因此，若专利权人主张按照侵权人因侵权所获得的利益确定赔偿数额的，实为对损害赔偿之数额的推定，该推定即专利权人所失之利益。《最高人民法院关于审理专利纠纷案件适用法律问题的若干规定》第二十条第二款的规定，是依据侵权人获利计算权利人损失的具体化。但是，该计算方法并没有对专利权人及侵权人的举证责任作出明确规定。依照民事侵权之一般构成要件及举证义务，专利权人自当就上述计算方式计算出的利益承担举证责任。关于营业利润率，根据我国《企业会计制度》第一百零六条规定，营业利润是指主营业务收入减去主营业务成本和主营业务税金及附加，加上其他业务利润，减去营业费用、管理费用和财务费用后的金额。虽然我国民事诉讼制度中有证据披露、司法鉴定等制度，但前述制度的施行效果依赖于侵权人财务制度的健全程度及对法院文书提出命令的配合程度。对于专利权人而言，要求专利权人逐一证明侵权人之费用或成本也是极为困难的。因此，在专利权人就利益之损失完成基本举证并作出合理说明后，侵权人欲从专利权人主张之数额中扣除相关部分，亦应当举证并说明。

海关数据显示，SE2200H、SE2500H、SE3000 等 12 个型号的产品在 2016 年 5 月至 2020 年 3 月总台数：432122 台；申报总价：141244216.76 美元；上述 12 个型号的产品中带“-US”后缀的申报台数：358849 台，申报总价：119985206.11 美元；不带“-US”后缀的申报台数：73273 台，申报总价：21259010.65 美元。

华为公司所购买的 SE5000H 产品，按照 4.5 元汇率计算，一台 SE5000H 的市场价为 1012 澳元，折合人民币约为 4554 元。考虑到型号、功率不同，价格略有不同，该产品售价应当作为考量因素之一。

本案是 OEM/ODM 制造商和国外公司的中国子公司在中国实施共同侵权行为的情形，即国外公司（SolarEdge 公司）设立中国子公司（所乐上海公司、所乐广州公司），与国内 OEM/ODM 制造商（广州捷普公司）紧密合作，甚至作为驻厂客户，以帮助国外公司获利。前述司法解释虽然规定了侵权人因侵权所获得的利益一般按照侵权人的营业利润计算，但其核心依然是以全部赔偿为原则。以侵权人的获利为赔偿计算方法，即是让权利人立于侵权人之地位生产、制造被诉产品，侵权人返还的是其因侵权所获得的全部利益。在 OEM/ODM 制造的方式下，代工厂商及委托方均未获得权利人的许可，实施了权利人的专利，其获利不应当仅以代工厂商的营业利润进行计算，否则委托方作为获得主要侵权利润的一方，显然可以委托代工的方式获取大量的因侵权而产生的利益而不用承担返还义务，有违侵权全面赔偿制度和专利法保护专利权之初衷。广州捷普公司、所乐上海公司、所乐广州公司主张仅以广州捷普公司制造被诉产品的利润来计算本案赔偿不能真实反映被诉产品的真实价值，亦不能反映最终侵权产生的利润及获利情况。故对于广州捷普公司作为电子类产品的代工厂商，可将相关国内电子类代工厂商的营业利润率作为确定广州捷普公司责任的参考因素。

所乐广州公司提交的审计报告显示，所乐广州公司负责为 SolarEdge 公司提供“质量控制服务、产品监督服务、物流支持服务”等，且其大部分的收入及应收账款均来自关联交易方即 SolarEdge 公司。所乐上海公司提交的审计报告显示，其大部分的收入及应收账款均来自关联交易方即 SolarEdge 公司。同时，两公司的审计报告也显示，通过关联交易，所乐上海公司、所乐广州公司对 SolarEdge 公司存在大量应付账款，且所乐上海公司、所乐广州公司对 SolarEdge 公司的应付账款远远大于所乐上海公司、所乐广州公司为 SolarEdge 公司提供服务的收入及应收账款。由于 SolarEdge 公司为所乐上海公司、所乐广州公司的唯一股东，且考虑到关联交易存在不透明性，所乐上海公司、所乐广州公司也没有就其与 SolarEdge 公司的关联交易提供相应证据证明其合理性，因此所乐上海公司、所乐广州公司所提交的审计报告中的财务数据不能作为确定所乐上海公司、所乐广州公司因侵权获利的依据，但相关内容可以作为考量因素。

华为公司主张，根据 SolarEdge 公司 2015 年至 2019 年的年报，可计算出 SolarEdge 公司年均营业利润率约为 15%；捷普集团的 2019 年年报显示，其营业利润率为 7.4%。广州捷普公司、所乐上海公司、所乐广州公司则主张 2015 年至 2019 年捷普集团的平均营业利润率为 2.56%。一审法院认为，SolarEdge 公司及捷普集团均为境外公司，其所适用的会计制度与我国的企业会计准则有所不同，故不应直接适用 SolarEdge 公司及捷普集团的营业利润率，但可以将其作为本案参考因素考量。至于广州捷普公司、所乐上海公司、所乐广州公司承担赔偿责任后，是否向 SolarEdge 公司追偿的问题，不属于本案处理范围。

对于专利贡献率的问题。一审法院认为，关于专利技术在实现侵权产品利润中的贡献，《最高人民法院关于审理侵犯专利权纠纷案件应用法律若干问题的解释》第十六条第一款规定:“人民法院依据专利法第六十五条第一款的规定确定侵权人因侵权所获得的利益，应当限于侵权人因侵犯专利权行为所获得的利益；因其他权利所产生的利益，应当合理扣除。”该司法解释第十六条第二款规定:“侵犯发明、实用新型专利权的产品系另一产品的零部件的，人民法院应当根据该零部件本身的价值及其在实现成品利润中的作用等因素合理确定赔偿数额。”据此，涉及产品零部件侵权的知识产权案件中，应以考虑侵权部件在实现成品利润中的贡献为原则，以成品利润为基数确定赔偿数额为例外。对于涉案专利在实现成品利润中贡献的问题，需要权利人和侵权人分别从各自角度进行充分举证，才能较为合理地确定符合涉案专利市场价值的贡献率。权利人可从涉案专利是否涉及侵权产品关键、核心部件的角度进行举证，而侵权人可从涉案专利以外的因素（如商标、其他重要专利）对实现成品利润影响的角度进行举证。本案各方当事人均仅提出主张而未举证。一审法院注意到:（1）本案专利为发明专利，本案专利保护期内，曾经被提起无效，仍保持法律效力，证明本案专利具有较高技术创新价值;（2）本案专利涉及金手指、通信设备主板，能够延长金手指的使用寿命，支持带电插拔的同时提高覆盖有该金手指的端子以及通信设备主板的工作可靠性的问题，通信设备主板可以使得涉案逆变器与优化器组合使用，提高效率，对实现逆变器成品利润均具有一定贡献;（3）本案专利涉及其他部件、自身品牌等因素产生的合理利润应予扣除;（4）自 2019 年 5 月至本判决作出之日已经超过一年多，没有证据显示广州捷普公司、所乐上海公司、所乐广州公司已经停止侵权，故这段时间发生的销售额，也应当作为计算侵权获利的依据。

上述因素，在确定本案赔偿数额时均应予以考虑。综合本案全部证据，广州捷普公司、所乐上海公司、所乐广州公司因侵害涉案专利权给华为公司造成的损失明显超过了法定赔偿 100 万元，一审法院裁量确定赔偿金额为 1000 万元。

华为公司在本案中主张 50 万元的维权费用属于合理范围，应当予以支持。

关于华为公司主张广州捷普公司、所乐上海公司、所乐广州公司共同承担连带责任的问题。一审法院认为，虽然广州捷普公司、所乐上海公司、所乐广州公司的行为属于共同侵权，但三公司在共同侵权中起到的作用是不同的。考虑到所乐上海公司、所乐广州公司在本案侵权行为中的具体作用及其给华为公司造成损失的程度，所乐上海公司、所乐广州公司应当连带赔偿华为公司经济损失1000万元。考虑到广州捷普公司主要是负责代工生产及对华为公司的损害中所起到的作用，并参考相关国内电子类代工厂商的营业利润率等相关因素，广州捷普公司对前述经济损失在200万元、合理费用在10万元的范围内承担连带责任。

据此，一审法院判决：一、广州捷普公司、所乐上海公司、所乐广州公司于判决发生法律效力之日起停止制造、销售、许诺销售、使用侵害华为公司名称为“金手指、端子和通信设备主板”、专利号为ZL201210038327.9的发明专利权的产品的行为；二、所乐上海公司、所乐广州公司于判决发生法律效力之日起十日内赔偿华为公司经济损失1000万元及合理费用50万元，广州捷普公司对前述经济损失在200万元、合理费用在10万元的范围内承担连带责任；三、驳回华为公司的其他诉讼请求。

一审判决后，广州捷普公司、所乐上海公司、所乐广州公司不服，向最高人民法院提起上诉。二审正在审理中。

**【法官评述】**

太阳能光伏发电，具有发电过程简单、不消耗燃料、不受环境限制等特点，是真正绿色环保的新型可再生能源，技术开发潜力巨大，而光伏逆变器，是光伏发电的核心装置。光伏逆变器的主要作用是将光伏太阳能板产生的可变直流电压转换为市电频率交流电，供电器使用。

本案的原告华为公司，是全球最大的光伏逆变器生产商，其生产的光伏逆变器销量也稳居世界第一。本案的涉案专利解决了光伏逆变器这一细分市场中带电插拔可行性与端子、主板工作稳定性之间难以共存的困境，该技术在光伏领域拥有着广阔的市场前景。面对具有巨大市场价值的创新技术成果，依法加大侵权行为的惩治力度，是知识产权司法服务和保障科技创新的重要体现。在本案中，一审法院为确定赔偿数额，裁量性地考量了多种因素，包括：(1)被告所乐上海公司、所乐广州公司的国外母公司SolarEdge公司及捷普集团的营业利润率；(2)涉案产品的售价；(3)相关国内电子类代工厂商的营业利润率；(4)被告所乐上海公司、所乐广州公司所提交的审计报告中的财务数据等。在综合审查各项证据的情况下，不拘泥于法定赔偿标准，加大赔偿力度，充分弥补权利人的损失，有效阻遏侵权行为，彰显了广州知识产权法院加大知识产权司法保护力度的决心。

近年来，我国持续加强知识产权保护的力度，但专利维权审判中在一定范围内仍存在“举证难、周期长、成本高、赔偿低”等问题，其中赔偿低的问题削弱了维权效果。如何破解“赔偿低”难题成为解决问题的关键环节之一，对司法水平提出了很高的要求。本案充分结合技术领域、财务信息、海关数据等，加大了对侵权行为的惩处力度，对此类案件的审理而言具有典型意义。

一是加强对案件的全面审查，合理确定赔偿数额，有效弥补被侵权方损失。法定赔偿是对裁量权的一种约束，但在有充分的证据证明权利人的损失或者侵权人的获利明显高于法定赔偿最高限额时，若继续适用法定赔偿标准，将不能很好地彰显司法正义。此时应综合考量各项因素，对各类证据进行全面审查，并在权利人充分举证的情况下，不拘泥于法定赔偿限额，而是根据权利人的请求，进行合理高效判赔。最高人民法院于2020年9月14日印发的《关于依法加大知识产权侵权行为惩治力度的意见》(以下简称《意见》)中指出，“权利人依法请求根据侵权获利确定赔偿数额且已举证的，人民法院可以责令侵权人提供其掌握的侵权获利证据；侵权人无正当理由拒不提供或者未按要求提供的，人民法院可以根据权利人的主张和在案证据判定赔偿数额”。可以看出，广州知识产权法院对该案的审理思路与最高人民法院对于知识产权侵权案件的指导意见不谋而合，加强了本案对于同类案件的指导意义。

二是在全球贸易大环境下，加大对侵权行为的惩处力度。我国《专利法》规定，产品专利的侵权行为有五种，分别是“制造”“使用”“许诺销售”“销售”和“进口”。本案中，华为公司并没有将SolarEdge公司列为本案当事人，SolarEdge公司将涉案侵权产品交给广州捷普公司代工，并由广州捷普公司与SolarEdge公司所直接控制的所乐上海公司、所乐广州公司分工合作，将逆变器通过海关出口至海外销售给具体客户，通过在海外的具体销售行为，实现其通过代工制造可产生的利润最大化。但是这种出口至境外再销售的行为是否属于《专利法》第十一条中规定的“销售”？按知识产权的地域性原则，如果在本法域内无证据显示存在销售行为，而是出口至其他法域进行销售，但出口又不是专利法禁止的单独行为状态，如何规制这种侵权产品流通行为，在适用法律上尚有争议。本案将出口行为认定为全球贸易视野中的一个销售环节，将其认定为侵权行为。在专利法文本的语境中，这种认定是恰当的。被诉产品从“制造”这个行为源头出去后，进入商品流通领域，已在本法域开始流通，虽然其目标买家在域外，但不宜以目标买家所在地确定专利法的适用法域，但“出口”只不过是商品“穿越”边境时海关管辖的一个节点，是当事人履行销售合同的一个环节，不影响在专利法意义上的“销售”行为认定。在涉及跨国企业全球竞争的知识产权审判中，必须有这种全球视野，才足以实质化解当事人之间的纠纷，从而加大对侵权行为的惩处力度，彰显我国法院的司法公信力和国际影响力。

编写人：广州知识产权法院　刘宏　赖俊　李博雅

（编辑：李博雅）

# 2

# 京信系统中国公司等与广东晖速公司侵害发明专利权纠纷案

阅读提示：如何破解“举证难”“赔偿低”难题，加大对高价值技术专利权的保护力度？

**【裁判要旨】**

审理超高额诉讼标的专利侵权案件，应重点考虑涉案专利是否为高价值技术，并适用举证妨碍制度，减轻权利人的举证负担，对权利人提交的证据进行审查，综合评估计算损害赔偿所需的数据，如侵权行为的持续时间和销售收入、涉案产品平均利润率、专利技术对产品售价的贡献率、权利人维权合理支出等因素，在权利人已经就计算损害赔偿额的数据提交充分证据的情况下，支持权利人的高额赔偿诉请。

**【案号】**

一审：广州知识产权法院（2019）粤73知民初1679号

二审：最高人民法院（2021）最高法知民终379号

**【案情与裁判】**

原告（被上诉人）：京信系统中国公司、京信技术广州公司

被告（上诉人）：广东晖速公司

**起诉与答辩**

京信系统中国公司、京信技术广州公司共同起诉称：京信系统中国公司与

京信技术广州公司为名称为“腔体式微波器件”、专利号为ZL201410225678.X发明专利的权利人。2019年5月，京信系统中国公司、京信技术广州公司发现广东晖速公司制造并出售给京信系统中国公司的通道电调智能天线产品使用的技术方案与京信系统中国公司、京信技术广州公司的涉案专利相同。经进一步调查，又发现广东晖速公司销售的上述产品与其参与“中国移动2018年至2019年‘4+4+8+8’独立电调智能天线产品集中采购（第一批次）”项目并最终中标的产品技术方案一致，即广东晖速公司中标上述采购项目的产品同样是侵权产品。京信系统中国公司、京信技术广州公司认为广东晖速公司制造、销售的电调天线产品侵犯京信系统中国公司、京信技术广州公司涉案专利权，诉请法院判令广东晖速公司：1. 停止制造、销售侵害京信系统中国公司、京信技术广州公司专利权产品的行为；2. 销毁库存侵权产品以及制造侵权产品的专用设备和模具；3. 赔偿经济损失和为制止侵权行为而支出的合理费用合计4000万元；4. 承担案件全部诉讼费用。

广东晖速公司答辩称：一、被诉产品实施的是现有技术，广东晖速公司制造、销售被诉产品的行为不构成侵权；二、退一步，即使侵权，京信系统中国公司、京信技术广州公司主张的赔偿数额过高。1. 关于90万元律师费。首先，京信系统中国公司、京信技术广州公司仅提供律师费发票，未提供相关委托代理合同和付款凭证，不能证明该律师费与本案有关，也不能证明该费用已实际支出。其次，京信系统中国公司、京信技术广州公司主张90万元律师费远远超过广东省律师收费标准。2. 京信系统中国公司、京信技术广州公司没有证据证明其因侵权遭受的损失或者广东晖速公司因侵权实际获得的全部利益数额。从广东晖速公司公开的2018年至2019年财务报表可知，广东晖速公司营业利润、利润总额、净利润均是亏损，并未获得巨额利益。

**一审审理查明**

**一、关于涉案专利权及京信系统中国公司、京信技术广州公司请求保护的范围**

京信系统中国公司、京信技术广州公司是名称为“腔体式微波器件”、专利号为ZL201410225678.X发明专利的权利人，该专利的申请日为2014年5月26日，公告授权日为2017年3月8日。该发明专利涉及微波通信领域，首要目的在于提供一种能够缩小微波器件尺寸，无须螺钉连接，并从电气性能、物理特征、生产组装工艺等诸多方面对现有微波器件进行优化的腔体式微波器件。京信系统中国公司、京信技术广州公司共同请求保护的范围为涉案专利权利要求 1—7、12。

**二、关于侵权事实**

2018 年 6 月，广东晖速公司参与“中国移动 2018 年至 2019 年‘4+4+8+8’独立电调智能天线产品集中采购（第一批次）”项目招标，并成功中标。

2019 年 5 月 15 日，京信系统中国公司与广东晖速公司订立《采购合同》，约定京信系统中国公司向广东晖速公司采购智能天线 100 副，要求广东晖速公司交付的天线产品的技术和质量应与广东晖速公司中标中国移动第一批次采购项目所供应的产品技术方案一致，且必须是广东晖速公司自产的产品。

经公证，京信技术广州公司收取了上述天线产品 100 副（箱），后将一台智能天线的部件拆解并交公证员保管。司法鉴定所出具的《司法鉴定意见书》表明，涉案专利权利要求 1 记载的技术特征“所述腔体为拉挤成型件”与上述拆解部件的相应技术特征相同。将被诉侵权的技术方案与涉案专利进行比对，双方对被诉侵权技术方案具备与涉案专利权利要求 1—7、12 记载的全部必要技术特征相同的技术，落入京信系统中国公司、京信技术广州公司请求保护的权利范围无异议。

广东晖速公司提出现有技术抗辩，并提交了专利的授权文本为证，包括比对文件 1 和比对文件 2。

**三、关于经济赔偿**

京信系统中国公司、京信技术广州公司没有提供其因被侵权所受的损失或广东晖速公司因侵权非法获利的具体数额，也没有提供可以参照的专利许可使用费数额，请求法院酌定赔偿数额。

为证明广东晖速公司非法获利情况，京信系统中国公司、京信技术广州公司提交了关于销售收入、关于利润率以及关于技术贡献率的三组证据。

（一）关于广东晖速公司非法获利情况的举证

第一组证据：关于销售收入。

1. 2018 年中国移动公布的中国移动第一批次采购项目招标公告及中标结果。结果显示该项目采购规模为 140948 面，广东晖速公司中标 20% 的采购份额，中标单价为 5798 元 / 面（不含税），可知广东晖速公司仅该项目不含税收入为 16344.33 万元（≈ 140948 × 20% × 5798 元）。

2. 2019 年 5 月 15 日京信系统中国公司与广东晖速公司订立的《采购合同》。京信系统中国公司、京信技术广州公司认为广东晖速公司仅该合同收入就为 65.5174 万元（不含税总金额 57.98 万元）。

第二组证据：关于利润率，请求以 40% 计。

1. 经公证的广东盛路公司、广东通宇公司的上市公司 2018 年年报（部分）及 2019 年（上）半年报（部分）。上述两公司系国内机电行业大型上市公司，广东通宇公司更以基站天线为主导业务，其年报中记载的毛利率可真实反映行业特点，具有参考价值。

2. 2019 年中国移动公布的“中国移动 2019 年‘4+4+8+8’独立电调智能天线产品集中采购（第二批次）”招标公告及中标结果。京信系统中国公司、京信技术广州公司称通过比较均参与中国移动第一批次和第二批次采购项目投标并中标的京信系统中国公司和华为公司前后两次的报价，第二次投标单价报价均下调了近 40%，可反推广东晖速公司被诉产品的利润率至少在 40% 以上。

第三组证据：关于技术贡献率，请求以 60% 计。

1. 涉案专利“中国专利金奖”获奖证明。

2. 三份专家证人证言。主要内容包括：移相器是电调基站天线的核心部件，使得电调基站天线成为 2G/3G/4G 移动通信网络多系统应用的唯一选择，在电调基站天线的整体中具有极高的技术贡献度。

（二）法院责令京信系统中国公司、京信技术广州公司提交的证据

为进一步查明相关事实，法院责令京信系统中国公司、京信技术广州公司提交广东晖速公司作为上市公司最近三年公布的年报（部分），京信系统中国公司、京信技术广州公司提交了广东晖速公司 2017 年、2018 年、2019 年的年报。

法院根据京信系统中国公司、京信技术广州公司的申请，责令广东晖速公司限期内提交与生产、销售被诉产品有关的财务账册，但广东晖速公司无正当理由一直未提交，亦未作任何说明。

（三）原告方关于合理维权支出的举证

京信系统中国公司、京信技术广州公司为证明合理维权支出，提交了购买被诉产品的发票、公证费发票、鉴定费发票以及律师费发票。

## 一审判理和结果

一审法院经审理认为，本案的争议焦点是：一、广东晖速公司现有技术抗辩能否成立；二、广东晖速公司的行为性质及责任承担。

关于广东晖速公司提出的现有技术抗辩，经审查，被诉侵权技术方案在广东晖速公司提交的现有技术证据中没有得到全部披露，广东晖速公司提出的现有技术抗辩不成立。

关于广东晖速公司的行为性质及责任承担。广东晖速公司在被诉产品的核心部件“移相器”中擅自实施涉案专利，其制造并销售被诉产品的行为已经构成对京信系统中国公司、京信技术广州公司涉案专利权的侵犯，京信系统中国公司、京信技术广州公司诉请广东晖速公司承担停止侵权、赔偿损失的责任。京信系统中国公司、京信技术广州公司未举证证明广东晖速公司库存有侵权产品，其要求广东晖速公司销毁库存侵权产品的诉讼请求不应得到支持。至于模具和设备，京信系统中国公司、京信技术广州公司未举证证明制造侵权产品的模具或设备是专用的，该模具或设备除了用于制造侵权产品别无它用，故该项诉请亦不应被支持。

关于损害赔偿数额，本案中，京信系统中国公司、京信技术广州公司请求法院酌定赔偿数额。作为酌定因素，京信系统中国公司、京信技术广州公司提交了另外两家国内同行业上市公司年报、专家证人证言等证据，同时申请责令广东晖速公司提交相关证据。《最高人民法院关于审理侵犯专利权纠纷案件应用法律若干问题的解释（二）》第二十七条规定，“权利人因被侵权所受到的实际损失难以确定的，人民法院应当依照专利法第六十五条第一款的规定，要求权利人对侵权人因侵权所获得的利益进行举证；在权利人已经提供侵权人所获利益的初步证据，而与专利侵权行为相关的账簿、资料主要由侵权人掌握的情况下，人民法院可以责令侵权人提供该账簿、资料；侵权人无正当理由拒不提供或者提供虚假的账簿、资料的，人民法院可以根据权利人的主张和提供的证据认定侵权人因侵权所获得的利益”，法院责令广东晖速公司限期提交关于涉案侵权产品收入的账册资料，是为最大限度保护其合法权益。这既是广东晖速公司应承担的举证义务，亦是其举证权利。然而广东晖速公司无合理事由逾期未提交相关证据，致使无法查明其实际获利，构成举证妨碍。

在广东晖速公司拒绝提交相关证据且未作说明的情况下，根据案件实际情况，以其年报为主，以京信系统中国公司、京信技术广州公司提交的证据为辅，综合评估广东晖速公司实施涉案侵权行为的获利情况：1. 关于侵权行为实施及获利期间。基于现有证据及京信系统中国公司、京信技术广州公司于 2019 年 12 月下旬提起本案诉讼的事实，估算广东晖速公司因实施涉案侵权的获利期间应以 2018 年 6 月起延续至 2019 年全年。2. 关于侵权产品销售收入。鉴于被诉产品的市场需求有别于普通商品，首先，根据查实的交易记录，直接累加交易金额获取的数据，查实的销售收入共 16402.31 万元（不含税）；其次，综合现有证据，合理推算可能达到的数据，基于广东晖速公司 2018 年年报、2019 年年报中披露的信息，以广东晖速公司自 2018 年 6 月开始实施涉案侵权行为获利持续至 2019 年合理估算其销售侵权产品收入合计约 22773.42 万元。3. 关于利润率。根据被诉产品为高端技术产品、广东晖速公司 2017—2019 年年报披露的相关内容，京信系统中国公司、京信技术广州公司认为广东晖速公司近年年报披露的毛利率数值不能反映涉案基站天线产品真实的利润水平，应参考同行业上市公司同类产品的同期利润率，以 40% 估算广东晖速公司销售涉案侵权产品的获利情况的主张可以采纳。4. 关于技术贡献率。综合涉案专利发明点（系对现有技术的改进）、涉案专利获评“中国专利金奖”、《中国专利奖评奖办法》对该奖项的评选条件的事实以及专家证人证言等，在广东晖速公司未提交相反证据的情况下，对京信系统中国公司、京信技术广州公司关于涉案专利对侵权产品技术贡献率达 60% 的主张予以采纳。

综合上述数据，若以查实的销售总收入 16402.31 万元为基数，可计得广东晖速公司因实施涉案侵权行为非法获利约达 3936.55 万元；若以估算的 2018 年 6 月至 2019 年 12 月期间销售总收入 22773.42 万元为基数，可计得广东晖速公司因实施涉案侵权行为非法获利约达 5465.62 万元。经衡量涉案专利权的类型，广东晖速公司侵权行为的性质、情节，其因实施侵权行为的可能获利情况以及京信系统中国公司、京信技术广州公司合理维权开支，最终全额支持京信系统中国公司、京信技术广州公司的赔偿请求，支持广东晖速公司因本案侵权行为应赔偿京信系统中国公司、京信技术广州公司经济损失及合理维权费用共计 4000 万元。

一审判决后，广东晖速公司不服，向最高人民法院提起上诉，二审正在审理中。

**【法官评述】**

中共中央总书记习近平在中共中央政治局就加强我国知识产权保护工作举行的第二十五次集体学习上强调，“创新是引领发展的第一动力，保护知识产权就是保护创新”。在强调加大知识产权保护力度的背景下，“举证难”“赔偿低”仍是知识产权侵权诉讼的痛点，如何降低权利人的维权成本，提高侵权代价，使得损害赔偿额与其专利价值相适应，是当前知识产权司法保护探索努力的方向。本案聚焦于解决“举证难”“赔偿低”问题，加大对属通信领域高价值技术的涉案专利权的保护力度，全额支持了权利人4000万元的高额赔偿请求。

本案的高额判赔有赖于举证妨碍“规”、权利人的积极举证“则”的适用以及法院对损害赔偿额的精细化计算，同时亦考虑到涉案专利的市场价值较高。

一、举证妨碍制度的运用

知识产权诉讼案件有其自身的特点，知识产权的无形性、侵权行为的隐蔽性导致与侵权行为有关的证据往往由侵权人掌握，权利人在维权诉讼中难以获得证据证明自己的主张，导致法院难以查明实际损失和侵权获利，进而导致权利人维权不力、维权失利乃至失败。权利人“举证难”也制约了知识产权审判质量的提高与司法保护水平的提升。为解决举证难题，《最高人民法院关于审理侵犯专利权纠纷案件应用法律若干问题的解释（二）》第二十七条、《关于知识产权民事诉讼证据的若干规定》均对举证妨碍作出了相应规定。

举证妨碍制度实际上是民事诉讼诚实信用原则在知识产权诉讼中的具体运用。控制证据的一方当事人无正当理由不提交相应证据，试图妨碍法院对案件事实的查明的行为违背诚实信用原则，其应承担不利的法律后果。本案中，在京信系统中国公司、京信技术广州公司就广东晖速公司因侵权可能获得的利益已对侵权人所获利益提供了较为充分的初步证据的前提下，法院根据京信系统中国公司、京信技术广州公司的申请，责令广东晖速公司提交关于涉案侵权产品收入的账册资料，既是督促其履行举证义务，亦是保障其举证权利。然而广东晖速公司无合理事由逾期未提交相关证据，其行为已构成举证妨碍，依法应承担举证妨碍的法律后果，即根据权利人的主张和提供的证据认定侵权人因侵权所获得的利益。

## 二、权利人的积极举证与法院对损害赔偿的精细化计算

司法实践中高额诉讼标的的出现一方面意味着我国专利质量的提升，另一方面亦对如何科学、准确计算损害赔偿额提出了挑战。在当事人已经就计算损害赔偿额的数据提交相应证据的情况下，法院不应直接适用法定赔偿，而应对权利人提交的证据进行审查，在判决说理中应详细阐述损害赔偿额的计算方法，并在此基础上确定损害赔偿额，避免权利人的知识产权无法得到保护。

本案中，为证明广东晖速公司非法获利情况，京信系统中国公司、京信技术广州公司提交了关于销售收入、关于利润率以及关于技术贡献率的三组证据。在原告方已充分举证、广东晖速公司拒绝提交相关账册等证据且未作说明的情况下，法院以广东晖速公司最近三年上市公司年报为主，综合评估其实施涉案侵权行为的持续时间和销售收入，被诉产品平均利润率，专利技术对产品售价的贡献率，权利人维权合理支出等因素，全额支持了权利人 4000 万元的赔偿请求。

## 三、考虑涉案专利属通信领域的高价值技术

现代蜂窝移动通信必须使用基站天线，在第二代移动通信（以下简称 2G）应用末期，该专业领域发明了电调基站天线（以下简称电调天线），通过电机控制天线内部“移相器”移动部件运动来远程控制和调整基站天线的波束下倾角，快速有效解决了非电调天线（常规基站天线）需要人工上塔调整波束指向达不到快速响应等诸多难题。因为加入了移相器，常规基站天线成为电调天线，非电调的常规基站天线则由此被淘汰。移相器在电调天线乃至移动通信网络中的作用至关重要，其性能的优劣能够影响到整个网络覆盖的质量。涉案专利正因对“移相器”（微波器件）这一现有技术进行了有益改进，收获“中国专利金奖”等殊荣。

当前，我国正在加快由工业化向信息化转型的发展，高质量专利技术不仅是企业在市场竞争中的利器，而且对推动经济社会发展起着重要作用。涉案专利系通信领域的高价值技术，创造性高，带来的社会经济效益可观，且涉案专利所属的通信领域技术也是我国近年重点发展的产业，应予重点保护，以激励创新、促进经济发展。本案 4000 万元的高额判赔即是与涉案专利价值相适应的结果。

对该案的处理，在知识产权司法保护层面平衡了知识产权权利人与被诉侵权方的举证能力，有效缓解了权利人“举证难”的困境；加大对高价值技术专利权人的保护，贯彻强化知识产权保护的司法政策，为该行业的持续技术创新营造了良好的法治环境，也为类似案件的处理提供了可资借鉴的司法保护实例。

编写人：广州知识产权法院　郭小玲

西南政法大学　郑诗婷

（编辑：黄榆岚）

# 3

# 极飞公司与启飞公司侵害发明专利权纠纷案

**阅读提示：如何细化损害赔偿额的认定标准，使损害赔偿额与专利的市场价值相适应？**

**【裁判要旨】**

法院在确定损害赔偿数额时，应避免法定赔偿适用的泛化。当计算赔偿所需的部分数据确有证据支持，可运用证据规则，审核赔偿所需的数据，包括被告实施被诉侵权行为的时间、被诉产品的销量及销售金额、被诉产品的利润率及涉案专利的贡献率等，推算出被告因实施侵权行为的获利数额，进而酌定公平合理的赔偿数额，使之与知识产权的市场价值相适应。

**【案号】**

一审：广州知识产权法院（2019）粤 73 知民初 4 号

二审：最高人民法院（2020）最高法知民终 1522 号

**【案情与裁判】**

原告：极飞公司

被告：启飞公司

**起诉与答辩**

极飞公司起诉称：极飞公司为专利号为 ZL201510467838.6、名称为“一种无人机”发明专利的权利人，该专利至今合法有效。极飞公司成立于 2007 年，至今投入数亿元巨资深耕于植保无人机行业，除我国外，在日本、澳大利亚等6个国家设有运营机构。极飞科技P系列植保无人机于2018年获得省级优秀专利奖等大奖，成为全球农业植保领域中首个荣获“红点奖”的产品，在国内外均具有极高的知名度和美誉度。启飞公司未经许可，制造、许诺销售、销售的无人机落入该涉案专利权利要求1的保护范围，损害了极飞公司的合法权益。极飞公司请求法院判令启飞公司：1. 停止制造、销售和许诺销售专利侵权产品，并销毁库存侵权产品；2. 赔偿极飞公司经济损失500万元；3. 承担极飞公司因维权所支出的合理费用8万元；4. 承担本案诉讼费用。

启飞公司答辩称：1. 被诉产品使用的是现有技术，并未侵害涉案专利权；2. 极飞公司的赔偿请求缺乏相关事实及法律依据，请求赔偿的金额严重偏高；3. 极飞公司要求启飞公司承担其维权所支出费用缺乏相关证据。综上，请求驳回极飞公司的全部诉讼请求。

**一审审理查明**

极飞公司是专利号为ZL201510467838.6、名称为“一种无人机”发明专利的专利权人。该专利的申请日为2015年7月31日，授权公告日为2017年3月22日。涉案专利的特征在于提出一种机架结构及配重分布合理的无人机，以使其控制简易，飞行平稳。

极飞公司的委托代理人在启飞公司经营的淘宝网店公证购买到被诉产品“A10植保无人机”。被诉产品外包装盒上印有“启飞智能”商标、“A10植保无人机”及制造商、地址等相关信息。启飞公司确认其许诺销售和销售被诉产品（包括电机）。经比对，启飞公司与极飞公司均确认被诉产品具备与涉案专利权利要求1全部必要技术特征相同的技术特征，落入极飞公司在本案请求保护的权利范围。

启飞公司提出现有技术抗辩，称被诉产品使用的是在2014年之前发布的比利时产sky hero spyder无人机公开的现有技术，并提交了光盘一张。经当庭播放光盘中的视频，启飞公司比对后认为被诉侵权技术方案在视频中得到全部披露。极飞公司认为视频没有披露与“储物装置”相关的技术特征。

极飞公司请求法院判令启飞公司赔偿500万元，提交了如下证据：

1. 关于启飞公司的经营规模。第一，启飞公司于智联招聘网、启飞公司官网、前程无忧网、优酷网、搜狐网等网页上的宣传推介。其中，搜狐网报道

2018年10月在武汉举办的武汉国际农机展上，启飞公司现场展出A10植保无人机、Q10植保无人机以及启飞2019款植保无人机A6和A16，“通过本次武汉国际农机展，启飞意向订单超1800万，其中A16植保无人机意向订单超600万”。第二，被诉产品销售情况。启飞公司开设网店销售无人机产品，宣传被诉产品为热销产品，并在黑龙江、辽宁等29个省份招募各省份代理商。

2. 关于启飞公司侵权行为持续时间。2019年9月19日，启飞公司微信公众号发文称其在江苏、广东等14个省份入围植保无人机补贴名单，被诉产品亦在名单中。根据广东省农业厅发布的《关于开展植保无人飞机购置补贴试点工作的通知》中“补贴要求：申报进入名录的企业、设备，需投产时间3年以上”的内容，极飞公司主张启飞公司制造被诉产品的时间至少3年。

3. 关于启飞公司侵权恶意。极飞公司与启飞公司于2016年就低空智能农用植保机P20产品签订订货单，后又于2017年签订产品销售合同，可证明启飞公司在2016年已获悉极飞公司涉案专利技术，属于恶意侵权。

4. 极飞公司同族专利授权情况及知名度。极飞公司以涉案专利享有优先权在多个国家进行了PCT申请，有4件同族专利授权，其中3件已经公告，可证明涉案专利新颖性、创造性强，专利非常稳定，具有非常高的技术和经济价值。

关于500万元的赔偿金额，极飞公司称系从被诉产品销售数据计算得出。具体根据是：1. 在启飞公司“2019年开年动员大会”上，启飞公司总经理钟某某总结2018年工作时表述“公司改进了原来的两款第三代机型A10、Q10，研发了两款新型机型A6、A16，自研飞控和RTK系统落地，经销网络遍布全国，与多个传统农业企业建立战略合作伙伴关系，同时也在行业内逐渐建立起自己的口碑”。2. 启飞公司市场部销售副总监沈某某在微信聊天中表示“去年A10、Q10在浙江省卖了六百多台，广东没怎么卖”。故按照“600台 × 单价0.8万元（机架 + 药箱）×3年”的方式计算，启飞公司销售金额超1400万元。扣除材料成本，启飞公司擅自实施涉案专利获利超过500万元。

启飞公司除不认可极飞公司关于同族专利授权情况及知名度的举证外，对其他证据的真实性均无异议，但认为极飞公司的证据不能支持其举证目的，具体为：1. 上述600台的销售数据不仅仅包括被诉产品的销售量；2. 上述单价0.8万元包括了机架和药箱，而极飞公司针对药箱已另外提起专利侵权诉讼，且机架除了机身的构架外，还包括喷洒装置、叶片等；3. 武汉国际农机展的1800万元只是意向订单金额，并不是真实的、已经交易的订单金额。

关于维权合理费用，极飞公司提交了公证费发票、律师费发票、产品购买发票等证据为证，证明其为本案及在另诉启飞公司的专利侵权案支出维权费用共计15.98万元（已剔除极飞公司向罗某某购买被诉产品费用1.25万元及相应公证费0.36万元），并明确主张维权合理费用平均分摊至两案中。经查，法院另案受理了极飞公司诉启飞公司侵害其名称为“液体容器及飞行器”实用新型专利权纠纷一案。该案中极飞公司委托的诉讼代理人及部分证据与本案相同，该案一审判决启飞公司停止侵权，赔偿极飞公司经济损失及维权合理开支共计10万元。

**一审判理和结果**

一审法院经审理认为，本案的争议焦点为：1. 启飞公司是否实施制造被诉产品的行为；2. 启飞公司的现有技术抗辩能否成立；3. 启飞公司法律责任的承担。

关于启飞公司实施的行为，结合公证书、公证封存物以及启飞公司在官网上及其他网站上对启飞公司及被诉产品的推介，可以认定启飞公司不仅许诺销售和销售被诉产品，同时还是被诉产品的制造者。

关于启飞公司提出的现有技术抗辩，经审查，为了达到发明目的，涉案发明技术方案的无人机机体包括机身和设在机身后方用于装载货物的储物装置。但启飞公司未能指出其提交的视频中何部件为储物装置，甚至无法指出“储物装置”可能隐藏的部位，故启飞公司的现有技术抗辩缺乏依据。

关于赔偿数额的确定，极飞公司没有提供其因被侵权所受损失或启飞公司因侵权所获利益的具体数额，也没有提供可以参照的专利许可使用费数额，请求法院酌定。本案计算赔偿所需的部分数据确有证据可初步支持，因此，对于损害赔偿数额的确定，应综合考虑以下因素：1. 关于启飞公司实施被诉侵权行为的时间。第一，无人机行业准入门槛高，市场对无人机技术升级的需求度高；第二，国内有实力的农用无人机生产企业数量有限；第三，启飞公司A10机型无人机产品在网上公开零售，极飞公司直至2018年12月才取证而后提起本案诉讼，可合理推定该机型技术升级前实施的技术方案与涉案专利有所区别；第四，参照启飞公司在武汉国际农机展就已展销2019款A6和A16机型植保无人机的事实，结合生产经营常识，可合理推定启飞公司在2017年下半年已完成

2018年款A10机型无人机的技术开发并投入实际生产及营销。结合前述推理和极飞公司2019年1月提起本案诉讼的事实，以1.5年评估启飞公司就被诉产品的获利情况。2.关于被诉产品的销量及销售金额。第一，启飞公司对武汉国际农机展展会的报道显示“意向订单超1800万，其中A16植保无人机意向订单超600万”，结合商家重点宣传新产品或最热销产品的惯常宣传方式，可合理推定上述除A16机型之外的A10、Q10及A6机型各自的意向订单额都远未达到600万元。第二，启飞公司市场部销售副总监沈某某自述2018年A10、Q10两款机型“在浙江省卖了六百多台，广东没怎么卖”。农用无人机的需求度与各省农业经济的发达程度和市场饱和度密切相关。若以被诉产品2018年全年销售600台为计，可推算得出该产品2018年销售金额480万元［600台 × 单价0.8万元（机架＋药箱）］。该数据与前述推算得知的武汉国际农机展中该机型的“意向订单”金额大致吻合。在启飞公司未提交相反证据的情况下，极飞公司请求称以每年600台计算启飞公司销售被诉产品的数量合理。3.被诉产品的利润率及涉案专利的贡献率。第一，关于利润率，无人机产品准入门槛高，可合理推定其利润率高。推定其利润率为25%。第二，关于贡献率，涉案专利提供的是一种机架结构及配重分布合理的无人机技术方案，使无人机飞行更平稳，控制更简单，占农用无人机技术权重高，故应从优评估涉案专利对产品利润的贡献率，酌定其比例为60%。

充分考虑上述因素，通过分析推算出启飞公司就擅自实施涉案专利获利约达108万元（0.8万元/台 ×600台/年 ×1.5年 ×25%利润率 ×60%贡献率）。综合衡量涉案专利权类型、启飞公司侵权行为性质与情节以及推算的启飞公司因被诉侵权行为的可能获利情况，剔除药箱及其他材料成本之后，酌定启飞公司赔偿极飞公司经济损失100万元，并另酌定启飞公司赔偿极飞公司合理维权开支8万元。

一审判决后，启飞公司不服，向最高人民法院提起上诉。二审经审理后判决：驳回上诉，维持原判。

**【法官评述】**

损害赔偿是侵犯知识产权民事责任的主要形式，而知识产权的无形性特征导致其损害赔偿难以计算，“赔偿难”成为知识产权保护的四大难题之一，也成为制约“强化知识产权保护”之导向落地实施的症结之一。司法实践中，权利人因被侵权所受到的实际损失、侵权人因侵权所获得的利益以及专利许可使用费的倍数存在证明难题。当计算赔偿所需的部分数据确有证据支持时，可运用证据规则，审核赔偿所需的数据，推算出被告因实施侵权行为的获利数额，进而酌定公平合理的赔偿数额，使之与知识产权的市场价值相适应。

**一、细化标准：运用酌定赔偿科学合理计算损害赔偿额**

酌定赔偿不同于法定赔偿，酌定赔偿是在一定的证据事实基础上，根据案件具体情况酌定权利人因被侵权所受到的实际损失或侵权人因侵权所获得的利益，由此确定损害赔偿数额的方式，其不受法定赔偿额区间的限制。司法实践中，权利人因被侵权所受到的实际损失或侵权人因侵权所获得的利益有相关证据支持时，则可以分析证据可采性，客观地审核计算赔偿数额的证据，运用逻辑推理、日常生活经验以及自由裁量权推算确定计算赔偿所需的其他数据，进而推算出权利人的实际损失或侵权人所获利益。这一方面可以避免简单适用法定赔偿方法，另一方面也可破解损害赔偿的计算难题。

本案创新性地适用以相关数据为基础的酌定赔偿制度，结合在案证据，推算出启飞公司实施被诉侵权行为的时间（1.5 年）、被诉产品的销量（600 台 / 年）及销售金额（480 万元）、被诉产品的利润率（25%）及涉案专利的贡献率（60%）。在此基础上，剔除配件及其他材料成本，推算出启飞公司因侵权所获得的利益，酌定启飞公司赔偿极飞公司经济损失 100 万元。

**二、破解“赔偿低”难题：损害赔偿额应与涉案专利市场价值相适应**

最高人民法院《关于全面加强知识产权司法保护的意见》将有效提高侵权赔偿数额作为当前应着力解决的突出问题之一。市场是知识产权价值的最佳判断者，知识产权的价值只有在市场中才能得到充分实现。当知识产权价值的市场实现因侵权行为受到阻碍时，侵权损害赔偿就应当充分反映和保护该知识产权的真实市场价值，这不仅能够彰显加大专利权保护的立场，更能激励创新，鼓励专利的创造、运用。毕竟，一直以来，如何促进专利权的转化利用是我国创新领域的一大难题。对于将专利权运用于市场并促进国家创新收益最大化的专利权人，应当给予其充分且适当的保护。

在具体的案件处理中，应在查清案件基本事实、明晰技术问题、明确法律关系的基础上，充分运用证据规则，引导当事人在提交证据、质证以及诉讼交锋中呈现知识产权的市场价值。本案所涉发明专利为一种农用植保无人机，农用植保无人机具有效率高、适应面广、施药效果好的特点，市场对农用植保无人机的需求很大，其市场价值较高，侵犯其专利权的行为应依法承担更高的赔偿数额。在确定赔偿数额时，应充分考虑涉案知识产权的市场价值，并积极运用证据规则酌定公平合理的赔偿数额，使损害赔偿数额与农用植保无人机的知识产权的市场价值相契合、与知识产权对侵权行为获利的贡献率相适应、与专利权的创新程度相匹配。这也将助力“赔偿低”难题的破解。

**三、法律效果和社会效果统一：保护专利权人与无人机产业**

对案件的处理应尽量实现较好的法律效果和社会效果。极飞公司、启飞公司皆为农用植保无人机领域具有较大影响力的生产企业，本案引起的社会关注较多，且本案涉及加强对高端装备制造等省重点产业的知识产权保护，在“加强知识产权保护”的立法及司法导向下，通过上述方式，为专利权人自主创新成果保驾护航，驱动企业核心技术升级，对农用植保无人机产业发展起到了积极的促进作用。

知识产权法与创新联系在一起，激励、保护创新是知识产权法的价值目标。积极探索细化损害赔偿额的认定标准，确定与知识产权的市场价值相适宜的损害赔偿额，是实现加强知识产权司法保护，为创新型经济的高质量发展护航这一知识产权司法保护工作目的的重要方式。对该案的处理，一方面保护了权利人极飞公司的合法权益，另一方面也达到了激励、保护创新之目的，为重点经济领域发展提供了坚实的司法保障。

编写人：广州知识产权法院　郭小玲

西南政法大学　郑诗婷

（编辑：黄榆岚）

# 4

# TCL空调器公司与广东美博公司等侵害发明专利权纠纷诉中行为保全案

**阅读提示：**审查诉中行为保全申请，应综合考虑哪些因素？

## 【裁判要旨】

申请人请求保护的知识产权效力稳定及被申请人的被诉行为构成侵权的高度盖然性，是适用行为保全的前提。诉中行为保全还应重点考虑采取保全措施的必要性，即不采取行为保全措施是否可能导致申请人受到如市场份额急剧减少、商誉受损等难以弥补的损害，同时也应考虑采取保全措施是否会造成双方当事人利益失衡、采取保全措施会否对社会公共利益产生不利的影响。本案被诉产品为大型耐用家电，使用周期长，市场需求量扩张有限，且有证据证明被申请人正在积极扩大经营规模及营销渠道，试图占领更多的市场份额，如若放任侵权产品继续流入市场，将不利于消费者的长远利益。鉴于申请人已提供相应担保，综合以上因素，法院支持申请人的行为保全请求。

## 【案号】

广州知识产权法院（2019）粤73知民初1302号

## 【案情与裁判】

申请人（原告）：TCL空调器公司

被申请人（被告）：广东美博公司、安徽美博公司

### 请求与抗辩

TCL 空调器公司称：广东美博公司制造、销售、许诺销售的空调及安徽美博公司销售、许诺销售的空调侵害其发明专利权，如不及时制止侵权行为，将给 TCL 空调器公司造成难以弥补的损失。故 TCL 空调器公司提起本案诉讼并同时对广东美博公司、安徽美博公司提出行为保全申请，请求裁定广东美博公司停止生产、销售、许诺销售侵犯 TCL 空调器公司 ZL201710290925.8 的发明专利权的产品及安徽美博公司立即停止销售、许诺销售侵犯 TCL 空调器公司 ZL201710290925.8 的发明专利权的产品。

广东美博公司、安徽美博公司共同辩称：1. 广东美博公司、安徽美博公司在 2019 年 8 月已对被诉产品的技术方案进行回避改进并重新修改模具，修改后的技术方案亦经 TCL 空调器公司技术人员审查；2. 广东美博公司、安徽美博公司于 2019 年 8 月至 9 月在京东、天猫平台下架了被诉产品，公司官网相关链接于听证后三天内删除；3. 广东美博公司、安徽美博公司不存在侵权的故意，尊重 TCL 空调器公司享有的发明专利权；4. 广东美博公司、安徽美博公司经营规模较小，法院一旦采取保全措施，对广东美博公司、安徽美博公司影响较大。综上，请求法院驳回 TCL 空调器公司的行为保全请求。

### 法院听证查明

TCL 空调器公司是专利号为 ZL201710290925.8、名称为“空调格栅组件及立式空调器”发明专利的专利权人。涉案专利合法有效。广东美博公司于 2019 年 12 月 20 日针对涉案专利权向国家知识产权局提出无效宣告请求，国家知识产权局于 2020 年 7 月 17 日作出无效宣告请求审查决定，维持涉案专利权有效。本案中，TCL 空调器公司请求保护涉案专利权利要求 1—4、7、8 记载的技术方案。

公证书载明，广东美博公司通过微信公众号对涉案立式空调器产品进行新品上市介绍，且在网站展销前述型号产品。TCL 空调器公司于安徽美博公司开设的京东网店中公证购买“空调美博（MBO）空调柜机二匹”一台。广东美博公司确认其实施了制造、销售、许诺销售被诉产品的行为，安徽美博公司确认其实施了许诺销售、销售被诉产品的行为。广东美博公司、安徽美博公司确认被诉产品系由广东美博公司提供给安徽美博公司。

将被诉侵权的技术方案与涉案专利权利要求 1—4、7、8 记载的技术方案进行比对，被诉侵权技术方案落入 TCL 空调器公司本案请求保护的范围，且广东美博公司、安徽美博公司关于本案现有技术抗辩不能成立。

广东美博公司制造的被诉产品在 2019 年年初上市。2020 年 8 月 28 日，广东美博公司对外宣称在“2020—2021 年度中国空调行业高峰论坛”上，“美博”品牌被评为“2020—2021 年度中国空调行业杰出科技创新品牌”，被诉产品“KFRD-51LW/Y1-3 轻奢派圆柱柜机空调”被“中国家电网 & 京东家电”评为“2020—2021 年度中国空调行业杰出渠道表现产品”。

保险公司为 TCL 空调器公司的行为保全申请提供保单保函，担保金额为 100 万元。

**法院判理和结果**

法院经审查认为，根据《最高人民法院关于审查知识产权纠纷行为保全案件适用法律若干问题的规定》第七条的规定，应当从以下几个方面对是否准许行为保全申请进行审查。

**一、涉案专利权是否稳定有效**

TCL 空调器公司已提交涉案发明专利授权公告文件、最近年度的专利年费收据，足可证明 TCL 空调器公司是涉案专利的权利人，其有权提起本案诉讼及行为保全申请。涉案专利是发明专利，在授权阶段经过实质性审查，其稳定性较外观设计专利及实用新型专利更高。广东美博公司曾对涉案专利权提出无效宣告请求，国家知识产权局已作出无效宣告请求审查决定，维持涉案专利权有效。在无明显相反证据的情形下，可以认定涉案专利权稳定有效。

**二、广东美博公司、安徽美博公司正在实施的行为是否存在侵害涉案专利权的可能性**

TCL 空调器公司、广东美博公司、安徽美博公司对广东美博公司制造、许诺销售和销售，安徽美博公司许诺销售和销售被诉产品的事实无异议，对此应予以确认。经比对，被诉侵权技术方案具备与涉案专利权利要求 1—4、7、8 记载的全部必要技术特征相同的技术特征，落入 TCL 空调器公司在本案中请求保护的权利范围，且广东美博公司、安徽美博公司本案现有技术抗辩不能成立。故广东美博公司、安徽美博公司为生产经营目的，擅自实施涉案行为构成专利侵权的可能性极高。

**三、不采取保全措施是否会给TCL空调器公司的合法权益造成难以弥补的损害**

TCL空调器公司与广东美博公司的主营产品均包括立式空调器，两者之间存在直接竞争关系。根据生活常识，涉案立式空调器产品为大型耐用家电，使用周期长，市场需求量扩张有限。立式空调器产品传统的销售旺季为每年的6—8月，而专利侵权诉讼时间较长，专利权的有效期并不因为发生诉讼而顺延。广东美博公司2019年年初才推出被诉产品，2020年8月已将之推广为“2020—2021年度中国空调行业杰出渠道表现产品”，可见其已经或正在积极扩大经营规模及营销渠道，试图占领该类型产品更多的市场份额。如果不及时发出保全裁定，禁止广东美博公司、安徽美博公司在诉讼期间继续从事侵权活动，放任其扩大生产规模，无疑会侵蚀专利产品的技术优势，冲击专利产品的销售价格和销售收入，最终将挤占专利权人TCL空调器公司的相应市场份额及扩展空间，对专利权人造成无法弥补的损害。

**四、采取保全措施是否会造成双方当事人利益失衡**

本案中，首先，不采取保全措施对TCL空调器公司造成的损害是难以弥补的，不仅会损失显而易见的研发费、推广费等，还会因为激烈的市场竞争而导致TCL空调器公司降低产品价格，削减市场份额，最终失去竞争优势。其次，采取保全措施对广东美博公司、安徽美博公司造成的损害是可以预见的，主要体现在广东美博公司、安徽美博公司无法通过被诉侵权行为谋取利益，与TCL空调器公司遭受难以弥补的损害相比，广东美博公司、安徽美博公司因保全错误而遭受的损害是可以弥补的。最后，申请人提供担保以实现双方利益的平衡。TCL空调器公司已为其行为保全申请提供100万元的保函担保，该担保合法有效。在听证过程中，广东美博公司、安徽美博公司未对该担保金额提出异议。TCL空调器公司胜诉的可能性较高，采取保全措施错误的可能性较低。目前，该担保数额是适当的，可以实现双方利益的平衡。

**五、关于采取行为保全措施是否损害社会公共利益**

公共利益涉及一定地域范围内不特定多数人的福祉。如果禁止侵权行为对公共安全、社会公众的健康、环保以及其他重大社会公共利益有着不容忽视的影响，则不宜采取行为保全措施。被诉产品属于普通商品，采取行为保全措施仅涉及广东美博公司、安徽美博公司的经济利益，不会损害社会公共利益。反之，涉案立式空调器零件的更换、维护等有赖于制造商长期而稳定的服务提供及技术支持，若放任侵权产品继续流入市场将不利于消费者的长远利益。

综上，TCL空调器公司的禁令请求有事实和法律依据，予以支持。根据《中华人民共和国民事诉讼法》第一百条第一款、第二款，第一百零八条，第一百五十四条第一款第（四）项，《最高人民法院关于审查知识产权纠纷行为保全案件适用法律若干问题的规定》第七条的规定，裁定：一、广东美博公司停止制造、许诺销售、销售侵犯申请人TCL空调器公司专利号为ZL201710290925.8、名称为“空调格栅组件及立式空调器”发明专利权的产品；二、安徽美博公司停止许诺销售、销售侵犯申请人TCL空调器公司专利号为ZL201710290925.8、名称为“空调格栅组件及立式空调器”发明专利权的产品。

该裁定已生效并已执行。

## 【法官评述】

本案是涉及专利侵权案件适用诉中行为保全措施的典型案例。由于知识产权具有非物质性特征，一旦知识产权遭受侵害，则很难恢复至未受侵害前的状态，行为保全在避免将权利人置于赢了官司，却失了市场竞争的尴尬处境中的作用尤为重要。行为保全是指，为避免当事人或者利害关系人的利益受到不应有的损害，法院依申请对相关当事人的侵害或有侵害之虞的行为采取的司法救济措施，其作为便捷的救济措施，不仅有利于提高知识产权司法救济的及时性，而且有助于实现加强知识产权保护以激励创新的价值理念。《最高人民法院关于审查知识产权纠纷行为保全案件适用法律若干问题的规定》（以下简称《知识产权行为保全规定》）第七条规定了审查行为保全申请应综合考虑的五个因素，法院在审查时，应秉持审慎的态度，综合考虑各因素，及时、有效保护权利人利益，并防止权利人滥用行为保全申请损害被申请人的合法权益。

### 一、行为保全与听证程序

《知识产权行为保全规定》对审查行为保全申请是否需要询问当事人作出了明确规定。第五条规定：人民法院裁定采取行为保全措施前，应当询问申请人和被申请人，但因情况紧急或者询问可能影响保全措施执行等情形除外。以询问为原则、不询问为例外，这是出于保障当事人合法权益、公平裁定的目的。行为保全对双方当事人的权益影响重大，为了保障双方当事人的合法权利，原则上应当询问双方当事人的意见，并在此基础上公平、合理地决定是否准许行为保全申请。听证并非询问的必要方式，但特殊情形下，询问可采取听证的方式，例如案件标的额重大，是否采取保全措施对当事人权益产生重大影响。本案中，因案情较为复杂，法院就 TCL 空调器公司上述申请事项组织双方听证，并在此基础上作出裁定。

## 二、行为保全的审查因素

《知识产权行为保全规定》第七条规定："人民法院审查行为保全申请，应当综合考量下列因素：（一）申请人的请求是否具有事实基础和法律依据，包括请求保护的知识产权效力是否稳定；（二）不采取行为保全措施是否会使申请人的合法权益受到难以弥补的损害或者造成案件裁决难以执行等损害；（三）不采取行为保全措施对申请人造成的损害是否超过采取行为保全措施对被申请人造成的损害；（四）采取行为保全措施是否损害社会公共利益；（五）其他应当考量的因素。"具体而言：

（1）关于涉案专利权是否稳定有效。该因素主要是审查申请人的请求是否具有权利基础，涉案专利的类型、是否具有权属争议等都是应当考量的因素。本案中，结合涉案专利系发明专利且在授权阶段经过实质性审查，最近年度的专利年费收据，涉案专利类型是发明专利以及广东美博公司曾对涉案专利权提出无效宣告请求，国家知识产权局已作出无效宣告请求审查决定，综合认定涉案专利权稳定有效。

（2）关于广东美博公司、安徽美博公司正在实施的行为是否存在侵害涉案专利权的可能性。对该要素的审查目的在于考查申请人胜诉的可能性，避免作出错误决定，防止当事人滥用行为保全对被申请人造成损害。经比对，被诉技术方案落入 TCL 空调器公司本案请求保护的权利范围，且广东美博公司、安徽美博公司本案现有技术抗辩不能成立，广东美博公司、安徽美博公司为生产经营目的，擅自实施涉案行为构成专利侵权的可能性极高。

（3）关于不采取保全措施是否会给 TCL 空调器公司的合法权益造成难以弥补的损害。存在难以弥补的损害是设立行为保全制度的正当性依据，正是因为存在事后难以补偿的损害，才有必要在损害赔偿制度之外，设立行为保全制度。本案中，申请人与被申请人存在竞争关系，对于具有直接竞争关系且产品相同或类似的情况下，侵权人给权利人造成的损失主要是包括销售流失与价格侵蚀，专利权人将会因此而丧失其应有的市场份额和收益减少。空调器属于耐用品，根据生活常识进行逻辑推理，如果不及时发出保全裁定，禁止广东美博公司、安徽美博公司在诉讼期间继续从事侵权活动，放任其扩大生产规模，无疑会侵蚀专利产品的技术优势，冲击专利产品的销售价格和销售收入，最终将挤占专利权人 TCL 空调器公司的市场份额及扩展空间，对专利权人造成无法弥补的损害。

（4）关于采取保全措施是否会造成双方当事人利益失衡。行为保全是强化申请人权利保障的临时救济措施，但正当程序理念也要求行为保全的适用需要考虑被申请人的合法权益。法院在判断是否采取行为保全措施时需要对权利人和侵权人之间的利益进行比较衡量，判断行为保全会否有违公平正义。具体而言，审查该因素需要考量采取保全措施对被申请人造成的损害是否可能超过不采取保全措施给申请人造成的损害。本案中，比较衡量权利人和侵权人之间的利益，不采取保全措施对申请人造成的损害难以弥补，而采取保全措施对被申请人造成的损害是可以预见的，且申请人提供的担保数额适当，则可以实现双方利益的平衡。

（5）关于采取行为保全措施是否损害社会公共利益。如采取保全措施将给环境保护、公共健康等公共利益带来不利影响，则不应准许行为保全申请。本案采取行为保全措施不会损害社会公共利益；反之，涉案立式空调器零件的更换、维护等有赖于制造商长期而稳定的服务提供及技术支持，若放任侵权产品继续流入市场将不利于消费者的长远利益。

综合分析以上五个因素，法院作出责令广东美博公司、安徽美博公司停止侵权行为的裁定。本案的处理体现了对行为保全审查的审慎态度，兼顾了及时保护与稳妥保护，避免了因审查过松导致权利人滥用行为保全损害被申请人的合法权益的问题。

编写人：广州知识产权法院　郭小玲

西南政法大学　郑诗婷

（编辑：黄榆岚）

# 5

# 美的公司与格力公司<br>侵害实用新型专利权纠纷案

阅读提示：如何权衡等同原则的适用与禁止反悔、可预见原则的限制？

**【裁判要旨】**

被诉技术方案与涉案专利使用基本相同的手段，达到基本相同的功能和效果，并且是本领域普通技术人员在被诉侵权行为发生时无须经过创造性劳动就能够联想到的特征，如不存在可适用禁止反悔原则等限制等同原则的情形，则应认定构成等同特征。但专利权人在无效宣告程序的口头审理中将部分技术特征予以排除、放弃或限定，则在侵犯专利权纠纷中，应当适用禁止反悔原则限制等同原则的适用。本案正是适用上述原则，考察涉案专利的申请历史资料，经过慎重权衡，作出不等同的判定。

**【案号】**

一审：广州知识产权法院（2017）粤73民初2176号

二审：最高人民法院（2019）最高法知民终48号

**【案情与裁判】**

原告：美的公司

被告：格力公司

## 起诉与答辩

美的公司起诉称：美的公司经“一种空调器的隐藏式显示结构”实用新型专利权人以独占许可的方式许可使用该专利，许可期限至2020年12月31日，该专利至今合法有效。格力公司未经许可，制造、销售、许诺销售侵害上述专利权的空调产品，为维护美的公司权益，请求判令：1. 格力公司立即停止制造、销售、许诺销售侵害专利号ZL201120075654.2、名称“一种空调器的隐藏式显示结构”的实用新型专利权的空调产品［型号为KFR-35GW/（35592）NhAa-3］，销毁库存空调产品及制造模具；2. 格力公司赔偿美的公司经济损失及为制止侵权所支付的合理费用500万元；3. 格力公司承担本案诉讼费用。

格力公司答辩称：1. 被诉产品是格力公司制造、销售和许诺销售的；2. 被诉产品使用的技术方案未落入涉案专利权保护范围，不构成侵权。

## 一审审理查明

2011年3月22日，案外人广东美的电器股份有限公司向国家知识产权局专利局申请“一种空调器的隐藏式显示结构”的实用新型专利。2013年12月11日，涉案专利的专利权人变更为案外人美的集团股份有限公司。2015年1月1日，美的集团股份有限公司与美的公司签订《专利实施许可合同》，约定美的集团股份有限公司将涉案专利以独占许可的方式许可给美的公司使用。

2017年11月16日，涉案专利的专利权人美的集团股份有限公司提交了意见陈述书和权利要求书的修改替换页，将涉案专利原权利要求1中补入了授权公告的权利要求5中的“所述面板为整体式不透明面板”，以及授权公告的权利要求2中的“显示盒的腔体底面上设置有至少一个用于固定PCB电路板的卡扣”两个技术特征，同时授权公告中的权利要求1记载的明显笔误“0”和授权公告中的权利要求5予以删除。修改后的涉案专利权利要求1的内容为：“1. 一种空调器的隐藏式显示结构，包括面板、显示盒和PCB电路板，其特征在于所述PCB电路板卡装在显示盒内，显示盒的腔体底面上设置有至少一个用于固定PCB电路板的卡扣，所述面板为整体式不透明面板，显示盒安装在面板的内侧面且使PCB电路板紧贴其上，面板与PCB电路板相对应位置的厚度为0.6mm—1.5mm。”2018年1月23日，专利复审委员会作出第34759号《无效宣告请求审查决定书》，决定在专利权人于2017年11月16日提交的权利要求1—4的基础上继续维持涉案专利权有效。

在涉案专利的上述无效宣告程序中，格力公司向专利复审委员会提交的若干证据中包括以下证据：1. 公开日为2008年3月28日、公开号为KR10-2008-0027679A的韩国发明专利申请及其中文译本作为证据7（以下简称涉案韩国对比专利）。该专利的权利要求1记载："空调器前面部具有半透明部，显示器配置于所述半透明部的后方，从半透明部的后方将空调本体的运转信息背光表示；控制部在空调本体运转时控制显示器，而空调本体的运转停止时关闭显示器。"该专利说明书记载以下内容："[33]本发明的另一个目的是提供一种空调器，当空调器运转时，其前面部不仅具有一体感，而且还表示空调器的运转信息，当空调器运转停止时，通过前面部不能看到显示器，从而空调器的前面部和周边环境协调。"2. 公开日为2009年4月8日、公开号为CN101403513A的中国发明专利申请公布说明书作为无效宣告程序中的证据3（以下简称CN101403513A发明专利申请）。CN101403513A发明专利申请的权利要求17内容为："如权利要求1—16的任一项所述的空调机的室内机，其特征在于将所述发光器件安装在显示基板上，同时，将该显示基板安装在具有显示窗的显示基板固定件上，由该显示窗的形状显示所述运转信息。"说明书中记载以下内容："发明所要解决的课题[08]本发明以不受外观设计上的制约、在不亮灯时看不到显示部为目的。发明的效果[10]……所以在发光器件不亮灯时，在前面板的前面不进行任何有关显示部的显现，在发光器件亮灯时，才在前面板的前面显现显示内容。因此，没有由显示内容导致的外观设计上的制约，设计的自由度扩大。[17]发光器件9安装在显示基板14上，显示基板14保持在显示基板固定件15上。显示基板固定件15具有在发光器件9亮灯时形成希望显示的形式的显示窗16，如图4所示，由配置在背面侧的螺旋弹簧17在关闭前面板2时总是向前方加载，显示窗16能够紧密接触地被固定在前面板2的装饰层10上。显示窗16的大小，即显示在前面板2的表面上的一个文字或图案的大小在视觉上需要在4mm×4mm以上，但是上限最好采用在外观设计上不过分大的50mm×50mm以下。由此，在能够容易识别显示内容的同时，能够容易确保必要数量的显示部的设置部位。另外，由于根据显示窗16的形状确定显示的形状，所以能够容易得到高精细的窗形。"3. 公开日为2005年11月16日、公开号为CN1697898A的中国发明专利申请作为无效宣告程序中的证据4（以下简称CN1697898A发明专利申请）。CN1697898A发明专利申请说明书中记载以下内容："[10]在分光板65的后面设置一个第一光导体67。发光二极管66的光通过第二光导体68和第一光导体67耦合到分光板65……如图4所示，第一、第二光导体67、68可以固定在印刷电路板62上，例如夹住或者粘住。"

2017年11月14日，涉案专利权人在无效宣告程序中提交了意见陈述书，其中包括以下内容：1.关于"显示盒安装在面板的内侧面且使PCB电路板紧贴其上"，PCB板为印刷电路板，一般需要在上面安装电子元器件后使用；权利要求1保护的是装配结构的关系，这里所用到的PCB线路板，必然是已经预先安装好电子元件的一个整体，不可能先装上PCB线路板后再在上面插接电子元器件，而为了实现空调器的隐藏式显示结构，必然是PCB线路板上的显示元件（例如LED组件）紧贴面板，这里的PCB电路板实际上是包含显示元件的PCB电路整体。因此，"PCB电路板紧贴其上"实际上是指PCB电路板上的显示元件紧贴面板，这是本领域技术人员根据权利要求书、说明书、附图可以毫无疑义、唯一确定得出的，因此是清楚的。2. CN1697898A发明专利申请的第一、第二光导体67、68与本专利的PCB电路板也不能对应，第一、第二光导体67、68从其术语本身已经清楚其作用仅仅是导光，并不具有光源，而本专利的PCB电路板在接收信号指令后能显示出不同的信息，两者的功能差距较大。

在2018年1月9日无效宣告程序的口头审理中，包含以下内容：1.格力公司认为根据涉案韩国对比专利说明书附图7已经公开了显示器紧贴前面板的特征，即使涉案韩国对比专利没有公开"紧贴"的特征，为了显示清晰的目的显示器组件紧贴前面板也是本领域的公知常识；涉案专利权人对此不予认可，并且引用CN101403513A发明专利申请为例陈述称："但是实际上请求人（即被告）提供的CN101403513A发明专利申请的图4为了显示清晰并没有紧贴面板，所以请求人所说的为了照明清楚必须紧贴面板的逻辑是不正确的。"2.涉案专利权人陈述称"CN1697898A发明专利申请说明书第9页第19—20段说的变光和导光装置不相当于本专利的PCB电路板，并没有给出将PCB电路板卡装在显示盒上的启示。CN1697898A发明专利申请中的65、67、68不是用来显示功能图案的PCB电路板"。

专利复审委员会2018年1月23日作出的第34759号《无效宣告请求审查决定书》中包括以下内容：1.合议组认为涉案专利要解决的技术问题是"当空

调器开启时，面板上超薄处对应的 PCB 电路板显示出相应的功能图案；当空调器关闭时，整机外观看不到显示操控面板”。2. 合议组认为权利要求 1 的“所述 PCB 电路板卡装在显示盒内，显示盒的腔体底面上设置有至少一个用于固定 PCB 电路板的卡扣”“显示盒安装在面板的内侧面且使 PCB 电路板紧贴其上”“面板与 PCB 电路板相对应位置的厚度为 0.6mm—1.5mm”彼此配合，构成了整体技术特征。3. 合议组认为，根据 CN101403513A 发明专利申请公开的内容，本领域的技术人员并不能直接、毫无疑义地确定基板和显示基板固定件之间的连接为卡装连接；并且，该发明申请也没有公开或者给出采用“显示盒底面与 PCB 电路板卡装使 PCB 电路板紧贴设置、相应位置处面板的超薄设计相配合的整体技术特征”的启示。4. 合议组认为，CN1697898A 发明专利申请采用分光板与面板直接连接的方式，也并不存在显示盒，因此 CN1697898A 发明专利申请没有给出采用“显示盒底面与 PCB 电路板卡装使 PCB 电路板紧贴设置”启示。

美的公司在格力全国连锁专卖店支付 5398 元购得格力牌品悦系列型号 KFR-35GW/（35592）NhAa-3 的空调两台并对国美商城、苏宁易购、格力公司网站上发布涉嫌侵权产品信息的网页证据保全公证。

经审查，被诉产品的空调器隐藏式显示结构实施的技术方案是：一种空调器的隐藏式显示结构，包括面板、显示盒、PCB 电路板以及导光板；PCB 电路板卡装在显示盒内，显示盒的腔体内设置有两个用于固定 PCB 电路板的卡扣；面板与 PCB 电路板之间有一个导光板，导光板通过卡扣安装在 PCB 电路板上，也可以从 PCB 电路板上拆卸分离；导光板上有“开关”图案和两位“8”字图案形成的缝隙，PCB 电路板与导光板的上述图案对应的位置设置了贴片发光二极管，二者结合通电后光可以透过导光板的缝隙显示图案；面板为整体式不透明面板，显示盒安装在面板的内侧面时，PCB 电路板通过导光板紧贴在面板上。

此外，经双方当事人同意，由一审法院技术调查官对被诉产品 PCB 电路板与面板相对应位置的厚度进行测量，测量时将显示盒覆盖面板的部分外圈横轴以数字 1–15 进行标识，每个数字间隔 1cm，竖轴以英文字母 A~H 进行标识，每个字母间隔 1cm，将横轴和竖轴的标识作为坐标从（A，1）至（F，15），划定的测量范围共有内外三圈，最内圈是 PCB 电路板显示元件与导光板对应的面积覆盖面板的区域，测量中该部分最外侧 4 个点的坐标为（C，5）、（C，11）、

（F，5）、（F，11）；中间圈是整块 PCB 电路板面积对应覆盖面板的区域，测量中该部分最外侧 4 个点坐标为（B，2）、（G，2）、（B，14）、（G，14）；最外圈是显示盒面积覆盖面板的区域，测量中该部分最外侧的 8 个点坐标为（A，2）、（C，1）、（G，1）、（H，3）、（F，15）、（H，13）、（B，15）、（A，14），即 PCB 电路板盒。测量结束后，双方当事人确认测量工具没有误差。根据上述测量数据，最内圈的厚度均在 0.6mm—1.5mm 范围内；中间圈和最外圈均有部分的厚度超出了 1.5mm。

根据以上事实，格力公司认为被诉技术方案与涉案专利权利要求 1 的技术方案存在三个既不相同也不等同的技术特征，并确认不存在其他争议特征。具体是：1. 被诉技术方案没有涉案专利权利要求 1 中的“卡扣”特征。涉案专利中卡扣的作用在于固定 PCB 电路板并确保 PCB 电路板紧贴面板内侧，被诉产品中的卡扣仅起固定作用，不能确保 PCB 电路板紧贴面板。2. 由于涉案专利权人在无效宣告程序中明确了导光板紧贴面板的技术方案不是涉案专利所保护的内容，因此格力公司实施的是涉案专利权人在无效宣告程序中明确放弃的技术方案，被诉技术方案不具有与“显示盒安装在面板的内侧面且使 PCB 电路板紧贴其上”相同或等同的技术特征。3. 被诉技术方案的面板与 PCB 电路板相对应位置的厚度不在 0.6mm—1.5mm 之间，因此不具有“面板与 PCB 电路板相对应位置的厚度为 0.6mm—1.5mm”相同或等同的技术特征。

针对格力公司抗辩的三个既不相同也不等同的技术特征，美的公司作出以下陈述：1. 涉案专利中卡扣只具有固定作用，确保 PCB 电路板安装位置的一致性和确定性，不存在格力公司所述的紧贴作用。2. 根据机械工业出版社 2017 年 11 月出版的第 2 版《Protel DXP 2004 原理图与 PCB 设计实用教程》记载，PCB 包含各种用于实现电路功能的元器件，例如芯片、电阻、电感、电容、晶体管等，每一个元器件都包含若干个引脚，通过这些引脚，电信号被引入元器件内部进行处理，从而完成相应的功能。涉案专利的 PCB 电路板包含能够显示图案的显示元件，PCB 电路板的显示元件紧贴面板才有意义，至于 PCB 电路板其他部分是否紧贴无关紧要。PCB 电路板上的显示元件具有多种实施方式，被诉技术方案采用的是导光板与贴片发光二极管组合构成能够显示图案的显示元件，单独的贴片发光二极管或导光板均不能实现显示图案的功能，二者应视为构成能够显示图案的 LED 组件整体，因此被诉技术方案具备涉案专利权利要求 1“显示盒安装在面板的内侧面且使 PCB 电路板紧贴其上”的技术特征。3. 根据美的公司于 2018 年 11 月 15 日向一审法院提交的《技术比对分析意见》，美的公司认为涉案专利的“面板与 PCB 电路板相对应位置的厚度为 0.6mm—1.5mm”与被诉技术方案“面板与 PCB 电路板的显示元件相对应位置的厚度为 0.6mm—1.5mm”（即测量中的最内圈厚度）的特征构成等同特征，理由是两者采用的技术手段和所要实现的功能、效果相同，仅在减薄位置的区域范围大小上存在差异，且该差异是本领域普通技术人员无须经过创造性劳动就能够联想到的特征。

此外，为证明被诉产品未落入涉案专利权利要求 1 的保护范围，格力公司提交了以下辅助证据：1. 2001 年出版的《电子线路设计 CAD 实用教程》一书节选复印件，其中记载印刷电路板（PCB）是要实现元器件引脚之间的电气连接；2. 1989 年出版的《非线性电路分析基础》一书节选复印件，该书第 1 页记载“器件　具有两个或多个可对外进行电气联结的端子的物理实体……元件　具有两个或多个端子的理想化模型……”。格力公司根据以上证据 1、2 认为，在涉案专利没有给予 PCB 电路板特殊定义的情况下，根据上述教科书的定义，PCB 电路板仅包括通过电气连接的元件和器件。3.（2018）京长安内经证字第 6429 号、第 7751 号公证书各一份，显示 2018 年 2 月 9 日，北京市金杜律师事务所的代理人在北京市长安公证处公证员见证下，在京东网站上搜索“KFR-35GW/（35592）NhAa-3”并购买“格力（GREE）品悦定频　舒适静音　清爽白冷暖壁挂式空调 KFR-35GW/（35592）”产品一台，并于 2018 年 2 月 22 日在公证人员见证下收取货物。公证书附图显示所购商品外包装有“分体热泵型壁挂式房间空调器 KFR-35G（35592）NhAa-3 系列名：品悦 颜色：清爽白　珠海格力电器股份有限公司”等字样，并贴有“0135208 北京市长安公证处 2018 年 2 月 22 日”字样的封条。4. 北京智慧知识产权司法鉴定中心〔2018〕知鉴字第 11 号《司法鉴定意见书》一份，显示格力公司委托该中心就格力公司公证购买的型号为 KFR-35G/（35592）NhAa-3 的“分体热泵型壁挂式房间空调器　室内机”的技术方案与涉案专利权利要求 1—5 记载的技术特征是否相同或者等同进行鉴定。根据该意见书记载，格力公司提交的被鉴定产品包装箱封口处贴有“0135208 北京市长安公证处”字样的封条，封条完整并印有该公证处印章，日期为 2018 年 2 月 22 日。该意见书还记载，打开被鉴定物的前面板可见一灰色盒体固定在前面板内右侧，通电后，灰色盒体相对应的前面板外侧显示光条，卸下灰色盒体可见其内设置有 PCB 电路板和导光板，导光板卡接在 PCB 电路板上并紧贴在前面板内侧面上，光透过导光板上缝隙可形成数字。将前面板对光进行观察，可见与灰色盒体相对应的前面板部位相对较薄可透光，导光板紧贴该前面板内侧面的削薄处，由于导光板覆盖在 PCB 电路板上，该削薄处即为 PCB 电路板相对应的前面板位置，通过深度测量仪测量该前面板位置的厚度为 1.469mm—2.315mm（共测量 50 个点）。鉴定意见结论为：被鉴定物包含与涉案专利权利要求 1 记载的“一种空调的隐藏式显示结构，包括面板、显示盒和 PCB 电路板，PCB 电路板安装在显示盒内，显示盒安装在面板的内侧面”这四个技术特征相同的技术特征，被鉴定物的“导光板卡接在 PCB 电路板上，导光板紧贴在前面板内侧面上，以及前面板与 PCB 电路板相对应位置的厚度为 1.469mm—2.315mm”这两个技术特征则与对比专利权利要求 1 的“PCB 电路板紧贴其（面板内侧面）上、面板与 PCB 电路板相对应位置的厚度为 0.6mm—1.5mm”这两个技术特征既不相同也不等同。格力公司根据以上证据 3、4 认为格力公司自行购买并委托鉴定的与被诉产品相同的产品实施的技术方案不落入涉案专利权利要求 1 的保护范围。美的公司对格力公司提交的上述证据的真实性、合法性均无异议，对关联性均有异议。

**一审判理和结果**

一审法院经审理认为，本案争议焦点在于被诉技术方案是否落入涉案专利权利要求 1 的保护范围。由于涉案专利权人在无效宣告请求程序中对权利要求进行了修改，在原权利要求 1 中补入了授权公告的权利要求 2、5 中的相关技术特征，删除权利要求 5 并修改相关笔误，其后专利复审委员会也宣告在修改后的权利要求 1—4 的基础上维持涉案专利权有效，据此美的公司主张以限缩修改后的权利要求 1 来确定本案专利权的保护范围，符合法律规定。

将被诉技术方案与涉案专利修改后的权利要求 1 所记载的全部技术特征进行比对，双方当事人存在三个争议技术特征，具体分析如下：

1. 关于被诉技术方案是否包含“卡扣”技术特征的争议，一审法院认为，被诉技术方案中显示盒的腔体底面上设置有两个用于固定 PCB 电路板的卡扣，卡扣能使 PCB 电路板和显示盒实现位置确定的良好安装，因此被诉技术方案具有与涉案专利权利要求 1“显示盒的腔体底面上设置有至少一个用于固定 PCB

电路板的卡扣”的技术特征相同的技术特征。

2. 关于被诉技术方案是否包含“PCB 电路板紧贴面板内侧面”技术特征的争议。

（1）关于 PCB 电路板的含义。第一，无论根据美的公司提交的 2017 年 11 月出版的第 2 版《Protel DXP 2004 原理图与 PCB 设计实用教程》，还是格力公司提交的 2001 年出版的《电子线路设计 CAD 实用教程》以及 1989 年出版的《非线性电路分析基础》等相关书籍，PCB 电路板指包含各种用于实现电路功能的元器件，电信号通过引脚被引入元器件内部进行处理，从而完成相应的功能。第二，根据涉案专利权人在无效宣告程序中提交的意见陈述书，涉案专利权人也认为 PCB 电路板为印刷电路板，一般需要在上面安装电子元器件后使用；PCB 电路板必然是已经预先安装好电子元器件的一个整体，不可能先装上 PCB 电路板后再在上面插接电子元器件。综合以上两方面，由于导光板上没有任何电子元器件，并且导光板可以从 PCB 电路板上拆卸分离，因此导光板显然不属于 PCB 电路板的一部分，而是分属不同的部件。

（2）在被诉技术方案中，虽然 PCB 电路板与面板内侧面之间多了一块导光板，令 PCB 电路板与面板内侧面并未直接接触；但在显示盒安装在面板的内侧面后，PCB 电路板、导光板和面板这三者紧紧相贴，在空调运行时 PCB 电路板上发光显示元件的光透过具有图案缝隙的导光板，在面板上能显示出相应的功能图案，属于以间接紧贴这种基本相同的手段，实现涉案专利要解决的技术问题“当空调器开启时，面板上超薄处对应的 PCB 电路板显示出相应的功能图案；当空调器关闭时，整机外观看不到显示操控面板”，达到基本相同的功能和效果，并且是本领域普通技术人员在被诉侵权行为发生时无须经过创造性劳动就能够联想到的特征，因此假如不存在可适用禁止反悔原则等限制等同原则的情形，则应认定构成等同特征。

（3）在无效宣告程序中，首先，涉案专利权人在意见陈述书中称 PCB 电路板是包含显示元件的 PCB 电路整体，明确限定“PCB 电路板紧贴其上”实际上指 PCB 电路板上的显示元件紧贴面板。结合前述 PCB 电路板不应包括导光板的认定，故此处涉案专利权人所述的 PCB 电路板上的显示元件（特别是涉案专利权人已明确显示元件属于 PCB 电路整体的一部分）紧贴面板明显不应包括通过导光板间接紧贴面板的情形。其次，涉案专利权人专门指出

CN1697898A 发明专利申请的第一、第二光导体 67、68 与涉案专利的 PCB 电路板也不能对应，第一、第二光导体 67、68 从其术语本身已经清楚其作用仅仅是导光，并不具有光源，而涉案专利的 PCB 电路板在接收信号指令后能显示出不同的信息，两者的功能差距较大。再次，涉案专利权人在口头审理中明确认为 CN101403513A 发明专利申请的图 4 的情形不属于"紧贴面板"。然而，在涉案专利申请日前公开的 CN101403513A 发明专利申请要解决的技术问题包括"在发光器件不亮灯时，在空调前面板的前面不进行任何有关显示部的显现，在发光器件亮灯时，才在前面板的前面显现显示内容"，此部分与涉案专利要解决的技术问题是基本相同的，因此涉案专利相对于 CN101403513A 发明专利的创新应当是在解决基本相同的技术问题时体现出来的不同的解决思路和技术方案。而在 CN101403513A 发明专利申请的图 4 技术方案中，螺旋弹簧令安装在前面板背后的发光器件、显示窗紧密接触前面板内侧面，发光器件发出的光通过不属于发光器件的显示窗后，才能显示在前面板的表面，显现的内容是根据显示窗的形状所确定的，因此 CN101403513A 发明专利申请图 4 技术方案中上述关于"紧贴"的技术特征与被诉技术方案中使用导光板实现间接紧贴的技术特征基本相同。综上，涉案专利权人在口头审理中认为 CN101403513A 发明专利申请的图 4 的情形不属于"紧贴面板"的陈述，实质是将使用导光板、显示窗之类实现间接紧贴的技术特征予以排除和放弃，而该结论亦与涉案专利权人所述的"PCB 电路板紧贴其上实际上是指 PCB 电路板上的显示元件紧贴面板""CN1697898A 发明专利申请的第一、第二光导体 67、68 与涉案专利的 PCB 电路板不能对应，第一、第二光导体 67、68 的作用仅仅是导光，并不具有光源，两者的功能差距较大"等内容前后呼应，足以证明这是涉案专利权人关于专利权权利范围一贯的、明确的解释。

《最高人民法院关于审理侵犯专利权纠纷案件应用法律若干问题的解释》（以下简称《解释一》）第六条规定，专利申请人、专利权人在专利授权或者无效宣告程序中，通过对权利要求、说明书的修改或者意见陈述而放弃的技术方案，权利人在侵犯专利权纠纷案件中又将其纳入专利权保护范围的，人民法院不予支持。据此，本案应当适用上述禁止反悔原则限制等同原则的适用，被诉技术方案不包含与涉案专利"PCB 电路板紧贴面板内侧面"的技术特征相同或等同的技术特征。

3. 关于被诉技术方案是否包含“面板与 PCB 电路板相对应位置的厚度为 0.6mm—1.5mm”技术特征的争议。

（1）关于“面板与 PCB 电路板相对应位置”，结合涉案专利的权利要求和说明书及其附图，为了解决“当空调器开启时，面板上超薄处对应的 PCB 电路板显示出相应的功能图案；当空调器关闭时，整机外观看不到显示操控面板”的技术问题，“所述 PCB 电路板卡装在显示盒内，显示盒的腔体底面上设置有至少一个用于固定 PCB 电路板的卡扣”“显示盒安装在面板的内侧面且使 PCB 电路板紧贴其上”“面板与 PCB 电路板相对应位置的厚度为 0.6mm—1.5mm”属于彼此配合的技术特征，要达到的技术效果是：通过卡扣将 PCB 电路板卡装固定在显示盒内的确定位置，当显示盒安装在面板上时，使 PCB 电路板恰好落入面板上的厚度减薄区域（厚度为 0.6mm—1.5mm），从而令两者紧贴并当空调器开启时面板上显示出相应的功能图案。因此，无论是从技术效果分析还是直接从权利要求的文义进行理解，关于面板与 PCB 电路板相对应位置的解释应为“整块 PCB 电路板面积对应覆盖面板的区域”（对应一审法院测量的被诉产品的中间圈区域）。由于一审法院测量的中间圈区域有部分厚度超出了 1.5mm，因此被诉技术方案不包含与“面板与 PCB 电路板相对应位置的厚度为 0.6mm—1.5mm”相同的技术特征。

（2）关于美的公司提出涉案专利“面板与 PCB 电路板相对应位置的厚度为 0.6mm—1.5mm”与被诉技术方案“面板与 PCB 电路板的显示元件相对应位置的厚度为 0.6mm—1.5mm”（即测量中的最内圈区域厚度）的特征仅在面板减薄区域的范围大小上存在差异、应构成等同特征的主张。一审法院认为，首先，PCB 电路板中某部分元件（如本案中的显示元件）所占的面积必然小于或等于整块 PCB 电路板的面积，如同一张纸上所记载的某部分内容所占的面积必然小于或等于整张纸的面积，这在涉案专利申请时应当属于所有领域（当然包括本领域）的普通技术人员普遍知晓并且显而易见的公知常识。其次，涉案专利申请人在申请涉案专利选择确定面板上应当减薄至 0.6mm—1.5mm 厚度的区域时，选择的是整块 PCB 电路板相对应的位置区域；相对于选择 PCB 电路板的显示元件对应的位置区域而言，涉案专利申请人在申请专利时的选择实质上缩小了保护范围，未将“面板与 PCB 电路板中显示元件以外的部分相对应位置的厚度”超出 0.6mm—1.5mm 数值区间的情形包含在内。最后，由于这种选择是涉案专利申请人在申请专利时明知“PCB电路板的显示元件所占的面积必然小于或等于整块PCB电路板的面积”而作出的意思表示，且不属于因专利申请时本领域的技术水平发展不足、认识障碍等制约导致专利申请人对于等同特征缺乏预见的情形，根据诚实信用原则，不应认定“面板与PCB电路板的显示元件相对应位置的厚度为0.6mm—1.5mm”与“面板与PCB电路板相对应位置的厚度为0.6mm—1.5mm”构成等同特征。

（3）关于类似问题，最高人民法院在（2015）民申字第740号民事裁定书中有以下认定：“首先，应考虑等同原则与专利权保护范围之间的关系，以及专利法律制度规定等同原则的必要性。一方面，在专利侵权判定中，等同原则是对专利权利要求字面保护范围的扩张，是对专利权字面侵权的适当补充，等同原则的适用为专利权人提供了切实有效的法律保护，鼓励了技术创新；另一方面，专利制度本身又要确保专利权的保护范围具有足够的法律确定性和可预见性，不因滥用等同原则致使专利权保护范围缺乏确定性而损害社会公众的利益。因此，等同原则既是专利权保护中一项不可或缺的重要原则和制度，但同时又必须对等同原则的适用施加必要限制，兼顾专利权人和社会公众的利益，既要保护专利权人在现有技术基础上作出的技术贡献，又促进科学技术的进步。其次，等同原则的适用须考虑专利申请与专利侵权时技术的发展水平，防止对专利技术方案中某些技术特征以专利申请日后新出现的技术进行简单替换而规避侵权的情况，合理界定专利权的保护范围……孙俊义在申请涉案专利时将其要求保护的技术方案限定为进水套的上表面呈锥面，不是平面，而锥面或平面均是涉案专利申请时，该领域普通技术人员普遍知晓的技术方案，因此，专利权人将权利要求中该技术特征限定为锥面是将平面排除在涉案专利权的保护范围之外。鉴于此，在侵权判定时，不能将技术特征‘锥面’扩张到‘平面’予以保护，否则将有损社会公众对专利权保护范围确定性和可预见性的信赖，从而损害社会公众的利益，动摇专利制度的基石……一方面，随着专利制度的进一步普及和发展，专利权人的专利文件撰写水平不断提高，专利行政部门对专利申请文件的撰写要求更为严格，等同原则对于撰写水平较低专利的保护作用在逐级减弱；另一方面，人民法院对等同原则的认识更为深刻，对等同原则的适用也更为严格和谨慎。”

根据以上几方面的考虑，一审法院对于美的公司关于该项特征的主张不予支持，被诉技术方案不包含与“面板与PCB电路板相对应位置的厚度为0.6mm—1.5mm”技术特征相同或等同的技术特征。

综上所述，被诉技术方案不包含与涉案专利权利要求1技术特征“PCB电路板紧贴面板内侧面”“面板与PCB电路板相对应位置的厚度为0.6mm—1.5mm”相同或等同的技术特征。《解释一》第七条第二款规定，被诉技术方案的技术特征与权利要求记载的全部技术特征相比，缺少权利要求记载的一个以上的技术特征，或者有一个以上技术特征不相同也不等同的，人民法院应当认定其没有落入专利权的保护范围。据此，一审法院认定被诉技术方案未落入涉案专利权利要求1的保护范围，格力公司制造、销售和许诺销售被诉产品的行为并未侵害美的公司享有的涉案专利权利，并据此驳回美的公司的诉讼请求。

一审判决之后，美的公司不服，向最高人民法院提起上诉。二审经审理后判决：驳回上诉，维持原判。

## 【法官评述】

可预见原则作为等同原则适用的限制，最早是由美国联邦巡回上诉法院的Rader法官在1997年Sage案（Sage Prods. v. Devon Indus. ,126 F. 3d 1420,1997 U. S. A.）中提出的，其基本含义为等同原则不保护专利申请人在申请专利时可以合理地预见到并且应当写入权利要求书的技术方案。但由于该问题极具争议性，经过多个案例的适用和争论，美国联邦巡回上诉法院在2014年的Ring案（Ring & Pinion Serv. Inc. v. ARB Corp. Ltd. , 743 F. 3d 2014 U. S. A.）中明确否定了可预见原则的适用。

### 一、可预见原则在我国司法解释及相关指引中的规定

2003年，可预见原则进入我国专利法司法解释的视野。最高人民法院《关于审理专利侵权纠纷案件若干问题的规定（会议讨论稿2003.10.27—29）》第十一条第三款曾规定了可预见原则：“权利要求记载的技术特征的变换特征对所属领域的技术人员而言在专利申请日是显而易见的，而申请人未将该变换特征写入权利要求，权利人在侵权诉讼中主张对该变换特征适用等同原则认定为等同特征的，人民法院不予支持。”但是，在2009年最高人民法院的《解释一》施行时，可预见原则并未被规定在内。对此，《专利文件修改超范围的判断标准及其救济方案——以最高人民法院的判例为研究基础》一文明确认为，“是

否应当将申请人知道或应当知道但未记载在说明书中的等同方式排除在保护范围之外，实际上是可预见原则所要解决的问题。该原则在我国专利制度中并未获得认可，且其同样仅适用于专利授权后的侵权判定过程”。

此后，上海市高级人民法院民三庭《等同侵权的司法认定》肯定了可预见原则：“权利要求中记载的未被修改技术特征的变换特征对所属领域的技术人员而言在专利申请日无须创造性劳动就能想到，或者权利要求中记载的被修改技术特征的变换特征对所属领域的技术人员而言在技术特征修改日无须创造性劳动就能想到，而在申请时或者修改时未将该种变换特征写入权利要求中，权利人在侵权诉讼中对该种变换特征主张等同侵权的，人民法院不予支持。”但是该法院也认识到了我国专利审查过程中权利要求的修改规则可能过于机械，增加可预见原则在司法实践中存在推行的难度：“有可能存在申请人在申请时或者修改时本可以预见到某一等同技术特征，但由于修改机会与修改方式所限，而不能将当时已经预见到的等同技术特征写入权利要求。而后来的侵权诉讼中又不允许主张等同侵权，这种情况下对专利权人并不公平。”

此外，北京市高级人民法院《专利侵权判定指南（2017）》第60条也包含了可预见原则：“对于发明权利要求中的非发明点技术特征、修改形成的技术特征或者实用新型权利要求中的技术特征，如果专利权人在专利申请或修改时明知或足以预见到存在替代性技术特征而未将其纳入专利权的保护范围，在侵权判定中，权利人以构成等同特征为由主张将该替代性技术方案纳入专利权的保护范围的，不予支持。”对于上述内容，《北京市高级人民法院〈专利侵权判定指南（2017）〉修改解读》指出：“由于专利申请人已经有充分的时间对相关技术特征进行修改，因此对于其有预见存在替代性技术特征可能的情形，则无论因何种原因而导致该等同特征未纳入专利保护范围，在侵权诉讼中均不再将上述未纳入范围之事项加入保护范围……通过提高保护门槛来抑制由于授权门槛较低导致的实用新型申请量，以此鼓励权利人申请质量较高的发明专利……发明点特征是专利技术方案的创新所在，是体现专利权人对社会所做贡献的内容，对其应当给予比非发明点特征（一般都属于现有技术）更宽的等同范围，这种做法符合权利要求解释的公平原则。”从以上指南及解读来看，北京市高级人民法院更多是从效率的角度出发确定了“发明权利要求中的非发明点技术特征、修改形成的技术特征或者实用新型权利要求中的技术特征”几种情形适用可预见原则，这不失为一种具有可操作性的探索。

## 二、可预见原则在本案中的实践

在本案中，法院组织双方当事人对被诉产品PCB电路板与面板相对应位置的厚度进行测量，划定的测量范围共有内外三圈：最内圈是PCB电路板显示元件与导光板对应的面积覆盖面板的区域，中间圈是整块PCB电路板面积对应覆盖面板的区域，最外圈是显示盒面积覆盖面板的区域；测量结果显示最内圈的厚度均在0.6mm—1.5mm范围内，中间圈和最外圈均有部分的厚度超出了1.5mm。据此，专利权人认为涉案专利“面板与PCB电路板相对应位置的厚度为0.6mm—1.5mm”与被诉技术方案“面板与PCB电路板的显示元件相对应位置的厚度为0.6mm—1.5mm”（即测量中的最内圈区域厚度）的特征仅在面板减薄区域的范围大小上有差异，二者应构成等同特征。

对此，法院认为，第一，PCB电路板中某部分元件（如本案中的显示元件）所占的面积必然小于或等于整块PCB电路板的面积，如同一张纸上所记载的某部分内容所占的面积必然小于或等于整张纸的面积，这在涉案专利申请时应当属于所有领域（当然包括本领域）的普通技术人员普遍知晓并且显而易见的公知常识。第二，专利申请人在申请涉案专利选择确定面板上应当减薄至0.6mm—1.5mm厚度的区域时，选择的是整块PCB电路板相对应的位置区域；相对于选择PCB电路板的显示元件对应的位置区域而言，专利申请人在申请专利时的选择实质上缩小了保护范围，未将“面板与PCB电路板中显示元件以外的部分相对应位置的厚度”超出0.6mm—1.5mm数值区间的情形包含在内。第三，这种选择是专利申请人在申请专利时明知“PCB电路板的显示元件所占的面积必然小于或等于整块PCB电路板的面积”而作出的意思表示，且不属于因专利申请时本领域的技术水平发展不足、认识障碍等制约导致专利申请人对于等同特征缺乏预见的情形。因此，根据前述的可预见原则，法院认定专利权人上述关于等同特征的主张不能成立。

在此案的处理中，一审法院还引用最高人民法院（2015）民申字第740号民事裁定书的认定，最高人民法院在肯定等同原则的适用为专利权人提供了切实有效的法律保护且鼓励了技术创新的同时，进一步强调了“专利制度本身又要确保专利权的保护范围具有足够的法律确定性和可预见性，不因滥用等同原则致使专利权保护范围缺乏确定性而损害社会公众的利益”“必须对等同原则的适用施加必要限制，兼顾专利权人和社会公众的利益，既要保护专利权人在现有技术基础上作出的技术贡献，又促进科学技术的进步”。

综上所述，虽然可预见原则并未在我国《专利法》及其司法解释中加以规定，但核心问题并非其不符合专利法的价值理念，而是需要通过充分的案例研究提升其司法实践的可操作性，其中的关键在于确定“合理预见”的适用条件和适用范围。解决问题的思路可以是多向的，例如北京市高级人民法院《专利侵权判定指南（2017）》根据效率原则区分不同情形的做法；又如将“申请人在专利申请时合理预见”限定为“申请人在专利申请时能够实际预见或者显而易见”的要件，避免增加专利权人难以完成的撰写负担，以期更符合我国专利申请和侵权诉讼的现实情况；再如从可预见原则归纳出一些特殊情形，如《解释一》第五条规定的捐献原则便可视为在可预见原则的基础上成功衍生出来的一项特殊原则：既然申请人已在说明书或者附图中描述了相应的技术方案，则意味着申请人在申请时已经合理预见到并且应当将其写入权利要求书，申请人没有在权利要求书中记载该技术方案的，不应再通过等同原则的适用扩张保护。

当然，也应认识到，专利侵权领域中任何一种侵权判定原则或者限制豁免原则从提出到完善都需要司法实践中丰富的案例支撑，在案例类型化的过程中一步步论证和推动，目标是在维护社会公众对专利公示的合理信赖利益与保护专利权激励创新之间取得平衡。

编写人：广州知识产权法院　朱文彬　邓志愿　罗炜

（编辑　刘合安）

# 6

# 敦骏公司与虹联公司侵害发明专利权纠纷案

**阅读提示：** 如何对涉网络通信领域中的多主体实施方法专利侵权案件进行审理？

## 【裁判要旨】

本案所涉专利为网络通信领域方法专利，案件审理思路秉承了最高人民法院在“腾达”案中确定的“固化”+“不可替代实质性作用”的裁判规则，明确了对于需要多主体实施的方法专利，可以认定侵权人制造、销售、许诺销售被诉产品的行为直接构成侵权。

## 【案号】

一审：广州知识产权法院（2017）粤73民初4323号

## 【案情与裁判】

原告：敦骏公司

被告：虹联公司

**起诉与答辩**

敦骏公司起诉称：敦骏公司对专利号为ZL02123502.3、名称为“一种简易访问网络运营商门户网站的方法”的发明专利享有专利权，该发明专利合法有效，权利稳定，应受法律保护，专利权人已于2015年7月2日由华为技术有限公司变更为敦骏公司。虹联公司未经许可，在官网展示了多款无线云AP、智能无线云平台产品，进行许诺销售，且虹联公司使用了涉案发明专利并生产、销售、许诺销售被诉产品。虹联公司经营规模大、销售渠道广，其官网公布了多起无线云 AP 覆盖案例，侵权恶意明显，故请求法院判令虹联公司：1. 立即停止侵害专利号为 ZL02123502.3、名称为“一种简易访问网络运营商门户网站的方法”发明专利权行为；2. 立即停止生产、许诺销售、销售侵犯涉案发明专利权的被诉产品，并销毁所有库存侵权产品、制造侵权产品所用的模具，以及带有侵权产品图片的样本、宣传资料，删除其网页上有关侵权产品的所有信息；3. 赔偿敦骏公司经济损失及合理费用合计 600 万元，其中合理费用 19070 元，包括公证费 7740 元、购买侵权实物费用 1330 元、律师费 1 万元；4. 承担本案全部诉讼费用。

虹联公司答辩称：被诉侵权技术方案与涉案专利技术方案并不相同。被诉产品的实现方式是在数据包内直接拦截和修改，所有操作都是在 Linux 操作系统的 TCP/IP 协议栈内完成，根本不存在“虚拟成用户要访问的网站与门户业务用户设备建立 TCP 连接”。“C. 收到重定向报文后的门户业务用户设备的浏览器自动发起对真正门户网站 Portal_Server 的访问”是 Portal 门户访问的基本流程，涉案专利是对原来的 Portal 接入认证方法的改进，但这是 Portal 认证的表现形式，不是专利的专有步骤。涉案专利的核心部分是一个虚拟的 Web 服务器，可以实现 Portal 认证强制跳转，被诉产品中没有一个虚拟的 Web 服务器，Linux 协议栈是被诉产品的实现方法内容。

**一审审理查明**

ZL02123502.3“一种简易访问网络运营商门户网站的方法”发明专利的申请日为 2002 年 6 月 28 日，授权公告日为 2008 年 8 月 20 日，该专利年费已按时缴纳。国家知识产权局 2017 年 5 月 26 日作出的专利登记簿副本显示，专利权人于 2015 年 7 月 2 日由华为技术有限公司变更为敦骏公司。

敦骏公司明确在本案中主张的专利保护范围为权利要求 1，内容为：“一种简易访问网络运营商门户网站的方法，其特征在于包括以下处理步骤：A. 接入服务器底层硬件对门户业务用户设备未通过认证前的第一个上行 HTTP 报文，直接提交给‘虚拟 Web 服务器’，该‘虚拟 Web 服务器’功能由接入服务器高层软件的‘虚拟 Web 服务器’模块实现；B. 由该‘虚拟 Web 服务器’虚拟成用户要访问的网站与门户业务用户设备建立 TCP 连接，‘虚拟 Web 服务器’

向接入服务器底层硬件返回含有重定向信息的报文，再由接入服务器底层硬件按正常的转发流程向门户业务用户设备发一个重定向到真正门户网站 Portal_Server 的报文；C. 收到重定向报文后的门户业务用户设备的浏览器自动发起对真正门户网站 Portal_Server 的访问。”

2017 年 11 月 1 日，经公证，敦骏公司委托代理人使用电脑，在百度主页输入“虹联”并搜索进入目标网页，网址为 http://www.redwave.cc，随后浏览并点击网页上的企鹅图像，与 QQ 名称显示为“Redwave 无线厂家（426013198）”的主体进行聊天。聊天记录内容包括，敦骏公司委托代理人向“Redwave 无线厂家（426013198）”咨询并从附图的产品报价单中选取了三款无线路由器，“Redwave 无线厂家（426013198）”确认所有云 AP 产品都支持 Portal 认证，产品软件功能是一样的，统一云端操作，硬件、外观、针对场景不一样，“Redwave 无线厂家（426013198）”向敦骏公司委托代理人提供了虹联公司的银行账户信息、客服中心电话和供方为虹联公司的电子订单，因发票问题最终未支付货款。打开“Redwave 无线厂家（426013198）”发送的报价清单显示有多个云 AP 系列产品。打开“Redwave 无线厂家（426013198）”发送的两个网址，均显示多款云 AP 产品，其中一个网址显示智能无线运营云平台介绍以及管理模块介绍，包括认证管理模块。

2017 年 11 月 2 日，经公证，敦骏公司委托代理人使用电脑，联系上 QQ 名称显示为“Redwave 无线厂家（426013198）”的主体，敦骏公司委托代理人确认购买三款无线路由器，并通过银行转账付款 1330 元，收款人为虹联公司，“Redwave 无线厂家（426013198）”告知运单号和用户名、密码、云 AC 登录地址，称设备收到之后需要登录云平台统一管理，产品后缀的“HC-5V”代表室内吸顶，该三款产品与 www.redwave.cc/product.php?cid=6 网址上的三款圆形产品相同，还发送了文件“智能无线云接入及运营平台系统使用手册”，该使用手册内容包括认证策略配置、Portal 配置，其中认证开关默认是开启，内容显示“拦截未认证用户的网络请求，强制其进行认证。如关闭，则用户手机连接网络即可直接上网，不需要任何认证操作。开启后，以下终端支持自动弹窗认证：所有苹果系统手机、安卓 5.0 及以上版本系统的手机等”。Portal 配置内容显示，“Portal 指为用户提供 Wi-Fi 上网认证功能的微型门户网站。一般由欢迎页、认证页、认证后页等页面构成……未通过认证的用户连接 Wi-Fi 后，打开浏览器访问任意网页都会被强制跳转至该页面，用户只有点击页面上的跳转按钮才能继续……关于认证页用户在该页面输入认证信息，认证通过后方能上网”。查看“Redwave 无线厂家（426013198）”个人资料，显示主页为 www.redwave.cc，“个人说明”有电话号码和与主页相同的网址。浏览 www.redwave.cc 网站，“公司介绍”显示虹联公司系高新技术企业，专业从事无线网络通信产品的研发和制造等相关内容。敦骏公司委托代理人又登录工业和信息化部 ICP/IP 地址 / 域名信息备案管理系统，备案查询显示网址 www.redwave.cc、www.wifiant.cn、www.redwifi.cn 均为虹联公司所主办。公证处对上述过程录像并刻录光盘。

2017 年 11 月 3 日，经公证，敦骏公司委托代理人签收了密封完整的顺丰快递包裹，拆开包裹后，内有三个智能无线云 AP 路由器，分别标注编号为 1、2、3。敦骏公司委托代理人同时打开公证处台式电脑及笔记本电脑各一台。对于台式电脑，敦骏公司委托代理人做以下操作：1. 将编号 1 的路由器连接至公证处台式电脑主机，编号为 1 的路由器通电启动后，笔记本电脑显示新出现无线网络“RW2400NGHSC1-AC-2G”；2. 使用台式电脑的 Windows 操作系统，在 Internet Explorer 上删除浏览的历史记录，搜索“北京时间”进入网页并进行相关操作；3. 在 Internet Explorer 上输入并链接进入 www.wireshark.org 网址，浏览并下载网页弹出的文件，将其存入新建的“20171103 网络测试”文件夹中，操作公证处电脑进行相关操作，运行下载的文件，对指定的相关网页页面进行截屏，并将截屏页面依次粘贴在新建的“新建 Microsoft Word 文档”中；4. 操作过程全程屏幕录像，该录像和上述“新建 Microsoft Word 文档”均保存在上述“20171103 网络测试”文件夹中。对于笔记本电脑，敦骏公司委托代理人做以下操作：1. 使用 Windows 操作系统，连接公证处无线网络，在 Internet Explorer 上删除浏览的历史记录，搜索“北京时间”进入网页并进行相关操作；2. 在 Internet Explorer 上输入并链接进入 www.wireshark.org 网址，浏览并下载网页弹出的文件，将其存入新建的“20171103 用户设备”文件夹中，操作公证处笔记本电脑进行相关操作，运行下载的文件；3. 选择连接无线网络“RW2400NGHSC1-AC-2G”，在 Internet Explorer 上输入 sina.cn 进入页面进行操作、在 Internet Explorer 上输入 sohu.com 进入页面进行操作、在 Internet Explorer 上输入 http://192.168.137.234/ 进入页面进行操作，对其指定的相关网页页面分别进行截屏，将全部截屏页面依次粘贴在新建的“新建 Microsoft Word

文档”中；4. 操作过程全程屏幕录像，该录像和上述“新建 Microsoft Word 文档”均保存在上述“20171103 用户设备”文件夹中。公证书测试结果载明，在用户设备和被诉路由器之间有 846（SYN）、847（SYN ACK）和 848（ACK）三条 TCP 连接数据包，在被诉路由器连接到外网网络上没有对应的该三条 TCP 连接数据包，在用户设备和被诉路由器之间还有 849（GET HTTP）和 850（HTTP Moved Temporarily）两条数据包，其中 850 为重定向数据包，源 IP 地址为 183.60.93.249（新浪网）。查看被诉产品的相关设置信息，显示网管开关为关闭状态。具体显示为，在用户电脑上访问新浪网，网页自动跳转到登录 Portal 认证页面，点击认证通过之后访问搜狐网，可以直接进行访问。

当庭拆封公证封存完好的纸箱，外包装无生产商信息，内有三个分别标注为 1、2、3 的白色圆形无线云 AP 产品及发票一张，每个产品上均有 redwave® 商标，均附有合格证、快速安装指南、保修卡和若干配件，均无生产商信息。敦骏公司明确本案被诉产品是智能无线云 AP 系列产品。虹联公司当庭确认上述被诉产品均为其所制造、销售、许诺销售，亦确认网址 www.redwave.cc、www.wifiant.cn、www.redwifi.cn 系其所有，并确认同系列产品使用的是同一技术，里面的硬件和软件是相同的，只是场所不同，涉及的外壳和配件不同。虹联公司亦明确被诉产品与普通路由器的区别在于被诉产品需要 Portal 功能。

当庭以公证书的测试方法，进行了现场勘验，在网管打开的情况下，测试数据结果载明：在用户设备和被诉路由器之间有 641（SYN）、645（SYN ACK）和 646（ACK）三条 TCP 连接数据包，在被诉路由器连接到外网网络上对应也有 951（SYN）、953（SYN ACK）和 957（ACK）三条 TCP 连接数据包，在用户设备和被诉路由器之间还有 648（GET HTTP）和 654（HTTP Moved Temporarily）两条数据包，其中 654 为重定向数据包，源 IP 地址为 183.60.93.249（新浪网）。在网管关闭的情况下，测试结果载明：在用户设备和被诉路由器之间有 641（SYN）、645（SYN ACK）和 646（ACK）三条 TCP 连接数据包，在被诉路由器连接到外网网络上没有对应的该三条 TCP 连接数据包。在用户设备和被诉路由器之间有 648（GET HTTP）和 654（HTTP Moved Temporarily）两条数据包，其中 654 为重定向数据包，源 IP 地址为 183.60.93.249（新浪网）。该测试结果显示和上述（2017）深南证字第 25341 号公证书载明测试情况一致。无论是网管打开或关闭的状况，均显示用户电脑上访问新浪网，网页自动跳转到登录 Portal 认证页面。

将被诉产品与涉案专利对比，敦骏公司认为，通过分析其提交的证据中显示的首次访问新浪网的输入、输出报文，可以得出结论，被诉产品的使用过程落入涉案专利权利要求 1 的保护范围，构成侵权。虹联公司认为被诉产品不构成侵权。敦骏公司为证明其诉讼主张，还于本案中提交了多份可信时间戳认证证书。敦骏公司主张合理费用为 19070 元，并提交了相应的发票。敦骏公司推定虹联公司三年至少获利 600 万元，请求法院根据虹联公司的经营获利判赔。

庭审中，敦骏公司称，根据虹联公司销售产品型号系列众多、当天买当天就有货、生产产品有一定的周期、采购作为工业品的被诉产品都是大量的等理由，推定虹联公司有库存侵权产品。关于模具，敦骏公司称虽然涉案专利是方法专利，但是针对消费者购买的是产品，侵权产品有塑料外壳，是有模具的。宣传资料是指网站上的宣传照片、说明书、手册、安装指南，删除网站所有信息是指虹联公司将相应的网站链接删除。

“虹联无线”标注为虹联公司的官网微博，于 2017 年 11 月 2 日展示了“4G 智能微路由，黑科技！不连接本机，也能收到推送广告”的消息。广东广信君达律师事务所王建良律师向虹联公司发函声明涉案专利权利，告知虹联公司销售的系列无线产品侵权，要求虹联公司在三个工作日内下架相关侵权产品并就专利许可与敦骏公司进行协商，邮件投递时间为 2017 年 11 月 7 日，签收时间为 2017 年 11 月 8 日。

一审法院另查明，虹联公司为证明敦骏公司未实际经营，提交了主体信息材料、涉案专利转让信息、敦骏公司涉案案件一览表等证据。敦骏公司否认虹联公司所述，称其有实际经营。

一审法院根据敦骏公司申请分别前往广东股权交易中心以及广东省科学技术厅，调取了虹联公司的科创板挂牌申请文件以及高新技术企业认定申请材料。

**一审判理和结果**

一审法院经审理认为，敦骏公司因受让取得了 ZL02123502.3“一种简易访问网络运营商门户网站的方法”的发明专利权，涉案专利权处于合法有效状态，应受法律保护。虹联公司未经许可，制造、销售、许诺销售被诉产品的行为构成专利侵权，依法应承担停止侵害、赔偿损失的民事责任。依据《中华人民共和国侵权责任法》第二条、第三条、第十五条第一款第（一）项及第（六）项,《中华人民共和国专利法》第十一条第一款、第五十九条第一款、第六十五条,《最高人民法院关于审理专利纠纷案件适用法律问题的若干规定》第二十二条、第二十四条,《最高人民法院关于审理侵犯专利权纠纷案件应用法律若干问题的解释》第二条、第三条、第七条,《中华人民共和国民事诉讼法》第六十四条第一款的规定，判决如下：一、虹联公司自本判决发生法律效力之日起立即停止制造、销售、许诺销售侵害敦骏公司专利号为ZL02123502.3、名称为“一种简易访问网络运营商门户网站的方法”发明专利权的侵权产品；二、虹联公司自本判决发生法律效力之日起十日内赔偿敦骏公司经济损失 1000000 元及维权合理费用 19070 元；三、驳回敦骏公司的其他诉讼请求。

一审判决后，双方当事人均未提起上诉。

## 【法官评述】

本案涉及网络通信领域中多主体实施的方法专利，现有法律法规以及司法解释关于此类专利的侵权定性存在不同认识。2019 年 12 月 10 日，最高人民法院对上诉人深圳市吉祥腾达科技有限公司（以下简称腾达公司）与被上诉人敦骏公司、原审虹联公司济南历下弘康电子产品经营部、济南历下昊威电子产品经营部侵害发明专利权纠纷案件继续公开宣判。最高人民法院在该案中就多主体实施的方法专利侵权案件确立了不可替代的实质性作用规则，即如果被诉侵权行为人以生产经营为目的，将专利方法的实质内容固化在被诉产品中，该行为或者行为结果对专利权利要求的技术特征被全面覆盖，起到了不可替代的实质性作用，也即终端用户在正常使用该被诉产品时就能自然再现该专利方法过程的，则应认定被诉侵权行为人实施了该专利方法。上述规则对于同类型案件的审理具有非常重要的指引作用。本案作为同类型案件，广州知识产权法院在其审理中秉承了最高人民法院在上述案件中确定的“固化”+“不可替代实质性作用”裁判规则，是在最高人民法院确定上述裁判规则后在审判实践中的一次有益尝试。

涉案专利系一种涉无线云 AP 的方法专利，专利名称为“一种简易访问网络运营商门户网站的方法”。涉案专利权人于 2015 年 7 月 2 日由华为技术有限公司变更为敦骏公司，依据最高人民法院在“腾达”案中确定的“固化”+“不可替代实质性作用”裁判规则，承办法官在吃透上述裁判规则的基础上，厘清裁判思路，主要分以下两步对案件进行审理分析。

第一，在涉网络通信领域方法专利侵权案件中，如何对方法专利的权利要求进行解释。

依据《专利法》及其司法解释规定，方法专利即为理论上通常而言的方法发明，其通常表现为一种为达到某种技术效果或为实现某一功能而由特定的程序或步骤所构成的技术方案。方法专利之权利要求的撰写亦主要表现为“特定的程序或步骤”，依据该类型权利要求所直接界定的专利权的保护范围亦主要表现为“特定的程序和步骤”。敦骏公司明确表示以权利要求1确定其专利权保护范围。分析本案虹联公司提出的不构成侵权的理由可见，虹联公司对权利要求1中的两个问题的理解有歧义。对此，承办法官认为在解释专利权利要求时，应当遵循《专利法》第五十九条第一款所规定的发明或实用新型专利权利要求解释的基本原则。如果权利要求相关技术术语或者技术特征在专利说明书中已经作了特别的说明，应当根据该特别说明作出解释；如果说明书并没有特别说明，应当按照本领域普通技术人员的通常理解作出解释。总之，权利要求的解释应当以本领域普通技术人员在对专利要求保护的技术方案形成整体认识的基础上，结合权利要求的具体语境，对权利要求的保护范围作出合乎逻辑的界定，以符合发明目的和能够实现发明技术方案为指引。综合上述因素考虑，承办法官认为本领域技术人员可以清楚权利要求1中所指的分歧点“高层软件”和“底层硬件”是两个相对的概念，即只要是通过软件实现“虚拟Web Server”的功能，即具备涉案专利权利要求1的该技术特征。对比涉案专利权利要求1的步骤A、步骤B、步骤C。经比对，被诉产品在认证开关开启的情况下，使用过程与涉案专利权利要求1限定的步骤完全一致，故落入涉案专利权利要求1的保护范围。

第二，在涉网络通信领域方法专利侵权案件中，侵权人制造、销售、许诺销售被诉产品的行为直接构成专利侵权应当具备的相应条件。

方法专利因其自身的特点，往往只能撰写成需要多个主体的参与才能实施的内容，特别是终端用户，在涉案专利技术所属的网络通信领域更是如此。方法专利在实际应用中，往往都是以具体设备的形式出现的，网络通信领域方法专利多以软件形式安装在硬件设备中，由终端用户在使用设备时实现专利方法。关于该种情形的方法专利，有只认定被诉侵权人在测试被诉产品过程中实施专利方法构成侵权的，也有在直接侵权人存在的情况下，认定构成共同侵权的，但是均不能对此类方法专利权人的利益实现充分的保护。据此，在具备以下条件的情况下，应当认定侵权人制造、销售、许诺销售被诉产品的行为直接构成专利侵权：1. 被诉侵权方法在被诉产品的制造过程中得以固化，终端用户无须借助其他特殊装置或条件，即可实现专利方法；2. 被诉产品在使用过程中，只能使用专利方法实现功能；3. 专利方法的使用与虹联公司从制造、许诺销售、销售被诉产品的行为中获得不当利益存在密切关联。如上所述，虹联公司的侵权行为直接导致涉案专利权遭到侵犯，虹联公司因侵权行为获取了原本属于专利权人的利益，显失公平。综合以上因素，承办法官认为，在本案的情形下，应当认定虹联公司制造、销售、许诺销售被诉产品的行为构成专利侵权，并应承担停止侵害、赔偿损失的民事责任。

编写人：广州知识产权法院　丁丽　刘小艳

（编辑：李博雅）

# 7

# 西姆莱斯公司等与美乐莲公司侵害发明专利权纠纷案

阅读提示：如何理解用途发明中的用途特征的限定作用？如何看待现有技术中的马库什权利要求的公开范围？

**【裁判要旨】**

马库什权利要求是一项申请在一个权利要求中限定多个并列的可选择要素。涉案专利独立权利要求所要求保护的是马库什化合物的用途，被诉产品落入其保护范围除了须满足马库什通式外，还须在其限定的产品用途之内。若现有技术仅公开了一个马库什化合物，不能当然地认为每一个符合该通式的化合物均已被公开。但是，若在该现有技术中已经明确记载某个符合该通式的具体化合物，则该化合物应当认为已经被公开。

**【案号】**

一审：广州知识产权法院（2017）粤73民初3581号

**【案情与裁判】**

原告：西姆莱斯公司、德之馨公司

被告：美乐莲公司

**起诉与答辩**

西姆莱斯公司、德之馨公司起诉称：西姆莱斯公司与德之馨公司系涉案发明专利的权利人。经调查发现，美乐莲公司在网站上宣传的“燕麦生物碱”化学结构式及用途与涉案专利保护的物质一致，涉嫌侵害涉案专利权。请求法院判令：1. 停止制造、销售、许诺销售侵害涉案专利权的产品，立即召回、销毁全部侵权产品，以及销毁用于制造侵权产品的所有专用工具和设备；2. 赔偿西姆莱斯公司、德之馨公司经济损失 3560000 元；3. 赔偿西姆莱斯公司、德之馨公司为制止侵权产生的合理支出 500000 元；4. 承担本案诉讼费用。

美乐莲公司答辩称：1. 美乐莲公司独立研发的“肤敏舒”产品没有落入涉案专利权保护范围，不构成侵权；2. 美乐莲公司实际生产、销售的产品属于现有技术；3. 西姆莱斯公司、德之馨公司要求的赔偿数额没有事实和法律依据。

**一审审理查明**

西姆莱斯公司系名称为“作为化妆品和药物活性化合物的邻氨基苯甲酰胺及其衍生物”、专利号为 ZL200380104016.7 的发明专利权人，该专利申请日为 2003 年 11 月 20 日，授权公告日为 2009 年 10 月 14 日。2018 年 10 月 1 日，西姆莱斯公司与德之馨公司签订合同约定：西姆莱斯公司许可德之馨公司在中国区域内使用涉案专利，有效期 10 年；德之馨公司有权依据该合同以自己的名义或者与西姆莱斯公司一起对涉案专利的侵权行为提起法律行动包括起诉至法院，并有权获得相应的法律救济。

西姆莱斯公司、德之馨公司于本案要求专利权保护的范围为涉案专利权利要求 1、2、4、5、8、13。

西姆莱斯公司、德之馨公司经公证取得了本案的被诉产品，当庭提交上述公证封存的物品，样品中有“SK-Camlmin 肤敏舒”（醇溶）（以下简称醇溶小样）和“SK-Camlmin 肤敏舒”（水溶）（以下简称水溶小样）各 1 瓶，瓶身显示生产厂商为美乐莲公司。（2017）粤广海珠第 46169 号公证书封存物品拆封后，内有：5 公斤“SK-Camlmin 肤敏舒”（水溶）产品（以下简称水溶大样）1 瓶，生产日期为 2017 年 11 月 22 日，有效日期为 2019 年 11 月 21 日，瓶身显示生产厂商为美乐莲公司。西姆莱斯公司、德之馨公司主张上述醇溶小样、水溶小样及水溶大样的主要成分均为羟苯基丙酰胺苯甲酸。

经申请，一审法院委托广东省南粤质量技术研究院对上述醇溶小样、水溶小样及水溶大样进行鉴定，鉴定专家组作出如下鉴定意见：1. 只有醇溶小样检测出含有“羟苯基丙酰胺苯甲酸”成分（CAS 号为 697235-49-7），含量为 4.37%，水溶小样和水溶大样均未检出含有“羟苯基丙酰胺苯甲酸”成分；2. 醇溶小样、水溶小样和水溶大样均对“由 P 物质诱导的，来自肥大细胞的组胺释放”存在抑制作用。

US4070484A 专利文件及译文载明，专利名称为“含芳香族羧酰胺衍生物的抗过敏组合物及其使用方法”，申请日为 1976 年 12 月 21 日，公开日为 1978 年 7 月 24 日。涉案专利“发明背景”记载:“本发明涉及核取代的肉桂基氨基苯甲酸和氢化肉桂基氨基苯甲酸衍生物以及它们的使用方法和组合物。迄今为止，色甘酸钠仅是一种抑制肥大细胞破裂和化学介质释放的药物。然而，这种化合物在口服时会失去作用，限制了它的使用范围。”该专利“发明简介”记载:“本发明的目的是提供一种尤其对包括人类在内的哺乳动物口服给药以获得强抗过敏作用的方法和有用的药物组成。”该专利权利要求 6 的内容为:“一种减轻哺乳动物过敏反应症状的方法，其特征在于口服一种治疗上有效量的混合物，该混合物选自具有如下通式（见附件三）的芳香族羧基酰胺衍生物及其被普遍接受的盐：其中 R1 和 R2 分别选自氢原子或具有 1~4 个碳原子的烷基基团，R3 和 R4 各自代表氢原子或可以结合在一起形成另一化学键，一个或多个 X 可以是相同或不同的，并且 X 选自羟基、卤素原子、具有 1~4 个碳原子的烷和具有 1~4 个碳原子的烷氧基，$n$ 是从 1 到 3 的整数。”

美乐莲公司为证明其盈利情况提交下列证据：1. 2017 年度审计报告，显示 2017 年度美乐莲公司主营业务收入 1697455.07 元、主营业务利润 662536.43 元、营业利润 87651.52 元。2. 2018 年度审计报告，显示 2018 年度美乐莲公司主营业务收入 2580435.77 元、主营业务利润 1349644.39 元、营业利润 227529.74 元。3. 专项审计报告，显示“肤敏舒”2017 年度产品销售收入 682701.08 元、产品销售成本 335710.36 元、产品相关费用 273779.87 元、产品利润 73210.85 元；“肤敏舒”2018 年度产品销售收入 1137976.29 元、产品销售成本 430827.07 元、产品相关费用 502657.50 元、产品利润 204491.72 元。

西姆莱斯公司、德之馨公司提交证据证实：1. 侵权持续时间，从 2017 年 1 月持续至证据提交时，按照 2017 年 1 月至 2019 年 12 月的时间段计算侵权获利。2. 总销售额，根据上述“肤敏舒”产品的专项审计报告，产品“肤敏舒”在 2017 年和 2018 年的销售收入分别约为 68.2 万元和 113.7 万元，总计 181.9 万元，年平均销售额约 91 万元。3. 利润率，2017 年度利润表中给出其利润率为 66.2/169.7=39%，2018 年度利润表中给出其利润率为 124.9/258.0=48%。

西姆莱斯公司、德之馨公司为证明维权合理开支还提交了协议、律师费发票、公证费发票等证据。

**一审判理和结果**

一审法院经审理认为，西姆莱斯公司是涉案发明专利权人。该专利合法有效，应受法律保护。西姆莱斯公司与德之馨公司签订有《专利许可合同》，根据该合同的约定，两者有权共同提起本案诉讼。

**一、关于被诉侵权技术方案是否落入涉案专利权保护范围的问题**

经鉴定，被诉产品的主要成分为羟苯基丙酰胺苯甲酸。该化合物 CAS 号为 697235-49-7，其化学结构式满足上述权利要求 1、5、13 中的通式 1（当 $m$=1，$p$=0，$n$=1，R1 和 R2 均表示 H，R3=H，且 X 表示 OH 且处于对位时）。美乐莲公司认为，上述通式 1 的附带条件为"X 或 Y 至少一次选自羟基和酰氧基"，这说明羟基和酰氧基在化学结构式中必须共同存在；而西姆莱斯公司、德之馨公司认为，该附带条件应解释为 X 或 Y 至少一次选自由羟基和酰氧基组成的集合。对于上述分歧，可以运用相关权利要求如权利要求 4 或权利要求 13，分析其中选出的符合通式 1 的化合物结构来得出合理的解释。上述化合物结构中所对应的 X 或 Y 均为至少一次选自 OH，并未出现 OH 与酰氧基同时出现的情形，且当中的化合物 8 与羟苯基丙酰胺苯甲酸的结构式完全相同。据此，一审法院采信西姆莱斯公司、德之馨公司的意见，认定被诉侵权技术方案覆盖权利要求 13 的全部技术特征，落入其保护范围。

关于权利要求 1，其所要求保护的是产品的用途，故被诉产品采用的技术方案落入其保护范围，除了须满足通式 1 的化合物外，还须在其限定的产品用途之内。西姆莱斯公司、德之馨公司在回应美乐莲公司现有技术抗辩的意见中，也强调现有技术文件中没有公开"用于抑制由 P 物质诱导的、来自肥大细胞的组胺释放的化妆品试剂"这一用途。被诉产品属于化妆品试剂，关键在于其是否"用于抑制由 P 物质诱导的、来自肥大细胞的组胺释放"。虽然经鉴定，证实被诉产品可以抑制由 P 物质诱导的、来自肥大细胞的组胺释放，但显然，该产品的作用绝非仅限于此。从西姆莱斯公司、德之馨公司提交的公证书及时间戳证据中美乐莲公司在展会及网络上关于被诉产品的宣传介绍内容看，被诉产品具有抗炎、抗过敏、抗组胺、抗红斑、快速止痒的作用，实验显示可用于抑制恶唑酮、辣椒素、组胺产生剂 compound 48/80 等诱导的皮炎、瘙痒等。但无证据显示，美乐莲公司在宣传或销售被诉产品时，明确指出或写明该产品“用于抑制由P物质诱导的、来自肥大细胞的组胺释放”。因此，被诉技术方案未落入权利要求1的保护范围，当然亦未落入权利要求2、4的保护范围。

关于权利要求5，同样属于用途发明，其限定“用于治疗或预防发痒（痒症）、皮肤发红、伤痕扩展或过敏性皮肤反应”。如上所述，被诉产品的宣传包括止痒、抗过敏、抗红斑等功效，且其主要成分符合通式1，并用于化妆品试剂。据此，被诉技术方案覆盖权利要求5的全部技术特征，落入其保护范围。被诉产品亦满足权利要求8的进一步限定，同时落入其保护范围。

**二、关于现有技术抗辩是否成立的问题**

美乐莲公司抗辩被诉产品系采用现有技术，并提交US4070484A专利文件为证。该专利名称为“含芳香族羧酰胺衍生物的抗过敏组合物及其使用方法”，申请日为1976年12月21日，公开日为1978年7月24日，属于现有技术。根据该专利中的通式（Ⅰ），当R1、R2、R3和R4是H、$n$=1、X是OH且位于对位、COOH位于邻位时，该通式所表示的结构式与被诉产品中的羟苯基丙酰胺苯甲酸完全一致。西姆莱斯公司、德之馨公司认为，以马库什方式表达的通式不能认为公开了具体的化合物，即不能认为公开了任意选择基团所形成的所有化合物。对此，一审法院认为，涉案专利的通式1与上述美国专利中的通式（Ⅰ）均属于马库什权利要求，这种特殊的权利要求撰写方式在化学领域尤为常见。该撰写方式的产生是为了解决化学领域中多个取代基团没有共同上位概念的问题。马库什权利要求具有极强的概括能力，其不管包含多少变量和组合，都应视为一种概括性的组合方案。因此，若现有技术仅公开了一个马库什通式化合物，不能当然地认为每一个符合该通式的化合物均已被公开。但是，若在该现有技术中已经明确记载某个符合该通式的具体化合物，则该化合物应当认为已经被公开。本案中，上述美国专利说明书中记载，通式（Ⅰ）的化合物可通过符合通式（Ⅱ）的具有活性的芳香族羧酸官能团衍生物与符合通式（Ⅲ）的氨基苯甲酸反应制备；通式（Ⅱ）的芳香族羧酸是已知化合物，并且根据文献中公开的方法容易制备，包括芳香族饱和羧酸如4-羟基氢化肉桂酸；邻氨基苯甲酸可以作为通式（Ⅲ）中的氨基苯甲酸使用；上述酰胺化可按照已知的方法进行。由此可见，于本领域普通技术人员而言，通过上述记载可以合理而明确得出使用4-羟基氢化肉桂酸和邻氨基苯甲酸进行酰胺化制备羟苯基丙酰胺苯甲酸的方法，并得出该化合物的具体结构式。因此，羟苯基丙酰胺苯甲酸在上述美国专利中已经被公开，被诉落入权利要求 13 的全部技术特征与上述美国专利中的相应技术特征完全相同，故美乐莲公司对权利要求 13 的现有技术抗辩成立。但对于权利要求 5，被诉落入其保护范围的全部技术特征不仅包括符合通式 1 的化合物，而且包括化合物的用途，即“作为用于治疗或预防发痒（痒症）、皮肤发红、伤痕扩展或过敏性皮肤反应的化妆品试剂”。上述美国专利中，满足通式（Ⅰ）的化合物主要用于口服药物，虽然其说明书中也表明，如果需要也可制成外用制剂，并给出了使用 2-（3′，4′二甲氧基肉桂氨基）苯甲酸作为活性化合物制备乳膏制剂和栓剂的实施例，但未明确公开“作为用于治疗或预防发痒（痒症）、皮肤发红、伤痕扩展或过敏性皮肤反应的化妆品试剂”的用途，实施例中制成外用制剂的 2-（3′，4′二甲氧基肉桂氨基）苯甲酸亦不满足涉案专利通式 1。据此，上述美国专利并未完全公开被诉落入权利要求 5 的全部技术特征，美乐莲公司对权利要求 5 的现有技术抗辩不成立。

**三、关于被诉侵权行为是否成立的问题**

根据一审法院查明的事实，涉案证据可以相互印证，已经形成比较完整的证据链，可认定美乐莲公司实施了制造、销售、许诺销售被诉产品的行为。

**四、关于法律责任如何承担的问题**

美乐莲公司未经许可，制造、销售、许诺销售侵害涉案专利权的产品，依法应承担停止相应侵权行为及赔偿损失的民事责任。关于赔偿数额，西姆莱斯公司、德之馨公司明确以美乐莲公司提交的 2017 年度、2018 年度审计报告及专项审计报告为基础，计算美乐莲公司的侵权获利，一审法院予以照准。西姆莱斯公司、德之馨公司主张侵权持续时间按照 2017 年 1 月至 2019 年 12 月的时间段计算 3 年，有相应事实依据，可予准许。关于被诉产品的总销售额，根据专项审计报告，产品“肤敏舒”在 2017 年和 2018 年的销售收入分别为 682701.08 元和 1137976.29 元，总计 1820677.37 元，年平均销售额 910338.68 元。西姆莱斯公司、德之馨公司据此推算 2017 年到 2019 年“肤敏舒”3 年总销售收入约 2730000 元，可予采信。但应注意，根据本案查明的事实，上述产品“肤敏舒”至少包括“醇溶”和“水溶”两种，被诉产品仅为“醇溶”，一审法院酌情按 50% 计算被诉产品的 3 年销售额为 2730000 元 ×50%=1365000 元。关于利润率，无证据显示美乐莲公司以侵权为业，应按一般情形以营业利润计算。根据专项审计报告，产品“肤敏舒”2017年的营业利润为73210.85元，利润率为73210.85/682701.08=10.7%；2018年的营业利润为204491.72元，利润率为204491.72/1137976.29=18.0%；两者平均利润率为14.4%。西姆莱斯公司、德之馨公司要求按2017年度、2018年度审计报告中的主营业务利润计算利润率，依据不足，一审法院不予采纳。关于贡献度，被诉产品的有效成分为羟苯基丙酰胺苯甲酸，并主要用于止痒、抗过敏的化妆品原料，故涉案专利的贡献率可按100%计。由此计算，美乐莲公司的侵权获利为1365000元×14.4%×100%=196560元。西姆莱斯公司、德之馨公司主张美乐莲公司存在恶意侵权，要求适用3倍的惩罚性赔偿，缺乏事实和法律依据，一审法院不予支持。关于合理开支，一审法院根据本案审理情况、案件代理难度、维权支出的合理性和必要性等酌定以200000元为宜。

综上，一审法院依法判决：一、美乐莲公司自本判决发生法律效力之日起停止制造、销售、许诺销售侵害专利号为ZL200380104016.7、名称为“作为化妆品和药物活性化合物的邻氨基苯甲酰胺及其衍生物”发明专利权的产品；二、美乐莲公司自本判决发生法律效力之日起十日内赔偿西姆莱斯公司、德之馨公司经济损失196560元；三、美乐莲公司自本判决发生法律效力之日起十日内赔偿西姆莱斯公司、德之馨公司维权合理开支200000元；四、驳回西姆莱斯公司、德之馨公司的其他诉讼请求。

一审判决后，西姆莱斯公司等不服，向最高人民法院提起上诉。二审正在审理中。

## 【法官评述】

本案为医药化妆品类发明专利权纠纷，所涉原告为德国企业，涉及的发明专利为“作为化妆品和药物活性化合物的邻氨基苯甲酰胺及其衍生物”，是一种具有止痒、消炎功效的化妆品原料，广泛用于敏感肌肤护肤品、晒后护肤品及止痒产品的配方中。

本案专利涉及马库什化合物及其用途发明，有三个独立权利要求1、5、13，其中权利要求1、5为马库什化合物的用途发明，权利要求13为马库什化合物。本案三个焦点问题均具有典型性。

一是关于用途发明的限定，《专利法》第三十一条第一款规定，一件发明或者实用新型专利申请应当限于一项发明或者实用新型。属于一个总的发明构思的两项以上的发明或者实用新型，可以作为一件申请提出。专利需要具有单一性，如本案中的专利属于某一类结构的化合物需要进一步限定其用途特征，其用途特征权利要求是权利要求的一部分，专利也应以权利要求作为保护界限进行保护。本案中权利要求1、5所要求保护的是产品的用途，除了须满足马库什通式1的化合物外，还须在其限定的产品用途之内。无证据显示，美乐莲公司在宣传或销售被诉产品时，明确指出或写明该产品“用于抑制由P物质诱导的、来自肥大细胞的组胺释放”，不符合权利要求1的用途限定，故被诉技术方案未落入权利要求1的保护范围。

二是对于现有技术中的马库什权利要求如何看待的问题。根据《专利法》第三十一条第一款及《专利法实施细则》第三十四条关于单一性的规定，专利要求是相同或类似功能的性质。现有技术仅公开了一个马库什通式化合物，不能当然地认为每一个符合该通式的化合物均已被公开。但是，若在该现有技术中已经明确记载某个符合该通式的具体化合物，则该化合物应当认为已经被公开。医药、化学类专利往往能通过改变一种部分物质的结构获得类似的效果而绕开专利保护范围，为了扩大专利的保护范围，常采取马库什专利要求的写作方法，使用并列式开放性的表达，若不能合理确定其保护范围，专利保护范围将变得过大，将限制公众创新环境，对科学进步发展起到消极作用。

三是赔偿数额的确定。赔偿数额可依据销售额、利润率、专利对产品的贡献度、侵权主观心态等维度进行确定。本案中，西姆莱斯公司、德之馨公司明确以美乐莲公司提交的2017年度、2018年度审计报告及专项审计报告为基础，计算美乐莲公司的侵权获利确定赔偿数额。

编写人：广州知识产权法院　官健　陈建辉

（编辑：罗厚胤）

# 8

# 优利思百隆公司与火炽公司侵害发明专利权纠纷案

阅读提示：在专利侵权认定中如何适用举证妨碍规则？

**【裁判要旨】**

侵权人拒不配合法院证据保全措施且积极实施举证妨碍行为，导致待证事实无法查清时，法院可适用举证妨碍规则，对侵权事实作出不利于侵权人的认定，并在确定具体赔偿数额时对此情节予以考虑，适当加大赔偿力度，以督促当事人依法诚信履行诉讼义务。

**【案号】**

一审：广州知识产权法院（2018）粤73民初1313号

二审：最高人民法院（2021）最高法知民终992号

**【案情与裁判】**

原告：优利思百隆公司

被告：火炽公司

**起诉与答辩**

优利思百隆公司起诉称：优利思百隆公司系名称为“铰链”、专利号为ZL01137044.0发明专利的专利权人。火炽公司未经许可，制造、许诺销售侵害其涉案专利的HC002G型铰链用缓冲器，在收到优利思百隆公司专利侵权警告信后，仍通过网站许诺销售侵权产品，重复侵权。火炽公司对法院实施的保全措施进行恶意阻挠的行为构成举证妨碍，其应承担举证妨碍的法律责任。故请求法院判令火炽公司：1. 停止制造、许诺销售名称为“铰链”、专利号为ZL01137044.0发明专利权的铰链及其缓冲器；2. 销毁库存侵权产品及用于制造侵权产品的图纸、模具、专用加工设备及广告宣传材料并删除网络侵权信息；3. 赔偿优利思百隆公司经济损失 120 万元；4. 承担本案诉讼费用。

火炽公司答辩称：一、本案起诉不符合起诉条件。二、火炽公司已向国家知识产权局专利复审委员会请求宣告涉案专利权无效，该请求已被受理。三、与涉案专利技术方案相比，被诉侵权技术方案在流体缓冲器外多了一个伸缩套，两者结构不同，缓冲装置受力部位不同、工作原理不同，故被诉技术方案没有落入涉案专利的保护范围。四、优利思百隆公司主张火炽公司有侵权历史，并无事实依据。五、火炽公司未制造、销售被诉产品，所谓许诺销售，也是因火炽公司员工误发被诉产品信息所致。

**一审审理查明**

案外人克拉斯·布鲁斯托于 2001 年 10 月 19 日向国家知识产权局申请名称为“铰链”的发明专利，并于 2005 年 5 月 4 日获得授权，专利号为 ZL01137044.0，专利权人为尤利乌斯·布卢姆有限公司。2017 年 1 月 17 日，专利权人变更为优利思百隆公司，该专利迄今处于有效状态。

优利思百隆公司在本案中请求保护的权利范围包括涉案专利的权利要求 1、3、6—7、12—14。

经公证，火炽公司网站展示型号“HC002G”铰链产品信息，点击页面中微博图标进入中文网站页面，“关于火炽”一栏载明“NICECO 是一家专注于五金产品，具有生产、加工、出口一体化的经营优势的专业外贸公司”。

优利思百隆公司于 2018 年 5 月 9 日向一审法院提出证据保全申请，请求对位于火炽公司展厅内的铰链用缓冲器进行证据保全，并提交显示火炽公司展厅内存有被诉产品的图片。一审法院于 2018 年 8 月 15 日作出（2018）粤 73 民初 1313 号民事裁定书，裁定保全火炽公司位于广东省广州市海珠区新港东路某展厅中的铰链用缓冲器两个。2018 年 9 月 7 日，一审法院两位工作人员前往火炽公司进行证据保全，告知其法定代表人程某相关证据保全事宜，并出示工作证及裁定书，程某情绪激动，拒不配合保全工作并多次要求一审法院工作人员离开。为避免冲突，法院工作人员离开火炽公司并报警。后广州市公安局海珠分局琶洲派出所民警前来协助，法院工作人员及民警再次前往火炽公司，但多次敲门均无人应答。2019 年 5 月 10 日，合议庭要求火炽公司陈述本案证据保全经过。火炽公司庭后提交书面情况说明，其认可“对于程某要求的进入公司的法律文书或搜查令，杨某称没有搜查令，但是有法院的裁判书”。

火炽公司确认其存在许诺销售行为，对制造、销售行为不予确认。优利思百隆公司认为火炽公司的 HC002G 型铰链及其缓冲器技术方案落入涉案专利权利要求 1、3、6—7、12—14 的保护范围，火炽公司于庭前提交书面比对意见认为，被诉侵权技术方案与涉案专利技术方案相比，被诉侵权技术方案在流体缓冲器外多了一个伸缩套，两者结构不同，缓冲装置受力部位不同、工作原理不同，被诉侵权技术方案不具有涉案专利权利要求 1、13 的部分技术特征，未落入涉案专利保护范围。

庭审中，优利思百隆公司主张以火炽公司答辩状提供的 HC002G 型铰链产品图片进行比对，火炽公司主张其提供一款与 HC002G 型铰链相同的产品进行比对。由于证据保全中未能保全到被诉产品，故合议庭未当庭继续进行侵权比对。

另查明，尤利乌斯·布卢姆有限公司曾以火炽公司等侵害其涉案专利向广州市中级人民法院提起诉讼，双方当事人达成和解协议，广州市中级人民法院出具（2011）穗中法民三初字第 213 号《民事调解书》，载明本协议签订并生效后，若原告发现两被告单独或者共同实施侵犯原告上述涉案专利权的行为，两被告同意向原告支付 60 万元。

**一审判理和结果**

一审法院经审理认为，优利思百隆公司是涉案发明专利权人，其发明专利在有效期内的合法权益应受法律保护。根据审理查明的事实及双方的诉辩意见，本案的争议焦点为：一、被诉侵权技术方案是否落入涉案专利权的保护范围；二、火炽公司有无实施被诉侵权行为；三、火炽公司需承担何种法律责任。

**一、关于被诉侵权技术方案是否落入涉案专利权保护范围的问题**

本案中，被诉侵权技术方案落入涉案专利权保护范围。首先，优利思百隆公司申请证据保全具有必要性。优利思百隆公司提交的初步证据证明被诉侵权技术方案落入涉案专利权保护范围具有较高可能性，在被诉产品可能灭失或者以后难以取得的情况下，优利思百隆公司向法院申请证据保全，其为证明该主张已尽到合理努力。其次，火炽公司控制被诉产品但无正当理由拒不配合法院证据保全，致使法院未能调取被诉产品，其举证妨碍行为违反了民事诉讼应当遵循诚实信用原则的规定，严重扰乱了正常的诉讼秩序。最后，举证妨碍行为与侵权事实证明不能存在因果关系，火炽公司应承担举证妨碍责任。优利思百隆公司主张本案被诉侵权技术方案落入涉案专利权保护范围，火炽公司认为被诉侵权技术方案缺乏涉案专利权利要求 1、13 数个技术特征，但由于火炽公司妨碍证据保全的行为导致未能获得被诉产品而无法进行比对，无法确定被诉产品的技术特征，导致无法查明侵权事实，故火炽公司依法应当承担举证妨碍责任。综上，火炽公司控制被诉产品但无正当理由拒不提交，应承担举证妨碍责任，一审法院据此推定被诉产品落入涉案专利权保护范围。

**二、关于火炽公司有无实施被诉侵权行为的问题**

本案中，结合公证书记载的事实及火炽公司庭审自认，可认定火炽公司存在许诺销售被诉产品的行为。火炽公司在其主办的官方网站标注其具有制造能力、描述其工厂情况、展示各类产品等信息，并附有相关车间图片，在其未能举证证明产品合法来源的情况下，可认定其存在制造行为。

**三、关于火炽公司需承担的法律责任问题**

本案中，火炽公司未经优利思百隆公司许可，制造、许诺销售落入优利思百隆公司涉案专利权保护范围的被诉产品，其行为已构成侵权，依法应承担停止侵权及赔偿损失的民事责任，故优利思百隆公司要求火炽公司停止制造、许诺销售被诉产品的诉请，于法有据。优利思百隆公司主张销毁广告宣传材料并删除网络侵权信息，如前所述，火炽公司停止许诺销售行为即包括上述行为，故对优利思百隆公司该主张予以支持。优利思百隆公司主张销毁库存侵权产品，由于火炽公司存在举证妨碍行为，法院未能调取被诉产品，结合优利思百隆公司提交显示火炽公司展厅内存有被诉产品的图片，推定火炽公司展厅内有库存被诉产品，故对该项主张予以支持。优利思百隆公司主张销毁用于制造侵权产品的图纸、模具专用加工设备，但未举证证明其实际存在，对此主张不予支持。

关于损害赔偿数额的确定：其一，关于前案中达成调解协议的效力。由于调解协议系尤利乌斯·布卢姆有限公司与火炽公司自愿达成，其内容仅涉及私权处分，不涉及社会公共利益、第三人利益，也不存在法律规定的其他无效情形，且广州市中级人民法院对调解协议进行审查后确认并制作了民事调解书，故尤利乌斯·布卢姆有限公司与火炽公司在前案中达成的调解协议合法有效。

其二，本案能否适用调解协议中约定的赔偿数额确定方法。尤利乌斯·布卢姆有限公司作为涉案专利的原权利人，调解协议约定“本协议签订并生效后，若原告发现两被告单独或者共同实施侵犯原告上述涉案专利权的行为，两被告同意向原告支付人民币600000元”。该约定属于侵权行为发生前双方就未来发生专利侵权时赔偿数额的事先约定，亦符合相关司法解释的规定，本案可适用调解协议中约定的赔偿数额确定方法。由于火炽公司于协议签订后再次实施侵犯涉案专利权的行为，火炽公司应根据调解协议约定赔偿优利思百隆公司60万元。一审法院判决：一、火炽公司自判决发生法律效力之日起停止制造、许诺销售侵害优利思百隆公司名称为“铰链”、专利号为ZL01137044.0发明专利权的产品，销毁库存被诉产品；二、火炽公司自判决发生法律效力之日起十日内一次性赔偿优利思百隆公司经济损失60万元；三、驳回优利思百隆公司的其他诉讼请求。

一审判决后，火炽公司不服，向最高人民法院提起上诉。二审正在审理中。

**【法官评述】**

由于专利权的无形性，侵权行为较为隐蔽，与侵权行为有关的证据往往由侵权人掌握，权利人难以直接获得，其维权深受“举证难”之困扰。本案在专利侵权事实认定中积极适用举证妨碍规则，以期助益于解决“举证难”问题，加大专利权的司法保护力度，维护司法权威和审判秩序，彰显打击不诚信诉讼行为的鲜明态度。

在专利侵权诉讼中，因客观原因，部分案件权利人难以提交认定专利侵权的证据，根据“谁主张谁举证”一般举证原则，如果其不能证明侵权事实，将承担败诉的不利后果。《专利法》及其相关司法解释对侵权事实认定方面如何适用举证妨碍规则并无涉及，根据《最高人民法院关于民事诉讼证据的若干规定》第九十五条关于举证妨碍的表述，结合知识产权诉讼特点，笔者认为举证妨碍的构成要件包括以下三个方面。

一、权利人已尽力举证证明侵权事实。专利侵权诉讼中，权利人应提交初步证据证明侵权成立，如关于专利权的权属及有效性的证据、被诉产品与侵权人存在关联的证据、与侵权行为相关的证据由侵权人掌握、被诉产品或在无法取得产品或方法时被诉侵权技术方案落入专利权保护范围的对比分析意见等。权利人完成初步举证后，法院仍应审核权利人举证手段是否已经穷尽。举证妨碍规则是对权利人举证能力的救济，仅于“力所不能及”情况下方可予以适用。

二、行为人实施了特定的举证妨碍行为。行为形态既包括积极的作为也包括消极的不作为。常见的情形包括：无正当理由拒不提供证据或毁灭、变造、遗弃由其独占的证据材料或侵权方法；拒不履行诉讼协助义务，如拒不配合或妨碍法院调查收集证据、证据保全，拒绝执行书证提出命令等。

三、举证妨碍行为造成待证事实真伪不明。举证妨碍行为与待证事实真伪不明具有因果关系。若权利人通过替代证据完成举证行为，法院结合替代证据可查明案件事实，即使当事人实施了举证妨碍的行为，待证事实并未因此而陷入真伪不明的状况，亦无适用举证妨碍规则的必要。

如果满足举证妨碍的构成要件，就会产生相应的法律效果。《最高人民法院关于民事诉讼证据的若干规定》第九十五条对此规定，“人民法院可以认定该主张成立”。《专利法》未作具体规定的情况下，则可适用前述法条关于举证妨碍的一般规定，在专利侵权认定中适用举证妨碍规则的法律后果是推定负有举证责任一方当事人的主张成立，该推定是不利于证据持有人的事实推定。举证妨碍行为不仅侵害对方当事人的证明权，而且违反了诉讼诚信的基本原则，影响诉讼秩序及司法权威。法院在确定具体赔偿数额时应对此情节予以考虑，适当加大赔偿力度，以督促当事人依法诚信履行诉讼义务。

需要说明的是，本案是根据行为时的法律及司法解释作出的判决，现行《最高人民法院关于知识产权民事诉讼证据的若干规定》对于知识产权案件中举证妨碍、证据保全作出更具针对性及可操作性的规定，相关构成要件及法律效果与前述规定仍保持一致，逻辑自洽。

具体到本案中，优利思百隆公司提交的证据可初步证明被诉侵权技术方案落入涉案专利权保护范围的可能性较大，优利思百隆公司穷极取证手段后仍未获得被诉产品实物，且被诉产品在火炽公司控制下，具有灭失的风险。在法院依法采取证据保全措施时，火炽公司无正当理由拒不配合保全工作，并多次态度蛮横地要求法院工作人员离开，致使未能调取侵权产品。火炽公司的举证妨碍行为导致法院无法调取证据以查明侵权事实，严重扰乱了正常的诉讼秩序。

法院结合案件具体情况依法认定火炽公司行为构成举证妨碍，根据法律规定，法院作出不利于侵权人的事实推定。在损害赔偿金额确定中，将火炽公司举证妨碍行为作为侵权情节予以考虑，适当加大赔偿力度，体现出对侵权人对应程度的惩戒。

编写人：广州知识产权法院　邓永军　杨岚

（编辑：黄榆岚）

# 9

# 埃科特克株式会社与康普天成公司等侵害发明专利权纠纷案

阅读提示：如何发挥技术调查官在专利侵权纠纷案件中的辅助作用？

**【裁判要旨】**

侵害发明专利权纠纷案件的特点之一，是常涉及证据保全申请、等同特征等技术问题的判定，而技术调查官制度正是法院得以高效化解该类问题的利器。人民法院在处理证据保全申请时，需审查申请人所提交的证据可否初步证实被诉产品存在侵权可能，而技术调查官对该类技术问题的判定具有不可取代的优势。同样，发明专利侵权纠纷中等同特征的认定，涉及对被诉侵权技术与专利技术方案是否属于“以基本相同的手段”“实现基本相同的功能”“达到基本相同的效果”等问题的判定，该类问题属于技术性的法律问题，借助技术调查官的技术优势，更易全面把握技术背景，对该类问题作出准确、高效的评判。

**【案号】**

一审：广州知识产权法院（2019）粤73知民初1677号

**【案情与裁判】**

原告：埃科特克株式会社

被告：康普天成公司、盈富公司

**起诉与答辩**

埃科特克株式会社起诉称：埃科特克株式会社是专利号为ZL200910177745.4、专利名称为“有机废弃物的发酵干燥处理装置”的专利权人。埃科特克株式会社主张康普天成公司制造、销售、许诺销售的发酵堆肥机和盈富公司使用的发酵堆肥机，落入涉案专利权利要求1、2的保护范围，侵害其涉案专利权，故起诉至法院，请求判令：1. 康普天成公司停止制造、销售、许诺销售侵犯埃科特克株式会社专利号为ZL200910177745.4、名称为“有机废弃物的发酵干燥处理装置”的发酵堆肥机；2. 盈富公司停止使用侵犯埃科特克株式会社专利号为ZL200910177745.4、名称为“有机废弃物的发酵干燥处理装置”的发酵堆肥机；3. 康普天成公司赔偿埃科特克株式会社经济损失100万元及合理维权费用315660元。

康普天成公司辩称：确认被诉产品为康普天成公司所制造、销售、许诺销售，但被诉产品并未落入涉案专利权的保护范围，不构成侵权，康普天成公司无须承担赔偿责任。

盈富公司辩称：被诉产品来源于康普天成公司，盈富公司已支付该产品的合理对价，且被诉产品并未落入涉案专利权的保护范围，请求驳回埃科特克株式会社的诉讼请求。

**一审审理查明**

2009年9月25日，埃科特克株式会社向国家知识产权局申请名称为“有机废弃物的发酵干燥处理装置”的发明专利，并于2013年8月28日获得授权，专利号为ZL200910177745.4。

法院受理本案后，埃科特克株式会社认为，被诉产品是一个巨型的机械设备，无法通过购买取证，也不宜搬动，但产品中的搅拌叶、搅拌叶片上出风口的排序等技术特征容易被更换，即被诉产品的技术特征容易被破坏。因康普天成公司在本案中可能需承担较大的经济责任，故其存在串通盈富公司对被诉侵权设备进行改装的动机。如不及时保全，被诉产品的技术特征确实存在以后难以取得的可能性。故埃科特克株式会社向法院提出申请，请求采用查封、拍照及录像的方式对盈富公司位于广东省信宜市的被诉产品“发酵堆肥机”进行证据保全，并为此向法院提交人保公司的担保函。

法院就涉案专利权利要求的保护范围、申请保全产品的技术特征、申请的保全措施、证据保全的合理性及必要性等问题，向埃科特克株式会社进行询问及释明。结合埃科特克株式会社提交的数份涉案公证书，本案的技术调查官认为，虽然公证书已展示被诉产品的部分技术特征，但公证书未展示被诉产品是否具备“中空筒状的旋转轴”“旋转轴连接的搅拌叶片”“搅拌叶片通气孔的排布，包括上部的搅拌叶片和下部的搅拌叶片通气孔的设置”“搅拌叶片的形状”“搅拌叶片的通气孔的间隙规律”“送风机构”等技术特征。因此，本案需到被诉产品存放现场进行技术方案的比对。综合考虑庭审中案件的证据开示情况，法官团队与技术调查官决定，针对被诉产品的不同部件须采用不同的技术方案固定方式，包括：1. 直接拍照（送风机构）；2. 通过被诉侵权设备的观察窗进行拍照（中空筒状的旋转轴、旋转轴连接的搅拌叶片、搅拌叶片的形状）；3. 从观察窗进入罐体进行拍照（搅拌叶片通气孔的排布及通气孔的间隙规律）。而且，法官团队针对技术比对时需要停机并且清空设备内物料所可能出现的障碍及损失作出预案。

案件的判定需要查明被诉产品的技术特征，法院通过组织双方当事人到产品现场进行技术比对的方式，解决双方当事人对于产品技术方案的争议。审判团队和技术调查官进行了充分的技术研判及后勤准备，顺利组织双方当事人到被诉产品存放现场进行技术方案的比对。经过数小时的设备清空及数小时的技术比对后，双方当事人确认被诉产品最下段的搅拌叶片上并未设置通气孔。因此，康普天成公司、盈富公司认为被诉侵权设备不具备涉案专利权利要求 1 中记载的“至少在最下段的搅拌叶片上设置有通气孔”的技术特征，故没有落入涉案专利权的保护范围，不构成侵权。埃科特克株式会社则认为，被诉产品的罐体底部设有通气孔，且在底部倒数第二层的搅拌叶片上设置有通气孔，所以，被诉产品所使用的技术方案已构成等同侵权。

**一审判理和结果**

法院经审理认为，埃科特克株式会社就其证据保全申请提交的证据已显示出被诉产品的外部部件，可初步证实被诉产品存在侵权可能，且该产品价格高、体形大，确难以由其自行收集。但考虑到涉案被诉产品存放在使用人盈富公司处，属于盈富公司日常使用的涉农运营设备，且该产品正在开工运转，盈富公司停工及损毁被诉产品的可能性极小，被诉产品灭失的可能性小。在新冠肺炎疫情影响下，须考虑保障民生的“菜篮子”工程，而被诉产品运用于当地“菜篮子”

工程基地，如采取保全措施，对涉农企业及当地居民的生活都可能造成较大影响。因此，结合具体案情，法院裁定，对埃科特克株式会社证据保全的申请不予准许。

现场技术比对结束后，就被诉产品的罐体底部设有通气孔且在底部倒数第二层的搅拌叶片上设置有通气孔的技术特征，与涉案专利权利要求1中记载的“至少在最下段的搅拌叶片上设置有通气孔”技术特征是否构成等同侵权的问题，法院向埃科特克株式会社进一步释明。其后，埃科特克株式会社撤回起诉，对方当事人亦无异议，法院遂裁定对此予以准许。

**【法官评述】**

本案是在技术类案件中合理运用技术调查官制度的典型案例。原告埃科特克株式会社在行业内享有国际盛誉，被告康普天成公司是创新型环保企业，被告盈富公司是广东信宜当地的知名企业，被诉产品所在农场是广东省“菜篮子”工程基地，被诉产品是在疫情防控下刚恢复全面运转的处理有机废弃物的大型机器设备。埃科特克株式会社在诉讼过程中提出的证据保全申请及等同侵权主张等均涉及技术问题，对该案所涉技术问题的处理，不仅可能影响优质知识产权的严格保护，还可能影响环保企业的技术创新动力和“菜篮子”企业的复工复产问题，借助技术调查官处理该类技术型案件，尤为必要。

**一、技术调查官在证据保全必要性问题判定中的作用**

《民事诉讼法》规定，在证据可能灭失或者以后难以取得的情况下，诉讼参加人可以向人民法院申请保全证据，人民法院也可以主动采取保全措施。2020年11月颁布实施的《最高人民法院关于知识产权民事诉讼证据的若干规定》第十一条对证据保全审查因素作出明确规定:“人民法院对于当事人或者利害关系人的证据保全申请，应当结合下列因素进行审查:(一)申请人是否已就其主张提供初步证据;(二)证据是否可以由申请人自行收集;(三)证据灭失或者以后难以取得的可能性及其对证明待证事实的影响;(四)可能采取的保全措施对证据持有人的影响。”法院对发明专利侵权纠纷中证据保全的必要性进行判定时，往往涉及发明专利技术创新性及被诉产品构成侵权可能性的初步判定。

第一，申请人是否已就其主张提供初步证据。首先，对于侵害发明专利权纠纷所涉的证据保全申请，法院需考虑申请保全的证据与案件主要待证事实之间的关联性，引入技术调查官有助于该类问题的及时处理。如申请人仅向法院提交来源不明的照片，并主张照片中的机器为存放在被申请人厂房中的被诉产品，进而请求法院保全证据，则法院应初步审查照片的真实性、被申请保全的证据与案件被告的关联性及该证据所展现技术特征与涉案专利的关联性。如申请保全的证据展现出的技术特征与涉案专利的技术方案存在明显区别，申请保全的证据与主要待证事实之间缺乏关联性，则证据保全也就缺乏必要性。本案中，经对涉案证据的初步研判，审判团队与技术调查官认为，埃科特克株式会社提交的公证书图片已从多角度展示位于盈富公司处的被诉产品技术特征，可初步证实其申请保全的证据与本案主要待证事实的关联性。

第二，证据是否可以由申请人自行收集。对于专利类案件而言，被诉产品与涉案专利的比对是案件审理的重点与难点。司法实践中，涉案证据难以由申请人自行收集的情形，既包括被诉产品为大型设备、产品的价格较高，通过公证购买的方式取证容易导致维权成本过高；也包括被诉产品仅向特定对象销售、产品需要定制销售，普通消费者无法通过公证购买的方式取证。本案中的被诉产品属于巨型设备，整机价格昂贵，如通过购买产品的方式取证，则易导致维权成本过高。

第三，证据灭失或者以后难以取得的可能性。证据灭失或以后难以取得的可能性，是判断证据保全必要性的核心考虑因素，对该因素需要结合案件的实际情况进行判断。本案中，盈富公司仅是被诉产品的使用者，该产品通过合同购买且已依约支付价款，属于有合法来源的产品，盈富公司缺乏转移、变更、损毁被诉产品的动机。此外，盈富公司属于高新涉农企业，被诉产品是盈富公司生产运营的主要工具，被诉产品所在农场是广东省“菜篮子”工程基地。结合案情，审判团队就被诉产品在技术上是否存在损毁可能及是否容易被损毁的问题向技术调查官咨询。经过对被诉产品功能及现状的进一步讨论后，认为被诉产品属大型设备，停止被诉产品运转及毁损被诉产品的成本高，盈富公司实施变造、损毁产品行为的可能性低。据此，合议庭认定，现有证据不足以证实被诉产品存在“证据可能灭失或者以后难以取得”的情况。

第四，可能采取的保全措施对证据持有人的影响。根据《最高人民法院关于知识产权民事诉讼证据的若干规定》，应考虑可能采取的保全措施对证据持有人的影响。虽然在处理本案过程中，上述规定尚未出台，但考虑到证据保全的性质及案件所涉产业的特殊情况，法院就“可能采取的保全措施”及“对证据持有人的影响”等问题，向当事人进行释明，以使申请人充分预判证据保全的必要性和错误保全的风险性。

虽然埃科特克株式会社就其保全申请已提交初步证据且被申请保全的证据确难以由其自行收集，但综合考虑具体案情，并结合技术调查官提供的技术分析意见，合议庭最终作出对埃科特克株式会社证据保全申请不予准许的裁定。

## 二、技术调查官在专利等同特征问题判定中的作用

本案中，双方当事人的主要争议焦点在于等同特征的认定。埃科特克株式会社在产品现场比对过程中，发现被诉产品所使用的部分特征与涉案专利并不相同，遂提出被诉产品构成等同侵权的主张。根据《最高人民法院关于审理专利纠纷案件适用法律问题的若干规定》(2020 修正）第十三条第二款的规定，等同特征，是指与所记载的技术特征以基本相同的手段，实现基本相同的功能，达到基本相同的效果，并且本领域普通技术人员在被诉侵权行为发生时无需经过创造性劳动就能够联想到的特征。

（一）关于被诉产品技术特征的固定。技术调查官在专利案件中进行现场技术比对时，对于被诉产品特征的固定具有明显的技术优势。由于技术调查官对于产品结构和产品的运转原理更为了解，故其更易迅速地帮助双方当事人确定和厘清被诉产品上实际存在的技术特征。本案中，经过技术调查官的指明，双方当事人均确认，被诉产品最下段的搅拌叶片上并未设置通气孔，该产品仅在倒数第二层的搅拌叶片上设置有通气孔，但该搅拌叶片处于较为中部的位置。

（二）关于《专利法》中的等同特征“三基本”问题的技术判定。侵害发明专利权纠纷中，当被诉产品的技术特征与涉案专利权利要求的技术方案有明显差异时，专利权人往往提出被诉产品的技术方案构成等同侵权的主张。因此，该类案件常常需要判断被诉产品的技术方案与专利技术方案是否属于“以基本相同的手段”“实现基本相同的功能”“达到基本相同的效果”的情形，以及是否为“本领域普通技术人员在被诉侵权行为发生时无需经过创造性劳动就能够联想到的特征”。对于上述问题，虽然专利权人负有相应的举证责任，但法院亦不可因原告或其诉讼代理人的技术能力较弱而无视案件的技术事实，仍须对案件的技术事实作出客观认定。相对于审判团队而言，技

术调查官在其所擅长的某些技术领域内，对“实现基本相同的功能”“达到基本相同的效果”及拟制的“本领域普通技术人员”等问题的了解可能更为广泛和准确，这也是其优势所在。

本案中，审判团队与技术调查官对双方当事人的技术方案及其运行原理进行研判后，得出的结论为：被诉产品与涉案专利在通风方式上的技术特征并不相同，实现的功能、效果也不相同。首先，涉案专利为有机废弃物的发酵干燥处理装置，该发酵干燥处理装置的下层部用于有机废弃物的发酵，通过搅拌叶片上的通气孔将空气输送入处理装置的下层部，利用好气性微生物对有机废弃物进行发酵，专利说明书对该技术特征的描述为“即使水分存留在容器的底部，由于最下段的搅拌叶片位于距离容器底壁规定量的上方，所以通气孔也不会因为水分造成孔眼堵塞，可维持通风状态”，故其通风孔的设置对发酵的效果有重要作用，一旦通风气孔堵塞，将影响有机废弃物发酵的效果。其次，被诉产品缺乏“在最下段的搅拌叶片上设置有通气孔”的技术特征，虽然被诉产品倒数第二层的搅拌叶片上设置有通气孔，但该搅拌叶片处于较为中部的位置，在实现发酵层通风的功能上与涉案专利并不相同。最后，涉案专利相对于被诉侵权设备而言，其实现发酵功能的结构更简洁，发酵的效果亦更为可靠、高效，被诉产品与涉案专利在通风方式上的技术特征并不相同，两者所实现的功能和效果也不相同。

（三）关于专利技术创造性问题的判定。权利人赖以取得专利权并可垄断性地使用该技术的原因，在于其对该项技术作出了创造性的贡献，若其专利中的部分技术方案运用的是现有技术，则该部分现有技术不应作为扩大其专利权保护范围的依据，因此，如被诉侵权技术方案与涉案专利技术方案的创新技术特征不同，法院不宜认定被诉产品使用的技术方案与涉案专利的技术方案属于上述法律规定中的“三基本”情形，也不应认定被诉产品构成等同侵权。事实上，虽然《专利法》上的等同特征认定属于法律适用问题，但法官在对于专利的技术背景及专利创造性等问题的判定上，亦可充分运用技术调查官制度，以获得直接的技术支持。

本案中，关于涉案专利的技术背景及创新技术特征问题。涉案专利说明书载明，在现有技术中，为了确切而高效地进行发酵处理及干燥处理，发酵干燥处理装置成为复杂的构造，导致其制造及维护等较为烦琐，营运成本及制造成本增加。涉案专利的发明目的是提供一种以简洁的构造避免成本增加，且能可靠而高效地对有机废弃物进行发酵干燥的装置，也即涉案专利的创新技术在于为该类型的设备提供一种更简洁的发酵干燥处理结构。

## 三、技术调查官在侵害发明专利权纠纷案件中的优势

本案中，审判团队借助技术调查官的技术优势，充分开示并固定被诉产品的具体技术方案，进一步厘清等同特征中的技术问题，为解决双方当事人的争端奠定了良好基础。最终，埃科特克株式会社表示同意息诉，撤回该案的起诉。法院对该案的妥善处理，切实保护了国内企业自主创新的智慧成果，受到中外当事人的一致好评，取得良好的法律效果与社会效果。

专利类案件的复杂性，决定了技术事实认定问题在知识产权审判中的重要性。本案属于涉及创新环保的技术类案件，从被诉产品技术方案的快速固定，法院向原告释明《专利法》上的等同特征所取得的法律效果以及案件处理的良好社会效果来看，在专利类案件中引入技术调查官，对于促进技术类案件的高效、专业化审理，存在明显的优势。依据《最高人民法院关于知识产权法院技术调查官参与诉讼活动若干问题的暂行规定》，技术调查官就案件有关技术问题履行职责，取得了有目共睹的成效。广州知识产权法院为充分发挥技术调查官的作用，先后出台了《广州知识产权法院关于技术调查官参与诉讼活动的暂行办法》《广州知识产权法院技术调查官选任和管理暂行办法》《广州知识产权法院技术调查工作规程（试行）》等文件，也为优质的知识产权审判工作保驾护航起到了重要作用。

编写人：广州知识产权法院　黄彩丽　黄榆岚

（编辑：黄榆岚）

# 10

# 裕利公司与飞时代公司侵害发明专利权纠纷案

**阅读提示：**技术类知识产权案件中如何运用技术实验辅助技术事实审查工作？

## 【裁判要旨】

对于技术方案疑难复杂的技术类知识产权案件，当技术方案无法确认时，人民法院可结合案件证据情况，针对当事人所提出的争议焦点，加以技术调查官的技术支持，运用技术实验，辅助案件的事实审查工作。

## 【案号】

一审：广州知识产权法院（2018）粤73民初1968号

二审：最高人民法院（2020）最高法知民终598号

## 【案情与裁判】

原告：裕利公司

被告：飞时代公司

**起诉与答辩**

裕利公司起诉称：专利号为ZL200780017934.4，专利名称为“用于车道引导的车辆玩具的数字控制系统中转辙器的转换方法”的发明专利，是于2007年4月17日提出的PCT申请，并于2008年11月17日进入中国国家阶段。2011年8月10日，国家知识产权局对其授予专利权，目前仍处于有效状态，专利权人为斯达德保尔市场营销有限公司（以下简称斯达德保尔公司）。2017年10月17日，专利权人斯达德保尔公司将涉案专利以排他实施许可的方式许可给裕利公司使用，并约定由裕利公司对侵权行为单独发起诉讼，许可期限至2018年12月31日止。经调查，飞时代公司未经专利权人许可，擅自制造、销售、许诺销售“飞时代轨道赛车”。经比对，该轨道赛车的技术特征已经落入涉案专利权利要求1、13、20的保护范围。飞时代公司的行为侵犯了涉案专利的专利权，损害了裕利公司及专利权人的合法权益，请求法院判令飞时代公司：1. 立即停止侵犯裕利公司拥有排他实施许可权的ZL200780017934.4发明专利权（包括制造、销售和许诺销售行为），并销毁库存的侵权产品及其相关模具；2. 赔偿因其侵权行为造成的裕利公司损失100万元；3. 支付裕利公司为调查取证、制止侵权行为的合理支出共108568元（包括公证费5600元、购买侵权产品费用22968元、律师费80000元）；4. 承担本案的诉讼费用。

飞时代公司答辩称：1. 被诉产品所采用的技术方案，与涉案专利相比缺少权利要求1中的必要技术特征，没有落入涉案专利权的保护范围；2. 裕利公司公证购买的玩具赛车是由裕利公司生产的，由飞时代公司从裕利公司处采购，是裕利公司的产品；3. 飞时代公司已经两年没有实际销售被诉产品，只是一直未下架当初展示的图片，新产品出来后没有实际成交过。被诉产品的实际销售情况并不好，由于裕利公司主动指定，飞时代公司才在仓库找出并销售。

**一审审理查明**

裕利公司是专利号为ZL200780017934.4、专利名称为“用于车道引导的车辆玩具的数字控制系统中转辙器的转换方法”发明专利（以下简称涉案专利）排他实施许可被许可人。国家知识产权局2019年9月17日作出的第41755号《无效宣告请求审查决定》，维持涉案专利权有效。涉案专利共有权利要求24项，裕利公司在本案中主张以权利要求1、13、20确定保护范围，该3项均为独立权利要求。具体内容为：

1. 一种用于操作数字控制系统的方法，所述数字控制系统用于具有至少两个车道的车道引导的车辆玩具，其中设置至少一个转辙器，所述转辙器在接通状态下选择性地将两条车道相互连接，使得车辆玩具在通过所述转辙器时从一条车道转换到另一条车道，并且所述转辙器在非接通状态下在车道上继续引导车辆玩具而不进行车道转换，其中为特定车辆玩具给出的转换命令在数字控制系统中与所述转换命令适用于的车辆玩具的数字地址一起被传送，所述转换命令用于将这样一个转辙器转换到接通状态中，即该车辆玩具作为下一个车辆玩具通过这个转辙器，其特征在于，至少为其传送转换命令的那个车辆玩具发出标识信号，所述标识信号表示所述数字控制系统中该车辆玩具的数字地址或其他编码；每个转辙器接收由行驶到该转辙器的车辆玩具所发出的标识信号，并将所述标识信号与一个或多个所传送的转换命令的数字地址相比较；并且如果所接收的车辆玩具的标识信号中的数字地址与在所述数字控制系统中为其传送转换命令的数字地址相同，则转辙器转换到接通状态中。

13. 一种用于具有至少两个车道（24，26）的车道引导的车辆玩具（10）的数字控制系统，其中设置至少一个转辙器（34），所述转辙器在接通状态下选择性地将两条车道（24，26）相互连接，使得车辆玩具（10）在通过所述转辙器（34）时从一条车道（26）转换到另一条车道（24），并且所述转辙器在非接通状态下在车道（26）上继续引导车辆玩具（10）而不进行车道转换，其中至少一个转辙器（34）具有数字译码器（36），所述数字译码器与所述转辙器（34）的定位装置以及所述数字控制系统相连，其特征在于，至少一个转辙器（34）除了具有所述数字译码器（36）之外还具有第一接收装置（40），所述第一接收装置与所述数字译码器（36）相连并被设置和构造为使得在车辆玩具（10）通过所述转辙器（34）之前，所述第一接收装置（40）接收由所述车辆玩具（10）所发出的、包含所述车辆玩具的数字地址的标识信号，并将所述标识信号进一步传递到所述转辙器（34）的数字译码器（36）；每个转辙器将由行驶到该转辙器的车辆玩具所发出的标识信号与一个或多个所传送的转换命令的数字地址相比较；并且如果由行驶到该转辙器的车辆玩具所发出的标识信号中的数字地址与在所述数字控制系统中为其传送转换命令的数字地址相同，则转辙器转换到接通状态中。

20. 一种用于具有至少两个车道（24，26）的车道引导的车辆玩具（10）的数字控制系统的转辙器（34），其中所述转辙器（34）在接通状态下选择性地将两条车道（24，26）相互连接，使得车辆玩具（10）在通过所述转辙器（34）时从一条车道（26）转换到另一条车道（24），并且所述转辙器在非接通状态下在车道（26）上继续引导车辆玩具（10）而不进行车道转换，其中所述转辙器（34）具有数字译码器（36），所述数字译码器（36）与所述转辙器（34）的定位装置以及所述数字控制系统相连，其特征在于，所述转辙器（34）除了具有所述数字译码器（36）之外还具有第一接收装置（40），所述第一接收装置（40）与所述数字译码器（36）相连并被设置和构造为使得在车辆玩具（10）通过所述转辙器（34）之前，所述第一接收装置（40）接收由所述车辆玩具（10）所发出的、包含所述车辆玩具的数字地址的、针对各个车辆特定的标识信号，并将所述标识信号进一步传递到所述转辙器（34）的数字译码器（36）；每个转辙器将由行驶到该转辙器的车辆玩具所发出的标识信号与一个或多个所传送的转换命令的数字地址相比较；并且如果由行驶到该转辙器的车辆玩具所发出的标识信号中的数字地址与在所述数字控制系统中为其传送转换命令的数字地址相同，则转辙器转换到接通状态中。

专利说明书【0003】段载明：“本发明的任务在于提供上述类型的一种方法、数字控制系统、转辙器和车辆玩具，使得为每个玩家提供可靠且功能可靠的转接控制，该转接控制只为期望的车辆玩具提供车道转换。”

裕利公司对飞时代公司主办的“飞时代轨道赛车官网”上的信息申请了证据保全公证。裕利公司在飞时代公司经营的店铺内公证购买了“飞时代轨道赛车”一套。

裕利公司当庭拆封上述公证封存物，箱内有被诉产品一套，被诉产品中包括轨道板、手柄、安卓系统盒等轨道部件，以及玩具赛车（玩具赛车中装有带ATMEGA8A 型号芯片的电路板）。飞时代公司确认制造、销售和许诺销售上述轨道板及其他部件，确认销售、许诺销售玩具赛车。

一审庭审中，法庭组织当事人按照使用说明书组装被诉产品并进行演示。针对飞时代公司提出的争议焦点，裕利公司认为可以通过五项实验操作来证明被诉产品中的变道装置亦具备“数字地址相比较”的技术特征，并具体展示五项实验的内容。

经比对，裕利公司首先明确以权利要求 1、13、20 确定涉案专利的保护范围，上述权利要求均为独立权利要求。其次，将被诉产品与涉案专利权利要求 1、13、20 进行比对。基于双方的技术比对争议焦点主要在于涉案专利权利要求 1，将被诉产品与涉案专利权利要求 1 进行比对。通过被诉产品的操作可见，操作手柄发出变道指令可以使得与之相匹配的玩具车辆变道，故为特定车辆给出的转换命令和所述转换命令适用于的车辆玩具的数字地址一起被传送。涉案专利的方法在于特定车辆发出一标识信号，转辙器接收标识信号后和转换命令所附数字地址相比较，如相同则转辙器转换到接通状态，特定车辆实现变道。通过庭上比对，对飞时代公司异议的第1点，一审法院认为无论是从“转辙器”的定义还是通过阅读权利要求书，很容易理解转辙器“接通状态”与“非接通状态”的含义，和飞时代公司所述变道装置移动分叉导轨变道，并无差异。

飞时代公司异议的第2点是本案比对的焦点。首先，分析裕利公司所做五项实验。关于实验一，裕利公司拟证明玩具赛车是在持续不断地发送信号。该实验显示无论是否按下手柄的按钮，只要车辆通过终点线附近的感应灯，轨道都会发出“滴”的提示音，若用厚纸板遮住车辆的红外信号发射器，车辆通过终点线时则不会发出任何提示音。对此，一审法院认为裕利公司所述有一定的道理。关于实验二，裕利公司拟证明玩具赛车所发送的信号包括数字地址。实验显示当任一车辆通过终点线附近的接收器时，该车辆的数字地址将被接收和记录，最终在记分牌上显示与该车辆数字地址对应的车辆编号，并且累计记录该车辆通过终点线的次数，多辆车的数据不会混淆。对此，一审法院认为实验结果清楚，可以证实裕利公司所述。关于实验三，裕利公司拟证明变道装置能识别出不同的玩具赛车。实验显示，转辙器仅对特定数字地址车辆执行变道动作。对此，一审法院认为可以证明裕利公司所述，从被诉产品的实际操作也可知，变道装置能够识别不同车辆，进而可知，车辆有发出特定的数字地址。关于实验四，裕利公司拟证明无论手柄是否按下“变道”键，玩具赛车所发送的信号都是相同的。实验显示，相同数字地址的两部车辆，发送的信号是相同的。按下手柄，发出与数字地址对应的变道命令后，即便是不受手柄控制的车辆，也能使转辙器执行变道指令。对此，法院认为该实验可以证明相同数字地址的车辆，发送的信号是相同的。关于实验五，裕利公司拟证明玩具赛车不会因按下手柄按键而发送所谓另一个“变道信号”，实验显示将分别配对的两组手柄、车辆和轨道的车辆进行交换，同时按下转辙器，转辙器未执行变道指令。可见按下手柄，不会发送另一个变道信号。其次，一审法院将根据裕利公司的实验来验证，飞时代公司所称的被诉产品的变道方式是否属实。第一，根据实验一和实验二可知，车辆能够发出特定的数字地址，从而辨识不同的车辆；第二，根据实验三和实验四可知，转辙器能够识别不同数字地址的车辆，车辆确有发出特定的数字地址；第三，根据实验五可知，通过同时按下手柄向转辙器发送带有特定数字地址的转道命令后，如交换车辆，无法使得转辙器执行命令。飞时代公司称按下手柄转道按钮，车辆即发出光信号，转辙器得以工作，那么实验五的情况下，转辙器应当能够执行转道命令，故实验五可以得出转辙器有将玩具赛车所发出的标识信号与转换命令中的数字地址进行比较的功能，而非仅因为玩具赛车发出光信号的原因。故飞时代公司所述不属实。据此，被诉产品是通过特定车辆发出标识信号，该标识信号标识特定车辆的数字地址；转辙器接收由行驶到该转辙器的车辆玩具发出的标识信号，并将该信号与转换命令的数字地址进行比较，如相同则转换到接通状态，实现转道。故被诉产品具备涉案专利权利要求 1 的全部技术特征。

最后，关于权利要求 13、20，双方当事人之间分歧不大。经比对，被诉产品亦具备涉案专利权利要求 13、20 的全部技术特征。据此本案被诉产品包含了涉案专利权利要求 1、13、20 的全部技术特征，落入涉案专利权的保护范围，构成侵权。

**一审判理和结果**

一审法院经审理认为，被诉产品包含了涉案专利权利要求 1、13、20 的全部技术特征，落入涉案专利的保护范围，构成侵权。飞时代公司在庭审时承认被诉产品由其制造、销售、许诺销售，结合本案公证书、被诉产品实物等证据，予以确认。飞时代公司未经许可，为生产经营目的制造、销售、许诺销售侵权产品，依法应当承担停止侵权和赔偿损失的民事责任。

关于赔偿数额，因裕利公司未举证证明权利人因被侵权的实际损失或侵权人的侵权获利，亦无可供参照的裕利公司专利许可使用费，裕利公司亦请求法院酌定赔偿金额，法院综合考虑以下因素：1. 涉案专利为发明专利，经无效程序被维持，专利价值高；2. 飞时代公司侵权行为包括制造、销售、许诺销售；3. 被诉产品价格高，被诉产品为 22968 元，且仅为小型产品，飞时代公司在其宣传中称基本配备为 68000 元；4. 飞时代公司的侵权规模大，飞时代公司自称“飞时代轨道赛车已遍及国内各大商场、游乐场、大型社区、公园、幼儿园等场所，全国网点 288 家，其中购物中心 188 家”，飞时代公司称其有新产品，也未举证证明；5. 涉案专利涉及整个被诉产品包括核心部件，对被诉产品销售利润贡献率高。法院认为，裕利公司主张 100 万的赔偿金额合理，予以支持。鉴于涉案发明专利复杂，裕利公司委托诉讼代理人就技术问题进行了多次实验，并到庭进行演示，故全额支持了本案维权合理费用。

一审法院依据《中华人民共和国侵权责任法》第二条、第三条、第十五条第一款第（一）项和第（六）项及第二款，《中华人民共和国专利法》第十一条第一款、第五十九条第一款、第六十五条，《最高人民法院关于审理专利纠纷案件适用法律问题的若干规定》第二十二条，《最高人民法院关于审理侵犯专利权纠纷案件应用法律若干问题的解释》第二条、第七条，《中华人民共和国民事诉讼法》第六十四条第一款，《最高人民法院关于适用〈中华人民共和国民事诉讼法〉的解释》第九十二条第一款的规定，判决：一、飞时代公司停止制造、销售、许诺销售侵害涉案专利权的侵权产品；二、飞时代公司赔偿裕利公司经济损失100万元及维权合理费用108568元；三、驳回裕利公司的其他诉讼请求。

一审判决后，飞时代公司不服，向最高人民法院提起上诉。最高人民法院经审理后判决：驳回上诉，维持原判。

## 【法官评述】

在审判实践中，对于技术方案疑难复杂的技术类知识产权案件，当技术方案无法明确时，无论是当事人还是法院均倾向于直接选择进行鉴定。而在目前的司法实践中，知识产权司法鉴定通常存在申请费用高、鉴定时间长等一系列局限性。一般而言，知识产权诉讼中的司法鉴定是指通过科学技术的专业鉴定和判断来实现为相关法律问题作出辅助性评断的活动，具备法律评价的性质，可为法律评价作出一定的判断依据。归根结底，对于知识产权诉讼案件而言，鉴定仍是辅助性的评断工作。如依靠举证，通过技术实验方案，结合技术调查官的技术支持，明确技术方案，同样可提供辅助性有益参考意见进而解决技术疑难问题，则无必要申请鉴定，进而可有效提升审判效率。故在此类案件中，承办法官如何在庭审中引导双方当事人进行技术比对，归纳争议点，进而举证尤为重要。本案是方法发明，产品为轨道赛车玩具。首次开庭明确争议点后，双方当事人就争议点多轮举证，法庭主持了多次实验，并在本案申请了技术调查官进行技术支持。二审法院维持了一审法院的判决，亦未在二审中进行鉴定。

本案中，承办法官在技术比对初始时，首先对涉案专利的权利要求进行解释，在将被诉产品与涉案专利权利要求进行比对时，通过充分的技术实验对技术比对问题进行了逐一分析。就现阶段而言，实践中少有此类运用技术实验辅助技术比对审判工作的案例，本案的审理系对事实查明和认定工作的一次有益实践，亦为技术方案疑难复杂的技术类知识产权案件的审理提供了另一种可能性。

编写人：广州知识产权法院　丁丽　刘小艳

（编辑：李博雅）

## *11*

# 万引公司与海螺公司等侵害实用新型专利权纠纷案

**阅读提示：**不能确定因专利侵权所受实际损失的情况下，如何合理确定赔偿数额？

**【裁判要旨】**

按照卖方与买方在之前合同中的约定，合同到期后卖方可无条件拆回设备，若买方继续使用设备，则须支付卖方租金。此意味着合同到期后买方可以不与卖方续签合同，仅通过支付租金的方式，便可达到继续合法使用涉案专利技术的目的。因此，在被侵权人实际损失及侵权人侵权获利均难以确定的情况下，将该租金视为双方认可的合理的涉案专利许可使用费，并参照该费用的合理倍数确定赔偿数额。

**【案号】**

一审：广州知识产权法院（2018）粤 73 民初 1033 号

**【案情与裁判】**

原告：万引公司

被告：海螺公司、高成公司

**起诉与答辩**

万引公司起诉称：万引公司系专利号为 ZL201620175396.8、名称为“一种新型干法水泥生产线用复合固硫脱硫系统”的实用新型专利权人，该专利现仍处于有效状态。海螺公司系水泥生产企业，曾与万引公司签订复合脱硫剂供应合同及脱硫包干合同，由万引公司向海螺公司提供固硫脱硫系统及脱硫剂。后海螺公司在未经万引公司许可的情形下，擅自制造并使用侵害涉案专利权的设备，高成公司帮助海螺公司制造，二者共同实施了侵权行为。请求法院判令：1. 海螺公司、高成公司停止侵害涉案专利权的行为，停止制造、使用并销毁已经制造的侵权设备；2. 海螺公司、高成公司连带赔偿万引公司经济损失及为制止侵权行为支付的合理开支共计4000000元；3. 本案全部诉讼费用由海螺公司、高成公司承担。

海螺公司答辩称：海螺公司不是制造者，也不是使用者，其向高成公司购买服务，被诉产品由高成公司维护和运行，其不存在侵权行为。

高成公司答辩称：1. 与涉案专利相比，被诉产品的技术方案缺少必要的技术特征，不落入涉案专利权的保护范围；2. 其制造的水泥生产脱硫系统是在原有水泥生产工艺中增加了相应的脱硫设备，包括粉剂储仓、螺旋输送机等，但其未制造涉案专利中的均化库、输送斜槽、入窑提升机、粉体输送管路、风管等水泥生产工艺中的通用设备，故其未制造具备涉案专利全部技术特征的系统；3. 即便被诉产品的技术方案落入涉案专利权的保护范围，其使用的也是现有技术；4. 其不知道涉案专利的内容，也无证据证明其应当知道，即使其使用的系统落入涉案专利权保护范围，其也应不承担赔偿责任；5. 万引公司要求4000000元赔偿数额没有依据。

**一审审理查明**

万引公司于2016年3月8日向国家知识产权局申请了名称为“一种新型干法水泥生产线用复合固硫脱硫系统”的实用新型专利，并于2016年7月27日获得授权，专利号为ZL201620175396.8。万引公司按期缴纳了该专利的年费。万引公司于本案要求保护的权利要求范围为权利要求1、2、5、6、7及权利要求9中引用权利要求1、2、5、6、7的部分。

2018年6月11日，一审法院对海螺公司位于其所在地工厂内部的被诉产品进行证据保全，并对该设备技术特征进行拍照、录像。

海螺公司向一审法院提交了海螺公司日产5500吨熟料生产线脱硫项目承包合同、项目总投资费用清单及阳春海螺5500吨/天熟料生产线超声波脱硫项目运行维护管理协议、国内支付业务付款回单7张、中国银行对公客户付款通知单 1 张等证据，拟证明其不构成侵权。

高成公司抗辩称，被诉产品系现有技术与公知常识的结合，向一审法院提交了干法水泥生产线上设备照片、超声波雾化除尘流程图和设备布置图、水泥节能环保创新技术参考手册（2015）。

万引公司主张 4000000 元赔偿数额，并向一审法院提交下列证据：1. 建材鉴字〔2016〕第 22 号科学技术成果鉴定证书，拟证明涉案专利价值高。2. 中建材联结发〔2019〕20 号“关于中国建筑材料联合会 · 中国硅酸盐学会建筑材料科学技术奖 2018 年度获奖项目公告”。该公告附件显示，“新型干法水泥窑烟气催化复合脱硫固硫技术”获一等奖，万引公司为第一完成单位，拟证明涉案专利价值高。3.（2019）粤广南粤第 4135 号公证书，拟证明海螺公司现任副总经理蔡某发原为芜湖海螺水泥有限公司副总经理，知悉涉案专利技术，对实施侵权行为存在故意。4.（2019）粤广南粤第 4134 号公证书，拟证明海螺公司副总经理蔡某发、分厂厂长郝某磊对实施涉案专利的情况完全知悉，属于明知而故意侵权。5.（2019）粤广南粤第 4618 号公证书，拟证明海螺公司知悉涉案专利属于万引公司。6. 律师函、快递单及妥投证明，拟证明海螺公司存在侵权故意。7. 芜湖海螺水泥有限公司与万引公司于 2017 年 2 月 15 日签订的“水泥生产线复合脱硫技术改造工程”总承包合同，涉及 5000 吨 / 天生产线 4 条和 12000 吨 / 天生产线 2 条，其中，每两条 5000 吨 / 天生产线为 2291500 元，优惠价为 2020000 元，拟证明 5000 吨 / 天生产线复合脱硫的造价。8. 海螺公司与万引公司签订的合同两份及结算表、发票若干。上述第一份合同为复合脱硫剂供应合同，万引公司为卖方，海螺公司为买方，该合同约定：结算总价 = 当月熟料产量 ×2.8 元 / 吨熟料；合同有效期自 2017 年 7 月 1 日至 2017 年 11 月 30 日止；复合脱硫技术设备在合同有效期内由卖方建成后免费提供给买方使用，如合同到期买方继续使用，则买方需每月支付卖方 50000 元作为租金，在买方脱硫系统建成投入使用后，卖方无条件拆回设备。上述第二份合同为脱硫包干合同，万引公司为卖方，海螺公司为买方，该合同约定：结算总价 = 当月熟料产量 ×4.4 元 / 吨熟料；买方根据卖方需要不定期采购氨水供其使用，具体费用由买方根据采购实时价格和数量确定，此费用在支付运行费用时买方扣除；合同有效期自 2017 年 12 月 11 日至 2018 年 3 月 10 日止（暂定 3 个月，具体终止时间双方协商确定）；本合同终止后，卖方无条件拆回设备；附件显示：脱硫粉剂与脱硫水剂的除税单价分别为 1880 元 / 吨和 838 元 / 吨。上述结算单的时间从 2017 年 7 月至 2018 年 2 月，上述发票与结算单的金额一一对应；其中，上述“7 月脱硫剂结算表”显示，脱硫剂结算（初试及中试）104805.00 元，脱硫粉剂使用量为 25.40 吨，脱硫水剂使用量为 90.90 吨；上述 7、8、9、10 月脱硫剂结算表的“公司领导”一栏有“蔡某发”的签名，上述 9、10、12、1、2 月脱硫剂结算表的“制造分厂”一栏有“郝某磊”的签名。9. 照片一张。该照片中的仪表显示有读数为“10509.905$m^3$”，仪表下方有 2019 年 3 月 14 日的广州日报。拟证明截至 2019 年 3 月 14 日，被诉产品的水剂使用量为 10509.905$m^3$。此外，万引公司还提交了合理开支等证据。

**一审判理和结果**

一审法院经审理认为，万引公司是涉案实用新型专利权人，该专利合法有效，应受法律保护。他人未经许可，不得为生产经营目的实施该专利。

**一、关于被诉侵权技术方案是否落入涉案专利权保护范围的问题**

本案中，将被诉产品与涉案专利进行比对，双方的 4 点分歧全部集中于权利要求 1，分别为风管、计量功能、氨水储罐以及喷枪角度问题。对于权利要求 1 中除了上述分歧点之外的其他技术特征，以及权利要求 2、5、6、7 及权利要求 9 中引用权利要求 1、2、5、6、7 的部分所附加的技术特征，海螺公司、高成公司均确认被诉产品与之相同，一审法院亦予确认。对于其他分歧点，一审法院经分析认定其落入了涉案专利权的保护范围，构成侵权。

**二、关于现有技术抗辩是否成立的问题**

所谓现有技术，是指专利申请日以前在国内外为公众所知的技术。被诉落入专利权保护范围的全部技术特征，与一项现有技术方案中的相应技术特征相同或者无实质性差异的，应当认定被诉侵权人实施的技术属于现有技术。本案中，高成公司抗辩被诉产品系现有技术与公知常识的结合，并为此提交多份证据。对此，一审法院经分析不予采纳。

**三、关于被诉侵权行为是否成立的问题**

万引公司主张海螺公司、高成公司共同制造、使用被诉产品，构成共同侵权。经查，被诉产品位于海螺公司厂区内，系为配合水泥生产线使用的复合脱硫系统。海螺公司辩称该系统由高成公司制造、使用、维护，其仅向高成公司购买服务。高成公司确认海螺公司的该抗辩意见，但辩称其只是在原有水泥生产工艺中增加了相应的脱硫设备，未制造涉案专利中的均化库、输送斜槽、入窑提升机、粉体输送管路、风管等水泥生产工艺中的通用设备。从双方提交的证据看，海螺公司与高成公司签订的“阳春海螺日产 5500 吨熟料生产线脱硫项目承包合同”中所采用的超声波脱硫技术与被诉产品显然不同；海螺公司与高成公司签订的“阳春海螺 5500 吨 / 天熟料生产线超声波脱硫项目运行维护管理协议（2018）”中约定“当原烟气中二氧化硫浓度≥ 2800 mg/Nm$^3$，粉尘浓度 <100 mg/Nm$^3$ 时，海螺公司按熟料产量 3.0 元 / 吨支付运行维护费给高成公司，同时投运前端催化脱硫固硫系统实施辅助脱硫”，并约定“高成公司需交纳 100000 元合同履约保证金，在 2018 年 4 月及 5 月运行维护费中抵扣”；2018 年 3 月之前，海螺公司与万引公司先后签订“复合脱硫剂供应合同”“脱硫包干合同”，并约定 2018 年 3 月 10 日合同终止后，万引公司无条件拆回设备。由此可见，海螺公司于 2018 年 3 月与万引公司终止合同后，转而与高成公司合作，实施被诉侵权技术方案继续开展复合脱硫业务；被诉产品虽为高成公司具体制造并使用，但海螺公司之前将复合脱硫业务承包予万引公司，其对涉案专利技术应当知晓；海螺公司将复合脱硫业务转而承包予高成公司，而高成公司原本仅提供超声波脱硫技术，在无相反证据的情况下，可认定被诉侵权技术方案系海螺公司向高成公司提供并要求其实施。据此，海螺公司是被诉侵权技术方案的实质主导者和实际受益者，高成公司则是具体实施者和共同受益者，二者在主观上存在共同侵权故意，客观上共同实施了被诉侵权行为，故一审法院认定海螺公司、高成公司构成共同侵权。

**四、关于法律责任如何承担的问题**

海螺公司、高成公司未经许可，共同制造、使用侵害涉案专利权的产品，依法应承担停止相应侵权行为及赔偿损失的民事责任。万引公司诉请海螺公司、高成公司停止制造、使用被诉产品并销毁已经制造的侵权设备，一审法院予以支持。

关于赔偿数额，万引公司要求按其实际损失确定，并主张其损失由三部分构成，分别为制造行为所致损失、使用行为所致损失以及维权合理开支。由于在海螺公司、高成公司制造、使用被诉产品之前，海螺公司于 2017 年 7 月至 2018 年 3 月与万引公司先后签订复合脱硫剂供应合同、脱硫包干合同，故上述第二部分损失的计算依据实质上为万引公司可期待的合同利益，其建立在海螺公司若要在不侵权的前提下继续使用涉案专利，则上述脱硫包干合同将能继续履行的基础之上。但经查，在上述复合脱硫剂供应合同中约定，复合脱硫技术设备在合同有效期内由卖方建成后免费提供给买方使用，如合同到期买方继续使用，则买方需每月支付卖方50000元作为租金，在买方脱硫系统建成投入使用后，卖方无条件拆回设备。这意味着，海螺公司可以不与万引公司续签合同而仅通过每月支付50000元租金的方式，即可达到继续合法使用涉案专利的目的。因此，海螺公司与高成公司共同实施的侵权行为并不必然导致万引公司上述可预期的合同利益丧失，以上述脱硫包干合同的利润作为万引公司因被侵权而受到的实际损失，理据并不充分。由于海螺公司、高成公司制造的被诉产品仅供海螺公司的水泥生产线脱硫使用，故上述海螺公司每月支付50000元租金即可继续使用万引公司的复合脱硫技术设备的约定，可以视为双方认可的合理的涉案专利许可使用费。据此，在万引公司所主张的第一、二部分损失即制造、使用被诉产品所造成的实际损失或海螺公司、高成公司的侵权获利均难以确定的情况下，可以参照该费用的合理倍数确定赔偿数额。考虑到本案海螺公司、高成公司侵权故意明显，情节恶劣，一审法院酌情确定该合理倍数为3。万引公司要求从2018年6月11日一审法院实施证据保全之日起计算至一审辩论终结前即2019年8月16日，符合法律规定。据此计算，该部分赔偿数额为50000元/月 ×14.2月 ×3=2130000元。另外，一审法院还酌情支持合理开支150000元。

综上，一审法院依法判决：一、海螺公司、高成公司自本判决发生法律效力之日起停止制造、使用侵害万引公司专利号为ZL201620175396.8、名称为“一种新型干法水泥生产线用复合固硫脱硫系统”实用新型专利权的产品，并销毁被诉产品；二、海螺公司、高成公司自本判决发生法律效力之日起十日内连带赔偿万引公司经济损失2130000元；三、海螺公司、高成公司自本判决发生法律效力之日起十日内连带赔偿万引公司合理开支150000元；四、驳回万引公司的其他诉讼请求。

一审判决后，海螺公司等不服，向最高人民法院提起上诉。二审正在审理中。

## 【法官评述】

参照专利使用费的倍数合理确定赔偿数额，是《专利法》规定的四种确定专利侵权赔偿数额的方法之一，但在审判实践中却很少适用。主要原因在于权利人难以提供可供参照的专利使用费额度。但显然，这种方法之于专利侵权案件而言无疑是计算赔偿数额的最科学合理的路径，因为它充分体现了专利只有使用才能发挥其价值。尤为难得的是，该方法可以酌情确定合理倍数，这使得在《民法典》尚未实施及《专利法》尚未增加惩罚性赔偿条款之前，可以适当调高该倍数以体现惩罚性因素。

本案中，涉案技术为“一种新型干法水泥生产线用复合固硫脱硫系统”的实用新型专利，所涉企业为水泥行业的龙头企业。从侵权行为的前因后果看，侵权者与权利人先有合作关系，后演变为侵权法律关系，可见侵权故意明显。按照万引公司与海螺公司在之前合同中的约定，合同到期后万引公司无条件拆回设备。若海螺公司继续使用设备，则意味着海螺公司可以不与万引公司续签合同，而仅通过每月支付该笔租金的方式，达到继续合法使用涉案专利技术的目的。该租金可以视为双方认可的合理的涉案专利许可使用费。基于此，本案侵权赔偿数额是在参照专利使用费基础上以3倍予以确定，有“惩罚性”因素的考虑。《民法典》已规定了知识产权侵权诉讼中的惩罚性赔偿条款。虽然该条款当时尚未生效，但在全面加强知识产权司法保护的司法政策指引下，结合案情灵活运用现有法律的相关规定，加大侵权者的侵权成本、充分发挥法律的威慑作用，已成为共识。本案涉及的侵权行为主观故意明显、情节严重，相关的参考数据推断有据，故依法从高确定赔偿额。这种处理结果体现了有利于权利保护的理念，有利于营造公平竞争的法治环境，彰显了广州知识产权法院切实解决知识产权侵权诉讼中“赔偿低”问题的决心。

编写人：广州知识产权法院　官健　陈建辉

（编辑：罗厚胤）

# 12

# 中集集团等与富华公司等侵害实用新型专利权纠纷案

阅读提示：如何确定先签订合同后交付产品情形中销售的公开时间？

**【裁判要旨】**

所谓“为公众所知”，应指现有技术的有关内容在申请日之前处于公众能够获得的状态，这种状态强调的是公众想要知道就能知道的状态，而非公众已经实际获得的状态。于产品而言，销售行为可以使产品技术处于公众能够获得的状态，一经公开销售，便无保密可言。根据日常生活经验，昂贵的大型设备采用先订货后交货的方式，现有技术产品购销合同约定以卖方提供的图纸为技术规范，而无对该技术保密的规定，因此该合同签订之日，现有技术产品所采用的相关技术已为公众所知。

**【案号】**

一审：广州知识产权法院（2018）粤73民初2365号

二审：最高人民法院（2020）最高法知民终999号

**【案情与裁判】**

原告：中集集团、中集公司、中集特种公司（以下合称中集三公司）

被告：富华公司、一号公司、鑫金航公司

## 起诉与答辩

中集三公司起诉称：中集三公司是专利号为ZL200920260526.8、名称为“保温集装箱”的实用新型专利权人。富华公司未经中集三公司许可，擅自制造、销售侵害涉案专利权的产品，鑫金航公司使用富华公司制造的被诉产品参加“百色一号果蔬绿色专列装卸运输设备采购项目”招投标，中标后向一号公司销售了被诉集装箱，供一号公司的“百色一号果蔬绿色专列”使用，被诉产品已经投入使用。富华公司、一号公司、鑫金航公司的行为，严重侵害了中集三公司的合法权益。请求法院判令：1. 富华公司停止制造、销售侵害涉案专利权的产品；2. 一号公司停止使用侵害涉案专利权的产品；3. 鑫金航公司停止销售侵害涉案专利权的产品；4. 富华公司、鑫金航公司赔偿中集三公司经济损失及为维权支出的费用200万元；5. 富华公司、一号公司、鑫金航公司承担本案诉讼费用。

富华公司答辩称：1. 被诉产品不落入涉案专利权的保护范围，富华公司不构成侵权；2. 被诉产品使用的技术方案属于现有技术；3. 确认鑫金航公司销售的被诉产品来自于富华公司。

鑫金航公司答辩称：1. 同意富华公司的答辩意见；2. 鑫金航公司销售的被诉产品系来源于富华公司，具备合法来源。

一号公司答辩称：1. 被诉产品具备合法来源，一号公司不构成侵权；2. 一号公司在本案中无过错，不应承担任何责任；3. 一号公司已就被诉产品支付了合法对价，可以继续使用被诉产品。

## 一审审理查明

中集三公司于2009年11月16日向国家知识产权局申请名称为“保温集装箱”的实用新型专利，并于2010年8月4日获得公告授权，专利号为ZL200920260526.8，该专利第十年度年费已缴纳。

2018年4月23日，国家知识产权局专利复审委员会就涉案专利出具第35625号无效宣告决定书，决定宣告涉案专利权部分无效，在专利权人于2018年1月11日提交的权利要求1—5的基础上维持该专利权有效。2018年1月11日，涉案专利权人向专利复审委员会提交了意见陈述书并修改了权利要求书，将原权利要求2、3、4的附加技术特征并入原权利要求1以形成新的独立权利要求，并对其余权利要求引用关系作适应调整。中集三公司于本案中要求专利权保护的范围为上述修改后的权利要求1—4。涉案专利证书所附说明书中的“[0026]”载明:“所述通风端门包括左通风端门和右通风端门，在所述左通风端门和右通风端门之间设有锁具；须使用专门的钥匙才可以将锁具打开，从而使得通风端门不能够被随意打开，保证制冷机组和油箱的安全，降低运输成本。”

2018年6月28日，中集集团的委托代理人王某向广东省广州市南粤公证处申请对“百投集团”网页进行证据公证。在本案审理过程中，一审法院依申请对一号公司在广西百色市百色东货场内的产品型号为LT4526TLD-00001、制造商为富华公司的集装箱产品进行证据保全，并对被诉产品的技术特征以拍照、录像的方式进行固定。中集三公司主张上述集装箱产品为本案的被诉产品，富华公司确认被诉产品与其销售给鑫金航公司的为同一产品。

富华公司为证明被诉产品采用的系现有技术，提交了以下证据。

1.(2019)豫郑大证内民字第4284号公证书载明：河南省郑州市经北四路郑州铁路货运圃田站货场内存有型号为TBLU920054的集装箱产品，该产品实物上标注的制造日期为2009年8月，并用英文标注制造商为CIMC(中集集团英文简称)。富华公司主张被诉产品采用的技术特征与上述集装箱产品一致。

2.(2018)粤佛岭南第2903、3026号公证书载明：广东省广州市白云区一铁路货场，该货场内存有型号为TBLU920076的集装箱产品，上述产品实物上标注的制造日期为2009年11月，显示的制造商为案外人上海胜狮冷冻货柜有限公司(以下简称胜狮公司)。

3.冷藏集装箱购销合同书及冷藏集装箱装配图纸载明合同的签订时间为2009年7月28日，甲方(买方)为中铁铁龙集装箱物流股份有限公司(以下简称铁龙公司)，乙方(卖方)为胜狮公司，内容载明:“1.标的物为冷藏集装箱；2.规格型号为L5R1；3.数量为80只箱子；4.价款分为冷藏和油箱，合计金额为687.6万元；5.技术规范。以乙方提供的并经甲方认可的冷藏图纸(图纸号：C1018100)和技术规范说明书(技术规范号：SS45WH1-CRT)为技术标准规范。交箱期限：双方对上述第5款图纸、技术规范确认后，合同签署之日起30天内，最晚不晚于9月20日，乙方向甲方交付第一批箱子20只(装配开利冷机)……”

4. 集装箱证书、集装箱安全牌照批准证明书、按定型设计批准证书各一份。上述集装箱证书的编号为 SH09S6123-01，涉及的箱主为铁龙公司，制造厂为胜狮公司，型号为 SS45WH1，箱主顺序号为 TBLU920061—TBLU920080，发证日期为 2009 年 11 月 27 日；上述批准证明书、设计批准证书与上述集装箱证书设计的集装箱箱主、制造厂、型号、箱主顺序号、发证日期一致，其中设计批准证书中还载明生产图纸的标志号码或字母为 C1018100。

5.（2018）粤佛岭南第 2810 号公证书载明，2014 年 9 月 2 日，国家铁路局网站上公布了如下冷藏箱信息：箱主代码及箱号为 TBLU920001-920500，名称为“45 英尺冷藏集装箱”等，并附有上述冷藏集装箱产品图片。

**一审判理和结果**

一审法院经审理认为，中集三公司是名称为“保温集装箱”、专利号为 ZL200920260526.8 实用新型专利权人。该专利第十年度年费已缴纳。虽然截至目前该专利已经到期，但基于本案被诉侵权行为发生于涉案专利有效期间，故中集三公司仍有权提起本案诉讼。

本案主要的争议焦点在于：一、被诉技术方案是否落入涉案专利权的保护范围；二、被诉技术方案是否属于现有技术。

**一、关于被诉技术方案是否落入涉案专利权保护范围的问题**

本案中，中集三公司明确要求保护涉案专利修改后的权利要求 1—4。将一审法院证据保全的被诉产品采用的技术方案与中集三公司主张保护的涉案专利技术方案进行比对，被诉产品具备与修改后的涉案专利权利要求 1 全部技术特征及权利要求 3、4 附加技术特征相同的技术特征，富华公司、一号公司、鑫金航公司对此均无异议，一审法院予以确认。双方主要争议在于权利要求 2，即左、右通风端门之间设有锁具。被诉产品对于该技术特征作如上之替换，于本领域普通技术人员而言，属于在被诉侵权行为发生时无须经过创造性劳动就能够联想到的，以基本相同的手段，实现基本相同的功能，达到基本相同的效果，应构成等同特征。据此，被诉技术方案包含与修改后的涉案专利权利要求 1—4 记载的全部技术特征相同或者等同的技术特征，一审法院认定被诉技术方案落入涉案专利权的保护范围。

**二、被诉技术方案是否属于现有技术**

依据《专利法》及相关司法解释的规定，现有技术，是指申请日以前在国内外为公众所知的技术；在专利侵权纠纷中，被诉侵权人有证据证明其实施的技术属于现有技术的，不构成侵犯专利权；被诉产品落入专利权保护范围的全部技术特征，与一项现有技术方案中的相应技术特征相同或者无实质性差异的，人民法院应当认定被诉侵权人实施的技术属于现有技术。

本案中，富华公司抗辩，中集集团及案外人胜狮公司在涉案专利申请日以前制造、销售的箱主顺序号分别为TBLU920054、TBLU920076的集装箱产品已经公开了被诉技术方案，被诉产品使用的是现有技术，没有侵害涉案专利权。中集三公司确认被诉技术方案与上述两个集装箱所采用的技术一致，但认为富华公司提交的证据不足以证明两个集装箱在涉案专利申请日之前已经交付使用，不属于现有技术。因此，双方争议的实质在于上述两个集装箱所采用的技术在涉案专利申请日前是否“为公众所知”。

对此，一审法院认为：所谓“为公众所知”，应指现有技术的有关内容在申请日之前处于公众能够获得的状态。这种状态强调的是公众想要知道就能知道的状态，而非公众已经实际获得的状态。于产品而言，销售行为可以使产品技术处于公众能够获得的状态。被诉产品为集装箱，属于价格昂贵的大型设备，一般而言，买家会根据自身需求先与卖家订立购销合同，卖家按照合同约定的产品技术要求制造或者向制造厂家订购相应的产品，本案当属于上述第二种情形。关于TBLU920076集装箱，富华公司提交了铁龙公司与胜狮公司签订的冷藏集装箱购销合同书及相关图纸附件，该证据虽为复印件，但有中集三公司确认的相应集装箱证书、集装箱安全牌照批准证明书、按定型设计批准证书及其他相关公证书的内容等相佐证，在无相反证据的情况下，可以认定该合同的真实性。该集装箱的发证日期为2009年11月27日，实物上标注的制造日期为2009年11月，但上述合同的签订时间为2009年7月28日，并约定以胜狮公司提供并经铁龙公司认可的冷藏集装箱图纸为技术规范，而且该合同中并无对该技术保密的约定。实际上，于一般产品而言，一经公开销售，便再无保密可言，亦无保密之必要，尤其如涉案专利所涉技术。因此，当上述合同签订之时，TBLU920076集装箱所采用的相关技术已为公众所知，属于现有技术。关于TBLU920054集装箱，该集装箱的制造日期为2009年8月，发证日期为2009年10月10日，箱主同为铁龙公司，制造厂即为本案原告之一中集特种公司。也就是说，中集特种公司早在2009年8月之前即已销售使用涉案专利技术的集装箱。虽然双方均无法提交中集特种公司与铁龙公司当时签订的关于该集装箱的购销合同（事实上，中集特种公司作为该合同的卖方，其完全有能力提交该合同，在其无正当理由拒不提交的情形下，可以推定所争议的内容对其不利，从而作出相应的认定），但以同为买主的铁龙公司与胜狮公司签订的上述关于TBLU920076集装箱的合同内容作为参照，并结合集装箱行业的交易惯例，可以认定TBLU920054集装箱所采用的相关技术在2009年8月之前亦处于公众能够获得的状态，属于现有技术。据此，一审法院认定被诉产品所采用的相关技术属于现有技术，不构成侵权。

综上，中集三公司主张富华公司、一号公司、鑫金航公司侵害涉案专利权不成立，其相应诉请被一审法院予以驳回。依照《中华人民共和国专利法》第二十二条、第五十九条第一款、第六十二条，《最高人民法院关于审理侵犯专利权纠纷案件应用法律若干问题的解释》第七条、第十四条，《最高人民法院关于审理专利纠纷案件适用法律问题的若干规定》第十七条，《中华人民共和国民事诉讼法》第六十四条第一款及《最高人民法院关于适用〈中华人民共和国民事诉讼法〉的解释》第九十条、第一百零八条的规定，判决：驳回中集集团、中集公司、中集特种公司的全部诉讼请求。

一审判决后，中集三公司不服，向最高人民法院提起上诉。最高人民法院经审理后判决：驳回上诉，维持原判。

## 【法官评述】

本案为“保温集装箱”类实用新型专利权纠纷，所涉企业为国内海运集装箱行业的知名企业。在国家“一带一路”倡议背景下，沿线各国贸易更加密切，物流需求快速增长，陆运冷链运输集装箱蕴藏着巨大的市场机遇。但同时应注意，专利权人应避免在专利申请日前对专利产品进行公开销售，否则将因技术提前公开得不到应有的保护。

现有技术抗辩是专利侵权抗辩的常见理由，现行《专利法》中的现有技术是指申请日以前在国内外为公众所知的技术，由此可知现有技术的特点是：公开时间是在专利申请日之前、地域无限制、为公众所知。对于现有技术公开方式，并没有作出限制。审判实践中，以“销售公开”作为现有技术抗辩的例子并不少见。销售公开通常存在两种情形：一种为现货买卖、即时交付，即买卖合同成立的时间与产品交付的时间一致；另一种为先订货、后交付，即买卖合同成立的时间早于产品交付的时间。销售行为并不一定直接导致技术方案被公开，如果销售者与购买者之间负有保密义务，那么专利内容仍然处于一种不为公众所知的状态，不属于现有技术。

编写人：广州知识产权法院　官健　陈建辉

（编辑：罗厚胤）

# 13

# 源德盛公司与品创公司等侵害实用新型专利权纠纷案

阅读提示：在批量专利维权案件中，如何对侵权产品源头制造商的判决赔偿数额进行确定？

## 【裁判要旨】

在批量专利维权案件中，侵权人因侵害权利人相同专利多次被诉至法院，在多次生效判决认定其实施的相关行为侵害涉案专利权后，仍然继续实施侵害涉案专利权的行为，应当认定侵权人主观恶意很大，应在法律规定的幅度内从高确定法定赔偿数额。

## 【案号】

一审：广州知识产权法院（2019）粤73知民初996号

二审：最高人民法院（2020）最高法知民终357号

## 【案情与裁判】

原告：源德盛公司

被告：品创公司、刘某

**起诉与答辩**

源德盛公司起诉称：源德盛公司于2014年9月11日向国家知识产权局专利局申请了名称为“一种一体式自拍装置”的实用新型专利，专利号为ZL201420522729.0，该专利于2015年1月21日获得授权。目前，该专利处于有效状态。源德盛公司发现，品创公司无视（2018）粤73民初495号案生效判决，仍在其工厂内擅自生产多款侵害源德盛公司专利权的自拍杆，有大量的成品与半成品。另外，品创公司是刘某投资设立的一人有限责任公司，在刘某没有提交证据证明其财产独立于品创公司的前提下，根据《中华人民共和国公司法》的规定，刘某应对品创公司的债务承担连带责任。品创公司侵权主观恶意明显，已是第三次因侵害源德盛公司专利权被诉至法院，属于重复侵权，故请求法院判令品创公司与刘某：1. 停止制造、销售侵害源德盛公司专利号为ZL201420522729.0、名称为“一种一体式自拍装置”实用新型专利权的自拍杆，并销毁库存侵权产品；2. 赔偿源德盛公司经济损失及合理开支共300万元（含源德盛公司调查取证、制止侵权、聘请律师等合理费用）；3. 承担本案诉讼费用及财产保全费。

品创公司与刘某共同答辩称：1. 本案属于重复起诉。源德盛公司此前曾起诉品创公司侵害实用新型专利权纠纷，广州知识产权法院于2018年12月12日已经作出（2018）粤73民初495号民事判决。如果源德盛公司认为品创公司在判决生效后没有履行判决书中所确定的义务，应当向法院申请强制执行，而不是另行提起诉讼。本案中，源德盛公司公证购买的自拍杆，仍是（2018）粤73民初495号案中的剩余库存产品，并非新制造出来的，品创公司在前案判决后未实施新的制造行为。事实上，本案属于（2018）粤73民初495号案的后续没有执行完毕的部分。因此，源德盛公司另行提起诉讼，构成重复起诉。2. 源德盛公司请求的赔偿金额过高，远超合理范围。首先，源德盛公司诉称的侵权行为其实仍属前案未执行完毕部分；其次，品创公司在前案判决后未实施新的制造行为，公证书中的组装视频仍是前案中的，是销售人员为了招揽业务而发的旧视频，并非新拍摄的；最后，本案被诉产品均是前案未执行完毕的剩余库存，且距离前案的结案时间极短，品创公司亦未在公开渠道进行宣传销售，影响极小。

**一审审理查明**

源德盛公司是专利号ZL201420522729.0、名称为“一种一体式自拍装置”实用新型专利的专利权人，该专利的申请日为2014年9月11日，授权公告日为2015年1月21日，该专利目前有效。国家知识产权局2015年2月11日作出的实用新型专利权评价报告显示，权利要求1不符合授予专利权条件，权利要求2—13未发现存在不符合授予专利权条件的缺陷。

源德盛公司主张以专利权利要求2确定保护范围。权利要求如下：

1. 一种一体式自拍装置，包括伸缩杆及用于夹持拍摄设备的夹持装置，所述夹持装置包括载物台及设于载物台上方的可拉伸夹紧机构，其特征在于：所述夹持装置一体式转动连接于所述伸缩杆的顶端。

2. 根据权利要求1所述的自拍装置，其特征在于：所述载物台上设有一缺口，所述夹紧机构设有一与所述缺口位置相对应的折弯部，所述伸缩杆折叠后可容置于所述缺口及折弯部。

2019年5月22日，经公证，源德盛公司前往品创公司的工厂内购买了五支自拍杆产品，还取得了收据、产品宣传册、销售人员名片等材料。公证处将上述物品进行拍照封存。

2019年6月10日，经公证，源德盛公司通过微信平台向品创公司销售人员购买了自拍杆产品五箱，并取得《采购合同》、收据等材料。公证处亦将上述物品进行拍照封存。

当庭拆封前述第一次公证中的公证封存物，源德盛公司指控其中一支粉红色的自拍杆（以下简称被诉产品一）和一支黑色的自拍杆（以下简称被诉产品二）侵害其专利权。被诉产品一上有“OPPO”商标，被诉产品二上无商标标识。源德盛公司认为，上述两款被诉产品的技术特征落入涉案专利权利要求2的保护范围，品创公司予以确认。

当庭拆封前述第二次公证购买的五箱公证封存物，共装有500支自拍杆：在品名规格为“OPPO自拍杆粉色”和“OPPO自拍杆蓝色”箱中有400个外观结构相同的自拍杆，产品上无商标标识，其对应源德盛公司专利权利要求2的技术特征与被诉产品一相同，但款式不同（以下简称被诉产品三）；在品名规格为“SS120方形自拍杆石墨黑”箱中有100支自拍杆，产品上有“deppa”商标标识，其对应源德盛公司专利权利要求2的技术特征与被诉产品二相同，但款式不同（以下简称被诉产品四）。品创公司确认销售上述被诉产品，确认仍有少量库存，但称大部分都已在本案中销售给了源德盛公司，上述产品均为（2018）粤73民初495号案的剩余库存；此外，聊天记录中组装产品的视频不是新拍的，是销售人员为了业务宣传用了前述（2018）粤73民初495号案中已有的旧视频，品创公司没有新的制造行为，本案构成重复诉讼。

源德盛公司主张适用法定赔偿，并主张适用惩罚性赔偿，理由为品创公司属于重复侵权、恶意侵权。源德盛公司主张合理开支费用包括购买被诉产品费10080元、公证费5000元、律师费及调查取证费20000元，提交了发票、收据多张。源德盛公司未提交律师费及调查费的相关证据。

一审法院另查明，2017年5月9日，源德盛公司就（2016）粤73民初2351号案与本案品创公司、中山日高精密工业有限公司达成和解协议，约定品创公司停止生产、销售、许诺销售被诉产品，并赔偿源德盛公司35000元。2018年12月12日，广州知识产权法院作出（2018）粤73民初495号民事判决，认为源德盛公司提交的（2017）深证字第106526及106363号公证书证明品创公司制造、销售、许诺销售的被诉产品（产品上有“JJi”商标）侵害了源德盛公司ZL201420522729.0、名称为“一种一体式自拍装置”实用新型专利权，判令品创公司停止制造、销售、许诺销售侵害源德盛公司专利权的产品，销毁库存侵权产品及制造专用模具，赔偿源德盛公司经济损失及合理费用共计300000元。该判决酌定300000元的理由包括“前案已结，品创公司理应清楚专利技术方案的具体内容，对自身相关产品及时采取措施，其不仅未停止相关侵权行为，反而以自营店铺相关产品的销售信息的修改印证其侵权的主观恶意，应该予以严惩”。该判决已发生法律效力。

一审法院再查明，品创公司为有限责任公司（自然人独资），成立于2012年4月26日，法定代表人为刘某，注册资本500万元，经营范围为生产、加工、研发、销售塑胶制品等。刘某为品创公司的唯一自然人股东。

**一审判理和结果**

一审法院经审理认为，源德盛公司是涉案专利的专利权人，该专利处于合法有效状态，应受法律保护。根据《中华人民共和国专利法》第十一条第一款，任何单位或者个人未经专利权人许可，都不得为生产经营目的制造、销售侵害涉案专利权的产品。

关于本案是否构成重复诉讼的问题。源德盛公司在本案中提交了多份公证书，指控两被告存在侵权行为，而在（2018）粤73民初495号一案中，源德盛公司提交另外的公证书以指控品创公司存在侵权行为，显然，两案所提交的公证书不同，源德盛公司所指控的侵权行为也不同，本案的被诉侵权行为是发生在前案判决发生法律效力后发生的新的事实，根据上述法律规定，本案不属于对前案的重复诉讼。

关于两被告是否实施了制造、销售被诉产品的行为。本案中，源德盛公司在品创公司的工厂内购买到被诉产品，并获得了盖有品创公司财务专用章的收据。源德盛公司出具的另外的公证书记载了源德盛公司通过微信的方式从品创公司处购买被诉产品的过程，并收到盖有品创公司印章的收据及《采购合同》。品创公司也确认被诉产品系其销售，故认定品创公司实施了销售被诉侵权产品的行为。至于制造，品创公司承认被诉产品系其制造，但称被诉产品是（2018）粤73民初495号案未销毁的侵权产品。经查，前案的被诉产品上有“JJi”商标，本案被诉产品中并无该商标；前案中仅有一款被诉产品，而本案中有四款不同的被诉产品。对此品创公司未作出合理解释，也无提交证据证明其主张。品创公司销售人员曾在微信聊天中发送被诉产品生产组装的视频，并明确表示有生产行为，品创公司具备制造能力，综上，认定品创公司实施了制造行为。此外，源德盛公司还主张刘某实施了制造、销售被诉产品的行为，但未能提交证据予以证明，不予支持。

关于被诉侵权技术方案是否落入涉案专利权保护范围的问题。本案中，源德盛公司主张以专利权利要求2确定涉案专利的保护范围。经比对，被诉产品一、三的夹持装置朝外翻折收拢，被诉产品二、四的夹持装置朝内翻折收拢，源德盛公司、品创公司均确认四款被诉产品的技术特征与源德盛公司专利权利要求1、2所记载的全部技术特征相同，予以确认。故四款被诉产品均落入源德盛公司专利权利要求2的保护范围，构成侵权。

品创公司未经许可，制造、销售侵害源德盛公司专利权的产品，依法应承担停止侵权及赔偿损失的民事责任。源德盛公司诉请品创公司停止制造、销售被诉产品的主张，于法有据，予以支持。关于库存的问题，由于品创公司承认仍有库存，公证聊天记录亦显示品创公司自称有大量被诉产品，对源德盛公司销毁库存的主张予以支持。由于刘某未实施制造、销售被诉产品，对源德盛公司要求刘某停止制造、销售及销毁库存侵权产品的主张，不予支持。

关于赔偿损失的数额，根据《中华人民共和国专利法》第六十五条的规定，当权利人因侵权行为造成的实际损失、侵权人的侵权获利、专利许可使用费均难以确定的，人民法院可以根据专利权的类型、侵权行为的性质和情节等因素，确定给予一万元以上一百万元以下的赔偿。关于合理开支，源德盛公司主张公证费、购买被诉产品费、律师费等，并提交了公证费发票、公证书等证据予以证明，但未提交律师费的相关证据，考虑到源德盛公司确有委托律师到庭，将在赔偿数额处一并予以酌定。本案中，因源德盛公司未能提供证据证明源德盛公司因侵权行为造成的实际损失或者品创公司的侵权获利，亦未提供可参照的专利许可费用，综合考量源德盛公司专利权的类型（实用新型）、侵权行为性质（制造、销售）、侵权情节、品创公司的经营规模以及源德盛公司为维权支出必要合理费用等因素，尤其是品创公司因侵害源德盛公司相同专利三次被诉至法院，品创公司熟知源德盛公司专利技术但仍实施侵权行为，主观恶意很大，酌定品创公司赔偿源德盛公司经济损失及合理开支共计 100 万元。源德盛公司所主张赔偿金额超出上述金额的部分，一审法院不予支持。《中华人民共和国公司法》第六十三条规定，一人有限责任公司的股东不能证明公司财产独立于股东自己的财产的，应当对公司债务承担连带责任。品创公司系由刘某设立的一人有限责任公司，刘某未提交证据证明品创公司的财产独立于其个人财产，根据上述法律规定，刘某应当对品创公司承担的赔偿款项承担连带赔偿责任。

一审法院依据《中华人民共和国侵权责任法》第二条、第十五条第一款第（一）项和第（六）项及第二款，《中华人民共和国专利法》第十一条第一款、第五十九条第一款、第六十五条，《最高人民法院关于审理侵犯专利权纠纷案件应用法律若干问题的解释》第七条，《中华人民共和国公司法》第六十三条，《中华人民共和国民事诉讼法》第六十四条第一款，《最高人民法院关于适用〈中华人民共和国民事诉讼法〉的解释》第二百四十七条第一款、第二百四十八条的规定，判决：一、品创公司自本判决发生法律效力之日起停止制造、销售侵害源德盛公司专利号为 ZL201420522729.0 、名称为“一种一体式自拍装置”的实用新型专利权的侵权产品，并销毁库存侵权产品；二、品创公司自本判决发生法律效力之日起十日内赔偿源德盛公司经济损失及维权合理费用共计 100 万元；三、刘某对上述第二项中品创公司的债务承担连带赔偿责任；四、驳回源德盛公司的其他诉讼请求。

一审判决后，品创公司不服，向最高人民法院提起上诉。最高人民法院经审理后判决：驳回上诉，维持原判。

## 【法官评述】

坚持严格保护历来是我国知识产权司法保护一以贯之倡导的基本标准，而根据被诉侵权人的侵权行为性质不同、侵权情节轻重，合理确定被诉侵权人的法律责任亦是落实严格保护的必然途径。尤其在批量专利维权诉讼中，应着重考虑被诉侵权人的行为性质，对侵权产品的源头制造商、零售商、使用者的判决数额应当进行有效区分。

2021年2月27日，最高人民法院知识产权法庭发布的2020年十件技术类知识产权典型案例之一便为“自拍杆”实用新型专利批量维权系列案。本案为最高人民法院终审的（2020）最高法知民终357号案的一审案件。品创公司为实施重复侵权、恶意侵权行为的侵权产品源头制造商。另外涉及的一件“自拍杆”典型案件系最高人民法院终审的（2020）最高法知民终376号案，该案的一审法院银川市中级人民法院认定品创公司销售侵权产品的行为构成对涉案专利权的侵害，考虑到源德盛公司没有提交侵权损害数额证据，该案中的品创公司为规模较小的个体工商户，系被诉产品的终端零售商，且被诉产品价格低、利润薄，属于有证据证明侵权损失低于法定赔偿额下限的情形，故酌情确定品创公司赔偿源德盛公司经济损失2000元。根据司法实践中的政策导向，针对“自拍杆”“打火机”等批量维权案件，对于作为侵权源头的制造商、零售商和使用者，应当依据在案证据，实事求是确定不同侵权主体的法律责任。

实践中，源德盛公司在全国范围内就其自拍杆专利提起了大量的侵权诉讼，其中极大一部分案件的被诉侵权人为终端销售者，且此类终端销售者多为经营规模较小的个体工商户。而本案中，品创公司为故意侵权、重复侵权的被诉产品源头制造商，品创公司因侵害源德盛公司相同专利三次被诉至法院。本案在广州知识产权法院乃至全国，为目前源德盛公司就其自拍杆专利提起侵权诉讼所获赔偿数额最高的案件，案件的判决赔偿数额为100万元。结合案件及司法实践，本案对此类批量维权案件审理具有如下典型意义：（1）合理确定了故意侵权、重复侵权案件中侵权人的赔偿责任。被诉侵权人在多次生效判决认定其实施的相关行为侵害涉案专利权后，仍然继续实施侵害涉案专利权的行为，应认定其具备侵害涉案专利权的故意，对此类故意侵权、重复侵权的严重侵害他人专利权的行为，应在法律规定的幅度内从高确定法定赔偿数额。本案中，因源德盛公司未能提供证据证明源德盛公司因侵权行为造成的实际损失或者品创公司的侵权获利，亦未提供可参照的专利许可费用，故综合考量源德盛公司专利权的类型（实用新型）、侵权行为性质（制造、销售）、侵权情节、品创公司的经营规模以及源德盛公司为维权支出必要合理费用等因素，尤其是品创公司因侵害源德盛公司相同专利三次被诉至法院，品创公司熟知源德盛公司专利技术但仍实施侵权行为，主观恶意很大，酌定品创公司赔偿源德盛公司经济损失及合理开支共计100万元。(2) 通过对侵权源头制造商加大侵权惩处力度，积极引导批量维权案件的当事人进行溯源维权、回归专利维权的基础要义，使其意识到从侵权源头上制止侵权行为才是其维权的终极目的所在，专利权人应当积极从侵权产品的制造环节来制止侵权行为，即尽可能地向处于侵权行为源头环节的制造者主张权利。本案判决赔偿数额的确定，对于鼓励批量维权案件的专利权人直接针对侵权产品制造环节溯源维权，积极推动溯源维权和溯源治理，具有一定的指导意义。

编写人：广州知识产权法院　丁丽　刘小艳

（编辑：李博雅）

# 14

# 陈某与畅享公司等侵害外观设计专利权纠纷案

**阅读提示：**一项外观设计专利存在经启示转用现有设计情形时，在侵权比对时应当考虑哪些要素？

## 【裁判要旨】

在外观设计侵权比对中，如果涉案专利存在经启示转用现有设计的情形，则需要考虑以被诉侵权设计与涉案专利及现有设计不同的设计特征为重要比对内容，并判断相关差异是否属于对整体视觉效果产生显著影响的差异。

## 【案号】

一审：广州知识产权法院（2019）粤 73 民初 856 号

二审：广东省高级人民法院（2020）粤民终 1496 号

## 【案情与裁判】

原告：陈某

被告：畅享公司、代某

**起诉与答辩**

陈某起诉称：陈某是专利号为 ZL201430535413.0、名称为“音响（6）”的专利权人。畅享公司未经许可实施了制造、销售、许诺销售被诉产品的行为，应当承担停止侵权、赔偿经济损失的民事责任。代某是一人公司畅享公司的唯一股东，不能证明公司财产独立于其个人财产，应对公司债务承担连带责任。

畅享公司答辩称：畅享公司仅许诺销售被诉产品，被诉产品由畅享公司委托他人制造，畅享公司寄送样品的行为不构成销售行为。被诉侵权设计与涉案专利既不相同也不近似，不落入涉案专利权的保护范围。

代某答辩称：被诉侵权设计与涉案专利既不相同也不近似，不落入涉案专利权的保护范围。畅享公司每年都会向税务机关提交财务报表，其与代某的财产相互独立，代某不应承担连带责任。

**一审审理查明**

2014 年 12 月 18 日，陈某向国家知识产权局申请名称为“音响（6）”的外观设计专利，于 2015 年 7 月 1 日获得授权，专利号为 ZL201430535413.0。涉案专利至今处于授权状态（授权公告图片见附图 1）。

畅享公司是成立于 2014 年 3 月 24 日的自然人独资有限责任公司，代某为该公司投资者及法定代表人。陈某发现畅享公司的网店上展示有被诉产品的图片，于是联系代某。代某发送了产品报价表，并称部分产品可以下单就生产，部分产品需要在开模报价后才能生产，并将被诉产品样品发送给陈某，同时收取了样品费用。

经当庭查明，被诉产品（外观设计见附图 2）与涉案专利产品均为音响产品，经比对，两者外观均为网球形状。两者主要区别在于：1. 扬声孔的形状不同。涉案专利的扬声孔为多个小圆孔排列成类矩形，被诉侵权设计的扬声孔是多个小圆孔排列成类圆形，该类圆形面积占整个产品的面积比例相较涉案专利为更大。2. 控制按键形状与分布不同。涉案专利的控制按键为呈一字排开的四个凸起跑道形，被诉侵权设计的控制按键为一字排开的四个与球面表面平齐的圆形，中间有图案。3. 电源接口和内存卡槽排列位置不同。涉案专利的电源接口和内存卡槽呈上下紧密排列，而被诉侵权设计的电源接口和内存卡槽呈左右稀疏排列。

另查明，畅享公司、代某在合并开庭中的（2019）粤 73 民初 855 号案中提交了申请日为 2014 年 5 月 16 日、授权公告日为 2014 年 10 月 29 日、专利号为 ZL201430135052.0、名称为“蓝牙音响（足球形）”的外观设计专利（对比设计见附图 3）。该对比专利的简要说明记载，产品用于音响，相关设计要点是足球形状。

## 一审判理和结果

一审法院经审理认为，本案争议焦点是：1. 被诉侵权设计与涉案专利是否相同或近似，是否落入涉案专利权的保护范围；2. 畅享公司是否实施了制造、销售被诉产品的行为；3. 畅享公司、代某的民事责任如何认定。

关于涉案专利的保护范围与设计特征。涉案专利简要说明记载其设计要点是产品的形状，从授权公告图片看，产品整体为网球形状，从俯视图看，有多个小圆孔排列成类矩形的扬声孔设计；从主视图看，中间有依次一字排列的四个凸起跑道形控制按键；从后视图看，电源接口和内存卡槽呈上下紧密排列。再从畅享公司提交的对比专利文件内容可知，对比专利的授权公告日是 2014 年 10 月 29 日，早于涉案专利申请日 2014 年 12 月 18 日，该专利产品用于音响。一审法院认为，在涉案专利申请日前已有将球类的外观设计转用到音响产品中的情形，可以认定涉案专利将网球的外观设计转用到音响产品上，该转用手法受到在先的对比专利的启示。《专利审查指南 2010》第四部分第五章第 6 条记载“涉案专利是由现有设计转用得到的，二者的设计特征相同或者仅有细微差别，且该具体的转用手法在相同或者相近种类产品的现有设计中存在启示”，此种情形属于“涉案专利与现有设计或者现有设计特征的组合相比不具有明显区别”。在此情况下，涉案专利区别于现有设计的设计特征并非网球形状，而是其他设计元素包括扬声孔、控制按键、电源接口和内存卡槽的形状及位置分布。换言之，涉案专利设计的扬声孔、控制按键、电源接口和内存卡槽的等设计元素的形状与分布对涉案专利外观设计的整体视觉效果更具有影响。

本案被诉产品与涉案专利产品均为音响，是相同种类产品，可以进行外观设计是否相同或近似的比对。被诉侵权设计与涉案专利均为网球形状，承前认定，涉案专利是经由现有设计的设计手法启示，将网球的外观设计应用到音响产品中，则对一般消费者而言，涉案专利的音响产品的扬声孔、控制按键、电源接口和内存卡槽的等设计元素的形状与分布对整体视觉效果更具有影响。因被诉侵权设计与涉案专利在扬声孔、控制按键、电源接口和内存卡槽的设计等方面的设计均存在较大差异，以一般消费者认知的角度作整体观察综合判断，两者的上述区别足以导致整体视觉效果有显著影响，被诉侵权设计与涉案专利不近似，没有落入涉案专利权的保护范围。

畅享公司确认涉案被诉产品是由其委托他人制造，故畅享公司实施了制造被诉产品的行为。畅享公司虽然向陈某的代理人提供的是产品样版，但收取了样版费，并将被诉产品的所有权转移给陈某，买卖合同关系成立，畅享公司实施了销售被诉产品的行为。由于被诉侵权设计没有落入涉案专利权的保护范围，陈某要求畅享公司及唯一股东代某承担涉案侵权民事责任，缺乏事实依据，不予支持。判决：驳回陈某的全部诉讼请求。

一审判决后，陈某不服，向广东省高级人民法院提起上诉。二审法院审理后判决：驳回上诉，维持原判。

**【法官评述】**

当市场上有大量相同功能的商品可供购买时，是否有视觉吸引力就成为影响消费者选择某一件商品的考虑因素之一。外观设计专利制度正是针对生产商就工业品符合正规或装饰性要求而提供的法律保护，所保护的是应用在这些工业品上的设计。实施外观设计专利制度需要平衡各方的利益，一方面要有效地从提升产品设计要素角度提供保护，另一方面也要保证法律不会不必要地扩大保护的范围。在侵权诉讼中应当有效保护产品体现原创设计的部分，防止不必要地扩大保护的范围。

“整体观察、综合判断”作为外观设计侵权比对的基本原则，具有高度抽象性，具体到某一项侵权比对时，对外观设计是否相同或相近似的判断都不是易事，需要综合考虑诸多因素。

一项外观设计要获得专利，应当与现有设计或者现有设计特征的组合相比具有明显区别。授权专利与现有设计相比，如明显存在转用手法的启示，除非能产生独特的视觉效果，否则将因缺乏创造性被宣告无效。在民事侵权诉讼环节中，对于一项外观设计属于经启示转用现有设计的情形，在进行侵权比对时，需要将被诉侵权设计与涉案专利及现有设计不同的设计特征作为重要比对内容，并判断相关差异是否属于对整体视觉效果产生影响的明显差异。

涉案专利属于参照已有的网球外观，经由在先的足球音响的设计手法得到启示设计而成。网球运动是常见的体育项目，其所使用的球类的外观已属家喻户晓。一项商品直接采用网球的外观设计，不具有新颖性，该整体形状不会对一般消费者有显著的视觉效果。涉案专利中扬声孔、控制按键、电源接口和内存卡槽等设计元素的形状与分布对整体视觉效果更具有影响。被诉侵权设计前述设计元素的形状与分布，与涉案专利不相同，应认定两者的整体视觉存在明显差异。本案认定被诉侵权设计没有落入涉案专利权的保护范围。

立法保护外观设计专利的初衷是鼓励创作富有美感、视觉效果独特的新设计。由于我国对外观设计专利授权前仅作形式审查，有部分可能不应受保护的设计也被授予专利权。在民事侵权诉讼中，人民法院需要遵循前述立法精神，对那些没有投入创新智力劳动的设计不予保护，间接激励企业增加对改善产品设计方面的投入，提升产品的市场价值。

编写人：广州知识产权法院　刘培英

（编辑：刘合安）

附图 1：专利授权公告图片

主视图　　后视图　　左视图

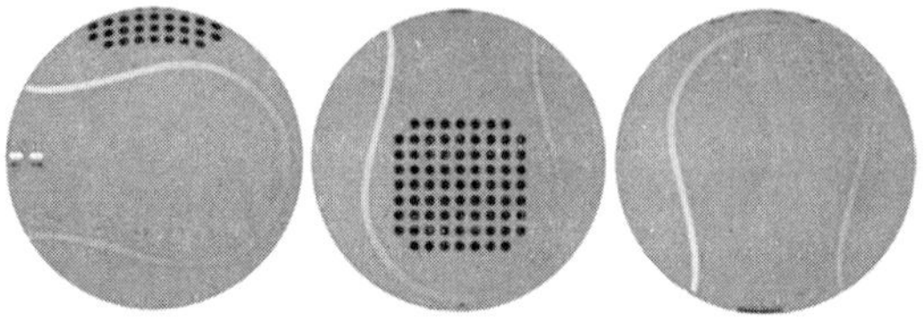

右视图　　俯视图　　仰视图

附图 2：被诉产品照片

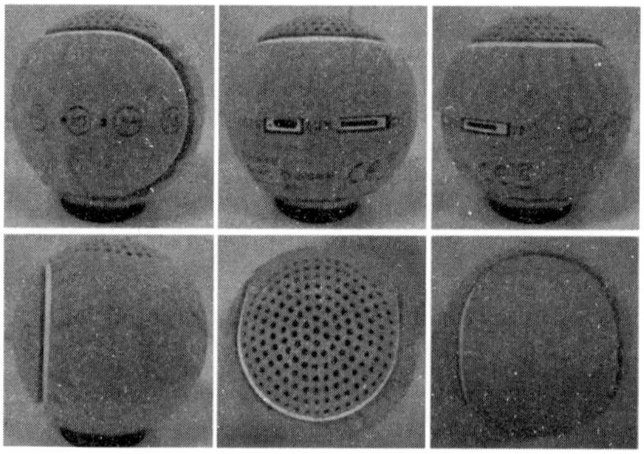

附图 3：对比专利授权公告图片

主视图　　后视图　　左视图

右视图　　俯视图　　仰视图

# 15

# 罗斯公司与美奇公司等侵害外观设计专利权纠纷案

**阅读提示：**如何确定相似外观设计专利的保护范围？

## 【裁判要旨】

相似外观设计专利中，对于风格相同的多项相似外观设计授予一件专利权。同一专利权下的多项相似外观设计之间，区别仅在于局部细微变化、设计单元重复排列或者色彩要素的变化等。因缺乏明确的法律规定，在相似外观设计专利权中，基本设计与相似外观设计的保护范围如何确定的问题，不仅影响着侵权行为的判定，而且容易引发司法实践中的争议。从《中华人民共和国专利法》第三十一条第二款的立法本意来看，基本设计与其他相似设计均可以作为确定外观设计专利权保护范围的依据，相似外观设计专利权的保护范围由各个独立的外观设计分别确定。

## 【案号】

一审：广州知识产权法院（2018）粤 73 民初 3942 号

二审：广东省高级人民法院（2020）粤民终 1498 号

## 【案情与裁判】

原告：罗斯公司

被告：美奇公司、达芬公司、曾某

**起诉与答辩**

罗斯公司起诉称：罗斯公司获得ZL201530162549.6外观设计专利的专利权人美国罗斯公司的独占许可，有权在中国地区制造、销售、许诺销售涉案专利产品，并有权提起本案诉讼。罗斯公司发现，美奇公司、达芬公司、曾某未经许可，共同制造侵害罗斯公司涉案专利权的产品，并通过淘宝网、美奇公司官网等多个网络平台销售、许诺销售，且持续时间长，情节恶劣，给罗斯公司造成严重损害。为维护罗斯公司合法权益，请求法院判令：1. 美奇公司、达芬公司、曾某立即停止制造、销售、许诺销售侵犯ZL201530162549.6外观设计专利权的产品；2. 美奇公司、达芬公司、曾某立即销毁库存侵权产品；3. 美奇公司、达芬公司、曾某连带赔偿罗斯公司经济损失共计100万元；4. 美奇公司、达芬公司、曾某连带赔偿罗斯公司因制止侵权行为产生的合理支出共计50万元；5. 美奇公司在其官网首页及行业网站首页发布声明，公开赔礼道歉，消除侵权影响；6. 美奇公司、达芬公司、曾某共同承担本案全部诉讼费用。

曾某、美奇公司答辩称：曾某制造、合法留置并处理美国罗斯公司未支付货款的“Rothy's”品牌成品鞋，并未侵害罗斯公司涉案专利权，无须承担赔偿责任，罗斯公司无权向曾某主张赔偿。曾某将留置的7600双鞋子交由达芬公司储存和处理，该鞋子没有侵犯美国罗斯公司的外观设计专利权，两者外观设计不相同。美奇公司将部分市场运营委托给达芬公司，双方只是普通的合作关系。罗斯公司请求赔偿的数额无依据，依法应当驳回其诉请。

达芬公司答辩称：达芬公司没有生产能力，“Rothy's”品牌的产品是从曾某处支付对价获得。达芬公司销售的被诉产品与涉案专利不相同、不近似。

**一审审理查明**

**一、涉案专利的权利情况**

专利号为ZL201530162549.6、名称为“鞋”的外观设计专利权人现为美国罗斯公司。该专利共包括4项设计，其《外观设计专利证书》记载“本外观设计产品用作鞋，设计要点在于产品的形状和图案，最能表明本外观设计专利设计要点的图片或照片为设计1立体图，指定基本设计为设计1”。

国家知识产权局于2017年7月5日就涉案专利出具《外观设计专利权评价报告》，初步结论为：全部外观设计未发现存在不符合授予专利权条件的缺陷，其中“对初步结论的具体说明和解释”部分记载“本专利产品为鞋的外观设计，包含四项相似设计，指定设计 1 为基本设计，其中设计 1 属于单纯形状的外观设计，设计 2—4 属于形状与图案相结合的外观设计。设计 2 与设计 1 鞋底花纹不同，设计 3 与设计 1 鞋底花纹以及后跟处花纹不同，设计 4 与设计 1 鞋底、后跟以及鞋内花纹不同。本专利的各项设计与对比设计 1 相比，鞋面开口处前部、侧面以及后跟处形状明显不同，鞋底形状也明显不同。虽然本专利各项设计与对比设计 1 在整体形状上较为接近，但上述区别点对外观设计的整体视觉效果具有显著影响，因此本专利的各项设计与对比设计 1 之间具有显著差异”。

2018 年 8 月 24 日，美国罗斯公司与罗斯公司签署《专利许可协议》，约定授予罗斯公司对涉案专利的独占许可权利。

**二、关于被诉侵权行为的事实**

经公证，罗斯公司的委托代理人在“淘宝网”的“Rothy's 叮当鞋业”网店购买“北美品牌 圆头红蓝色潮流……”“现货发售 飞线编织鞋浅口尖……”两款产品，订单总金额为 517 元。在“小气质轻奢女鞋店”网店购买“春夏飞线浅口尖头透气……”“春夏飞线编织女鞋圆头可机洗……”两款产品，订单总金额为 546 元。上述两货物的快递详情单所载的寄件人均为“温某某”。

经当庭拆封上述公证封存物，内有颜色、图案、鞋跟均不同的两双鞋，罗斯公司确定其中一双红蓝色圆头鞋为被诉产品。经核，被诉产品鞋垫及鞋底均有“Rothy's”标识，被诉产品及外包装盒均未标注厂家名称及产品生产时间。

罗斯公司在本案中请求保护涉案外观设计专利的设计 1，并认为被诉产品外观设计与涉案外观设计专利的设计 1 相同，其还于庭审辩论结束后称对涉案专利的设计 2—4 也主张权利。美奇公司、达芬公司、曾某则认为，被诉产品外观设计与涉案专利的设计 1 既不相同也不近似。

经公证，“http://xerkn***s.com/”网站记载有“xerkngrothys 品牌是美奇公司旗下主打品牌”“美国 Rothys 品牌第一双合格的成品鞋也是在美奇鞋业曾某的全部投入和领导下诞生的”的内容，该网站的“联系我们”一栏载有“美奇公司　广东运营部总监　曾先生：1382***589　温先生：1353***8553”，网站内有多款鞋的宣传照片。网址为“http://www.meiqi.***.com/”的网站内记载有“版权所有：美奇公司”“美奇公司是一家集研发、生产、销售于一体的……自产自销的源头工厂”等内容，“联系美奇”一栏记载有“曾先生：1382***589 温先生：1353***8553”等内容，该网站还展示有多款鞋品的宣传照片。

**一审判理和结果**

一审法院经审理认为，罗斯公司主张美奇公司、达芬公司、曾某共同实施制造、销售、许诺销售被诉产品的意见合理。被诉产品及外包装盒均未标明产品的生产者名称、地址等信息，曾某确认其生产被诉产品，而公证书已记载罗斯公司通过涉案网店购买被诉产品及该网店内展示有被诉产品图片的事实，且因被诉产品的快递单上寄件人为达芬公司的法定代表人温某某、寄件地址为达芬公司的注册登记地址，而达芬公司亦确认其销售、许诺销售被诉产品，又因美奇公司网站记载“美奇公司是一家集研发、生产、销售于一体的……自产自销的源头工厂”“美国 Rothys 品牌第一双合格的成品鞋也是在美奇鞋业曾某的全部投入和领导下诞生的”，再结合被诉产品上无厂家信息、曾某实际经营美奇公司的事实，以及达芬公司的唯一投资人是温某某，美奇公司网站记载“曾先生、温先生”为广东运营部总监，美奇公司网站所载“温先生”的电话号码与被诉产品快递单上温某某的电话相同等事实，罗斯公司主张美奇公司、达芬公司、曾某共同实施制造、销售、许诺销售被诉产品的意见合理。曾某称其合法生产并依法处置被诉产品，但曾某于 2017 年 3 月 10 日签名确认的《协议书》中已经约定其与美国罗斯公司双方解除合作关系，解除协议所附的明细并未包括被诉产品，曾某的上述抗辩不成立。

关于被诉产品是否落入涉案专利设计 1 保护范围的问题。第一，相似外观设计专利及其保护范围的确定。根据《中华人民共和国专利法》第三十一条第二款及《中华人民共和国专利法实施细则》第三十五条第一款的规定，相似外观设计可以作为一件专利申请提出，且相似设计中的其他设计应与指定的基本设计相似。根据《专利审查指南》的意见，每一项外观设计或者每件产品的外观设计除应当满足合案申请的相关规定外，还应当分别具备其他授权条件。故相似外观设计专利中的每一项外观设计均可单独确定其自身的保护范围，当事人可就相似外观设计专利中的任一项设计，单独主张权利，只要被诉产品与相似外观设计专利中的一项设计相同或近似，则可认定侵权行为成立。本案中，涉案专利的 4 项设计均属 ZL201530162549.6 专利项下的设计，因每一项外观设计的保护范围由该项设计独立确定，罗斯公司已确定其请求保护的是涉案专利设计 1，故应将涉案专利设计 1 确定为本案审查的专利保护范围。罗斯公司于庭后称其也主张涉案专利设计 2—4，属于在庭审辩论结束后增加诉讼主张，该主张缺乏法律依据。关于涉案专利设计 1 的保护范围。涉案专利的《外观设计专利权评价报告》记载“设计 1 属于单纯形状的外观设计”，并载明涉案专利与对比设计 1“鞋面开口处前部、侧面以及后跟处形状明显不同，鞋底形状也明显不同”，结合涉案专利的简要说明及涉案外观设计专利权评价报告，可认定涉案专利设计 1 的主要设计包括鞋面开口前部、侧面、后跟形状及鞋底形状等。第二，被诉产品是否落入涉案专利设计 1 的保护范围。被诉产品与专利产品均为鞋，属同类产品，可以进行相同或近似的外观设计比对。将被诉侵权设计与涉案专利设计 1 进行比对，两者整体形状及鞋面形状基本一致，两者鞋头的圆弧比例、鞋面开口处的折线设计相同，两者的鞋底前掌圆弧设计、后跟的上方下圆设计相同，鞋面、鞋侧及鞋帮的比例亦基本相同，区别仅在于鞋面前部开口宽窄及鞋跟的长度略有不同，但前述区别细微，对产品的整体视觉效果无影响，两者外观无实质性差异，构成近似，被诉侵权设计落入涉案专利权的保护范围。一审法院判决：一、美奇公司、达芬公司、曾某于判决发生法律效力之日起停止制造、销售、许诺销售侵害名称为“鞋”、专利号为 ZL201530162549.6 的外观设计专利权的产品；二、美奇公司、达芬公司、曾某于判决发生法律效力之日起十日内赔偿罗斯公司经济损失 300000 元；三、美奇公司、达芬公司、曾某于判决发生法律效力之日起十日内赔偿罗斯公司维权合理支出人民币 150000 元；四、驳回罗斯公司的其他诉讼请求。

一审判决后，双方当事人均不服，向广东省高级人民法院提起上诉。二审经审理后判决：驳回上诉，维持原判。

## 【法官评述】

由于缺乏明确的法律规定，一件相似外观设计专利权中基本设计与相似外观设计的保护范围如何确定在司法实践中一直存在争议。本案属于相似外观设计保护的典型案例，对相似外观设计的保护主旨及保护范围所作的溯源式探讨有着开拓性的意义。

### 一、关于相似外观设计的立法主旨及一件专利权下各个设计之间的关系问题

1. 关于相似外观设计专利权设定的立法主旨

因为外观设计专利权是以公开换取保护的民事权利，所以其获得保护的前

提是充分地公开该产品的外观设计。外观设计的保护范围，正是以表示在授权公告图片或照片中的外观设计内容来确定的。对于外观设计专利而言，为使其保护范围清晰明确，授权公告图片上所展现的往往是一件产品的设计。《专利法》第三十一条第二款规定“一件外观设计申请应当限于一项外观设计”，也是基于保护外观设计专利权人的目的。一般而言，一项设计仅授予一项专利权的类似规定可见诸《专利法》第九条，该条规定:“同样的发明创造只能授予一项专利权。但是，同一申请人同日对同样的发明创造既申请实用新型专利又申请发明专利，先获得的实用新型专利权尚未终止，且申请人声明放弃该实用新型专利权的，可以授予发明专利权。两个以上的申请人分别就同样的发明创造申请专利的，专利权授予最先申请的人。”由此可见，同样的设计仅可授予一项专利权，且仅可将该专利权授予最先申请的人。

然而，外观设计的权利人为产品市场拓展的需要，往往就同一产品作出多项相似设计，但在上述规定下，同一产品的多项相似设计难以都得到专利法的保护。因为相似的外观设计专利权申请，即使是在同一天提出，也可能因互相之间近似度高而难以获得多个专利授权。为解决这一问题，2008 年《专利法》修订时，拓展了外观设计单一性要求的例外情况，增加了对相似外观设计的规定,《专利法》第三十一条规定:“同一产品两项以上的相似外观设计，或者属于同一类别并且成套出售或使用的产品的两项以上外观设计，可以作为一件申请提出。”亦即，一件外观设计专利权的申请中，可包括同一产品两项以上的相似外观设计，或者同一类别并且成套出售或使用的产品的两项以上外观设计，从而解决对专利权人的同一产品的多项相似设计的保护问题。

由上可见，相似外观设计专利权设定的立法主旨在于解决同一产品两项以上的相似外观设计，以及同一类别并且成套出售或使用的产品的两项以上外观设计的保护问题。

2. 一件专利权中各项外观设计之间的关系

既然相似外观设计专利权的设定是为了解决同一产品两项以上的相似外观设计及同一类别并且成套出售或使用的产品的两项以上外观设计的保护问题，则同一产品两项以上的相似外观设计相互之间的关系如何确定，将影响相似外观设计专利权中各项设计的保护范围。

《专利法实施细则》第三十五条第一款规定，“依据专利法第三十一条第二款规定，将同一产品的多项相似外观设计作为一件申请提出的，对该产品的其他设计应当与简要说明中指定的基本设计相似”。亦即，在申请同一产品的多项相似外观设计时，专利权人必须在相似外观设计中指定一项设计为基本设计，而且，相似设计中的其他设计应与指定的基本设计相似，如果其他设计与基本设计不相似，则其亦不应在同一项外观设计权内。正如《专利审查指南》所说，“一般情况下，经整体观察，如果其他外观设计和基本外观设计具有相同或者相似的设计特征，并且二者之间的区别点在于局部细微变化、该类产品的惯常设计、设计单元重复排列或者仅色彩要素的变化等情形，则通常认为二者属于相似的外观设计”。由此可见，一件相似外观设计专利权中各项外观设计之间的关系应是既有相似部分，又有不同部分，包括:（1）基本外观设计和其他外观设计具有相同或者相似的设计特征，两者之间的设计风格是相同的;（2）基本外观设计和其他外观设计的区别在于局部细微变化、该类产品的惯常设计、设计单元重复排列或者仅色彩要素的变化等。如本案中的ZL201530162549.6鞋子外观设计专利权中，共有四项设计，设计1为基本设计，且属于单纯形状的外观设计，设计2—4属于形状与图案相结合的外观设计。设计2与设计1鞋底花纹不同，设计3与设计1鞋底花纹以及后跟处花纹不同，设计4与设计1鞋底、后跟以及鞋内花纹不同。该专利的四项设计使用的是相同的设计风格，四项设计的形状相同，但在局部设计上又有细微的变化，如设计1属形状设计，而设计2—4属于形状与图案相结合的外观设计。

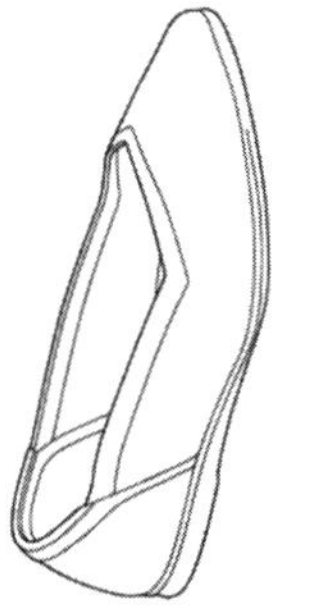
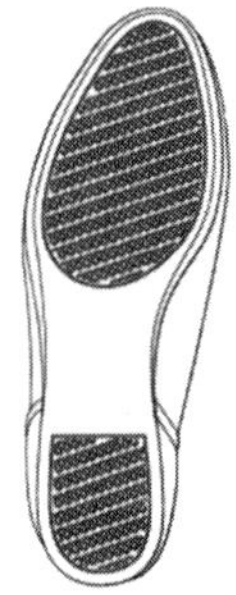
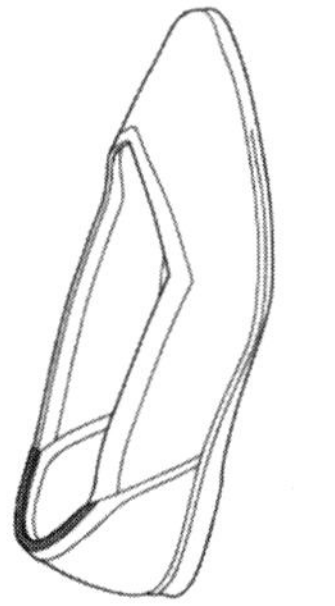

设计1立体图　设计2后视图　设计3立体图　设计4主视图

## 二、关于相似外观设计中各项设计的保护范围问题

1. 关于涉案专利相似外观设计保护范围的确定

既然相似外观设计中的各项设计之间风格相同、设计相似，那么是否可

以仅对其中的基本设计授予专利权，将其他相似设计纳入基本设计的保护范围？答案是否定的。原因在于，假设涉案ZL201530162549.6外观设计专利中基本设计的保护范围是A，而其他设计2、3、4的保护范围分别为B、C、D，而基本设计A仅有形状设计，则其保护范围较小，不等于其他设计B、C、D的保护范围。事实上，相对于基本设计的保护范围A而言，其他设计的B、C、D保护范围扩大了ZL201530162549.6外观设计专利权的保护范围，亦即ZL201530162549.6外观设计专利权的保护范围大于基本设计的保护范围A，ZL201530162549.6外观设计专利权的保护范围是A+B+C+D的总和。

2. 关于相似外观设计中各项设计的保护范围

司法实践中，对于相似外观设计中每一项设计的保护范围如何确定，存在不同的观点。第一种观点认为，单项其他相似设计的保护范围（如B），应当剔除基本设计的保护范围，即单项其他相似设计的保护范围应为B−A，不应将设计1和设计2保护范围的重合部分同时纳入A或B的保护范围，否则，容易导致专利权保护范围的模糊，使得社会公众无法对专利权的保护范围作出判断。第二种观点认为，相似外观设计专利中的每一项外观设计均可单独确定其自身的保护范围，专利中设计1的保护范围即为完整的A，而设计2的保护范围则为完整的B，设计1与设计2之间有自身独立的保护范围。第三种观点则认为，每项外观设计难以单独确定其保护范围，如其单独确定各自的保护范围，则各项外观设计的保护范围存在重合，且会因每一项相似外观设计之间的重合度过高而违背专利法法旨，即对相同的设计仅赋予在先设计者垄断权利，故应以相似外观设计整体作为保护范围。由于存在上述争议，对侵权行为的认定可能产生不同的结论。如果以每项外观设计单独确定保护范围，则在侵权判定时，只要被诉产品的外观设计与一项相似外观设计相同或实质相同，侵权行为即成立。如果以相似外观设计整体作为保护范围，被诉产品则须与每项相似外观设计相同或实质相同，才会认定侵权行为成立。

关于相似外观设计中各项设计保护范围的确定。《专利审查指南》认为，“无论是涉及同一产品的两项以上的相似外观设计，还是成套产品的外观设计专利申请，其中的每一项外观设计或者每件产品的外观设计除应当满足合案申请的相关规定外，还应当分别具备其他授权条件；如果其中的一项外观设计或者一件产品的外观设计不具备授权条件，则应当删除该项外观设计或者该件产品的外观设计，否则该专利申请不能被授予专利权”。由此可见，相似外观设计中的每一项外观设计均应具备授权条件，如果其中一项设计不具备授权的条件，就应该删除该项外观设计，否则，该专利申请不能被授予专利权。从上述外观设计专利权授权时的审查标准和判断逻辑来看，不具备授权条件的单项设计已经被删除，被授权的专利中每一项设计均具备授权的条件，亦即相似外观设计专利中的每一项外观设计均可单独确定其自身的保护范围。因此，相似外观设计专利权的保护范围由各个独立的外观设计分别确定，基本设计及其他相似设计均可以作为确定外观设计专利权保护范围的依据，相似外观设计中各项设计的保护范围即为其自身独立确定的设计。上述第二种观点更符合《专利法》的立法本意，即本案中设计 1 的保护范围为 A，设计 2 的保护范围为 B 而并非 B 减去 A 的余值。

鉴于相似外观设计专利中的每一项外观设计均可单独确定其自身的保护范围，当事人可就相似外观设计专利中的任一项设计单独主张专利权的保护，只要被诉产品与相似外观设计专利中的一项设计相同或近似，则可认定侵权行为成立。在本案中，罗斯公司涉案专利的四项设计，均属 ZL201530162549.6 专利项下的设计，其中每一项外观设计的保护范围由该项设计独立确定。涉案专利简要说明中已指定设计 1 为基本设计，而罗斯公司也于庭审中确定其请求保护的是涉案专利设计 1，并将被诉产品设计与涉案专利设计 1 进行比对，故应将涉案专利设计 1 确定为本案所需审查的专利保护范围。至于罗斯公司庭后称其也主张涉案专利设计 2—4 的问题，因相似外观设计中的每一项外观设计可单独确定保护范围，而罗斯公司已于庭审中明确称其在本案中请求保护的是涉案专利的设计 1，其于庭审辩论结束后增加主张权利的专利设计缺乏法律依据，不应采纳。

关于涉案专利设计 1 的保护范围。涉案专利的《外观设计专利权评价报告》记载“设计 1 属于单纯形状的外观设计”，并载明涉案专利与对比设计 1“鞋面开口处前部、侧面以及后跟处形状明显不同，鞋底形状也明显不同”，故结合涉案专利的简要说明及罗斯公司所提交的涉案外观设计专利权评价报告，可认定涉案专利设计 1 的主要设计包括鞋面开口前部、侧面、后跟形状及鞋底形状等。将被诉侵权设计（见附图）与涉案专利设计 1 进行比对，两者整体形状及鞋面形状基本一致，包括鞋头的圆弧比例、鞋面开口处的折线设计相同，鞋底前掌圆弧设计、后跟的上方下圆设计相同，鞋面、鞋侧及鞋帮的比例亦基本相同，区别仅在于鞋面前部开口宽窄及鞋跟的长度略有不同，但前述区别细微，对产品的整体视觉效果无影响，两者外观无实质性差异，构成近似。故应认定被诉侵权设计落入涉案专利权的保护范围。

附图：

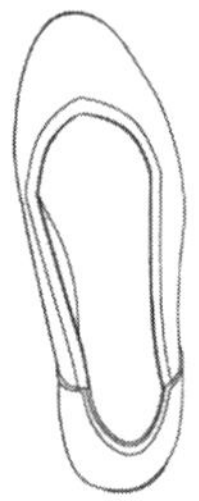

设计 1 主视图

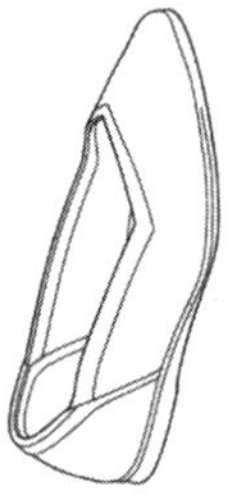

设计 1 立体图

涉案专利设计

被诉侵权设计

编写人：广州知识产权法院　黄彩丽

（编辑：黄榆岚）

# 16

# 觅客公司与喜桥公司侵害外观设计专利权纠纷案

阅读提示："一件代发"模式下，如何审查合法来源抗辩？

**【裁判要旨】**

当侵权人属于具有一定经营规模且在互联网从事商品经销活动的销售商，应当知晓电子商务流通领域销售的商品仍然存在一定的知识产权侵权可能性时，当侵权人对被诉产品供应商的选择、产品的状况以及商品销售等环节未能善尽电子商务销售者合理的注意义务，导致无生产厂家、无产品质量合格证明、无生产日期及产地的不合格产品及侵犯专利权的产品得以销售时，即便是客观上被诉产品有合法来源，其合法来源抗辩也不能成立。

**【案号】**

一审：广州知识产权法院（2018）粤73民初3270号

**【案情与裁判】**

原告：觅客公司

被告：喜桥公司

**起诉与答辩**

觅客公司起诉称：觅客公司于2016年12月16日向国家知识产权局申请了名称为"风扇（N9-FAN）"的外观设计专利，2017年6月9日获得授权，专利号为ZL201630624375.5，该专利至今有效。喜桥公司在苏宁易购网站经营的店铺销售的被诉产品落入涉案专利的保护范围，侵犯了涉案专利权，请求法院判令：喜桥公司立即停止销售被诉产品并赔偿经济损失及合理费用共8万元。

喜桥公司答辩称：喜桥公司所销售的被诉产品具有合法来源，是从淘宝网“文文真品店铺”采购并由该店直接向觅客公司发货的，其并不知道被诉产品侵犯了觅客公司的专利权。被诉产品的销售量低，其已及时停止销售，觅客公司主张的赔偿金额过高。

**一审审理查明**

觅客公司于2016年12月16日向国家知识产权局申请名称为“风扇（N9-FAN）”的外观设计专利，2017年6月9日获得授权，专利号为ZL201630624375.5，该专利产品用于风扇；设计要点在于产品形状，最能表明本外观设计要点的图片或照片为组合使用状态参考图。

觅客公司的委托代理人在喜桥公司经营的苏宁易购网店店铺公证购买了被诉产品。产品外包装及产品上均无生产者信息。喜桥公司不确认被诉产品落入觅客公司专利权保护范围，同时提出合法来源抗辩，认为被诉产品是从淘宝网“文文真品店铺”采购并由该店直接向觅客公司发货。经查，被诉产品系喜桥公司从从淘宝网“文文真品店铺”采购并由该店直接向觅客公司发货。

喜桥公司注册资本100万元，经营范围为批发业。

**一审判理和结果**

一审法院经审理认为，被诉产品与觅客公司专利属于同类产品，整体外形相似，落入觅客公司外观设计专利权的保护范围。喜桥公司作为电子商务平台内从事商品销售的电子商务经营者，当其通过电子商务平台采购商品用于销售时，其上述行为属于经营活动的范畴，应当遵循诚信原则，履行包括消费者权益保护、知识产权保护等方面的义务，承担产品和服务质量责任，在实际经营过程中应当对产品来源、质量和是否侵犯知识产权等方面秉持合理的注意义务。喜桥公司作为具有一定经营规模且在互联网从事商品经销活动的销售商，应当知晓电子商务流通领域销售的商品仍然存在一定的知识产权侵权可能性，但其在对本案涉案产品供应商的选择、产品的状况以及商品销售等环节，未能善尽电子商务销售者合理的注意义务，导致无生产厂家、无产品质量合格证明、无生产日期及产地的不合格产品及侵犯专利权的产品得以销售。一审法院认为，在电子商务环境下，互联网所提供的经营方式方面的技术便利，不能当然免除市场经营者的合理、审慎的注意义务，经营模式的迭代出新不能偏离诚信、善意等基本原则。喜桥公司在本案中虽然提供了商品来源，但未尽善意，其提出的合法来源抗辩不成立，应当承担赔偿责任。鉴于觅客公司并无证据证实其因喜桥公司的侵权导致的实际损失，也无举证证实喜桥公司的侵权获利，亦无提供具体的专利许可费予以参照适用，一审法院综合考量涉案专利类型、喜桥公司侵权行为的性质和情节，结合觅客公司为制止侵权的合理开支，酌定喜桥公司赔偿觅客公司经济损失及为制止侵权所支付的合理开支共计20000元。据此，一审法院依照《中华人民共和国专利法》第十一条第二款、第六十五条、第七十条，《最高人民法院关于审理侵犯专利权纠纷案件应用法律若干问题的解释（二）》第二十五条，《中华人民共和国侵权责任法》第十五条，《中华人民共和国民事诉讼法》第六十四条第一款规定，判决：一、喜桥公司于判决发生法律效力之日起停止销售侵犯专利号ZL201630624375.5、专利名称“风扇（N9-FAN）”外观设计专利权的产品；二、喜桥公司于判决发生法律效力之日起十日内赔偿觅客公司经济损失及合理维权费用20000元；三、驳回觅客公司的其他诉讼请求。

一审判决后，双方当事人均未提起上诉。

## 【法官评述】

随着网络购物的普及，网店也如雨后春笋般生长。为降低开店门槛、降低经营成本、化解库存风险，“一件代发”发展成为备受欢迎的经营模式。网店经营者只需要招揽到愿意购买产品的客户，即可向货源供应商下单采购，再由货源供应商直接向客户交付货物，网店经营者轻松赚取其间的差价。如网店经营者销售的产品涉嫌侵犯他人知识产权而遭受权利人追诉时，网店经营者往往主张合法来源抗辩以免除其赔偿责任。此种情形下，合法来源抗辩能否成立，司法实践中一直存在争议。

**一、合法来源抗辩制度的立法目的**

《专利法》的立法目的在于通过赋予专利权人一定时间的专利垄断权，以换取其公开技术方案，推动技术进步。现实经济生活中，侵权形式复杂多样，合法来源抗辩制度正是为保障交易安全、交易效率、权利保障三者有效平衡的制度设计。

《专利法》第七十条规定:“为生产经营目的使用、许诺销售或者销售不知道是未经专利权人许可而制造并售出的专利侵权产品,能证明该产品合法来源的,不承担赔偿责任。”由该立法规定可知,《专利法》中的合法来源抗辩是对侵权产品善意的使用者、许诺销售者或销售者赋予的一种免于承担赔偿责任的抗辩权,而非不侵权抗辩,仅仅是在专利权侵权背景下的一种责任缓和,这也意味着专利权人的利益必然要优先于抗辩人得到保障。当前,由于国民法律素养不高,证据意识薄弱,特别是中小商铺流通环节还不规范,审判实践中,从严把握合法来源抗辩的审查标准,可以通过外在压力迫使各级经销商合法规范经营,改善当前的经营环境。通过侵权人的举证,权利人可以继续追究供货方的侵权责任,包括查找侵权产品流通环节中的其他侵权产品销售者,以及追本溯源地找到侵权产品的源头即制造者,以利于全面解决侵权问题,并使权利人获得全面赔偿。故在司法实践中,从严把握合法来源抗辩的审查标准才符合立法本意,才能发挥司法的指引作用。

**二、合法来源抗辩的司法审查**

《最高人民法院关于审理侵犯专利权纠纷案件应用法律若干问题的解释(二)》第二十五条规定:“为生产经营目的使用、许诺销售或者销售不知道是未经专利权人许可而制造并售出的专利侵权产品,且举证证明该产品合法来源的,对于权利人请求停止上述使用、许诺销售、销售行为的主张,人民法院应予支持,但被诉产品的使用者举证证明其已支付该产品的合理对价的除外。本条第一款所称不知道,是指实际不知道且不应当知道。本条第一款所称合法来源,是指通过合法的销售渠道、通常的买卖合同等正常商业方式取得产品。对于合法来源,使用者、许诺销售者或者销售者应当提供符合交易习惯的相关证据。”合法来源抗辩需要同时满足主观和客观两个成立要件:一是侵权者的主观善意,二是侵权产品有合法来源。对于主观善意,一般认为,销售者尽到了合理审慎的注意义务,主观上就能被认定为善意。合理审慎的注意义务需要裁判者在个案中结合案件实际认定,经营主体、所售商品性质、商品价格、交易过程等均可作为考量因素。

具体在审查合法来源时,特别要注重对证据的真实性、证明力、与侵权产品的关联性、同一性的审查。这里需要明确的是,在审查交易具有相对方的时候，交易的相对方应当是具体明确的，即权利人可以通过合法来源抗辩人所明确的交易相对方信息，追溯侵权产品的来源。这样的举证责任分配及审查，既可以规范产品流通环节的市场秩序，切实维护权利人的利益，也可以防止侵权产品使用者、销售者与他人串通，以提供虚假合法来源证据的方式，甚至以提供其他供货方类似侵权产品来源虚假证据的方式，来逃避赔偿责任，从而防止司法裁判结果的导向作用背离合法来源抗辩制度的目的和功能。

**三、“一件代发”不是降低注意义务的理由**

“一件代发”情形下，被诉产品是由第三方按照中间销售者的要求直接向购买方发货，中间销售者往往并不接触被诉产品，所以中间销售商往往以其不具备审查能力或者实际无法审查为由主张其主观上为善意。

“一件代发”情形下，中间商依据信息流赚取了差价，基于权利义务相一致的原则，在网络电商平台知识产权侵权多发的商业环境下，中间商也应承担符合交易习惯的知识产权审查注意义务。本案中喜桥公司注册资本为100万元，经营范围就是批发业，其在大型购物网站上开设店铺从事网络销售的经营活动，本案侵权产品虽然客观上确实是从淘宝网站上的第三方下单采购，作为一个专营批发业的公司，喜桥公司显然是知晓互联网上存在大量的侵犯知识产权的行为，有能力选择有实力的交易主体，并对涉案侵权产品是否涉及侵权作出初步判断，但喜桥公司未尽审慎注意义务，购买的产品属于三无产品，权利人无法追溯侵权源头。一审法院据此认定喜桥公司主观上不构成善意，侵权产品客观上虽有合法来源，但喜桥公司的合法来源抗辩不能成立。

司法尊重和呵护新的商业模式，更鼓励诚实守信经营。法律对于商事交易的保护，更多的还是要回归商业的本质，回归法律的基本价值，要通过裁判的指引确立尊重知识产权的导向，绝不允许中间商为了多赚差价而放任知识产权侵权。

编写人：广州知识产权法院　曾维亮

（编辑：李博雅）

# 17

# 美森美公司与典点公司侵害外观设计专利权纠纷案

阅读提示：在专利侵权诉讼中，如何结合简要说明确定外观设计专利权的保护范围？

**【裁判要旨】**

依据专利法及专利法实施细则等规定，外观设计专利权保护范围以表示在图片或者照片中的该专利产品的外观设计为准，外观设计的简要说明及其设计要点可以用来解释外观设计专利权保护范围。当外观设计专利的视图之间存在矛盾之时，应综合视图具体特征，再结合简要说明及其设计要点来合理确定外观设计专利权的保护范围。

**【案号】**

一审：广州知识产权法院（2019）粤73民初2239号

**【案情与裁判】**

原告：美森美公司

被告：典点公司

**起诉与答辩**

美森美公司起诉称：美森美公司是专利号为ZL200930258059.0、名称为"床（羽迪22）"的外观设计专利的独占实施被许可人。美森美公司发现典点公司未经其许可，擅自制造、销售、许诺销售落入涉案专利权保护范围的产品，侵犯了美森美公司享有的专利权利，应承担相应的法律责任，请求法院判令典点公司：1. 赔偿因制造、销售、许诺销售被诉产品造成的美森美公司经济损失350000元及合理费用7600元；2. 承担本案的诉讼费用。

典点公司答辩称：1. 被诉产品与涉案专利设计不同，未落入涉案专利权保护范围，不构成侵权；2. 被诉产品具有合法来源，且被诉产品有相应的外观设计专利，典点公司依法无须承担赔偿责任。

**一审审理查明**

谭某是专利号为ZL200930258059.0、名称为“床（羽迪22）”外观设计专利权人，该专利申请日为2009年10月30日，授权公告日为2010年8月11日，于2018年10月16日缴纳专利年费。专利证书简要说明显示本外观设计的设计要点在于产品的形状；指定一幅设计要点的图片或照片为立体图；左视图无设计要点，省略左视图；省略后视图、俯视图、仰视图。《专利实施许可合同》显示谭某授权美森美公司独占实施许可使用涉案专利，期限自2010年8月11日至2020年8月10日，许可费用50万元。该专利授权公告图片见附图。由附图可见主视图显示两侧侧板上均有圆洞设计，立体图显示左侧板无圆洞设计。

2018年8月6日，经公证，美森美公司代理人使用公证处的电脑登录淘宝网搜索“恩恩家具”，可见一家“恩恩家具旗舰店”的天猫网店上展示了一款“儿童床高低上下铺床多功能双层子母床1.5米组合床母子两层床男孩”的产品，型号为611A，月销量5，累计评价290，品牌为恩恩家具，该商品详情页面显示了多张双层床图片，组合方式包括“高低床+爬梯”“高低床+固定三抽+抽屉式梯柜”“高低床+三抽拖床+衣柜式梯柜”等。

2018年10月9日，经公证，美森美公司代理人使用公证处的电脑进入“恩恩家具旗舰店”的天猫网店，网店上展示了一款“母子床儿童上下床两层床子母床多功能组合床两层高低床女孩公主床”的产品，型号为611，月销量61，累计评价976，品牌为恩恩家具，该商品详情页面显示了多张双层床图片，组合方式包括“高低床+爬梯”等。

2019年8月1日，经公证，美森美公司代理人使用公证处的电脑进入“恩恩家具旗舰店”的天猫网店，网店上展示了一款“儿童床母子床男孩上下床双层床女孩公主床多功能白色高低床子母床”的产品，型号为A611，月销量1，累计评价 47，品牌为恩恩家具，该商品详情页面显示了多张双层床图片。该公证书还展示了型号为 611、611A 的上下双层床的链接及产品图片，显示“母子床儿童上下床双层床子母床多功能组合床两层高低床女孩公主床”的产品型号为 611，累计评价 697，品牌为恩恩家具；“儿童高低床上下铺床多功能双层床男孩子母床 1.5 米成人两层母子床”的产品型号为 611A，累计评价为 153，品牌为恩恩家具。公证书附图第 3 页显示“母子床儿童上下床双层床子母床多功能组合床两层高低床女孩公主床”的总销量为 2939，累计评价 699；“儿童高低床上下铺床多功能双层床男孩子母床 1.5 米成人两层母子床”的总销量为 769，累计评价 153；“儿童床母子床男孩上下床双层床女孩公主床多功能白色高低床子母床”的总销量为 127，累计评价 47。

美森美公司与典点公司均确认三款被诉产品的外观相同，区别在于颜色。公证书附图还展示了数张图片，显示有“广东恩恩家具有限公司”的工厂大门，还有 4 张工厂内部的照片，可见工厂规模较大。典点公司确认“恩恩家具旗舰店”天猫网店为其经营，网店厂房宣传资料为美工负责，并非真实情况，确认销售、许诺销售了型号 611A、611、A611 的被诉产品，但否认实施了制造行为。

庭审中，美森美公司主张以前述第三次公证的公证书第 5 页下图（型号 611）、第 7 页下图（型号 611A）、第 9 页下图（型号 A611）作为比对对象。因上述图片已将被诉产品的设计细节展现出来，典点公司对此无异议。将被诉产品与涉案专利进行比对，两者上层床有护栏及端柱，下层床亦设有端柱，床的左右两端均有侧板，侧板整体造型类似于靴子状，侧板上有圆洞设计。两者主要的区别点仅在于爬梯、背板、上层床的前后护栏设计、侧板圆洞设计略有不同。

典点公司提出合法来源抗辩，并提交了送货单、转账截图、外观设计专利证书及授权书、宣传册等证据。

美森美公司主张 350000 元的经济赔偿，计算方式为用三款被诉产品的总销售量 3835 张，按照推定的每张床盈利 100 元计算。关于其主张的 7600 元合理费用，美森美公司提交了公证费、律师费发票及代理合同。典点公司对美森美公司主张的合理费用予以确认。

一审法院另查明，“恩恩家具”商标注册号为 12607855，申请人为典点公司，商品 / 服务类别为床架（木制）、办公家具、家具等。

一审法院再查明，典点公司为有限责任公司（自然人投资或控股），注册资本为 50 万元，成立日期为 2013 年 4 月 17 日，经营范围为销售家具，国内商业、物资供销业。

**一审判理和结果**

美森美公司是涉案专利的独占实施许可的被许可人，涉案专利的有效期至 2019 年 10 月 30 日届满，但在专利的有效期内，任何单位或者个人未经专利权人许可，都不得为生产经营目的制造、销售、许诺销售侵害涉案专利的产品。

关于典点公司是否实施了制造、销售、许诺销售被诉产品的问题。虽然涉案专利的有效期已届满，但是典点公司的侵权行为发生在专利有效期内。根据公证书所记载的内容，足以证明典点公司通过其经营的网店以陈列展示等方式作出销售三款被诉产品的意思表示，且有相关的销售记录，典点公司也承认实施了销售、许诺销售的行为，故认定典点公司实施了销售、许诺销售被诉产品的行为。虽然网店上标记被诉产品的品牌为“恩恩家具”，且“恩恩家具”为典点公司所拥有的注册商标，但典点公司的经营范围为销售家具及国内商业、物资供销业，并不包括家具制造。网店展示的典点公司的厂房名称与典点公司名称不符，虽然包括“恩恩”字样，但在工厂大门标注非企业名称不符合常理，且典点公司规模如网店图片所显示，美森美公司举证较为容易。现典点公司否认实施制造行为，并称网店宣传资料为美工负责，并非真实情况，在此情况下，美森美公司并未能进一步对典点公司的制造行为进行举证，故美森美公司指控典点公司制造了被诉产品，证据不足，一审法院不予支持。

关于被诉产品是否落入涉案专利权保护范围的问题。涉案外观设计，主视图和立体图的左侧板处显示的内容有矛盾，应结合简要说明确定涉案专利的保护范围，简要说明明确立体图最能显示设计要点，左视图无设计要点，省略左视图，故虽然专利授权公告图片的主视图上的左侧板上有圆洞设计，但是该圆洞设计不是涉案专利的保护范围。美森美公司主张以涉案公证书所附图片作比对，因上述图片已将被诉产品的设计细节展现出来，典点公司对此表示同意，一审法院予以准许。将被诉产品与涉案专利设计相比，两者主要的区别点在于爬梯、背板、上层床的前护栏设计、下层床后护栏设计、左侧侧板有无圆洞以及圆洞外圈设计等。法院认为：1. 双层床通常是由上下床、上下床连接部以及上层床护栏组成，但是各部分的具体设计具有较大的设计空间，一般消费者通常不容易注意到不同设计之间的较小区别；2. 梯子在上下床产品中主要实现的是上下床的功能性作用，一般情况下，有无梯子或梯子造型的差异并不会影响消费者对上下床整体造型相似性的判断；3. 此类产品正常使用时常常靠墙放置，其背板相对于其他部位不容易被直接观察到，其对整体视觉效果不产生显著影响；4. 被诉产品两侧板上均有圆洞设计，因该设计为对称设计，故虽然涉案专利一侧板无圆洞设计，该处的区别点对整体视觉效果不会产生实质的影响。故通过整体观察、综合比对，以一般消费者的认知水平和认知能力，被诉产品与涉案专利设计在整体视觉效果上无实质性差异，构成近似。被诉产品落入涉案专利权的保护范围。

关于合法来源抗辩的问题。本案中，典点公司合法来源抗辩证据不足，一审法院不予支持。

至于典点公司所称被诉产品具有相应外观设计专利的问题。典点公司主张的两份外观设计专利的申请日均在涉案专利申请日之后，根据上述法律规定，对典点公司该项答辩意见，一审法院不予支持。

典点公司未经许可，为生产经营目的，销售、许诺销售侵害涉案外观设计专利权的侵权产品，美森美公司诉请赔偿，依法有据，应予支持。美森美公司主张以网页显示的总销量乘每张床利润 100 元计算赔偿金额。网页展示的总销量并非其向淘宝公司调取的真实数据，网页显示的总销量包含交易关闭、交易不成功等数据，典点公司对该数据也不予确认，故该数据不能反映典点公司的真实销量，仅能作为赔偿的参考。至于美森美公司所称每张床的利润为 100 元，亦无提交证据证明其主张，且还要考虑涉案专利对利润的贡献率，故对美森美公司主张赔偿的计算方式，一审法院不予采纳。鉴于本案侵权行为导致的权利人损失或侵权人获益均无证据证实，许可费亦无支付凭证等予以证实，故本案适用法定赔偿。关于合理开支，美森美公司提交了公证费、律师费发票，有公证书和委托代理合同为证，且金额并无不妥，故美森美公司主张合理费用 7600 元，一审法院予以支持。根据本案涉案专利的类别（外观设计专利）、专利保护期现已届满、被诉产品的价格、侵权行为的性质（销售、许诺销售）、规模和情节，以及有多款型号侵权产品等因素，综合考虑酌情确定典点公司赔偿美森美公司经济损失 100000 元。

一审法院依据《中华人民共和国侵权责任法》第十五条第一款第（六）项，《中华人民共和国专利法》第十一条第二款、第五十九条第二款、第六十五条，《最高人民法院关于审理侵犯专利权纠纷案件应用法律若干问题的解释》第八条、第十条、第十一条，《最高人民法院关于审理侵犯专利权纠纷案件应用法律若干问题的解释（二）》第二十三条，《最高人民法院关于审理专利纠纷案件适用法律问题的若干规定》第二十二条，《中华人民共和国民事诉讼法》第六十四条第一款之规定，判决：一、典点公司自本判决发生法律效力之日起十日内赔偿美森美公司经济损失100000元及合理费用7600元；二、驳回美森美公司的其他诉讼请求。

一审判决后，双方当事人均未提起上诉。

**【法官评述】**

本案为侵害外观设计专利权纠纷，典型意义在于：

第一，明确了审理侵害外观设计专利权纠纷案件，应当首先确定专利权保护范围，对专利授权视图存在矛盾之处的设计，应限定保护范围。

审判实践中，外观设计专利权保护范围的确定较容易被忽略，但《专利法》第五十九条明确规定了审理发明、实用新型、外观设计专利权纠纷案件，均应当首先确定专利权保护范围。外观设计专利权保护范围的确定，对侵权诉讼的审理具有重大意义，保护范围的确定是侵权判定的前提与必要步骤。专利权是“以公开换保护”的民事权利，权利获得保护的前提是专利权人需将发明创造充分公开，专利权的充分公开即是向社会公众充分公开专利权的保护范围，以便社会公众知晓。如果外观设计专利权的保护范围无法确定，即意味着社会公众亦无法确定其保护范围，专利法亦无法保护一个保护范围都不清楚的发明创造。依据《专利法》及《专利法实施细则》等规定，外观设计专利权保护范围以表示在图片或者照片中的该专利产品的外观设计为准，外观设计的简要说明及其设计要点可以用来解释外观设计专利权保护范围。

涉案专利系外观设计专利，专利名称为“床（羽迪22）”，涉案专利与被诉产品种类相同，均为双层床。依据《专利法》的规定，承办法官明确在涉案外观设计专利主视图和立体图左侧板显示的内容存在矛盾时，应结合简要说明及其设计要点确定涉案专利的保护范围，简要说明明确立体图最能显示设计要点，左视图无设计要点，省略左视图，故虽然专利授权公告图片的主视图上的左侧板上有圆洞设计，但是该圆洞设计不是涉案专利的保护范围。

第二，阐释了在外观设计专利侵权判断中，设计空间大小对一般消费者注意力产生的影响。

依据《最高人民法院关于审理侵犯专利权纠纷案件应用法律若干问题的解释（二）》第十四条的规定，设计空间大的，人民法院可以认定一般消费者通常不容易注意到不同设计之间的较小区别。承办法官认为，本案双层床通常是由上下床、上下床连接部以及上层床护栏组成，但是各部分的具体设计具有较大的设计空间，一般消费者通常不容易注意到不同设计之间的较小区别。从而进一步分析设计空间较大部位的区别点对整体视觉效果不会产生实质的影响。故虽然被诉产品比对涉案专利多出很多装饰部分，但最终认定，被诉产品与涉案专利设计在整体视觉效果上无实质性差异，构成近似。被诉产品落入涉案外观设计专利权的保护范围。

附图：涉案专利授权公告图片

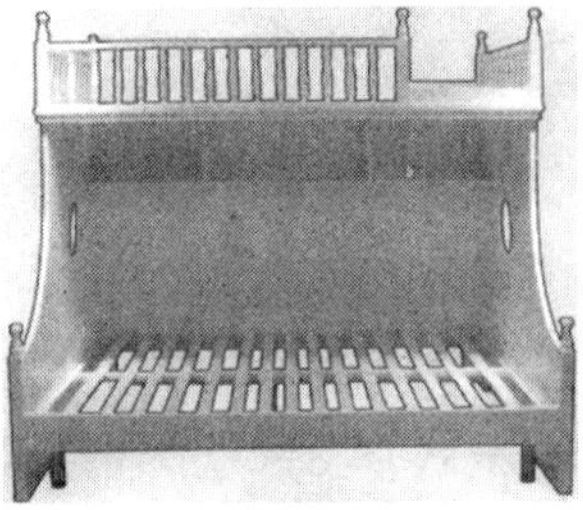
主视图

右视图

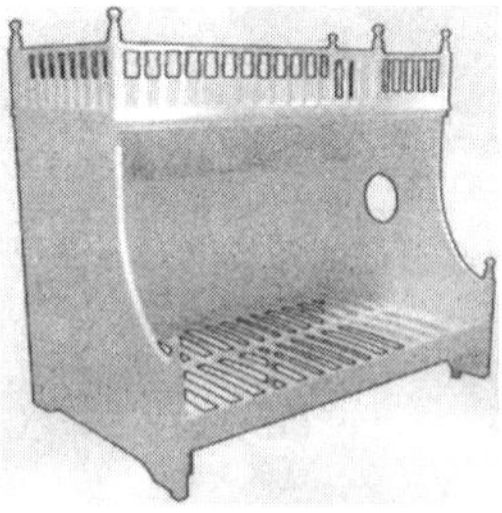
立体图

编写人：广州知识产权法院　丁丽　刘小艳

（编辑：李博雅）

# 18

# 三雅公司与瀛嘉公司等侵害外观设计专利权诉前行为保全案

阅读提示：诉前行为保全应重点审查哪些事项？

【裁判要旨】

涉案专利权经过实质审查维持有效，专利权状况相对稳定，被诉产品侵权可能性较高。被诉产品出口目的地是申请人长期经营的海外重要市场，一旦被诉产品流入该市场，将可能导致申请人相关市场份额减少，造成难以弥补的损害。相对来说，被诉产品仅为被申请人的部分产品，申请人亦在其请求范围内提供了担保，采取行为保全措施对被申请人可能造成的损失在可控范围内。鉴于被诉产品并非日常生活必需品，也不涉及重大科技成果的转化运用，采取行为保全措施不会对社会共同利益产生消极影响。综上，法院支持申请人的行为保全请求。

【案号】

广州知识产权法院（2020）粤73行保2号

【案情与裁判】

申请人（原告）：三雅公司

被申请人（被告）：瀛嘉公司、中摩公司

**请求与抗辩**

三雅公司称：三雅公司享有专利号为ZL201430337764.0、名称为“摩托车整车（SY110-2）”的外观设计专利权，该专利获得授权后，经无效审查程序仍被维持专利权有效。瀛嘉公司、中摩公司未经三雅公司许可，制造、销售侵害三雅公司外观设计专利权的摩托车产品，并自2019年11月开始，频繁出口至摩洛哥，严重损害三雅公司的利益。2020年9月27日，深圳海关依申请扣留了瀛嘉公司、中摩公司制造、销售的型号为F50的侵权摩托车产品共计420台，并于2020年10月21向三雅公司寄送了《深圳海关扣留侵权嫌疑货物通知书》。考虑到在瀛嘉公司、中摩公司提供反担保的情况下，该批侵权产品将流向国外而无法控制，届时会对三雅公司摩洛哥市场份额造成无法挽回的冲击，故向法院申请诉前行为保全，请求法院裁定瀛嘉公司、中摩公司停止从深圳海关向摩洛哥出口型号为F50的侵权摩托车产品。

瀛嘉公司、中摩公司未发表答辩意见。

**法院听证查明**

三雅公司是名称为“摩托车整车（SY110-2）”、专利号为ZL201430337764.0外观设计专利的专利权人，专利授权公告日为2015年5月13日，该专利至今合法有效。国家知识产权局于2020年5月15日作出无效宣告请求审查决定书，宣布维持涉案专利权有效。被诉产品与涉案专利均系摩托车，属于同类产品，将二者进行比对，两者构成近似。

被诉产品已进行报关并准备出口至摩洛哥地区。根据第三方数据公司出具的海关出口数据，瀛嘉公司、中摩公司于2019年11月至2020年4月，每次出口数量为200台左右，至少共出口被诉产品945台，本次拟出口产品数量为420台，涉嫌侵权规模较大并呈扩大趋势。三雅公司自2015年开始将摩托车产品出口至摩洛哥，经过多年宣传和推广，2019年三雅公司相关产品在摩洛哥的销售量达27750台，2020年前9个月的销量也已过万台，被诉产品的拟出口国摩洛哥系三雅公司摩托车产品的主要海外市场。

三雅公司在其请求范围内提供了173万元的保单担保。

**法院判理和结果**

法院经审查认为，三雅公司涉案专利权经过实质审查维持有效，专利权状况相对稳定，被诉产品侵权可能性较高，且出口目的地是三雅公司长期经营的海外重要市场，一旦被诉产品流入该市场，对三雅公司造成的损害将难以弥补。被深圳海关扣留的被诉产品仅是瀛嘉公司制造和销售的部分产品，相对来说，采取行为保全措施对于瀛嘉公司可能造成的损失在可控范围内。在案件审理过程中，瀛嘉公司未到庭接受询问，亦未陈述或举证证明其可能因执行行为保全措施所遭受的损失，三雅公司在其请求范围内提供了173万元的保单担保，故三雅公司提出的行为保全申请符合法律规定。

综上，法院根据《中华人民共和国民事诉讼法》第一百条、第一百零八条及第一百五十四条第一款第（四）项，《最高人民法院关于审查知识产权纠纷行为保全案件适用法律若干问题的规定》第七条、第八条的规定，裁定：瀛嘉公司、中摩公司停止出口已被深圳海关扣留的420台型号为F50的侵权摩托车产品的行为。

该裁定已生效并已执行。

## 【法官评述】

在个案中明确妥善适用司法解释中相对抽象的规定，是推动司法解释运用的最佳方式。本案裁定以《最高人民法院关于审查知识产权纠纷行为保全案件适用法律若干问题的规定》（法释〔2018〕21号）为依据，详细分析了诉前行为保全的具体适用条件，并结合案件情况，对上述司法解释中相对抽象的胜诉可能性、难以弥补的损害、双方利益衡量以及社会公共利益等问题予以明确，对于司法解释的适用和类似案件的处理均具有积极的现实意义。

根据规定，适用诉前行为保全措施应从以下六个方面予以考虑：1. 申请人据以主张的权利状况有效、稳定；2. 被申请人正在实施的行为侵权可能性较大；3. 不采取有关措施，会使申请人的合法权益受到难以弥补的损害；4. 采取行为保全措施对被申请人造成的损害小于不采取行为保全措施给申请人造成的损害；5. 采取行为保全措施不会对社会公共利益造成损害；6. 申请人提供了有效、适当的担保。其中，权利状况与侵权事实是考察申请人在后续侵权诉讼中胜诉可能性的基础。判断申请人的专利是否有效、稳定，应结合专利的类型、是否经过实质审查、是否处于无效宣告请求中或者权属是否存在争议等方面予以考量。具体到本案，三雅公司的涉案专利为外观设计专利，授权时虽未予实质审查，但权利存续期间曾经历无效宣告程序，当时的国家知识产权局专利复审委员会经过实质审查后仍维持专利权有效。因此，可以认定三雅公司涉案专利权利状况相对稳定。判断侵权与否，应充分对行为主体、被诉产品设计方案、正在实施的侵权行为等方面进行分析。首先，三雅公司在本案中提供了充分证据，报关单显示被深圳海关暂扣的420台涉嫌侵权的摩托车产品的所有人为瀛嘉公司；其次，被诉产品与涉案专利同为摩托车，二者整体设计方案近似，被诉产品侵权成立的可能性较高；最后，一般而言，出口主要是为了贸易和销售活动，瀛嘉公司此前多次、大量出口与被诉产品同型号的摩托车，在其未到庭对出口行为作其他非经营性目的解释的前提下，瀛嘉公司出口大批被诉产品目的为销售的事实具有高度盖然性。因此，瀛嘉公司出口与涉案外观设计近似的大批产品，构成侵权的可能性较大，即可认定三雅公司在后续的侵权诉讼中胜诉的可能性较大。

难以弥补的损害是行为保全审查中较难判断及具体化的部分，法释〔2018〕21号第十条对此有进一步的解释，明确人身权受损，商誉受损，市场份额明显受损等方式均属于“难以弥补的损害”。司法实践中，生产、销售“旺季”重大商机受损，即发侵权或引发连锁侵权的情形，变相重复侵权等亦被认定对专利权人造成“难以弥补的损害”。本案中，被诉产品虽然被海关暂扣，但如果瀛嘉公司通过提供反担保或法院未在规定时间内出具协助执行函，被诉产品将被放行。被诉产品出口目的地摩洛哥是三雅公司长期经营的海外市场，一旦被诉产品流入该市场，对三雅公司造成的损害将无法弥补。故本案至少存在市场份额被挤占以及国际市场上即发侵权两种情形，符合法律规定的不采取行为保全措施会使申请人的合法权益受到难以弥补的损害的条件。

关于双方利益衡量，法释〔2018〕21号第七条第三款规定，“不采取行为保全措施对申请人造成的损害是否超过采取行为保全措施对被申请人造成的损害”，确立了基本的“对立、倾斜”的判断标准，即采取诉前行为保全措施给被申请人带来的不利影响要相对少于不采取措施给申请人权益带来的不利影响。需要指出的是，既然明确了采取诉前行为保全措施必然会给被申请人利益造成损害，况且保全措施完成以后还可能面临保全错误的控诉，因此，申请人申请诉前行为保全的，人民法院应当要求其提供与可能给被申请人造成的损失相当的担保。具体到本案中，三雅公司自2015年起就在摩洛哥销售、宣传和推广涉案专利摩托车产品，从其近年来的销量看，摩洛哥系三雅公司摩托车产品的重要海外市场。相对而言，本次被深圳海关扣留的侵权产品仅为瀛嘉公司制造和出口的一部分产品，三雅公司对此亦提供了173万元的担保，因此，暂停被诉产品的出口，对瀛嘉公司造成的损害后果较小且在可控范围内。

随着社会的进步，“互联网 +”的发展，司法结果对于社会的影响日益重要，在专利侵权案件中，如法院裁定采取诉前保全措施，在一定程度上可以帮助相关公众知悉产品的专利保护情况，对于提高公众对产品认知和促进公共福利有一定的正面作用。而本案保全措施针对的是瀛嘉公司在深圳海关报关出口的420台摩托车，标的物既不属于日常生活必需品，也不涉及重大科技成果的转化运用，因此不管是数量上还是对消费者福利和其他企业运营上的影响都较小，未对社会共同利益产生消极影响。

编写人：广州知识产权法院　石静涵　邓文婷

（编辑：黄榆岚）

# 19

# 名诺公司与益霞制品厂等侵害实用新型专利权纠纷行为保全案

**阅读提示：**在知识产权审判中，对于行为保全申请的司法审查应综合考虑哪些因素？

## 【裁判要旨】

在知识产权审判中，对于行为保全申请的司法审查应综合考虑请求保护的知识产权效力是否稳定、申请人的请求是否具有胜诉可能性、不采取行为保全措施是否会使申请人的合法权益受到难以弥补的损害、采取保全措施是否会造成双方当事人利益失衡或损害社会公共利益等多方面认定标准。

## 【案号】

广州知识产权法院（2019）粤73知民初1047号

## 【案情与裁判】

申请人（原告）：名诺公司

被申请人（被告）：益霞制品厂、璐仪娜公司

**请求与答辩**

名诺公司起诉称：益霞制品厂、璐仪娜公司制造、销售、许诺销售的被诉产品落入涉案专利权利要求1、3—9的保护范围，存在侵权可能性。益霞制品厂具有较强的生产能力及广泛的销售渠道，且制造、销售量大，属于源头侵权。璐仪娜公司具有较强的生产能力并有海内外销售渠道。益霞制品厂、璐仪

娜公司的行为给名诺公司的销售市场造成了巨大冲击，如不及时制止，将会给名诺公司的合法权益造成难以弥补的损害。故名诺公司向广州知识产权法院提出行为保全申请，请求裁定益霞制品厂、璐仪娜公司立即停止侵犯专利号为ZL201520088495.8的实用新型专利权的行为，立即停止制造、销售、许诺销售侵权产品及其专用部件（控制主机、手柄、治疗头）。

益霞制品厂答辩称：益霞制品厂不存在制造、销售、许诺销售被诉产品的行为。益霞制品厂是个体工商户，员工只有几个人，经营范围是五金配件制造加工，被诉产品是复杂的美容仪器，益霞制品厂没有制造能力，也没有销售被诉产品给璐仪娜公司。

璐仪娜公司答辩称：其不存在制造以及许诺销售被诉产品的行为，被诉产品由璐仪娜公司向益霞制品厂采购，被诉产品来源于益霞制品厂。璐仪娜公司此前从未经营过超声刀这类产品，其主营业务并非超声刀，而且至今从未向他人主动推销过被诉产品，仅销售过两台被诉产品，获利极少。名诺公司关于106万元的赔偿请求明显缺乏事实依据，依法不应获得支持，共同赔偿缺乏合法依据。璐仪娜公司仅存在销售行为，在得知被起诉后立即停止了销售行为，对璐仪娜公司实施禁令没有必要。

**法院经听证查明**

**一、涉案专利权属基本事实**

2015年2月6日，申请人罗某富向国家知识产权局申请名称为“一种聚焦超声波美容仪”的实用新型专利，2015年7月15日获得公告授权，专利号为ZL201520088495.8，专利权人为罗某富。该专利权至今合法有效。2015年11月19日，专利权人变更为名诺公司。

2017年6月21日，国家知识产权局根据名诺公司申请出具《实用新型专利权评价报告》，载明全部权利要求1—9未发现存在不符合授予专利权条件的缺陷。

2017年10月20日，深圳市中恒美有限公司向国家知识产权局提出无效宣告请求，国家知识产权局专利复审委员会于2018年3月16日作出《无效宣告请求审查决定》（第35261号），维持专利权有效。

2019年10月18日，广州市蕾雅美容美体设备有限公司向国家知识产权局提出无效宣告请求，国家知识产权局于2020年1月16日作出《无效宣告请求审查决定》(第 43143 号),维持专利权有效。

**二、被诉侵权行为相关事实**

2019 年 4 月 4 日,名诺公司的委托代理人向广东省广州市南粤公证处申请对手机微信聊天记录进行证据保全,被保全的微信聊天记录显示,名诺公司代理人向对方购买名称为“3D 多线超声刀”被诉产品一台,并支付价款 13500 元。璐仪娜公司确认其存在销售被诉产品的行为。

法院对上述公证封存物当庭拆封,内有被诉产品一台,产品上无制造者相关信息。名诺公司确定以权利要求 1、3—9 作为保护范围。经技术比对,名诺公司主张被诉产品与涉案专利构成相同,落入涉案专利权保护范围。璐仪娜公司认可名诺公司比对意见。益霞制品厂未发表比对意见,请求由法院认定。

**三、其他相关事实**

璐仪娜公司主张被诉产品来源于被申请人益霞制品厂,并提交微信聊天记录、通话记录等,具体如下:1. 璐仪娜公司法定代表人孙某与益霞制品厂经营者朱某聊天记录显示,璐仪娜公司向对方购买“3D 11 排线超声刀”并微信支付价款 8600 元。2. 2018 年 3 月至 2019 年 12 月朱某微信朋友圈截图,显示其在朋友圈内展示被诉产品;3. 璐仪娜公司法定代表人孙某提交通话记录,显示孙某问“你做这款仪器你不知道是仿人家名诺的吗?”,对方回复“我知道仿他的呀”,孙某问“仪器你还要生产?你不怕人家找到你?”对方回复:“那么多人做,四五家在做,怕什么,他们找啊。”

名诺公司曾以案外人佛山市恒丽美容设备有限公司(以下简称恒丽公司)侵害其涉案专利向法院提起诉讼,法院作出(2019)粤 73 知民初 1067 号生效民事判决书载明,恒丽公司通过微信向朱某购买“3D 多线超声刀”主机。该案中,名诺公司请求保护范围为权利要求 1、3—9,该判决认定该产品落入涉案专利保护范围,判令恒丽公司停止侵权并赔偿名诺公司经济损失及合理费用。

一审法院再查明,益霞制品厂经营范围为五金配件制造、加工,经营者为朱某。

申请人名诺公司根据法院要求,就本案行为保全申请共提交了 100 万元的保函担保。

**法院判理和结果**

法院经审查认为，依据《中华人民共和国民事诉讼法》第一百条第一款、第二款的规定及《最高人民法院关于审查知识产权纠纷行为保全案件适用法律若干问题的规定》第七条的规定，应当从以下五个方面进行审查，以决定是否采取行为保全措施：一、申请人涉案专利权效力是否稳定。涉案专利经专利授权确权程序及民事侵权诉讼分别从行政及司法审查角度证明专利的稳定性，申请人作为涉案专利权人，其有权提起本案行为保全申请。二、申请人的请求是否具有胜诉可能性。根据现有证据，益霞制品厂未经专利权人许可，为生产经营目的实施侵权行为，构成专利侵权可能性较高，申请人胜诉可能性较大。三、不采取保全措施是否会给申请人合法权益造成难以弥补的损害。本案中，如不责令益霞制品厂立即停止侵权行为，将会对名诺公司的合法权益造成难以弥补的损害。四、采取保全措施是否会造成双方当事人利益失衡。由于不责令益霞制品厂停止被控侵权行为对名诺公司造成的损害超过责令益霞制品厂停止被控侵权行为对益霞制品厂造成的损害，且名诺公司已提供适当数额的担保，采取行为保全措施并不违背公平正义。五、关于采取行为保全措施是否损害社会公共利益。就本案而言，一方面，被诉产品属于普通商品，采取行为保全措施仅涉及被申请人的经济利益，不会损害社会公共利益；另一方面，涉案专利所涉产品将在美容行业使用，被诉产品未标注合格证及生产厂家信息，产品质量无法保障，采取行为保全措施不仅不会损害社会公共利益，反而会因维护消费者身体健康权益而促进对公共利益的保护。

关于名诺公司请求对璐仪娜公司采取行为保全措施的主张，经查明，璐仪娜公司销售的被诉产品数量较少，名诺公司亦未能提交证据证明璐仪娜公司的行为将给其合法权益造成难以弥补的损害，申请人对璐仪娜公司的财产保全措施申请依据不足，一审法院不予支持。

综上，名诺公司请求对益霞制品厂采取行为保全措施的申请，符合法律规定。依据《中华人民共和国民事诉讼法》第一百条、第一百零八条、第一百五十四条第一款第（四）项，《最高人民法院关于审查知识产权纠纷行为保全案件适用法律若干问题的规定》第七条的规定，裁定：一、责令益霞制品厂于收到裁定之日起立即停止侵害名诺公司名称为“一种聚焦超声波美容仪”、专利号为ZL201520088495.8的实用新型专利的行为（包括但不限于制造、销售、许诺销售），裁定的法律效力维持到本案终审法律文书生效时止；二、驳回名诺公司的其他申请。

该裁定已生效并已执行。

**【法官评述】**

最高人民法院印发《关于全面加强知识产权司法保护的意见》（以下简称《意见》），指出知识产权司法保护要服务大局，为创新型国家建设、社会主义现代化强国建设提供司法服务和保障。《意见》明确指出要大力缩短知识产权诉讼周期，依法支持知识产权行为保全申请。人民法院正确审查知识产权纠纷行为保全案件，可以及时有效地保护当事人的合法权益，并为科技创新成果转化为先进生产力护航。人民法院在司法实践中探索知识产权案件中行为保全措施的司法审查认定标准具有重要意义。本案的争议焦点在于知识产权案件中采取行为保全措施的司法审查认定标准。

《最高人民法院关于审查知识产权纠纷行为保全案件适用法律若干问题的规定》第七条规定："人民法院审查行为保全申请，应当综合考量下列因素：（一）申请人的请求是否具有事实基础和法律依据，包括请求保护的知识产权效力是否稳定；（二）不采取行为保全措施是否会使申请人的合法权益受到难以弥补的损害或者造成案件裁判难以执行等损害；（三）不采取行为保全措施对申请人造成的损害是否超过采取行为保全措施对被申请人造成的损害；（四）采取行为保全措施是否损害社会公共利益；（五）其他应当考量的因素。"

结合本案审理过程，人民法院应围绕上述五个方面进行审查，具体而言：1. 申请人涉案专利权效力是否稳定。申请人对涉案专利享有专利权是提起行为保全申请的基础，专利权效力稳定有效是其请求采取行为保全措施的依据。对此，申请人应当提交专利授权公告文本、无效宣告审查决定书、专利权评价报告等，以证明其有权就涉案专利提起行为保全申请且专利权效力稳定。2. 申请人的请求是否具有胜诉可能性。只有存在侵权可能性时，法院才有权要求被申请人停止被诉侵权行为。由于未经过完整的诉讼程序，无须直接确定被申请人是否构成侵权，只要能认定其存在侵权的可能性即可。譬如，在专利侵权案件中，人民法院可以围绕审查被诉产品是否落入涉案专利权保护范围及被申请人是否实施被诉侵权行为等，对申请人的请求是否具有胜诉可能性进行判断。3. 不采取保全措施是否会给申请人合法权益造成难以弥补的损害。在专利侵权诉讼中，若存在以下情况，不采取行为保全措施将会给申请人造成巨大损害：其一，销售方式隐蔽；其二，主观恶意明显；其三，市场份额损失难以恢复。4. 采取保全措施是否会造成双方当事人利益失衡。人民法院在判断是否采取行为保全措施时需对权利人和侵权人的利益进行衡量，即应当衡量不采取保全措施对申请人造成的损害及采取保全措施对被申请人造成的损害，以避免造成双方当事人利益失衡的结果。此外，申请人提供担保，以实现双方利益的平衡。5. 采取行为保全措施是否损害社会公共利益。人民法院对专利侵权是否采取行为保全措施的公共利益衡量，是在责令被申请人停止侵权行为可能给公共利益造成的损害，与拒绝行为保全措施会给专利制度本身所追求的促进技术创新之利益造成的损害之间进行比较。

本案中，人民法院根据申请人的申请，围绕上述五个方面对案情进行了综合审查，并最终认为申请人的行为保全申请符合法律规定，具有采取行为保全措施的正当性、必要性。故此，人民法院依法采取了行为保全措施。禁令颁发后，益霞制品厂停止了专利侵权行为，本案的审理取得了良好的法律效果与社会效果。人民法院通过在专利侵权纠纷案件中依法适用行为保全措施，以临时措施的形式及时进行权利救济，对于提升知识产权案件诉讼效率、加大知识产权保护力度均具有积极意义。

编写人：广州知识产权法院　蒋华胜　潘星予

（编辑：李博雅）

# 20

# 曾某与怡信公司
# 职务发明创造设计人报酬纠纷案

阅读提示：职务发明创造发明人、设计人报酬主体、发明创造所获的经济效益问题如何适用法律？如何确定职务发明报酬数额？

**【裁判要旨】**

专利权人在涉案专利有效期间实际购买了侵权产品并据此提起多起诉讼，证明涉案专利可以实施并已实际投入市场。且专利权人在起诉他人侵权的案件中主张涉案专利已实际实施并已产生经济效益，却在本案中主张涉案专利从未实施，其在前后诉讼中言行不一、滥用诉讼权利的行为明显违反诚信原则，应认定涉案专利已实际实施并已取得经济效益。综合考虑涉案专利发明人数量、专利权人获判的侵权损害赔偿数额以及涉案专利价值等因素，判令专利权人向设计人一次性支付职务发明创造报酬。

**【案号】**

一审：广州知识产权法院（2017）粤73民初3581号

二审：最高人民法院（2019）最高法知民终230号

**【案情与裁判】**

原告：曾某

被告：怡信公司

第三人：王某、许某

**起诉与答辩**

曾某起诉称：曾某于2006年11月进入怡信公司工作，担任工程部副经理，工作内容为参加技术研发项目、技术开发等。任职期间，曾某作为怡信公司技术研发项目的负责人，完成多项研发任务，其中曾某主导设计的实用新型“便携可充式喷液瓶”由怡信公司申请专利并获得授权。怡信公司凭借该专利成功转型，并通过销售相关产品获取巨额利益。怡信公司在获得上述专利授权后，未向曾某支付过任何奖励和报酬。曾某请求法院判令：怡信公司向其支付职务发明报酬100万元。

怡信公司答辩称：曾某在涉案专利技术研发工作中仅起辅助作用，且涉案专利技术方案存在缺陷从未实施，未带来经济效益。

**一审审理查明**

怡信公司系“便携可充式喷液瓶”的实用新型专利的专利权人，专利证书记载的发明人为许某、曾某、王某。涉案专利权利要求书记载有9项权利要求，根据国家知识产权局于2010年9月9日对涉案专利作出的实用新型专利检索报告，检索结论认为权利要求1—9具有新颖性，权利要求4—8具有创造性，权利要求1—3、9无创造性。

2011年至2016年，怡信公司曾以涉案专利权被侵害为由对不同被告提起了多起诉讼，在大部分案件中，怡信公司主张以涉案专利权利要求1、2、4确定其专利权保护范围并主张涉案专利投入市场后，因产品具有实用性强等特点受到消费者青睐，给怡信公司带来了经济效益；各被告未经怡信公司许可实施涉案专利，侵害了怡信公司的合法权益，造成重大经济损失。上述案件的最终审理结果为被诉产品的技术特征与涉案专利权利要求1、2、4的全部技术特征相同，各被告构成侵权，需停止侵权行为并向怡信公司赔偿8000元至500000元不等的经济损失及合理开支。怡信公司自行统计的数据显示，其在诉讼中获得判决支持的侵权赔偿数额合计1125000元。

曾某于2006年6月入职怡信公司，后于2008年10月离职，其间曾任工程部课长、项目副经理等职务。对于涉案专利著录事项记载的三位设计人之间的分工，王某在庭审中认为其负责提供构思原理、许某帮助提供构思、曾某负责具体实施；许某认为其提供资金和开发条件，且涉案专利的构思由其与王某共同完成，曾某仅负责跟进协调，不直接参与技术上的设计，具体的实施系由曾某辖下的工程师负责；曾某对王某所述分工表示认可，并认为具体实施工作系由其主导，曾某辖下工程师只是协助。

怡信公司主张涉案专利技术存在缺陷、无法实施，并主张其因涉案专利技术不成熟，一直从事与涉案专利相关的技术研发工作，在2008年至2017年不断对涉案专利技术进行改进，并相应申请了十余项发明和实用新型专利。

**一审判理和结果**

一审法院经审理认为，涉案专利证书记载的发明人为许某、曾某和王某，结合曾某在怡信公司工作期间从事的工作岗位和职务等证据，在无其他相反证据的情况下应认定曾某系涉案专利的发明人之一。怡信公司虽主张涉案专利技术方案存在缺陷，但其主张的技术缺陷仅为一项权利要求的一项附加技术特征，不能证明其他权利要求同样存在技术问题导致整项专利无法实施。怡信公司在涉案专利有效期间实际购买了侵权产品并据此提起多起诉讼，证明涉案专利可以实施并已实际投入市场。且怡信公司在起诉他人侵权的案件中主张涉案专利已实际实施并已产生经济效益，却在本案中主张涉案专利从未实施，其在前后诉讼中言行不一、滥用诉讼权利的行为明显违反诚信原则，应认定涉案专利已实际实施并已取得经济效益。故综合考虑涉案专利发明人数量、怡信公司获判的侵权损害赔偿数额以及涉案专利价值等因素，判令：一、怡信公司于本判决发生法律效力之日起十日内向曾某支付职务发明创造设计人报酬200000元；二、驳回曾某的其他诉讼请求。

一审判决后，怡信公司不服，向最高人民法院提起上诉。二审经审理后判决：驳回上诉，维持原判。

## 【法官评述】

在创新驱动发展、建设知识产权强国的战略背景下，用人单位及其员工发明创造的积极性得到极大的激励和提高，创新成果也不断涌现。然而，制度建设常常未能跟上技术创新的脚步。用人单位未与发明人、设计人约定关于职务发明报酬的方式和数额、用人单位未在其规章制度中明确规定相关报酬内容的情况时有出现，职务发明创造发明人、设计人报酬纠纷诉讼便随之发生。

现行《专利法》和《专利法实施细则》等法律法规虽在职务发明创造发明人、设计人报酬的权利义务主体、报酬具体计算原则和比例等方面作出了原则性规定，但审判实务中对于主体的具体确定、“实施”行为的认定以及“经济效益”“营业利润”内涵和外延的理解和适用等问题仍有待进一步探索。而在审判实践中，涉及职务发明创造发明人、设计人报酬的案件数量目前仍处于低位，如广州知识产权法院建院六年来，审理各类知识产权案件近4.8万件，而涉职务发明创造发明人、设计人报酬纠纷的案件仅24件，占比仅为0.05%。故在此类案件的法律适用、案件处理方面的经验积累较为不足。因此，如何确定诉争专利的实际发明人、如何认定被授予专利权的单位实际实施了诉争专利并从中获得了经济效益、如何确定职务发明的具体报酬数额成为此类案件事实认定和法律适用的关键问题。

本案一审在仔细查明证据事实、谨慎认定法律事实的基础上，认定曾某系诉争专利设计人，并根据诚实信用原则推定用人单位存在实施涉案专利技术方案的事实。在职务发明报酬数额的确定方面，一审以用人单位在其提起的涉案专利相关侵权诉讼案件中所获损害赔偿数额作为其实施专利所产生的经济效益来源之一，并以该数额作为酌定因素之一，同时综合考虑专利类型、设计人数量、专利实施年限、专利价值等因素，最终判令用人单位一次性支付相关职务发明报酬。而二审判决进一步明确，专利权人不仅有权自己实施专利，而且有权禁止他人未经许可实施专利，对于禁止他人未经许可实施专利，不以专利权人有实施专利的事实为维权之必要条件。被授予专利权的单位应当向职务发明人或设计人支付报酬，是因为被授予专利权的单位实施该专利并从实施中获得经济效益，强调的是在专利被实施利用从而产生经济效益的情况下，获得该经济效益的单位应当给予发明人或设计人合理的报酬。本案中，鉴于实施涉案专利取得营业利润难以查明，单位基于涉案专利的维权行为获得的损害赔偿款，系专利权人禁止他人未经许可实施专利而获得的收入，属于其经济效益，在扣除必要的维权成本及支出后，该经济效益应当视为《专利法实施细则》第七十八条规定中所指的营业利润，应据此基础给予职务发明人合理的报酬。

本案平衡保护了用人单位和发明人之间的利益分配，有助于提高发明人进行科技创新的积极性。本案一、二审从审判实务角度对《专利法》第十六条规定的“实施”“经济效益”以及《专利法实施细则》第七十八条规定的“营业利润”的理解和适用进行了明确，对类案的法律适用具有指导意义。

编写人：广州知识产权法院　龚麒天　杨春莲

（编辑：罗厚胤）

# 21

# 格斯美医厂与盘某等确认不侵害专利权及不正当竞争纠纷案

**阅读提示：**如何适用《中华人民共和国反不正当竞争法》第二条的规定，对滥用专利权恶意投诉的行为性质作出认定？

**【裁判要旨】**

专利权利人在明知被诉产品为现有设计而不构成侵权的情形下，先后多次投诉他人侵权，在主观上存在恶意，在客观上不具有正当性，严重影响他人的正常生产经营活动，扰乱市场竞争秩序，违反了诚实信用原则和商业道德准则，损害了他人正当商业利益，故专利权人的恶意投诉行为构成不正当竞争，应予制止。

**【案号】**

一审：广州知识产权法院（2019）粤73民初841号

二审：广东省高级人民法院（2020）粤民终2907号

**【案情与裁判】**

原告：格斯美医厂

被告：盘某、海田公司

**起诉与答辩**

格斯美医厂起诉称：格斯美医厂是一家专业从事美容类设备生产、销售的厂家，经营的产品包括香薰仪、坐熏仪、光波舱等。盘某于2014年6月20日向国家知识产权局提出名称为“远红外线光波舱”的外观设计专利申请，于2014年12月3日获得授权。之后，盘某、海田公司通过投诉等方式影响其正常经营，明显属于滥用专利权恶意提起知识产权投诉的不正当竞争行为。请求法院判令：1. 确认其制造、销售、许诺销售的光波舱产品不侵害专利号为ZL201430193355.8的外观设计专利权；2. 确认盘某、海田公司构成滥用专利权恶意提起知识产权投诉的不正当竞争行为，并立即停止实施该行为；3. 盘某、海田公司赔偿经济损失50000元（含合理开支）；4. 盘某、海田公司在《中国知识产权报》《南方都市报》上就其侵权行为刊登道歉声明，消除侵权影响；5. 本案诉讼费用由盘某、海田公司承担。

盘某、海田公司共同答辩称：1. 涉案专利处于合法有效状态应受法律保护；2. 被诉产品落入涉案专利权的保护范围；3. 格斯美医厂主张的现有设计抗辩不成立；4. 盘某的相关投诉行为属于依法行使正当权利，受法律保护。故请求驳回格斯美医厂的相关诉讼请求。

**一审审理查明**

盘某是名称为“远红外线光波舱”、专利号为ZL201430193355.8的外观设计专利的专利权人。该专利申请日为2014年6月20日，授权公告日为2014年12月3日，至今合法有效。该外观设计专利简要说明显示，该外观设计产品用于远红外线照射或者熏蒸人体进行理疗，设计要点在于产品整体的形状，最能表明设计要点的图片或照片是立体图。2015年1月1日，盘某将涉案专利许可给海田公司独占实施。2017年8月21日，国家知识产权局针对涉案专利出具了《外观设计专利权评价报告》，认为全部外观设计未发现存在不符合授予专利权条件的缺陷。

2017年12月15日，广州市白云区知识产权局受理了海田公司就涉案专利与格斯美医厂的专利侵权纠纷，并于2018年1月5日进行现场勘验及取证。在专利侵权纠纷处理请求书中，海田公司（盘某为其代理人）称格斯美医厂生产、销售、许诺销售的汗蒸机、熏蒸机、中药蒸汽机、发汗机、熏蒸舱、汗蒸舱、太空舱产品侵害涉案专利权，并提交格斯美医厂在1688网店销售的上述产品截图及公证购买到该产品的公证书为证。格斯美医厂在答辩书中称，被诉产品使用的是现有设计，未侵害涉案专利权；海田公司明知涉案专利为现有设计仍申请专利并提起行政查处请求，属于滥用专利权行为。格斯美医厂为此提交海田公司在1688网店销售的货品快照，其生成时间为2014年4月29日。2018年3月15日，广州市白云区知识产权局作出穗云知法字（2017）19号撤销案件决定书，其中记载：在本案审理过程中，格斯美医厂提交了上述被诉产品属于现有设计的相关证据，根据《中华人民共和国专利法》第六十九条第（一）、（二）项规定，上述被诉产品不视为侵犯专利权。海田公司于2018年3月12日向广州市白云区知识产权局书面提出撤回该案处理请求，该局决定：准许海田公司撤回该案件的纠纷处理请求。

2017年10月至2018年9月，盘某曾先后多次通过1688平台、淘宝网平台投诉格斯美医厂生产、销售的光波舱产品（商品链接名称包括“汗蒸机”“熏蒸机”“太空舱”等，但产品外观均与被诉产品基本一致），侵害了涉案专利权。其中，2018年9月11日向1688平台投诉1次，2018年9月11日、25日、29日分别向淘宝网平台投诉共3次。

2018年9月28日，格斯美医厂委托律师通过EMS快递向盘某、海田公司发送律师函一封，就盘某、海田公司基于涉案专利向广州市白云区知识产权局提出专利侵权纠纷查处请求和在淘宝网、1688等电商平台对格斯美医厂生产、销售的光波舱产品多次进行专利投诉的行为，要求其立即停止所有投诉并协助格斯美医厂恢复已被下架、删除的销售链接，或者尽快向有管辖权的人民法院提起专利侵权之诉。邮件查询结果显示该邮件于2018年9月29日签收。

（2018）粤广广州第019047号公证书载明，海田公司在1688网店销售光波舱产品的情况，其中有生成时间为2014年4月29日的货品快照。

格斯美医厂提交了公证费发票、律师费发票、委托代理合同及转账凭证，拟证明本案的维权合理开支为24000元。

**一审判理和结果**

一审法院经审理认为，本案为确认不侵害专利权及不正当竞争纠纷，根据双方的诉辩意见，对本案争议焦点分析如下：

**一、格斯美医厂诉请确认其被诉产品不侵害涉案专利权是否成立**

1. 格斯美医厂是否有权提起本案确认不侵权之诉

《最高人民法院关于审理侵犯专利权纠纷案件应用法律若干问题的解释》第十八条规定：“权利人向他人发出侵犯专利权的警告，被警告人或者利害关系人经书面催告权利人行使诉权，自权利人收到该书面催告之日起一个月内或者自书面催告发出之日起二个月内，权利人不撤回警告也不提起诉讼，被警告人或者利害关系人向人民法院提起请求确认其行为不侵犯专利权的诉讼的，人民法院应当受理。”

本案中，盘某是名称为“远红外线光波舱”、专利号为 ZL201430193355.8 的外观设计专利权人，海田公司是独占实施被许可人。格斯美医厂提交的证据显示，海田公司于 2017 年 10 月 23 日通过行政投诉格斯美医厂制造、销售的光波舱产品侵害涉案专利权，在该案撤诉后盘某又多次通过 1688、淘宝网平台投诉格斯美医厂制造、销售的光波舱产品侵权。格斯美医厂于 2018 年 9 月 28 日向盘某、海田公司发送了律师函要求其停止所有投诉或向人民法院提起专利侵权之诉，盘某、海田公司于 2018 年 9 月 29 日收到上述律师函，格斯美医厂于 2019 年 4 月 29 日提起本案诉讼。由此可见，盘某、海田公司向格斯美医厂发出侵犯涉案专利权的投诉警告并在收到格斯美医厂书面催告函一个月内未提起诉讼，亦未撤回相关网上侵权投诉警告。因此，格斯美医厂有权提起本案确认不侵权之诉。

2. 被投诉侵权设计是否落入涉案专利权保护范围

外观设计专利权的保护范围以表示在图片或者照片中的该产品的外观设计为准，简要说明可以用于解释图片或者照片所表示的该产品的外观设计。在与外观设计专利产品相同或者相近种类产品上，采用与授权外观设计相同或者近似的外观设计的，应当认定被诉侵权设计落入授权外观设计专利权的保护范围。人民法院认定外观设计是否相同或相近时，应当以外观设计专利产品的一般消费者的知识水平和认知能力，根据授权外观设计、被诉侵权设计的设计特征，以外观设计的整体视觉效果进行综合判断。产品正常使用时容易被直接观察到的部位相对于其他部位，授权外观设计区别于现有设计的设计特征相对于授权外观设计的其他设计特征对外观设计的整体视觉效果更具影响。被诉侵权设计与授权外观设计在整体视觉效果上无差异的，应当认定两者相同；在整体视觉效果上无实质性差异的，应当认定两者近似。本案中，被诉产品与涉案专利均是光波舱，属于同类产品。以一般消费者的知识水平和认知能力，经整体观察、综合判断，两者在整体视觉效果上无差异，构成相同，故一审法院认定被投诉侵权设计落入涉案专利权的保护范围。

3. 被诉侵权设计是否属于现有设计

所谓现有设计，是指专利申请日以前在国内外为公众所知的设计。被诉侵权人有证据证明其实施的设计属于现有设计的，不构成侵犯专利权。被诉侵权设计与一个现有设计相同或者无实质性差异的，人民法院应当认定被诉侵权人实施的设计属于现有设计。本案中，涉案专利申请日为2014年6月20日。格斯美医厂向一审法院提交的（2018）粤广广州第019047号公证书显示，海田公司于网上公开销售光波舱产品，其中货品快照的生成时间为2014年4月29日。盘某、海田公司辩称网上信息容易被篡改，但1688网站为阿里巴巴公司旗下网站，系独立于格斯美医厂的第三方网站，与格斯美医厂不存在任何利害关系，其服务器亦处于格斯美医厂的控制之外，且该货品快照生成于海田公司所经营的网店，故该网站生成的货品快照信息稳定、公开、不易篡改。上述货品快照公布了光波舱的产品图片，可证明海田公司在涉案专利申请日之前即公开销售光波舱产品，构成现有设计。该快照虽只有一个视图，但该视图是立体图，能够展示该产品整体的视觉效果和主要的设计特征，结合产品特点和经验法则，可以完成比对。经比对，被诉侵权设计与该快照中的产品外观设计一致。据此，一审法院认定被诉侵权设计属于现有设计。

综上分析，格斯美医厂制造、销售的被诉产品外观设计虽然落入涉案专利权的保护范围，但属于现有设计，故不构成侵害涉案专利权。格斯美医厂诉请确认其被诉产品不侵害涉案专利权，理由成立，一审法院予以支持。

**二、盘某、海田公司的投诉行为是否构成不正当竞争**

《中华人民共和国反不正当竞争法》第二条规定，经营者在生产经营活动中，应当遵循自愿、平等、公平、诚信的原则，遵守法律和商业道德；本法所称的不正当竞争行为，是指经营者在生产经营活动中，违反本法规定，扰乱市场竞争秩序，损害其他经营者或者消费者的合法权益的行为。本案中，格斯美医厂制造并在1688网及淘宝网经营店铺销售光波舱产品，盘某、海田公司作为同业竞争者理应尊重他人的合法权益，诚信经营。海田公司在涉案专利申请日之前已在1688网上公开销售与涉案专利及被诉产品外观一致的光波舱产品，盘某作为当时的海田公司股东和监事，理应对此明知，但却将已公开的产品外观设计申请涉案专利并获得授权；海田公司明知涉案专利不具备新颖性，不符合专利授权条件，且格斯美医厂制造、销售的光波舱产品属于现有设计，却向广州市白云区知识产权局投诉该产品侵害涉案专利权，其主观上存在滥用专利权打压同行的恶意；在格斯美医厂向广州市白云区知识产权局提交了被诉产品属于现有设计的证据后，海田公司撤回该投诉，《撤销案件决定书》中亦明确记载格斯美医厂的被诉产品属现有设计，不视为侵犯专利权，但盘某在海田公司撤回行政投诉后仍继续在1688网及淘宝网上多次投诉，其主观恶意明显。盘某作为涉案专利权人、海田公司作为涉案专利独占实施被许可人，在涉案专利申请并授权时盘某为海田公司的股东和监事，在海田公司向广州市白云区知识产权局投诉格斯美医厂时盘某为代理人，两者为共同利益方。盘某、海田公司在明知被诉产品为现有设计而不构成侵权的情形下，先后多次对格斯美医厂进行投诉，在主观上存在恶意，在客观上不具有正当性，严重影响格斯美医厂的正常生产经营活动，扰乱市场竞争秩序，违反了诚实信用原则和商业道德准则，损害了格斯美医厂正当的商业利益，故盘某、海田公司的恶意投诉行为构成不正当竞争，应予制止。

**三、本案法律责任如何承担**

盘某、海田公司的上述不正当竞争行为损害了格斯美医厂的合法权益，应承担停止侵权及赔偿损失的民事责任。格斯美医厂诉请盘某、海田公司在《中国知识产权报》《南方都市报》上刊登道歉声明并消除影响，但无证据显示上述投诉行为对格斯美医厂的商誉产生不良影响。赔礼道歉主要是侵犯人身权利的一种民事责任承担方式，本案涉及的权利属于财产权利范畴，不具有人格权等人身权利，故格斯美医厂的该项诉请缺乏事实和法律依据，一审法院不予支持。关于赔偿数额，鉴于格斯美医厂因侵权行为而遭受的实际损失或盘某、海田公司的侵权获利均难以确定，一审法院综合考虑盘某、海田公司侵权行为的性质、情节以及格斯美医厂为制止上述侵权行为而支付的合理开支等因素，酌情确定赔偿数额为50000元。

综上所述，一审法院依照《中华人民共和国专利法》第二十二条、第二十三条、第五十九条第二款、第六十二条，《中华人民共和国反不正当竞争法》第二条、第十七条，《最高人民法院关于审理侵犯专利权纠纷案件应用法律若干问题的解释》第八条、第十八条之规定，判决：一、确认格斯美医厂制造、销售、许诺销售的涉案被盘某、海田公司投诉的“光波舱”产品不侵害名称为“远红外线光波舱”、专利号为ZL201430193355.8的外观设计专利权；二、盘某、海田公司于本判决发生法律效力之日起停止实施恶意投诉的不正当竞争行为；三、盘某、海田公司于本判决发生法律效力之日起十日内连带赔偿格斯美医厂经济损失及维权合理开支共计50000元；四、驳回格斯美医厂的其他诉讼请求。

一审判决后，盘某等不服，向广东省高级人民法院提起上诉。二审经审理后判决：驳回上诉，维持原判。

## 【法官评述】

确认不侵犯知识产权诉讼是我国近些年来在知识产权领域新出现的一种诉讼类型。最早是在2002年7月12日最高人民法院《关于苏州龙宝生物工程实业公司与苏州朗力福保健品有限公司请求确认不侵犯专利权纠纷案的批复》(〔2001〕民三他字第4号）中明确认可这种案件类型的，主要涉及专利、商标和著作权这三类主要的知识产权。

关于确认不侵犯专利权纠纷的起诉或受理条件，最高人民法院《关于审理侵犯专利权纠纷案件应用法律若干问题的解释》第十八条明确规定："权利人向他人发出侵犯专利权的警告，被警告人或者利害关系人经书面催告权利人行使诉权，自权利人收到该书面催告之日起一个月内或者自书面催告发出之日起二个月内，权利人不撤回警告也不提起诉讼，被警告人或者利害关系人向人民法院提起请求确认其行为不侵犯专利权的诉讼的，人民法院应当受理。"对于涉及其他类型的知识产权所提起的确认不侵害知识产权纠纷，均应当参照执行此规定。

而本案为确认不侵犯专利权及不正当竞争纠纷，属于合并案由。通常表现为权利人不向法院起诉，而通过发律师函警告，向行政机关、互联网平台投诉等方式，不断向同行施压以获取竞争优势。两个案由密切相关，可以合并审理。

本案中，被诉产品与涉案专利外观相同，落入保护范围。但现有证据显示，海田公司在涉案专利申请日之前已在1688网上公开销售与涉案专利及被诉产品外观一致的光波舱产品。海田公司明知涉案专利不具备新颖性，不符合专利授权条件，却将已公开的产品外观设计申请涉案专利并获得授权，并在明知被诉产品为现有设计而不构成侵权的情形下，先后多次对格斯美医厂进行投诉，在主观上存在恶意，在客观上不具有正当性，严重影响格斯美医厂的正常生产经营活动，扰乱市场竞争秩序，违反了诚实信用原则和商业道德准则，损害了格斯美医厂的正当商业利益。由于《反不正当竞争法》并未具体规定上述滥用专利权恶意投诉行为，故本案适用该法第二条中对于不正当竞争行为的原则规定作出构成不正当竞争的认定。

该案的处理严厉打击了故意利用现有设计申请专利权并以此打压同行的行为，有利于营造公平竞争的市场环境，取得了良好的法律效果和社会效果。

编写人：广州知识产权法院　官健　陈建辉

（编辑：罗厚胤）

# 22

# 太阳月亮公司与佛山知产局等专利行政处理决定纠纷案

阅读提示：在侵权行政诉讼中专利被宣告无效的情况下，如何实质化解当事人的纠纷？

**【裁判要旨】**

专利行政诉讼案件的审查范围应当为审理行政机关佛山市知识产权局（以下简称佛山知产局）在作出涉案行政处理过程中的行政行为是否合法。在佛山知产局作出行政处理决定之时，涉案专利尚未被宣告无效，即使在本案审理过程中涉案专利被宣告无效，但是目前该决定尚在行政诉讼程序之中而未生效，因此涉案处理决定的效力不受涉案专利的无效决定之影响。并且从实质性解决纠纷和保护当事人合法权益的角度出发，在查明事实、确认涉案处理决定、认定被控项目未落入涉案专利权保护范围之结论正确的情况下，应当判决驳回原告的诉讼请求。

**【案号】**

一审：广州知识产权法院（2017）粤73行初1号

二审：最高人民法院（2019）最高法知行终48号

**【案情与裁判】**

原告：太阳月亮公司

被告：佛山知产局

第三人：盈科智网公司

## 起诉与答辩

太阳月亮公司起诉称：太阳月亮公司系专利号为ZL201120006102.6、名称为“城市明水渠停车场光伏发电装置”实用新型专利的专利权人，盈科智网公司未经许可建设的全国最大“屋顶停车场光伏电站”侵害其专利权，向佛山知产局申请行政处理，佛山知产局于2017年10月22日作出佛知纠字（2017）第30号专利侵权纠纷处理决定（以下简称涉案处理决定），涉案处理决定认为盈科智网公司不构成侵犯太阳月亮公司专利权，驳回太阳月亮公司的请求。太阳月亮公司不服涉案处理决定，认为涉案处理决定错误，技术特征比对在内容、对象、结果上均错误，实际没有进行技术特征比对。涉案处理决定认定事实不清，佛山知产局采信的证据与确认的事实之间自相矛盾。佛山知产局行政处理程序违法，在口审现场即宣布太阳月亮公司败诉，篡改口审笔录，口审现场允许无关人员发言，佛山知产局鼓励甚至引导盈科智网公司推卸侵权责任，并不顾双方调解意愿直接作出涉案处理决定。请求法院判令：1. 撤销涉案处理决定，并责令佛山知产局重新作出决定；2. 佛山知产局承担本案诉讼费用。

佛山知产局答辩称：请求驳回太阳月亮公司的诉讼请求。1. 涉案处理决定证据确凿，涉案专利决定确定的专利权保护范围是太阳月亮公司明确主张的专利权保护范围，即独立权利要求，侵权比对的被控项目证据确凿。2. 涉案处理决定适用法律法规正确。3. 涉案处理决定符合法定程序，佛山知产局收到太阳月亮公司的请求材料之后，立案并指定合议组处理，处理决定亦经口审后的合议作出。司机在接送双方当事人去被控项目现场进行实体比对过程中的相关对话系闲聊，未记录在口审笔录中，亦不作为作出决定的考虑范围，佛山知产局未修改口审笔录。佛山知产局已给双方四个月的调解时间，并多次做调解工作，但太阳月亮公司和盈科智网公司未达成一致意见。

盈科智网公司答辩称：请求驳回太阳月亮公司的诉讼请求。盈科智网公司同意佛山知产局的答辩意见。佛山知产局作出的涉案处理决定事实清楚、法律适用正确、程序正当。

## 一审审理查明

太阳月亮公司是专利号为ZL201120006102.6、名称为“城市明水渠停车场光伏发电装置”实用新型专利的专利权人。该专利申请日为2011年1月11日，授权公告日为2012年1月4日。该专利权利要求1记载:“一种城市明水渠停车场光伏发电装置，包括明水渠，其特征是：在所述的城市明水渠两侧设置支柱，所述的支柱用不锈钢横梁连接成城市明水渠停车场，所述的停车场顶端设置光伏发电组件发电，所述光伏发电组件所发电力由智能开关控制，除自用外多余部分并入国家电网，不足时向国家电网取用。”

2017年6月19日，太阳月亮公司提交《专利侵权纠纷处理请求书》，以盈科智网公司未经许可建设的全国最大“屋顶停车场光伏电站”，侵犯了太阳月亮公司涉案专利权为由请求佛山知产局处理。佛山知产局于2017年6月23日立案受理后，于同年6月29日向盈科智网公司送达了请求书副本等材料。

2017年7月5日，盈科智网公司委托广东天骅律师事务所陈某、黎某担任委托代理人。2017年8月6日，盈科智网公司委托何某和广东天骅律师事务所黎某担任委托代理人。

2017年8月10日，佛山知产局组织该案进行口头审理。审理笔录记载，盈科智网公司的委托代理人有陈某、黎某、何某三人，笔录下方签名除合议组成员外，还有太阳月亮公司法定代表人别某和盈科智网公司代理人陈某。同时佛山知产局组织太阳月亮公司和盈科智网公司对涉案项目进行现场勘验、拍照及制作笔录。

佛山知产局经审查后，于2017年10月22日作出涉案处理决定，认为“屋顶停车场光伏电站”没有落入本案专利权利要求1的保护范围，故决定盈科智网公司不构成侵犯太阳月亮公司专利权，驳回太阳月亮公司的请求。上述处理决定书于2017年10月22日以EMS快递形式寄送至太阳月亮公司和盈科智网公司。太阳月亮公司于2017年10月30日收到处理决定书，并于同年11月14日提起本案诉讼。

2018年5月16日，一审法院庭审时，陈某作为盈科智网公司的代理人出庭，太阳月亮公司法定代表人别某当庭确认陈某出席了2017年8月10日佛山知产局组织的口头审理。

2018年6月5日，专利复审委员会作出第36159号无效宣告请求审查决定，宣告涉案专利权全部无效。

诉讼中，太阳月亮公司向一审法院申请调取佛山知产局处理涉案处理决定的口审现场及勘验现场的录像和照片。2018年4月8日，一审法院前往佛山知产局调取，该局未有该案口审现场录音和录像。随后广州知识产权法院前往被控项目所在地对被控项目进行勘验。经现场勘验，被控项目现场有一明水渠，但未在该明水渠上两侧设置支柱、支柱用不锈钢横梁连接成城市明水渠停车场。

**一审判理和结果**

一审法院经审理认为，佛山知产局是管理专利工作的部门，有权处理因侵犯专利权引起的纠纷。

佛山知产局受理太阳月亮公司的处理请求后，随即组织双方口审，并进行现场勘验等活动，至 2017 年 10 月 22 日作出涉案处理决定，并将处理决定书送达行政相对人，程序合法。对于太阳月亮公司提出的佛山知产局在处理中存在的程序违法问题，经审查，首先，盈科智网公司委托广东天骅律师事务所陈某及黎某担任委托代理人，之后，在未撤销全部或部分委托代理人的情况下再行委托他人，代理人人数违反法律规定，再行委托的行为无效。即陈某仍为盈科智网公司的委托代理人。口审笔录有各方代理人签字确认，太阳月亮公司法定代表人亦确认陈某参加了口头审理，故太阳月亮公司提出佛山知产局篡改笔录之诉讼主张不应予采纳。其次，佛山知产局已组织双方调解，且经其审理认定侵权不成立，据此作出涉案处理决定并无不当。最后，太阳月亮公司提到的其他程序问题均为其单方陈述，无证据予以证实，且即使佛山知产局办案人员和工作人员确有言语失当之处，也属于工作作风问题，不涉及程序违法，亦不直接影响案件的处理结果。综上，佛山知产局在纠纷处理中没有违反法定程序或超越职权、滥用职权的情况。本案中，虽然佛山知产局在太阳月亮公司持有的涉案专利真实有效且受法律保护的情况下，作出涉案处理决定，且程序并无不当，但由于太阳月亮公司主张的涉案实用新型专利权被宣告全部无效，依法应视为自始不存在，故其请求佛山知产局处理侵犯其涉案实用新型专利权缺乏权利基础，佛山知产局作出涉案处理决定已经失去事实依据，为保护专利纠纷当事人的合法权益，涉案处理决定应予撤销。综上，一审法院依照《中华人民共和国行政诉讼法》第七十条第（一）项的规定，判决撤销涉案处理决定。

一审判决后，太阳月亮公司不服，向最高人民法院提起上诉。二审经审理认为，虽然涉案专利被专利复审委员会作出了无效决定宣告全部无效，但是目前该决定尚处在行政诉讼程序之中而未生效，尚不能确定涉案专利自始确定无效。从实质性保护专利纠纷当事人合法权益的角度出发，一审基于已查明的事实可以确认被诉决定认定被控项目未落入涉案专利保护范围之结论正确，涉案专利的涉案无效决定的效力如何均不会影响涉案处理结果，太阳月亮公司的相关诉讼请求亦不能得到支持，应当驳回。因此二审判决：撤销一审判决，驳回太阳月亮公司的上诉请求。

**【法官评述】**

在专利民事侵权诉讼案件中，如果审理过程中涉案专利权被宣告无效，目前的一般做法是驳回原告即原专利权人的起诉。理由是，专利权既被宣告无效，则自始不存在，原告的起诉丧失了权利基础，其据此提起的诉请应予驳回。这种做法的法理渊源在于，侵权之诉属于平等民事主体之间的纠纷，专利侵权之诉则基本是平等市场主体之间的纠纷，司法程序秉承“不告不理”这样一种与“市场自治”相呼应的理念。因此，此类民事侵权纠纷案，即使启动实体审理后也可以在被诉技术方案不落入专利保护范围的情况下选择驳回诉讼请求的处理方案；但显然，这种做法与驳回起诉之处理方案相比，与“不告不理”的理念不太契合，同时不利于提高司法效率。

然而，在基于裁决专利侵权纠纷而导致的行政诉讼中，则需考量更多的因素。这类纠纷有特殊性，其一是司法审查的重点在于行政行为的合法性和合理性；其二是纠纷的根源在于平等市场主体之间的民事纠纷。因此，至少需考量这样的因素，一是尽可能维护行政决定的既判力，以让其发挥对于解决知识产权民事纠纷的替代作用；二是实质化解市场主体之间的民事纠纷，以减少行政裁决机制以至于后续司法审查机制的空转。基于这样的理念，既然相关民事纠纷已经行政裁决及司法全面审查，如被诉技术方案不落入涉案专利保护范围，更优的处理方案应当是实体驳回当事人的诉讼请求。

本案是促进行政争议实质化解的典型行政案例。依照行政诉讼司法审查的范围，对被诉行政行为的合法性进行审查，实质性保护当事人的合法权益。本案经过二审法院审理，梳理了专利无效宣告决定和行政处理决定之间的关系。被诉行政行为处理过程中涉案专利尚未被宣告无效，即使在行政诉讼中被宣告无效，但因无效决定尚在行政诉讼程序中，未生效，因此行政处理决定的效力不受涉案专利的无效决定之影响，在查明被诉项目未落入涉案专利保护范围、行政处理决定结论正确的情况下，应驳回太阳月亮公司的诉讼请求，实质性解决纠纷。该案是我国知识产权行政保护和司法保护建构“大保护”“同保护”格局的生动实践，彰显了司法和行政协同保护知识产权的制度优势。该案不仅有效促进知识产权行政执法水平的提升，而且有利于切实保护知识产权，维护营商环境，激励科技创新，让先进技术充分发挥其促进经济社会发展的作用。

编写人：广州知识产权法院　郑志柱　罗厚胤

（编辑：罗厚胤）

# 著作权案件

# 23

# 雷火公司与思锋公司等著作权侵权及不正当竞争纠纷案

**阅读提示：** 如何对具有不同组成部分的网络游戏进行整体评析判断？

**【裁判要旨】**

本案在二审中将涉案网络游戏《梦幻西游》作为整体予以评析判断，并将其认定为以类似摄制电影的方法创作的作品；对游戏中的文字、美术不单独认定为作品，而是将其与游戏单元设计等其他内容相同对待，均认定为类电作品的组成部分。这种裁判思路避免了法律定性和侵权责任认定的复杂化，提高了审判效率。在赔偿数额方面，虽然维持了一审判赔的数额，但二审根据优势证据原则，通过采信积极举证方的相关证据进行推算，提高了损害赔偿数额计算的科学性和合理性。

**【案号】**

一审：广东省广州市天河区人民法院（2016）粤 0106 民初 5333 号

二审：广州知识产权法院（2017）粤 73 民终 1094 号

**【案情与裁判】**

原告（被上诉人）：雷火公司

被告（上诉人）：思锋公司、四三九九公司

**起诉与答辩**

雷火公司起诉称:《梦幻西游》系其研发并运营的一款手游。雷火公司发现，2015 年 11 月 1 日在安卓及苹果 IOS 版上线运营的《仙语》游戏抄袭《梦幻西游》中美术资源及文字作品，侵害了雷火公司的著作权。思锋公司和四三九九公司在《仙语》游戏内容和宣传推广中分别使用了雷火公司知名商品《梦幻西游》特有的名称、装潢，同时还整体抄袭《梦幻西游》的核心内容，构成不正当竞争。雷火公司请求判令思锋公司和四三九九公司：1. 立即停止对《梦幻西游》美术作品及文字作品著作权的侵权行为；2. 立即停止对雷火公司的不正当竞争行为；3. 连带赔偿雷火公司经济损失及公证费等维权支出，共计 5000 万元；4. 连续十天在《仙语》官网和 4399 手游官网首页的醒目位置刊登声明，以消除侵权及不正当竞争行为给雷火公司带来的不利影响。

思锋公司和四三九九公司共同答辩称：请求法院驳回雷火公司的诉讼请求。思锋公司和四三九九公司不构成美术作品著作权侵权，雷火公司提交的证据无法证明其主张的美术作品在先发表，思锋公司和四三九九公司提交的鉴定报告对《仙语》和《梦幻西游》两款游戏比对认定不构成相同，雷火公司主张被侵权的作品大部分不属于著作权的保护范畴，主张保护的宠物技能和门派技能图标不具有独创性。思锋公司和四三九九公司不构成不正当竞争，《梦幻西游》不能被认定为知名商品，雷火公司提交的证据不足以证明《仙语》整体抄袭《梦幻西游》，思锋公司和四三九九公司不存在使用雷火公司所谓“知名商品”特有名称、包装、装潢的行为。雷火公司要求 5000 万元的赔偿金额无证据支持，四三九九公司在接到雷火公司的投诉后，即要求思锋公司对《仙语》进行全面整改，删除和修改涉嫌侵权的内容，并于 2015 年 11 月和 2016 年 8 月 1 日分别关闭 IOS 版和安卓版服务器。思锋公司和四三九九公司已经关闭《仙语》游戏服务器并停止运营，雷火公司停止侵权的诉求不能成立，雷火公司未举证证明思锋公司和四三九九公司侵权可能导致的商誉损失，其主张赔礼道歉的诉请应予以驳回。

**一审审理查明**

双方当事人主体情况。雷火公司于 2009 年 4 月 15 日成立，思锋公司于 2015 年 4 月 27 日成立，四三九九公司于 2011 年 1 月 24 日成立。

涉案美术、文字作品的权属及游戏运营情况。国家版权局颁发的《计算机软件著作权登记证书》载明，《梦幻西游》端游的著作权人为广州网易计算机系统有限公司（以下简称网易公司），网易公司出具《授权及确认函》将《梦幻西游》端游软件的手游改编权独家授权给网易（杭州）网络有限公司（以下简称网易杭州公司），网易杭州公司完成《梦幻西游》V1.0 的制作，并取得《计算机软件著作权登记证书》，随后出具《授权及确认函》确认自《梦幻西游》手游游戏软件完成之日起，就将该游戏软件及所属美术资源和文字作品等全部著作权中的财产权独占许可雷火公司使用，雷火公司有权以自己的名义对侵权行为采取法律行动并获得相应赔偿等。《梦幻西游》手游技能、门派介绍、阵法系统、角色介绍、宠物介绍经国家版权局审核登记取得《作品登记证书》。2014 年 11 月 19 日，《梦幻西游》手游在官方网站上线。雷火公司对《梦幻西游》手游中的游戏元素进行公证，并主张该公证书所公证的《梦幻西游》游戏中 40 幅游戏画面、4 个游戏主角、11 个 NPC 角色、11 个 UI（用户）界面、7 个游戏场景、8 个游戏宠物形象、33 个宠物技能图标、5 个门派技能的美术设计构成美术作品；同时也明确主张《梦幻西游》中 25 个门派技能、60 个宠物技能、31 个特技、9 个特效的文字描述构成文字作品。

《梦幻西游》知名度情况。雷火公司提交了《梦幻西游》电视广告发布合同、《市场推广协议》、网络媒体关于《梦幻西游》报道的网页打印件、获得的奖杯照片等证据，证明《梦幻西游》的知名度。

《仙语》游戏权属及运营情况。《仙语》游戏软件简称《仙语》，其中《仙语》V1.7 系思锋公司于 2015 年 11 月 1 日开发完成，经国家版权局审核登记取得《计算机软件著作权登记证书》。2015 年 12 月 14 日，雷火公司就《仙语》游戏进行公证，公证内容为《仙语》游戏在游戏排行榜中的排名及下载情况。

《仙语》游戏与雷火公司主张权利的美术、文字作品比对情况。雷火公司委托中国版权保护中心版权鉴定委员会对《梦幻西游》和《仙语》游戏中的美术作品进行异同性比对鉴定，鉴定结果认为《梦幻西游》和《仙语》游戏中共有 40 幅美术作品构成实质性相似。思锋公司委托广东省知识产权研究与发展中心司法鉴定所就《仙语》游戏软件服务器端程序是否具有相关技术特征进行鉴定。广东三环汇华律师事务所委托华科知识产权司法鉴定中心就《仙语》《梦幻西游》进行比较，鉴定意见为两款游戏在游戏定位、UI 界面、剧情任务、人物角色形象、技能名称即特技、门派设置、道具、地图、阵法等方面存在较大差异，认为两款游戏不相同。思锋公司委托上海辰星电子数据司法鉴定中心就《仙语》和《梦幻西游》中的美术作品及游戏界面整体进行比对，鉴定意见认为两者的角色、特技特效图标、宠物图标等存在差异。就雷火公司主张权利的美术作品，经比对，《仙语》中4个门派技能图标构成实质性相似，1个游戏主角实质性相似，5个NPC角色基本一致，5个游戏场景实质性相似，2个宠物形象实质性相似，23个宠物技能图标实质性相似，其余内容差异较大;《仙语》中游戏主界面、选人界面、门派技能界面、组队界面、聊天界面、战斗界面、任务推送界面、活力使用界面、人物属性界面、好友界面、帮派信息界面与雷火公司主张权利的游戏界面不相同。就雷火公司主张权利的文字作品，经比对，《仙语》游戏中25个门派技能与雷火公司主张权利的门派技能的名称等均不相同；31个宠物技能实质性相似，7个特技实质性相似，4个特效实质性相似，其余差异较大。

思锋公司和四三九九公司被控实施的不正当竞争。思锋公司和四三九九公司被控使用《梦幻西游》知名商品的特有名称，亦被控抄袭《梦幻西游》核心元素，均构成不正当竞争。雷火公司向公证处申请网页保全，在百度中搜索“梦幻西游”“梦幻西游手游”，根据搜索情况点击首位或次位的结果跳转网站，网站显示“仙语”字样，经查，该网站主办单位名称为刘某。经比对，《仙语》中3个主角名称、8个NPC角色名称、7个宠物名称、7个战斗阵法、8个道具、11个UI界面、5个游戏场景、大部分技能名称与《梦幻西游》对应相同或相似。思锋公司和四三九九公司被控将游戏用户导入《神武》游戏获利，雷火公司主张思锋公司和四三九九公司通过《仙语》官网及发邮件引导游戏用户在停服后转而下载《神武》，并给予玩家高额游戏奖励和充值优惠。

2015年12月22日，雷火公司向四三九九公司发邮件，要求四三九九公司停止对《仙语》宣传推广，四三九九公司复函，称《仙语》游戏不存在抄袭或模仿，未侵犯著作权也不构成不正当竞争。2016年1月15日，苹果公司向四三九九公司发邮件告知其《仙语》已从App Store中移除。2016年4月7日，四三九九公司法务曾向雷火公司发送电子邮件，提出和解方案，包括赔偿800万元的条款等。

雷火公司在案件审理过程中提出诉中禁令申请，经法院组织听证后，雷火公司撤回禁令申请。2016年5月30日，思锋公司和四三九九公司在官网发布公告，停止运营《仙语》；同时发布信息称《仙语》玩家申请成为《神武》用户可获得大礼包等。

经济损失相关事实。雷火公司提交公证书、App Annie 截图等证明《仙语》在 App Store 中的排名、收入 2191951 美元及分成比例 3∶7，《仙语》官网截图显示《仙语》下载量为 163.2 万次，四三九九股份公司的招股说明书记载 2015 年年度非自由游戏运营收入为 90532.06 万元。雷火公司主张计算《仙语》在 IOS 渠道、安卓渠道、官网渠道的游戏收入共为 2.26 亿元。四三九九公司分别与应用宝、360 平台、百度手机助手等签订协议，约定对于《仙语》产生的收入四三九九公司分配比为 50%~60% 不等。

**一审判理与结果**

一审法院审理认为，雷火公司主张权利的 11 个 UI 界面不具有独创性，不受《中华人民共和国著作权法》保护；其余的美术资源具有独创性，应认定为著作权法保护的美术作品；《梦幻西游》手游中对游戏技能、门派、阵法系统、角色等所作出的文字描述构成独创性的表达，属于著作权法保护的文字作品。网易杭州公司拥有《梦幻西游》手游游戏软件及所属美术资源和文字作品等著作权的全部权利，雷火公司经网易杭州公司独占许可，享有该游戏软件及所属美术资源和文字作品等全部著作权中的财产权，故有权提起本案诉讼。

经比对，《仙语》游戏中共有 1 个游戏主角、5 个 NPC 角色、5 个游戏场景、23 个宠物技能图标、4 个门派技能图标与雷火公司主张权利的《梦幻西游》手游中相应的美术作品构成实质性相似，《仙语》游戏中共有 31 个宠物技能文字描述、7 个特技文字描述及 4 个特效文字描述与雷火公司主张权利的《梦幻西游》手游中相应的文字作品构成实质性相似。思锋公司作为《仙语》游戏的著作权人，未经合法授权使用了《梦幻西游》手游中的美术作品及文字作品，并授权四三九九公司在运营过程中通过信息网络向公众提供上述作品，思锋公司和四三九九公司的行为侵害了雷火公司就涉案美术作品及文字作品享有的信息网络传播权，依法应承担停止侵权、连带赔偿经济损失的侵权责任。

《梦幻西游》系一款具有较高知名度的回合制网络游戏，“梦幻西游”或“梦幻西游手游”作为网络游戏名称，能与其他网络游戏名称相区分，表明该商品（服务）的来源，具有较强的显著性，应认定为《中华人民共和国反不正当竞争法》所规定的知名商品（服务）特有名称，依法应予以保护。网站设置关键词推广链接的服务会误导公众进入《仙语》游戏网站，增加《仙语》游戏从中获利的机会，减少《梦幻西游》手游的交易机会，构成不正当竞争行为，故该网站的经营者刘某应依法承担相应的侵权责任。但现有证据未显示上述行为系思锋公司和四三九九公司与刘某在共同意思联络之下实施，亦无证据显示思锋公司和四三九九公司教唆、帮助刘某实施侵权行为且主观上存在过错，故雷火公司主张思锋公司和四三九九公司承担侵权责任缺乏证据支持，亦无法律依据。

思锋公司和四三九九公司开发运营的《仙语》游戏使用了雷火公司享有著作权的《梦幻西游》手游中的游戏主角、NPC 角色、游戏场景等游戏内容，且部分内容相同或相似，游戏玩家不必花费过多精力，即可快速适应《仙语》游戏，客观上增加了替代《梦幻西游》手游的可能性，降低了《梦幻西游》手游原有玩家对该游戏的黏着度，削弱了《梦幻西游》手游的竞争优势，构成不正当竞争，应承担停止侵权、连带赔偿经济损失的民事责任。

《仙语》游戏在一审禁令听证期间发布关服公告，关闭服务器停止运营，该游戏业已停止，故对雷火公司诉请停止侵权不再予以支持。现有证据未显示思锋公司和四三九九公司涉案侵权行为造成公众误认，或者对雷火公司的声誉造成不良影响，无判令思锋公司和四三九九公司消除影响的必要，一审对该项诉请不予支持。

雷火公司主张按思锋公司和四三九九公司的获利计算经济损失，但获利具体金额未能查明，雷火公司的实际损失也无法查明，故一审综合考虑以下因素：1.《梦幻西游》手游知名度较高，具有较大的市场影响力；2.《仙语》游戏下载量较大；3. 思锋公司和四三九九公司在一审诉讼过程中将用户导入《神武》游戏，其行为同时构成不正当竞争，主观恶意明显；4. 四三九九公司与雷火公司协商和解款项；5. 四三九九股份公司招股说明书载明的年度运营收入；6. 雷火公司所支出的维权合理费用等，酌定思锋公司和四三九九公司赔偿雷火公司经济损失及合理维权费用共 1500 万元。一审法院根据《中华人民共和国著作权法》第三条第（一）项和第（四）项、第四十八条、第四十九条，《中华人民共和国反不正当竞争法》第二条、第二十条，《中华人民共和国著作权法实施条例》第三条，《最高人民法院关于审理著作权民事纠纷案件适用法律若干问题的解释》第七条、第二十五条、第二十六条，《中华人民共和国民事诉讼法》第六十四条第一款之规定，判决：一、思锋公司、四三九九公司于判决发生法律效力之日起十日内连带赔偿雷火公司经济损失包括为制止侵权行为所支付的合理开支共1500万元；二、驳回雷火公司的其他诉讼请求。

**上诉与答辩**

一审判决后，思锋公司和四三九九公司不服，向广州知识产权法院提起上诉称：1. 一审法院认定著作权侵权事实不清，证据不足。（1）一审法院对于思锋公司和四三九九公司提供的“在先发表”证据未予认定，一审法院认定构成美术作品和文字作品的表达缺乏独创性，依法不受保护。（2）一审判决对于涉案美术作品的比对结论与《司法鉴定意见书》等相左。（3）涉案文字作品的著作权权属尚存争议，请求中止本案的审理。（4）将《仙语》《神武》和《梦幻西游》三款游戏的文字作品和美术作品进行比对，《仙语》游戏的文字作品、美术作品与《神武》游戏的更为相似。（5）涉案文字作品著作权登记内容共661项，一审法院认定构成实质性相似共42项，占比约6.35%，作为同类型的游戏，极小比例的相似属于合理范畴。（6）一审法院不应以《梦幻西游》软件完成时间为雷火公司享有《梦幻西游》手游著作财产权的时间。（7）一审法院认定思锋公司和四三九九公司侵犯了雷火公司的信息网络传播权属认定事实和适用法律错误。（8）雷火公司在本案中主张《仙语》抄袭了《梦幻西游》手游作为核心元素的125个技能设置，但一审判决只列举了其中3个技能设置，从而推导出大部分技能设置构成相同或相似，此为一审法院事实认定错误。2. 一审法院认定构成不正当竞争事实认定和法律适用均错误。首先，本案不适用《中华人民共和国反不正当竞争法》第二条。一审法院已从著作权法角度认定，则不应该在反不正当竞争法中再次认定。一审法院以玩家能快速适应《仙语》而降低《梦幻西游》黏着性推论思锋公司和四三九九公司构成不正当竞争无法律依据。思锋公司和四三九九公司发布公告引导游戏用户到《神武》主观上没有恶意，不构成不正当竞争。其次，一审法院不应认定“梦幻西游”“梦幻西游手游”为知名商品特有名称。3. 一审法院滥用自由裁量权酌定本案经济损失为1500万元。

雷火公司答辩称，一审判决事实认定清楚，法律适用正确，请求二审维持原判。思锋公司和四三九九公司的上诉请求没有事实和法律依据，依法应予驳回。

**二审审理查明**

思锋公司和四三九九公司围绕上诉请求提交了证据材料，二审法院经证据交换和质证，进一步查明：网易公司诉广州多益网络股份有限公司（以下简称多益公司）和第三人徐某的著作权侵权及不正当竞争纠纷案二审发回广州知识产权法院重审，重审案号为（2018）粤73民初684号，雷火公司在本案中所主张权利的部分文字表达在该案中存在权属争议，本案的审理必须以该案的审理结果为依据。雷火公司认同网易公司在该案中的举证及相应陈述，思锋公司和四三九九公司亦认同徐某在该案中的举证及相应陈述。（2018）粤73民初684号案一审认定《梦幻西游》《梦幻西游2》游戏中文字作品是网易公司法人作品，网易公司享有该文字作品著作权，本案予以认可。

**二审判理和结果**

二审法院经审理认为，本案的基本事实是，网络电子游戏《梦幻西游》手游的权利为雷火公司享有，《仙语》游戏为思锋公司开发并为四三九九公司运营，由于后者与前者内容相仿而导致本案诉讼。雷火公司在一审中称思锋公司和四三九九公司实施了侵害其文字作品和美术作品的著作权侵权行为及不正当竞争行为。纵观全案，雷火公司在本案诉讼中所针对的标的包括两大方面：一是网络电子游戏《仙语》对《梦幻西游》手游内容的抄袭，以及前者的运行涉及侵害后者的权益，这其中包括侵害著作权之诉，也包括不正当竞争之诉；二是将“梦幻西游”“梦幻西游手游”作为信息网络搜索关键词导向《仙语》游戏，以及发布公告将游戏用户导向《神武》游戏等行为涉及的不正当竞争之诉。一审法院部分支持了雷火公司的诉讼主张。思锋公司和四三九九公司提出的上诉意见在这两方面均有涉及。广州知识产权法院围绕当事人上诉所涉方面进行审理，进而判定民事责任。

**一、对涉案游戏的整体评析判定**

关于“抄袭”争议的审理需要解决的基础问题是，《仙语》游戏的相关组成部分是否抄袭于《梦幻西游》手游，然后要解决的问题才是《仙语》游戏的运行是否涉及侵害《梦幻西游》手游的相关权益。根据当事人的争议所指，《仙语》游戏的相关组成部分包括：1. 文字内容、美术内容；2. UI界面；3. 游戏名称“梦幻西游”“梦幻西游手游”；4. 游戏角色、场景名称和门派名称等；5. 角色技能、道具功能、阵法排布、任务设定等。雷火公司分别主张其在文字作品和美术作品（第1、2项）、知名商品特有名称（第3、4项）和反不正当竞争法上的利益（第5项）。一审法院根据其诉讼主张所指分别作了甄别和判断。毋庸置疑，上述几项组成部分在同一标的物——《仙语》中是相互联系的，在其作为游戏产品的商业经营中是无法单独运行的。基于此，其一，将同一标的物中的部分内容（如第1项）认定为作品，推论通过信息网络向公众提供的行为认定为侵害作品权利行为（如信息网络传播权）；而将其他的组成部分相同或相似（如第5项）认定为不正当竞争行为，在逻辑上难以自洽。其二，侵害作品权利的判断意味着将标的物视为作品，构成不正当竞争的判断则将标的物视为商业经营中的商品或者服务，如果两者都成立，将推导出停止侵权行为和停止不正当竞争行为的两种民事责任，将问题复杂化。其三，将同一标的物中的不同组成部分分别处理，既不方便当事人诉讼，也不方便法院审理纠纷，在程序上效率低。其四，分项保护模式仅及于网络游戏中的部分内容，将导致仿冒者容易通过回避或者更换某一类别元素的方式逃避侵权责任，不足以实现对具有完整特性的网络游戏的充分和实质保护。因此，应当将涉案的两个网络电子游戏作为整体予以评析判断。

涉案游戏在静态上是一套计算机系统，是经开发者精心研发、独立完成的，此过程包括游戏策划、游戏美工、游戏编程等。该系统运行并加入用户的操控，通过用户的视听感知和其他感官互动，展现出来的是用户可以感知的表达，具有独创性；从涉案游戏作为计算机软件的角度看，其具有可复制性。因此，作为整体的涉案游戏应认定为作品，获得著作权法保护。本案中，对作为整体的两款游戏，可以参照广东省高级人民法院审理网易公司诉广州华多网络科技有限公司侵害著作权及不正当竞争纠纷案［（2018）粤民终137号］的认定思路，将其归类为以类似摄制电影的方法创作的作品（以下简称类电作品）。本案中，经涉案游戏《梦幻西游》的研发者的独占许可，雷火公司享有该作品的著作权。

**二、关于著作权侵权判定**

作为受著作权法保护的类电作品，涉案游戏《梦幻西游》的多个组成部分都是该作品的具体表达形式，讼争的文字内容或者美术内容等也仅被视为该类电作品的组成部分。应当指出的是，对于游戏中宠物技能、特技和特效等的分项说明过于简单，难以体现创造性，也难以形成完整的表达，难以将这些语句认定为文字作品。上述文字将其组合成一个整体，可以视为游戏的说明书，从而视为著作权法所规定的文字作品。但是，既已将涉案电子游戏作为整体看待，这些文字内容仅被视为该类电作品的组成部分。

基于此，《仙语》游戏之于《梦幻西游》手游在上述组成部分的相同或者实质性相似，将是判定著作权侵权的事实基础。当然，在以此为基础的侵权判定过程中，还需考虑这些表达形式是否为公知因素或与在先表达的权利是否存在冲突以及这些表达是否具有可替代性。关于文字部分，思锋公司和四三九九公司认为《梦幻西游》中部分文字表达权属存在争议，经审查，争议的文字表达涉及的著作权归属于网易公司，《梦幻西游》中的宠物技能“迅捷”与在先游戏《暗黑破坏神 2》中“加速”相似，不纳入比对范围，除此以外，《仙语》中的宠物技能“感知”与《梦幻西游》中对应文字不构成实质性相似，其余 29 个宠物技能、7 个特技和 4 个特效共 40 个文字表达与雷火公司主张权利的对应内容构成实质性相似。关于美术部分，虽然《梦幻西游》中部分美术表达来源于连续剧《西游记》等作品，但表现形式与在先表达不实质性相似，经审查，《仙语》游戏中共有 40 个美术表达与雷火公司主张权利的对应内容实质性相似。关于游戏设计部分，经审查，《仙语》游戏中大部分的主角名称、角色名称、宠物名称、游戏任务、战斗阵法、道具、游戏场景、技能设置等游戏设计与雷火公司主张权利的对应内容实质性相似，为了下文确定赔偿数额过程中的推算需要，相似技能数量以 100 个估算，则《仙语》手游中共 157 个游戏设计与《梦幻西游》手游中的游戏设计相同或实质性相似。二审中，思锋公司和四三九九公司确认《仙语》游戏中出现的游戏设计共 1251 个，则《仙语》与《梦幻西游》相同或相似的游戏设计占比为 12.55%，取约数 13%。

综上所述，《仙语》游戏中共有 40 个文字表达、40 个美术表达，以及 13% 的游戏设计与《梦幻西游》手游的对应内容相同或者实质性相似。这些部分无论在《梦幻西游》手游还是在《仙语》游戏中，都是关键内容，是其作为类电作品的主要表现形式，也是其作为网络电子游戏实现用户视听操作体验的主要因素，因此，这些内容相同或实质性相似，显然超出合理借鉴的范畴，足以判定《仙语》游戏对《梦幻西游》手游表达形式的剽窃。思锋公司制作《仙语》游戏并由四三九九公司通过信息网络向公众提供予以运营，其行为侵害了雷火公司对类电作品《梦幻西游》手游享有的信息网络传播权。

**三、关于不正当竞争行为判定**

经审查，关于关键词搜索问题，雷火公司的诉讼请求中包含此项指控，一审法院予以审查并作出相关认定；同时鉴于证据不足，不支持雷火公司关于思锋公司和四三九九公司实施相关行为的指控，一审法院完整地回应了当事人提出的诉辩意见，并无不当。关于网络上的引导流量问题，思锋公司和四三九九公司在本案诉讼过程中发布公告，以提供奖励和优惠的方式引导游戏用户导入《神武》游戏，将本因侵权行为不正当获得的玩家资源继续占为已有，违背诚实信用原则，并实际损害雷火公司的合法利益，一审法院将之认定为构成不正当竞争亦无不当。虽然在一审诉讼中引导流量行为已停止，但该情节对判定民事赔偿责任有参考作用。思锋公司和四三九九公司的相关上诉理由不成立，应予驳回。

**四、关于侵权和不正当竞争的民事责任**

思锋公司和四三九九公司制作《仙语》游戏并通过信息网络传播的行为侵害了雷火公司对类电作品《梦幻西游》手游享有的著作权，应承担相应的侵权责任。鉴于诉讼期间侵害著作权行为和不正当竞争行为均已停止，无须再作出判令停止侵权和不正当竞争行为，但由此导致的赔偿责任不应免除。关于赔偿数额，一审酌情确定的过程过于简单，广州知识产权法院进行重新审核，审核过程中，充分考虑了双方当事人的举证，依照优势证据规则采信证明力较强的证据，通过优势证据中可采信的参数估算侵权者的经营获益。具体方式是，通过确定思锋公司和四三九九公司运营《仙语》游戏的营业收入，扣除必要的营业成本（渠道、平台分成），推算思锋公司和四三九九公司运营《仙语》游戏的利润；再结合实质性相似部分的占比情况，还考虑法律规定的其他酌情因素予以综合确定。

经审查，雷火公司在诉讼中提交了 App Annie 中的相关统计数据、四三九九股份公司招股说明书以及网络上相关报道等证据材料。App Annie 是移动应用和数字内容时代一家从事数据分析和市场数据调查的公司，虽然其提供的数据并不是最原始的，但为综合各方通过科学推算得出的，故其具有较高的可信度，广州知识产权法院予以采信，估算《仙语》游戏在 IOS 渠道利润约为 1467.3 万元，并以此推算《仙语》在四三九九公司官方网站渠道利润为 10060.8 万元，在应用宝平台、百度助手、360 手机助手和 PP 助手运营《仙语》利润为

4996.86 万元。上述三渠道利润共 16524.96 万元，其中《仙语》游戏剽窃部分在整个作品中的占比约为 13%，则《仙语》的侵权获利约为 2148.24 万元，明显超过著作权法规定“法定赔偿”上限 50 万元。二审法院以该估算结果为基础，综合考虑涉案游戏的类型和知名度、涉案行为的性质和情节、权利人的维权费用等因素认为，一审确定的 1500 万元赔偿无明显不当。

综上所述，思锋公司和四三九九公司制作《仙语》游戏并通过信息网络传播的行为侵害了雷火公司对类电作品《梦幻西游》手游享有的著作权，应承担相应的责任。一审判决认定事实基本清楚，虽适用法律欠妥，确定赔偿数额过程过于简单，但裁判结果正确，应予维持。二审法院依照《中华人民共和国著作权法》第三条第（六）项、第四十七条第（五）项，《中华人民共和国著作权法实施条例》第四条第（十一）项，《中华人民共和国民事诉讼法》第一百七十条第一款第（一）项，《最高人民法院关于适用〈中华人民共和国民事诉讼法〉的解释》第三百三十四条之规定，判决驳回上诉，维持原判。

**【法官评述】**

游戏产业的迅猛发展使网络游戏产生了巨大的市场价值，正因如此，一些热门游戏成为抄袭和模仿的重点对象。本案二审处理有别于对网络游戏进行分项保护的传统裁判思路，将涉案游戏作为整体予以评析判断，并参照在先生效案例，将《梦幻西游》认定为类电作品，探索关于网络游戏作品属性和保护方式的新思路。正如广东省高级人民法院于 2020 年年初印发的《关于网络游戏知识产权民事纠纷案件若干问题的审判指引（试行）》第六条所提倡的“对网络游戏进行整体保护足以制止侵权行为的，可不再单独对网络游戏特定部分或游戏元素作出处理”，二审的处理遵从该审判指引。这种裁判思路在方便当事人诉讼和法院审理的同时，避免造成将同一标的物中的不同部分分别作为文字作品、美术作品等不同作品进行认定的矛盾，也避免对同一行为作出不同的法律定性以致侵权责任复杂化，也阻却了仿冒者通过回避或替换元素来逃避侵权责任的意图。

自从网络电子游戏尤其是大型多人在线的角色扮演类游戏以著作权侵权及不正当竞争之案由入禀法院，无论是当事人提出的诉请还是法官的裁判，都面临着这样的选择：游戏中的文字、音乐、图像、情节、单元设计、晋级设计等因素到底是分别提出请求予以保护，还是予以综合对待？或者，综合到什么程度？理论界有不同观点，司法实践中有不同做法。在此案之前，一种综合性认定的尝试思路是将游戏在设备上的呈现画面认定为“类电作品”。本案的处理，在此基础上再进一步，将网络游戏这个综合体而不仅仅是其在设备上的呈现画面予以整体认定，还是选择“类电作品”这样一个“旧瓶”。正如上文指出的，虽然这种处理方案符合《关于网络游戏知识产权民事纠纷案件若干问题的审判指引（试行）》的精神，但是，相关条文中的“整体保护”延及什么范围，仍存在争议空间。可以预见，本案的裁判思路，可能为后续的理论研究和司法实践提供一个参考标本。

另需指出，本案的另一个亮点是，在确定赔偿数额环节，二审纠正了酌定过程中罗列考量因素后进行简单判定的做法，通过优势证据规则采信积极举证方提供的来源于第三方商业平台的相关数据进行推算，虽在结果上维持一审确定的数额，但大大提高了损害赔偿数额计算的科学性和合理性。

编写人：广州知识产权法院　郑志柱　罗厚胤

（编辑：罗厚胤）

# 24

# 原创动力公司与飞扬公司侵害作品信息网络传播权纠纷案

阅读提示：企业名称被冒用的企业是否负有防止侵权行为发生的一般注意义务？

**【裁判要旨】**

法院在确定被告对企业名称被冒用是否负有一般注意义务时，应考虑被告有否审慎使用企业名称及知悉企业名称被冒用后有否及时避免侵害两个因素。当被告正当使用企业名称，亦无在被诉侵权行为相关行业类别上自行使用或许可他人使用其企业名称或从事相关业务时，其不具备预见致害后果发生的注意义务，进而也不具备避免致害后果发生的注意义务。在案件诉讼发生后，被告立即采取向公安机关报案和向法院起诉相关案外人的系列措施，亦可从侧面印证被告主观上不具有过错，故可认定被告对被诉行为的发生不具有一般注意义务，不构成侵权。

**【案号】**

一审：广州互联网法院（2019）粤 0192 民初 23408 号

二审：广州知识产权法院（2020）粤 73 民终 2741 号

**【案情与裁判】**

原告（被上诉人）：原创动力公司

被告（上诉人）：飞扬公司

**起诉与答辩**

原创动力公司起诉称：原创动力公司是“懒羊羊”美术作品的著作权人，依法享有该系列美术作品的著作权。“懒羊羊”美术作品形象系《喜羊羊与灰太狼》系列动漫影视作品中的主要形象，具有极高的知名度和市场价值。飞扬公司未经许可且未支付报酬，擅自开发了手机应用软件“喜羊羊快跑拼图版”小游戏，并在该小游戏上传播含有“懒羊羊”美术作品形象的侵权内容。飞扬公司的行为侵害了原创动力公司的信息网络传播权。原创动力公司为此提起诉讼，请求法院判令飞扬公司：1. 赔偿原创动力公司经济损失及合理费用共计10000 元；2. 立即停止侵权，删除手机应用软件“喜羊羊快跑拼图版”小游戏上含有“懒羊羊”美术作品形象的侵权内容；3. 承担本案的全部诉讼费用。

飞扬公司答辩称：其从没在网上发布过任何软件、游戏作品，飞扬公司是从事吊装、设备安装、机械设备搬运行业的公司，与软件、游戏开发行业无任何关联，并无软件开发能力。飞扬公司就被诉侵权应用软件“喜羊羊快跑拼图版”小游戏进行搜索，除了在一家名为“第七下载”的网站某个页面上发现原创动力公司所述的游戏外，在其他网站上并未发现该游戏，且在“第七下载”网站发现的“喜羊羊快跑拼图版”游戏页面上没有飞扬公司的名称，请求法院驳回原创动力公司的诉讼请求。

**一审审理查明**

广东省版权保护联合会于 2008 年 8 月 29 日颁发了动画片《喜羊羊与灰太狼》主角造型之一懒羊羊的美术作品登记证书，作者为罗某康，著作权人为原创动力公司（受让取得）。罗某康本人出具的《版权转让说明》表明其已于2008 年将一系列《喜羊羊与灰太狼》主角造型作品的著作权全部转让给原创动力公司，并由原创动力公司完成著作权登记。

原创动力公司办理保全证据公证，公证视频和截图显示：通过在华为手机“应用宝”搜索“喜羊羊快跑拼图版”，显示“喜羊羊快跑拼图版”小游戏，版本为 1.61，更新时间为 2016-4-6，开发者为飞扬公司。该游戏是一款拼图游戏，下载安装后，进入游戏，点击“开始游戏”，显示“预览图片”，其中左边的卡通形象为涉案作品；游戏画面出现的九宫格中左上角的第一格和上方露出来的半个头，均是本案的涉案作品。

飞扬公司辩称其不是被诉侵权游戏的实际开发者，实际开发者冒用飞扬公司的名称进行游戏登记，飞扬公司已向公安机关报警处理以及向腾讯平台投诉维权。

飞扬公司成立于2014年6月20日，经营范围包括吊装设备安装、租赁，提供装卸、搬运服务，机电设备、普通管道安装等。案外人华强方特公司于2017年8月1日向深圳市南山区人民法院起诉飞扬公司，案由为侵害作品信息网络传播权，该案最终撤诉结案。

**一审判理和结果**

一审法院审理认为，原创动力公司主张权利的图片属于我国著作权法意义上的美术作品。原创动力公司对涉案美术作品享有著作权，有权以自己的名义对侵权行为提起诉讼。

原创动力公司提供的证据保全公证视频和截图显示飞扬公司是小游戏“喜羊羊快跑拼图版”（1.61版本）的开发者，该游戏中的被诉侵权卡通形象和涉案美术作品“懒羊羊”在相貌、服饰、造型上高度一致，飞扬公司构成侵害原创动力公司的信息网络传播权。虽然飞扬公司提供了报警记录、向腾讯平台投诉维权的材料等，拟证明其不是被诉侵权游戏的开发者，但是上述相关受理部门并未作出最终处理结果，且飞扬公司早于2017年因与本案同样的事由被诉，但是在对方撤诉后的两年时间内仍未采取相应处理措施，在本案中又以相同的理由抗辩，飞扬公司对此存在较大过错。

关于飞扬公司应承担的侵权责任问题。一审法院认为原创动力公司要求飞扬公司停止侵权、赔偿损失和合理费用的诉讼请求于法有据，飞扬公司应立即删除手机应用软件“喜羊羊快跑拼图版”小游戏上含有“懒羊羊”美术作品形象的侵权内容。但因原创动力公司未能举证证明其实际损失，亦不能证明飞扬公司的侵权获利所得，一审法院结合涉案美术作品的类型、作品知名度、维权合理费用、侵权情节及侵权后果、著作权产品对游戏的贡献率、侵权行为的影响等因素确定飞扬公司的赔偿数额。

一审法院依照《中华人民共和国著作权法》第十条第一款第（十二）项和第二款、第十一条第四款、第四十八条第（一）项、第四十九条，《最高人民法院关于审理著作权民事纠纷案件适用法律若干问题的解释》第七条第二款、第二十五条、第二十六条，《最高人民法院关于审理侵害信息网络传播权民事纠纷案件适用法律若干问题的规定》第三条，《中华人民共和国民事诉讼法》第六十四条第一款的规定，判决：一、飞扬公司立即删除手机应用软件“喜羊羊快跑拼图版”小游戏上含有“懒羊羊”美术作品形象的侵权内容；二、飞扬公司于判决生效之日起五日内赔偿原创动力公司3500元；三、驳回原创动力公司其他诉讼请求。

**上诉与答辩**

一审判决后，飞扬公司不服，向广州知识产权法院提起上诉称，飞扬公司经营范围系吊装、设备安装、机械设备搬运等，与电子信息、软件开发等毫无关联，无研发能力，原创动力公司仅举证“应用宝”中涉案软件上显示开发者为飞扬公司，并不足以证明该游戏系飞扬公司开发。飞扬公司在收到本案材料后，立即就公司名称被盗用的情况向当地派出所报警，同时向腾讯平台投诉维权。即使飞扬公司在2017年曾被盗用过企业名称，飞扬公司也无法向全网所有平台履行企业名称合理谨慎义务，只有在知道被盗用的情况下才能采取维权措施，故飞扬公司不存在过错。请求撤销一审判决，驳回原创动力公司的全部诉讼请求。

原创动力公司答辩称，原创动力公司在一审中已提交被诉侵权游戏的公证证据，显示被诉侵权游戏开发者为飞扬公司，原创动力公司已尽到举证责任。且飞扬公司一审中提交的证据不足以证明其主张，报警记录及腾讯投诉材料为程序性材料，未显示最终结果，不能证明飞扬公司企业名称被他人冒用的事实。即使飞扬公司的企业名称系被盗用，其对企业名称亦没有尽到合理注意义务。腾讯“应用宝”是以开发者名义上传游戏内容，飞扬公司曾于2017年因相似游戏涉及相同案由纠纷，若飞扬公司不是开发者，其当时就应报警或向腾讯投诉处理，并对以其名义上传的内容作全面下架处理，但飞扬公司未采取相应措施。飞扬公司系夸大其注意义务的难度及范围，只要飞扬公司在2017年被起诉后对腾讯“应用宝”平台稍加注意，就能避免相应的诉讼产生。

**二审审理查明**

二审查明事实与一审查明事实一致。

二审法院依飞扬公司申请，向腾讯公司调取被诉侵权游戏开发者的所有备案登记材料及数据。腾讯公司在书面回函中提供了被诉侵权游戏登记信息：联系人陈某及其电话号码、邮箱、地址等，附飞扬公司营业执照副本一份。法院拨打登记信息中预留的电话号码，接电人称其不叫陈某，并称其生活在黑龙江省，回函中载明的邮箱及地址均与他无关，其与飞扬公司亦没有任何关系。法院再次致电腾讯公司，要求核实相关信息并提供游戏收款账号，该公司电话中明确回复，被诉侵权游戏为免费下载游戏，不存在收款账号或流量收益归属，除回函记载的信息外再无关于被诉侵权游戏或其开发者的其他信息资料。

针对上述回函内容，飞扬公司称其曾在多个网站发布广告，需提供营业执照，被诉侵权游戏登记材料中的营业执照系他人盗用，而联系人陈某并非飞扬公司法人或股东，发布被诉侵权游戏时未提供飞扬公司的授权委托，附件中的营业执照亦未加盖公章。原创动力公司认为附件中的营业执照证明被诉侵权游戏发布者与飞扬公司有一定关系，预留的手机号码即便现在不是联系人陈某使用的号码，也不排除转让的可能性，并且，飞扬公司对公司证件没有妥善保管，对企业名称被盗用存在过错。

飞扬公司起诉腾讯公司姓名权纠纷一案，江苏省南京市江宁区人民法院已立案受理。

**二审判理和结果**

二审法院经审理认为，原创动力公司为证明飞扬公司存在侵害涉案作品网络信息传播权的行为，进行了保全证据公证，涉案公证视频和截图显示，飞扬公司是小游戏“喜羊羊快跑拼图版”（1.61 版本）的开发者。飞扬公司称其并非被诉侵权游戏的开发者，为反驳上述公证视频和截图显示的内容，提交报警记录、向腾讯平台投诉维权的材料予以证明。二审法院认为，飞扬公司在本案诉讼发生后即以企业名称被盗用为由采取了报警、投诉等维权措施，尽管相关受理部门并未作出最终处理结果，但相关受理部门的处理进度或处理结果并不为飞扬公司所控制，飞扬公司已尽到基本的合理注意义务。飞扬公司称两次因“应用宝”平台的游戏软件涉及侵害作品信息网络权纠纷，其已对腾讯公司提起姓名权纠纷诉讼，该案的起诉亦可证明飞扬公司因企业名称被盗用而进一步采取了维权措施。

飞扬公司 2017 年涉诉案件以原告撤诉方式结案，仅凭飞扬公司在该案结案后未采取进一步的措施投诉、举报，无法判断飞扬公司存在放任侵权行为的故意或过失。并且，从常理分析，飞扬公司在该案中未遭受任何损失，该案亦已撤诉结案，飞扬公司无法合理预见后续诉讼的发生。一审法院关于飞扬公司在 2017 年涉诉后未采取相应处理措施因而存在过错的认定，并不妥当。

综上，二审法院依照《中华人民共和国民事诉讼法》第六十四条、第一百七十条第一款第（二）项、《最高人民法院关于民事诉讼证据的若干规定》

第九十四条第二款规定，判决：一、撤销广州互联网法院（2019）粤0192民初23408号民事判决；二、驳回原创动力公司的全部诉讼请求。

## 【法官评述】

### 一、一般注意义务的界定

一般注意义务来源于英美侵权法中的一般侵权行为，一般是指通过司法实践中判例规则体现的，在通常情况下普通人秉持诚实信用和善良风俗而应对他人负担的注意义务。具体而言，就是指对他人造成危险因素或者持续发生危险事项的人，基于民法基本原则和社会善良风俗的要求，对上述危险负有合理注意义务，并且对上述危险的作用者负有防范或消除危险的义务。从维护实质正义的角度出发，一般注意义务不能一概而论，而应根据义务主体的特点对一般注意义务的内容和程度进行相应区分。例如特定领域的专家或专门技术人员应尽到较高的注意义务，而限制民事行为能力人或老年人、消费者、患者只需尽到较低的注意义务。

我国虽没有明确一般注意义务的概念，但也在侵权法中作出相关规定。《民法通则》第一百零六条第二款规定："公民、法人由于过错侵害国家的、集体的财产，侵害他人财产、人身的，应当承担民事责任。"此处的民事责任即一般侵权行为的民事责任，对应地，导致一般侵权行为发生的即对于一般注意义务的违反。与刑法过失犯理论类似，民事侵权责任法上的一般注意义务主要以过失的主观状态为判断标准。

### 二、一般注意义务的特征和意义

首先，一般注意义务是认定过失侵权的必要因素。一般注意义务是对于行为人有无过失及过失大小的判定依据，没有一般注意义务或未违反一般注意义务，就谈不上过失行为，更谈不上行为人过失侵权责任的认定。英美法系中构成过失侵权的要件是被告负有注意义务、被告违反了该项注意义务、因被告违反义务使原告遭受了损害以及被告违反注意义务的行为与原告的损害后果之间具有因果联系。法国学者萨瓦蒂埃指出，"过错是对一种本来能够认识到和能够履行的义务的违反"。易言之，一般注意义务是过失侵权责任的核心要素，是判断过失的重要标准。

其次，一般注意义务具有抽象性特征。一般注意义务是对一般的抽象的在先危险因素的责任，它广泛存在于社会生活的各个环节，也相应地存在于民事损害赔偿法的各个领域中，如合同、经营权保护、环境保护、产品制造等。

再次，一般注意义务只存在于特定主体之间。一般注意义务的当事人之间必定存在某种特定关系，可能基于合同关系产生，也可能基于法律规定产生。例如，对他人财产或人身安全的一般保障义务普遍存在于社会成员之间，但是仅在陌生人发生了加害和被害的关系时，才需要确定一般注意义务从而判断侵权责任，行为人之间的关系在此时就特定化了。如果当事人之间先前存在一定的法律关系如商业上的合作关系、委任关系等，则这种既有关系是课以一般注意义务时的必要条件。特别是一方对他人存在积极作为义务时，双方存在特殊的关联关系是适用此积极作为义务的前提，比如学校对学生因存在教育关系而负有保障其人身安全的一般注意义务。

此外，一般注意义务包括行为致害后果的预见义务和行为致害后果的避免义务。一般注意义务产生后，行为人必须履行两个层面上的注意义务：首先是根据自身行为能力和认知水平，合理预见危险因素或致害后果并积极预防；其次是对行为导致的后果有充分认知并积极避免。履行上述两个层面的注意义务后，一般可以认定行为人不具备主观过错。

最后，违反一般注意义务应承担责任。一般注意义务一旦在特定关系中形成并明确，就成了约束行为人的法律义务，是行为人应当遵循的法律规范。行为人因不遵循上述规范给他人造成损害的，即应当承担相应民事责任。

**三、飞扬公司的一般注意义务**

本案中，飞扬公司有可能在两个层面上成立一般注意义务，本文分别进行分析。

在审慎使用企业名称的层面。飞扬公司作为一般市场主体，在行政许可的经营范围内，正当使用自己企业名称，无证据表明飞扬公司超出经营范围，在软件开发相关类别上自行使用或许可他人使用其企业名称或从事相关业务。因此，飞扬公司不具备预见致害后果发生的注意义务，自然也不具备避免致害后果发生的注意义务。对该层面注意义务的分析是本案侵权认定的大前提，在这一层面上，无论是案件当事人双方或者一审法院，均不存在任何争议。但是，对该层面注意义务的分析认定，有可能对案件审理中举证责任分配和法官内心确信产生影响。

在知悉企业名称被冒用后及时避免侵害的层面。2017 年飞扬公司因同一游戏软件被他人起诉侵权后，飞扬公司也提出了自己并非软件真实开发者的抗辩，其后，该案原告撤回起诉。至本案诉讼发生时，一审法院和原创动力公司均认为，即使相关游戏软件并非飞扬公司开发，由于飞扬公司在前案诉讼中已经知悉其企业名称被冒用的事实，就具备了尽力维护企业名称不被冒用，避免类似纠纷发生的一般注意义务。但是，飞扬公司作为理性市场主体，在侵权诉讼首次发生且该案原告已经撤回起诉的情况下，主观判断自己提出的抗辩理由充分，未构成侵权，相关纠纷已经了结，从而对该项偶然发生的纠纷不再关注亦未采取任何措施，是符合常理的，即使飞扬公司在前案诉讼后未采取进一步措施保护企业名称不被冒用，亦不当然成立其一般注意义务。进一步地，在本案诉讼发生后，飞扬公司发现此类侵权纠纷并非偶然出现，前案纠纷的解决也并未免除其被他人诉讼的可能性，从而在接到本案诉讼材料后，立即采取了向公安机关报案和向法院起诉腾讯公司的一系列措施，该事实也从侧面印证飞扬公司主观上不具有过错的认定结论。

**四、本案事实查明和举证责任分配问题**

本案中，原创动力公司提交了软件开发者的备案信息，其中明确记载飞扬公司为被诉软件的开发者。在被诉软件确实构成侵权的前提下，原创动力公司提交的证据可以初步证明飞扬公司侵权的事实，举证责任转移到飞扬公司，而飞扬公司除软件备案信息外，无法提交更多证据支持其抗辩事由。此时，若按照证据规则，以飞扬公司无法证明其主张为由判定侵权，同样符合法律规定和一般认定规则，但是本案合议庭敏锐地察觉到，假设飞扬公司确实不是被诉软件的开发者，那么飞扬公司作为以制造、销售吊装设备为主业的主体，对软件开发相关流程并不熟悉，且涉及部分消极事实的证明，飞扬公司举证确实存在困难。因此，合议庭依据飞扬公司的申请，前后四次与腾讯公司沟通，要求腾讯公司提供被诉软件的全部备案信息，并向腾讯公司技术部门调取该软件收益或流量的收入账户等信息，在确定腾讯公司相关备案程序存在瑕疵，被诉软件系免费软件，无收益账户可供查询的情况下，合议庭结合飞扬公司在本案中不具备一般注意义务的认定结果，最终认定飞扬公司不构成侵权。

编写人：广州知识产权法院　石静涵　邓文婷

（编辑：黄榆岚）

# 25

# 游族公司与智汇公司计算机软件著作权许可使用合同纠纷案

**阅读提示：** 经营者的电子财务数据作为证据使用时应当如何认证？

**【裁判要旨】**

当事人以经营过程中形成的财务系统电子数据作为证据使用，在争议对方缺席或不予认可的情况下，法院可以结合相关行业使用该类数据的通常做法以及其他证据，对数据的可信度进行确认，并采信作为认定事实的依据。

**【案号】**

一审：广州知识产权法院（2018）粤 73 民初 3877 号

**【案情与裁判】**

原告：游族公司

被告：智汇公司

**起诉与答辩**

游族公司起诉称：游族公司与智汇公司于 2018 年 1 月 1 日签订《联合运营框架协议》《信息服务单》，游族公司将两款移动游戏产品《少年三国志》和《少年西游记》授权智汇公司在其网络平台进行商业化运营，同时约定营业收入的结算方式及违约金等。游族公司以智汇公司自 2018 年 6 月起停止支付分成款，经多次催讨仍拖欠，构成根本违约为由，要求解除涉案合同，智汇公司向游族公司偿还拖欠的合作分成款6679210.69元并支付违约金。

智汇公司没有应诉答辩。

**一审审理查明**

游族公司开发了移动网络游戏软件《少年三国志》。案外人驰游公司开发了移动网络游戏软件《少年西游记》并授权游族公司在约定期间及约定地区运营，游族公司有转授权或部分转授权。

2018年1月及4月，游族公司与智汇公司分别签订《信息服务单》，授权智汇公司将上述两款游戏在智汇公司的网络平台进行商业化运营。双方约定可分配运营收入的计算，具体是，按自然月结算，游族公司向智汇公司提供对账单，智汇公司收到对账单无误后五个工作日内予以核对，统计数据确认无误后及时在对账单上盖章送游族公司，智汇公司在对账单送达后五个工作日内未提出异议也未确认无误的，视为确认游族公司的统计数据；智汇公司在游族公司开具的发票送达后五个工作日内按约定比例将应得分配收益支付到游族公司指定账户。双方同时约定了逾期付款违约金的计算方式。

2018年11月27日，游族公司连接互联网后登录智汇公司的网站查看，内有“少年三国志”“少年西游记”等内容。案件开庭时智汇公司的网站已无法打开。

游族公司与智汇公司就《少年三国志》游戏分成款部分期间有作结算，部分期间未作结算；双方对《少年西游记》游戏运营分成没有结算。

诉讼中，游族公司陈述，运营过程中，游戏用户的原始充值数据存储在智汇公司，智汇公司提供协议供其开发相应的HTTP接口，接口参数包含订单相关信息，通过该接口将相关数据自动传输到游族公司，游族公司接收到数据后同步传输到财务系统后台中进行读取，即游族公司可以通过网络监控到智汇公司的运营情况，游戏用户一旦在智汇公司的网站充值，游族公司的管理后台能够显示且数据基本相同。游族公司在诉讼过程中登录其运营游戏用户充值收入的财务信息管理系统，点击“收入明细”，显示众多平台的游戏充值收入数据，包括一级运营商智汇公司运营《少年三国志》及《少年西游记》的收入数据。

**一审判理和结果**

一审法院审理认为，本案需要认定的问题是：1.游族公司与智汇公司是否就《少年三国志》《少年西游记》两款计算机软件著作权成立许可使用合同关系；2. 智汇公司是否存在逾期付款的重大违约行为而导致合同应当解除；3.《少年三国志》及《少年西游记》两款游戏产品的著作权许可使用费如何计算；4. 智汇公司应否就《少年三国志》游戏支付逾期付款违约金。一审法院认定，游族公司与智汇公司就《少年三国志》《少年西游记》两款计算机软件著作权成立许可使用合同并实际履行。查明事实显示，智汇公司仅支付运营《少年三国志》游戏前3个月的分成款，没有支付《少年西游记》游戏的分成款，游族公司要求解除涉案合同予以支持。游族公司要求智汇公司支付分成款，实为要求智汇公司支付许可使用费。双方签订的《服务信息单》已经对分成款的计算方式作出约定，对分成款按照游族公司提供的财务系统的数据作出认定。智汇公司拖欠游族公司《少年三国志》2018年5月至10月的分成款为4944702元，应支付游族公司《少年西游记》游戏分成款是1711001.8元，两项合计6655703.8元。智汇公司应参照中国人民银行同期贷款基准利率及全国银行同业拆借中心公布的贷款市场报价利率支付逾期付款违约金。一审判决：一、游族公司与智汇公司于2018年1月1日及2018年4月1日签订的《信息服务单》于判决作出之日起解除；二、智汇公司于判决生效之日起十日内向游族公司支付计算机软件许可使用费共6655703.8元；三、智汇公司于判决生效之日起十日内向游族公司支付逾期付款违约金；四、驳回游族公司的其他诉讼请求。

一审判决后，各方当事人均未上诉。

## 【法官评述】

电子数据是案件发生过程中形成的，以数字化形式存储、处理、传输的，能够证明案件事实的数据，其作为证据被大量使用在知识产权民事案件中。如何科学、合理地对电子数据证据进行举证及审查，是当事人及法院经常面对的问题。与传统证据相比，电子数据具有技术性、无形性、可篡改性的特点。针对电子数据的真实性、合法性与关联性的审查规则，较传统民事证据的查明规则更为复杂，尤其对于电子数据来源的真实性以及形式上的关联性的审查，是电子数据证据审理有别于传统证据的主要方面。

在本案中，游族公司与智汇公司就运营分成款有部分进行结算，部分未作结算，就未结算部分的数额，应由游族公司负证明责任。游族公司提交了其财务系统数据拟作证明，由于智汇公司缺席，游族公司进一步提交了录屏视频显示数据的提取收集过程，拟证明数据的真实性及完整性。在游族公司完成举证的情况下，法庭综合案件事实进一步考察财务数据形式上的关联性及内容的真实性。

经营者的财务数据属于重要、敏感的数据。现代企业经营情况各异，其财务数据有的形成于经营者的单独封闭系统，例如企业内部局域网络，有的则形成于部分开放的系统，例如企业与营收对象的交互信息系统。在争议对方缺席或不予认可的情况下，针对不同形成方式的数据，经营者所负证明责任有轻有重。经营者作为原告，如要将形成于自身单独封存系统中的财务数据作为证据使用，所负的证明责任更大，通常需要再提供大量的辅助证据印证该财务数据内容的可信度，甚至包括提供原始凭据等。如果经营者提供的是来源于部分开放系统的财务数据，则可根据相关行业使用该类数据的通常做法以及其他证据，对数据的可信度进行确认，相对而言所负的证明责任较小。

本案中，法庭采纳了电子数据作为认定事实的依据，具体而言，该电子数据属于当事人在正常业务活动中形成，根据行业的通常做法及涉案相关事实可以认定属于以当事人约定方式传输保存的数据。详细理据在于：（1）从一般游戏行业运营的通常做法及技术层面看，游戏直接运营方通常会向合作方提供平台协议开发接口，方便合作方能够实时监控用户充值信息，掌握运营数据。这也从《信息服务单》记载先由游族公司而非智汇公司提出对账行为可以得到印证。因此，该财务数据在形成、收集过程中具备形式上的关联性及合法性。（2）从数据内容的可信度情况看，游族公司提供的财务数据收集的录屏内容显示，除了智汇公司的运营数据之外，同时有其他平台运营的数据，即该财务系统并非单独连接智汇公司的平台数据，亦同时监控其他平台的数据，数据篡改的可能性小，内容可信度高。

编写人：广州知识产权法院　刘培英

（编辑：刘合安）

# 26

# 火柴物联公司与广州中科院网信中心计算机软件开发合同纠纷案

阅读提示：人民法院是否应主动审查合同的效力？

## 【裁判要旨】

本案从人民法院是否应主动审查合同的效力和双方蹉商及履行过程等两个方面就涉案合同效力进行审查，最终认定涉案合同系广州中科院网信中心与火柴物联公司恶意串通，在未向涉案项目投入资金的情况下签订，并以该合同申报国家科技经费，利用部分科技经费购买火柴物联公司产品，该行为违反了国家有关科技经费使用管理的规定，损害了国家利益，该合同系无效合同。

## 【案号】

一审：广州知识产权法院（2019）粤73知民初633号

## 【案情与裁判】

原告：火柴物联公司

被告：广州中科院网信中心

**起诉与答辩**

火柴物联公司起诉称：2017年8月2日，火柴物联公司与广州中科院网信中心签订《基于低功耗广域网络的物联网定位技术研究合作协议》（以下简称涉案合同），该合同成立并生效后，广州中科院网信中心拒不按照涉案合同第4条的约定在2017年12月31日前支付25万元给火柴物联公司，导致涉案合同项目无法继续履行。经火柴物联公司多次催促，广州中科院网信中心拒不履行涉案合同。多次沟通后，广州中科院网信中心称可以补偿10万元给火柴物联公司，但前提是要解除涉案合同。火柴物联公司不同意，并于2018年5月16日向广州中科院网信中心邮寄《律师函》要求其继续履行涉案合同，但广州中科院网信中心仍拒不履行涉案合同义务。故请求法院判令：广州中科院网信中心继续履行涉案合同。诉讼过程中，火柴物联公司变更诉讼请求为：判令广州中科院网信中心继续履行涉案合同，若涉案合同无法继续履行，则广州中科院网信中心应就其违约行为承担赔偿责任，即赔偿火柴物联公司经济损失50万元。

广州中科院网信中心答辩称：1. 涉案合同项目已经完成并已经验收成功，该合同已经不具备履行条件，无法继续履行。并且，涉案合同约定的有效期为2年，也就是涉案合同已经于2019年8月1日到期，故广州中科院网信中心实际无法继续履行涉案合同。2. 火柴物联公司存在过错导致涉案合同无法继续履行。首先，火柴物联公司胡某与广州中科院网信中心吴某接触时自称是Airfy公司的硬件设计总监，但在双方合作关系破裂后，胡某却告知根本不存在Airfy公司，也没在该公司工作过。广州中科院网信中心是基于Airfy公司才信任胡某并在其介绍下与火柴物联公司合作，故火柴物联公司对涉案合同的无法履行存在过错。其次，根据涉案合同约定，在项目执行期间，火柴物联公司需要投入150万元，但合同签订后，火柴物联公司从未履行该义务，其违约在先。最后，在涉案合同签订后，广州中科院网信中心多次向火柴物联公司了解合同履行准确情况和实际履行事宜，但火柴物联公司均未明确告知。并且，因广州中科院网信中心无境外支付权限，经与火柴物联公司反复沟通后仍未能达成一致意见，导致涉案合同无法继续履行。因此，请求驳回火柴物联公司的诉讼请求。

**审理查明**

2017年8月2日，火柴物联公司（合同乙方）与广州中科院网信中心（合同甲方）签订涉案合同。合同主要内容如下：

1. 预期目标……广州中科院网信中心以国家物联网标识公共服务平台为依托，根据南沙区建设智慧城市的需求，牵头以LoRaWAN为基础研发低功耗广域定位技术和应用示范系统，火柴物联公司协助广州中科院网信中心提供低功耗广域定位节点和基站解决方案，双方合作建成基于LoRaWAN的物联网定位应用示范。

2. 合作内容与方式。（1）……双方共同研发符合中国无线电管理规范的定位终端和基站……（2）双方依托以上合作，共同研发低功耗广域网络定位技术，并研发应用示范，涉及系统有：资产追踪和管理系统；人员监测服务系统；（3）双方依托以上合作，共同推动符合中国频率管理规定的标准，双方共同开展研究工作。

3. 资金收入与收益分配。项目执行期间双方投入货币资金。广州中科院网信中心承诺投资400万元，火柴物联公司承诺投入150万元。广州中科院网信中心承诺支付火柴物联公司为该合同涉及项目所研发的硬件模块和服务，总金额为50万元。项目实施期内，火柴物联公司应交付广州中科院网信中心8台附带到达时间测量的基站（每台单价4万元，总价32万元）和用于定位系统到达时间测量及与之配套的测试调试软件（费用18万元），用于定位系统的测试调试与集成。公司可替代采购列表包括网关、云服务、传感器。广州中科院网信中心应于2017年12月31日前支付给火柴物联公司25万元，收到货款后火柴物联公司应尽快安排发货，广州中科院网信中心截止收货日期为2018年8月31日，广州中科院网信中心收到火柴物联公司寄来的货物后，应尽快支付火柴物联公司剩余的25万元，若截止日期前广州中科院网信中心未收到货物，则广州中科院网信中心有权要求解除此协议，火柴物联公司应退还广州中科院网信中心已支付的全部款项。

4. 其他……本协议专为申请“南沙区国际科技合作项目”签署，如该项目未获得立项，此协议自动作废。

在合同履行中，火柴物联公司法定代表人胡某与广州中科院网信中心的对接人吴某进行微信沟通，微信聊天记录主要内容包括：

（1）2016年6月18日，吴某问：您在哪个公司？胡某回复：我是德国柏林Airfy物联网公司的硬件设计总监。11月3日，吴某问：470板子开始卖了吗？有这样一个事情看看能否说服你老板合作。我们计划在广州南沙区申请国际科技合作项目，题目是“基于低功耗广域网络的物联网定位系统”。我们已经有了前期积累，有相应人员。计划申请财政补助200万元，如果成功会给贵方50万减一点点的样子（审批原因，到50万有点复杂）。贵方的主要工作就是配合签一下合作协议等文件，如果资金下来，正好来大陆出差的时候，到广州南沙区我们的分中心合影留念即可。借这个机会我们也一起使用推广你们产品。我们用这部分经费买你们一些板子。胡某回复：这个要什么时候回复？吴某答：周五下班前，我们10号提交申请。胡某回复：我自己有个公司，如果可以合作的话，我可以做决定。我这边有德国人。吴某称：那也可以。你的公司在做什么。胡某答：也是做这个板子。你这五十万也是研发经费吧。吴某答：是。我们以购买板子等方式支付给你们。按你们的价格，因为是政府资助，我们会比较宽松。胡某回复：那我这边肯定没问题，我的公司就我一个中国人，其他都是德国人。吴某称：找个老外签字，给我一个邮箱你看看协议，协议里面条款不必太当真。胡某回复：Sheen@matchx.io。

（2）2016年11月4日，吴某询问协议情况，胡某回复：条款没什么问题，你们是先付款还是后付款，我们没拿到钱没法干活。吴某称：是申请项目，先申请钱，然后付款，然后才干活。胡某称：我的想法是这五十万我们想拿出10套我现在公司做的大功率版本，剩下的钱也不太够，我们这个定位系统也有自己的想法和算法，再和你们研究院一起开发。吴某答复可以，并要求提供公司名称。胡某回复火柴物联公司。

（3）2016年11月7日，胡某询问协议中资金投入事项，吴某称资金投入是政府指南要求，但是并不核实，仅是象征性存在。胡某询问付款方式，吴某称一次性支付49万余元，只是申请周期稍长，大概2017年6月。

（4）2016年11月7日，胡某询问：这个资金投入啥意思？吴某回复：资金投入是政府指南要求，但是并不核实，咱们这么说就行了。胡某又问：那我签了这个你们打官司找我们要怎么办？吴某回复：那是你们自己的投入，各自投入，并不是投给我们。所以我们没有理由按这个合同打官司。胡某询问：这个申请到的钱我们能马上拿到给你们提供产品吧？不是先给我几万几万的吧？吴某称：申请到钱，马上给你们49.x万。但是申请周期稍长，有心理准备。申请下来项目，大概明年6月。12月2日，吴某问：你们470MHz集中器的板子出来了吗？胡某回复：没钱咋出来啊，设计好了。12月15日，吴某又问：你自己的470MHz lora 1301的板子做好了吗？胡某答设计好了。吴某问：还没生产？

（5）2017年7月12日，吴某称：我申请的项目通过了，在公示。等公示完，咱们看看怎么往下操作。7 月 26 日，吴某发送了“任务书签字页 .docx”文档给胡某并称：麻烦签一下，因为政府资金不能外流，我们之间的合作需要我们单位和你们公司单独签合同。签完字扫描给我就行。7 月 27 日，吴某发送了一份合作协议给胡某，并称上次的协议改成这个，有金额和交付内容。胡某称：另外我们需要投入的 150 万，这个如果到时候你们以这个为理由说我们没有投入拒绝支付，我们怎么办？吴某答：这个不会，这是给科技局看的。7 月 31 日，吴某又发送另一份经修改的合作协议。胡某称我看看并询问那个 4 万和 18 万是什么意思？

（6）2017 年 8 月 1 日，吴某发送了中方已盖章的合作协议及火柴物联公司盖章页的两份 PDF 版文件给胡某，并称：麻烦彩色打印、签字再彩色扫描发过来。胡某问：4 万和 18 万什么意思，而且要在英文版中体现？吴某回复：那个就是给领导看的，写出一个预算构成，实际约定的是总额。实际采购还需要另签合同的，等政府的钱到了。之后，吴某又发送了一份经修改的合作协议，并称：整个是个框架，只约定我们做这件事、金额，细节以后的合同商定。胡某回复：我同事都是德国人，他们说要搞清楚，要不然签了我们只有责任没有拿到钱。吴某称：这里面也没说什么责任。胡某答：上面说了我们要投入 150万，要做这个项目，而且你自己说你的项目已经批了，要等消息。吴某说：现在是提交任务书，然后才会到款（此后，双方又就涉案合作协议具体条款进行了多次协商）。胡某回复：25 万三个月我们做不出来。吴某称：项目 2018 年 10 月结题，项目没 12 个月。胡某称：那这不是搞笑吗？3月才给我们钱。吴某回复：改成 2018 年 8 月份交货吧。胡某称：可以，但是付款日期要改成 12 月。吴某回复：改到 2017 年 12 月付 25 万吧。8 月 2 日，吴某询问：合作协议收到没？胡某回复：收到了，你们签吧。胡某又问：任务书写 0% 经费分配是没问题的吗？吴某回复：没事。0% 是政府要求，我们用自己资金支付你们，没问题。

一直到 2018 年 4 月，双方均通过微信沟通涉案合同履行事宜。

2019 年 5 月 16 日，火柴物联公司向广州中科院网信中心及吴某发出律师函。该函主要内容为：你中心不按涉案合同第 4 条约定于 2017 年 12 月 31 日前支付 25 万元给火柴物联公司，经多次催促，仍不履行合同义务，已构成严重违约。特函告你中心：自收到本律师函之日起立即履行双方合作协议，否则将依法起诉，并将向广州市南沙区工业科技和信息化局查核你中心是否存在伪造火柴物联公司有关公章进行申报骗取经费的行为。

**判理和结果**

一审法院审理认为，本案系火柴物联公司以广州中科院网信中心违反涉案合同为由，提起的合同之诉。但涉案合同系火柴物联公司与广州中科院网信中心恶意串通，损害了国家利益，属于无效合同，对此，广州知识产权法院具体分析如下：

第一，《中华人民共和国合同法》第五十二条第（二）项规定的“恶意串通，损害国家、集体或者第三人利益”的行为是通谋虚伪行为。通谋虚伪行为，也称虚伪的意思表示、假装行为，是指表意人与相对人都知道表示的意思非自己真意，而双方串通为与真意不一致的意思表示。其构成要素包括：第一，须有意思表示；第二，须表示行为与效果意思不一致；第三，须表意人自知其效果意思与表示行为不一致；第四，须表意人与相对人通谋。恶意串通为主观因素，是指当事人双方具有共同目的，希望通过订立合同损害国家、集体或者第三人的利益。既可以表现为双方当事人事先达成协议，也可以表现为一方当事人作出意思表示，对方当事人明知其目的非法，而以默示的方式接受。

第二，本案中，从涉案合同签订蹉商过程看，广州中科院网信中心吴某于2016年11月3日、4日与火柴物联公司胡某沟通时表示，该中心计划在广州南沙区申请涉案项目并计划申请财政补助200万元，如双方合作且项目成功会给火柴物联公司49万余元，火柴物联公司的主要工作是配合签合作协议等文件，广州中科院网信中心会用政府补助的研究经费买火柴物联公司的产品。涉案合作协议于2017年8月2日签订，8月1日吴某明确告知胡某涉案合同的约定仅是预算构成，等政府补贴到位后，双方就实际采购还需要另签合同。可见，广州中科院网信中心签订涉案合同的目的是为申请涉案项目寻找国际合作方，而火柴物联公司的目的则是销售产品。因此，双方均存在效果意思与表示行为，且双方均知道其效果意思与表示行为不一致。

第三，从双方就火柴物联公司投入150万元的约定来看。涉案合同第4条约定“项目执行期间双方投入货币资金。甲方承诺投资400万元，乙方承诺投入150万元”。2016年11月7日，胡某在沟通时明确对该内容提出质疑，吴某亦明确回复“资金投入是政府指南要求，但是并不核实，咱们这么说就行了”。2017年7月27日，胡某再次追问：“另外我们需要投入的150万，这个如果到时候你们以这个为理由说我们没有投入拒绝支付，我们怎么办？”吴某答：“这个不会，这是给科技局看的。”结合吴某在2016年11月3日告知胡某“协议里面条款不必太当真”的意思表示，根据涉案项目申报书及任务书的记载，双方在申报涉案项目时明确表示已投入经费150万元，其中火柴物联公司已投入50万元，而其实际上并未投入任何资金。涉案项目任务书第八项“共同条款”第三条明确广州中科院网信中心应保证项目自筹资金和其他配套条件的落实。而本案双方当事人在签订涉案合同时明确知悉无需对涉案项目实际投入资金，亦可印证双方签订涉案合同的目的是用来申请涉案项目，并利用涉案项目科技经费采购火柴物联公司产品。

第四，涉案项目任务书第八项“共同条款”第三条明确记载广州中科院网信中心应当按照国家有关科技经费使用管理规定，严格按照任务书规定的开支范围对核拨的经费实行专款专用，而第七项“项目承担单位与参加单位合作内容”记载了广州中科院网信中心、火柴物联公司的任务分工及科技经费分配比例，即火柴物联公司分配比例为0%。根据双方微信聊天记录的记载，火柴物联公司亦明确知悉广州中科院网信中心拟向其支付的49.x万元来源于国家划拨的科技经费，火柴物联公司在庭审时称广州中科院网信中心与其签订涉案合同的动机就是利用该合同骗取政府科研补贴，根本没有履行涉案合同的真实意思，当其获得政府200万元补贴后就以各种理由拒绝履行涉案合同。可见，火柴物联公司在签订涉案合同时明知广州中科院网信中心的签约目的，仍与之串通，通过订立涉案合同损害国家利益。

综上，涉案合同系广州中科院网信中心与火柴物联公司恶意串通，在未向涉案项目投入资金的情况下仍签订协议申报国家科技经费，并希望利用部分科技经费购买火柴物联公司产品，该行为违反了国家有关科技经费使用管理的规定，损害了国家利益。根据《中华人民共和国合同法》第五十二条第（二）项的规定，涉案合同系无效合同。

《中华人民共和国合同法》第五十八条规定：“合同无效或者被撤销后，因该合同取得的财产，应当予以返还；不能返还或者没有必要返还的，应当折价补偿。有过错的一方应当赔偿对方因此所受到的损失，双方都有过错的，应当各自承担相应的责任。”本案中，鉴于涉案合同认定为无效，火柴物联公司依据涉案合同请求广州中科院网信中心继续履行合同的诉讼请求缺乏依据。至于赔偿损失，涉案合同无效，双方均有过错，应各自承担相应的责任。火柴物联公司提交人工、物料等损失，无法证实系为履行涉案合同而支出，故对其主张广州知识产权法院不予支持。至于公证费、律师费等支出，本案系合同纠纷，火柴物联公司在本案中行使违约请求权，其要求广州中科院网信中心支付公证费、律师费等支出缺乏合同依据。

综上所述，涉案合同无效，火柴物联公司的诉讼请求，缺乏依据，广州知识产权法院不予支持。广州中科院网信中心作为旨在建设运营国家物联网标识管理公共服务平台、建设物联网信息服务、技术研发和人才培养的基地，申请国家科技经费支持时应当严格按照相关科技项目的要求，诚信履行申报手续，并按照国家有关科技经费管理规定，对国家科技经费实行专款专用，避免国家利益受到损害。依照《中华人民共和国合同法》第五十二条第（二）项、第五十八条的规定，判决驳回火柴物联公司的全部诉讼请求。

一审判决后，火柴物联公司不服，向最高人民法院提起上诉。二审正在审理中。

**【法官评述】**

本案中，双方当事人在庭审时均确认涉案合同合法有效，在此种情况下，人民法院是否仍应主动审查涉案合同的效力。首先，合同效力属于法律问题而非事实问题。法院的首要职责就是法律适用，合同有效以不违反法律、行政法规的强制性规定，不损害社会公共利益等为前提，因此法院理应就合同的效力依职权进行审查和认定，而不论当事人是否对合同效力问题提起了诉请。人民法院在审理合同纠纷案件过程中，要依职权审查合同是否存在无效的情形，注意无效与可撤销、未生效、效力待定等合同效力形态之间的区别，准确认定合同效力，并根据效力的不同情形，结合当事人的诉讼请求，确定相应的民事责任。故对合同效力的确认，属于人民法院依职权主动审查的范围，不受当事人主张的限制。因此，尽管本案双方均认可涉案合同有效，法院亦不能仅因当事人对合同效力无异议而予以确认，而应对合同效力进行全面主动审查。

本案判决作出后，广州知识产权法院依法向南沙区科技局发出司法建议，建议：第一，在申报国家科技经费相关项目时，督促申报单位按照有关项目申报要求如实进行申报，并按照项目要求严格审查申报事项；第二，加强科研项目验收阶段的管理，督促项目承担单位如实提交科研项目的财政专项资金审计报告，依法追究未按照国家科技经费管理规定专款专用的项目承担单位的责任。

本案对涉及国家科技经费的合同严格审查，并发出司法建议。同时，在判决中倡导相关研究机构诚信履行申报手续，并按照国家有关科技经费管理规定，对国家科技经费实行专款专用，避免国家利益受到损害。

编写人：广州知识产权法院　彭盎

（编辑：罗厚胤）

# 27

# 美驰公司与中宸公司计算机软件开发合同纠纷案

**阅读提示：**合同履行过程中出现合同无法继续履行的情形而需要解除合同时，委托方是否应当向开发方支付开发款？

## 【裁判要旨】

在软件开发过程中，受托方在委托方未及时足额支付合同款项的情况下继续进行开发，是基于对委托方的信任和促进合同目的的达成，但委托方仍负有及时履行支付合同款项的义务。委托方作为违约方，导致开发方无法实现合同目的，委托方应当向开发方支付开发款或已完成工作量的相应对价。

## 【案号】

一审：广州知识产权法院（2019）粤73知民初273号

## 【案情与裁判】

原告（反诉被告）：美驰公司

被告（反诉原告）：中宸公司

**起诉与答辩**

美驰公司起诉称：美驰公司与中宸公司于2017年10月22日签订涉案合同，约定中宸公司为美驰公司定制开发“管家婆工贸ERP T9软件”，合同总价为130000元，在2017年12月20日交货并验收。合同签订后，美驰公司向中宸公司支付了52000元，中宸公司却迟迟无法按照合同约定完成软件的开发建设。经美驰公司多次催告，中宸公司仍无法完成软件的安装、试运行、测试数据以及正式上线。中宸公司的迟延履行导致美驰公司无法实现合同目的，造成了美驰公司的巨大经济损失，美驰公司有权解除合同、要求退款并索赔，中宸公司应当承担全部违约责任。故请求法院判令：1. 解除美驰公司与中宸公司于2017年10月22日签订的涉案合同；2. 中宸公司向美驰公司返还款项52000元及利息；3. 中宸公司向美驰公司支付违约金13000元；4. 本案诉讼费由中宸公司承担。

中宸公司答辩称：一、中宸公司依约履行合同，未有任何违约及过错行为，项目系因美驰公司未依约履行合同约定的在先义务导致推迟，中宸公司对此不承担任何责任。（一）美驰公司未依约履行合同约定的在先义务，因美驰公司原因造成项目开发进度迟延不属于中宸公司责任。美驰公司于2017年10月24日才向中宸公司支付了第一笔52000元前期预付款，迟于合同约定付款日3日，项目期限依约即应顺延。而且，美驰公司一直未向中宸公司明确提交或确认其技术开发文档。中宸公司根据美驰公司提出的要求，做成《销售政策开发功能说明书》于2017年11月2日提交美驰公司确认，后又发送记事本及订货平台需求文档由美驰公司确认，但美驰公司从未按合同约定向中宸公司支付确认技术文档之后应当支付的开发费用26000元。中宸公司依法享有先履行抗辩权，依法亦不需要承担任何责任。（二）中宸公司已完成项目软件测试，在本合同履行中无任何违约行为；软件测试后美驰公司对开发需求作出根本性变更导致项目无法继续推进，相关责任应当由美驰公司自行承担，中宸公司对此不存在任何过错。2017年12月21日，中宸公司向美驰公司提交测试账号对软件进行使用者测试。美驰公司于12月22日提出测试反馈意见，测试反馈反映所开发软件程序没有大的问题，仅存在界面优化和细节调整需求。根据合同约定，美驰公司此时应当向中宸公司支付第三期项目款26000元，但美驰公司亦从未支付。在中宸公司优化调试过程中，美驰公司增加新的开发需求，并因此要求中宸公司另行开发一个新的程序。中宸公司垫资开发新程序，在该新增需求功能开发完成后，美驰公司于2018年5月再次对需求进行了根本性的变更，将工贸版变更为辉煌版。由于开发基础所针对的是两个完全不同的软件，该需求变更实际上为另一个完全不同的软件开发项目，美驰公司和中宸公司就本项目合同结算、新项目合同条款问题进行了磋商，但双方无法就合同变更问题达成一致意见。二、美驰公司依约应当向中宸公司支付第二期、第三期开发款但一直未支付，美驰公司自身未履行在先义务存在严重违约，美驰公司应当自行承担相关后果，其作为违约方无权要求解除合同，并且应当依法承担相应的违约责任。本案是美驰公司在合同履行中一直未履行其应当在先履行的付款义务造成的，美驰公司自身严重违约。美驰公司作为违约方、过错方，在合同履行中不享有合同解除权。但是，基于美驰公司严重的违约行为，中宸公司依法依约有权单方解除合同并已经就此提起反诉，故本案合同应当基于中宸公司依法行使合同解除权而解除。鉴于以上内容，恳请法院依法驳回美驰公司的全部诉讼请求。

中宸公司提出反诉，请求判令：1. 解除中宸公司与美驰公司签订的涉案合同；2. 美驰公司向中宸公司支付开发费用 52000 元；3. 美驰公司向中宸公司支付违约金 13000 元；4. 美驰公司向中宸公司支付律师费 20000 元；5. 美驰公司承担本案全部诉讼费用。事实和理由与上述答辩意见一致。

美驰公司答辩称：1. 技术开发文档是软件开发、使用、升级和维护过程中的必备资料，中宸公司从未提供技术开发文档和开发详细需求给美驰公司进行确认。中宸公司也未向法庭提交有效的证据证明其向美驰公司催收款项的事实。2. 在合同履行期间，中宸公司未交付软件给美驰公司进行测试，美驰公司对中宸公司在庭上演示的软件不予认可，中宸公司后期进行了修改，而且该测试只是针对订货平台进行测试，并未对合同约定的其他模块进行测试。3. 美驰公司并未向中宸公司提出过任何需求变更，是中宸公司无法完成涉案合同约定的软件开发才与美驰公司协商解决办法。4. 中宸公司逾期交付软件，且未按照合同约定履行其义务，美驰公司未付款完全是中宸公司的违约行为导致，故美驰公司不应当承担任何的法律责任。恳请法院驳回中宸公司的全部反诉请求。

**一审审理查明**

**一、涉案合同的签订情况**

2017 年 10 月 22 日，美驰公司（甲方）与中宸公司（乙方）签订了涉案合同，约定美驰公司委托中宸公司定制开发“管家婆工贸 ERP T9”软件，合同约定了定制开发服务的明细要求、付款方式、交货与验收、违约条款、附加条款等内容，其中，付款方式为：(1) 签订本合同后，甲方以现金、转账、支票方式支付乙方合同总金额人民币 52000 元；(2) 技术开发文档甲方确认后，甲方需支付乙方合同总金额人民币26000元;(3)定制开发软件安装调试正常，测试15天内，测试如没有大的问题，甲方需支付乙方合同总金额人民币26000元;(4)软件正式上线，甲方一个会计结账后，开发的报表数据准确无误，甲方验收确认后5天内需支付乙方合同总金额人民币26000元。交货与验收为：甲方在2017年10月21日前，处理好商务合同和前期预付款项，否则最后交互测试时间往后顺延，最后模块保证在2017年12月20日甲方可进行安装，试运行和测试数据。违约条款为：任何一方违反合同条款即视为违约，违约方将承担由此造成的结果，守约方保留追究经济及法律责任的权利，违约金额为合同总价款的10%。争议解决方式为：所有由本合同产生的争议，双方应当友好协商解决，否则双方约定采用向当地人民法院起诉的方式解决，诉讼费用(包括律师费以及双方的费用)应由败诉方承担。

**二、涉案合同的履行情况**

合同签订后，美驰公司于2017年10月24日向中宸公司转账支付了52000元。中宸公司确认收到上述款项。

中宸公司提交的微信聊天记录截图记载了中宸公司与美驰公司在软件开发过程中的沟通记录，中宸公司认为微信名为“鲁某”“张某群”“彭某”是美驰公司的人员，“毕某彪”“王某强”“林某云”是中宸公司的人员。美驰公司确认上述微信聊天记录的真实性及中宸公司所述人员的身份。广州知识产权法院摘录并概括部分聊天内容如下：

1. 关于中宸公司是否已提交技术开发文档给美驰公司确认的情况

2017年11月2日，毕某彪向鲁某发送了一份《美驰销售政策开发说明书(11.02).pdf》文件并说:“刚问林工，她说和上次内容只是更新了一点，不然你先看下政策这边，补充点东西，我们再过来。”鲁某回复了一个“ok”的手势。

2017年11月7日，鲁某问:“林小姐，美驰这边这周你们是怎么计划与安排的?”林某云回复:“您不是还要整理些补充给我们吗?毕工说你们还没整理出来关于政策。”鲁某说:“没有呀，只有政策返利的没有确定，其他的可以呀！再碰碰就可以了。”

2017年11月30日，毕某彪向鲁某发送了一份《销售政策.rar》文件并说:“鲁经理，销售政策的功能界面图，解压后用IE打开里面的链接就行，排版什么的就先别在意，主要看下是不是这些功能界面，然后页面里面都是点击切换功能，单击弹开功能，再次点击关闭。”

2. 关于中宸公司是否提交软件给美驰公司进行测试的情况

2017 年 12 月 11 日，林某云发送了订货平台超级管理员网址及账号密码给鲁某，鲁某回复：“好，我在开会，我让彭工先看。”

2017 年 12 月 19 日，鲁某问：“林小姐，你们软件的测试平台地址、账号及密码是多少？”林某云发送了服务器地址。鲁某回复：“进不了，远程也进不了。”林某云回复：“等下，我发个包给你。”并发送了链接地址及密码，鲁某回复：“用不了，还少太多东西吧！？这样子可以跑流程吗！？约个时间，明天还是后天，我直接去你们公司跑下流程。”

2017 年 12 月 22 日，鲁某对毕某彪说：“12.22 美驰订单系统检测问题：1. 增加客户时，客户单位应直接连系统客户档案名称，可下单选产品明细应为多选，多选产品要根据系统档案样式，有层级关系，而不应是平级……”

2018 年 1 月 15 日，鲁某说：“测试账号可以用了。”林某云回复：“好，订货平台有进去测试过吗？”鲁某回复：“试过可以进了。”

3. 关于美驰公司向中宸公司发送解除合同通知的情况

2018 年 7 月 20 日，鲁某向王某强发送了两张图片，图片内容是《关于终止〈销售合同〉的函》，该函的主要内容是美驰公司要求解除合同，中宸公司退还 52000 元。

2018 年 7 月 20 日，王某强向张某群发送了两张图片，图片内容是《关于终止〈销售合同〉的函》，并说：“张总您好这个是你的意思还是鲁经理的意思。如真要这样做，130000 我要收。你们中途改需求。最好大家凭良知做事。你生意做这么大。我相信你应该有理智判断能力。”张某群回复：“这是财务和法务部出的，如果你收就收不要紧。我想改辉煌是今年五月份后提出的。你应该是去年 12 份交付使用的，再拖就一年了，不管我们怎么催你还是没动静。”

2018 年 7 月 21 日，张某群对王某强说：“交付使用时间对于你们来说是不要紧的事，但对于我们来说是最关键的事。”

4. 关于软件开发过程中其他事项的沟通情况

2018 年 6 月 3 日，王某强向张某群发送了一份《美驰辉煌版本预算方案 .doc》文件，并说：“张总您好，这是辉煌 + 远程 50 用户整体预算方案。”

2018 年 7 月 18 日，王某强向张某群发送了一份《美驰项目开发进度计划表及预…80718.xls》文件，并说："张总您好，这个进度我也发给了鲁经理，根据鲁经理沟通结果，看样子可能合作不下去了，你们找了其他开发……"

2018年7月25日，鲁某向王某强发送了一份《中宸软件补充协议（确认版）》文件。

2018年8月17日，王某强对张某群说："张总你公司开发事项是怎样确定的呢，我们一直要辉煌测试数据你们又不提供，这事咋搞？"

2018年8月20日，王某强对张某群说："工贸的设计思路跟辉煌完全不一样，之前工贸的数据放在辉煌开发这里完全没意义的，这个事情也是说了好多次了。"

**三、其他事实**

中宸公司向一审法院提交了《销售政策开发功能说明书》，美驰公司确认该说明书内容与中宸公司于2017年11月2日通过微信发送的文件内容一致。该说明书的主要内容是开发需求概述与分析和开发详细说明。当庭登录中宸公司在微信聊天记录中发送给美驰公司的订货平台超级管理员网址，对涉案软件界面进行勘验（勘验结果略）。

美驰公司确认中宸公司提交的开发软件界面截图与当庭查验的软件界面一致，但认为当庭显示的页面内容与其当时看到的页面不一致。中宸公司确认在美驰公司人员鲁某提出系统检测问题后对涉案软件进行了修改和完善。

中宸公司为证明其为本案诉讼而支出的律师费用，向一审法院提交了《民事委托代理合同》、金额为20000元的法律服务费发票及中国工商银行网上银行电子回单。

**一审判理和结果**

一审法院认为，本案属于计算机软件开发合同纠纷。涉案合同是双方当事人真实的意思表示，未违反法律和行政法规的强制性规定，属有效合同，双方均应按照约定履行合同义务和享有权利。根据双方诉辩意见，本案争议焦点在于：1. 双方是否已按照合同约定履行其合同义务；2. 本案合同是否符合解除的条件；3. 双方的各项诉请是否应当得到支持。

**一、关于双方是否已按照合同约定履行其合同义务的问题**

根据《中华人民共和国合同法》第六十条的规定，一审法院对美驰公司、中宸公司是否按照合同约定履行其合同义务的情况，分析如下：

1. 关于美驰公司的履行情况

根据双方当事人确认的事实可见，美驰公司于2017年10月24日向中宸公司支付了52000元，已经按照合同约定履行了支付第一期的付款义务。

涉案合同约定第二期款项的付款时间为“技术开发文档甲方确认后，甲方需支付乙方合同总金额26000元”，根据此约定，技术开发文档经过美驰公司确认后，美驰公司应当向中宸公司支付合同约定的第二期款项。

关于技术开发文档的提交及确认的问题。涉案合同中与“技术开发文档”相关的约定是第三条付款方式中的第二款“技术开发文档甲方确认后”，除此之外并无关于“技术开发文档”的定义及其应当包括哪些文件的约定。一审法院认为，涉案软件为美驰公司委托中宸公司开发，软件的内容应当要适合美驰公司使用，实现美驰公司开发软件的目的，因此，软件包含的内容应当由美驰公司提出具体的需求，中宸公司根据美驰公司所述的功能要求撰写详细的软件功能模块构建及实现的功能内容，交给美驰公司进行确认。此阶段的“技术开发文档”应指软件开发前的必备资料，按照行业惯例理解，一般包括功能要求、需求分析、功能设计、开发计划等内容。

根据中宸公司提交的微信聊天记录，中宸公司于2017年11月2日向美驰公司发送了《美驰销售政策开发说明书（11.02）.pdf》，美驰公司在微信中确认除了政策返利没有确定外，其他内容都无异议；2017年11月30日中宸公司向美驰公司发送了《销售政策.rar》，对前述内容进行补充，美驰公司对此亦无提出异议，由此可以认定美驰公司确认了中宸公司提交的技术开发文档。因此，合同约定的第二期款项的支付条件成就，美驰公司收到中宸公司提交的技术开发文档后未支付相关款项，已构成违约。

2. 关于中宸公司的履行情况

根据前述查明的事实，中宸公司已经履行了向美驰公司交付技术开发文档的义务。中宸公司认为其已经完成涉案软件的开发，美驰公司应当支付第三期款项，对此，一审法院分析如下：

关于交付的内容。首先，涉案合同约定“管家婆工贸ERP T9系统应当包括的功能模块是：专款专用模块，包含3张报表；配赠模块，包含3张报表；返利模块，包含3张报表；订货平台，包含3张报表；记事本，包含1张报表。报表开发要求：系统必须有原始数据源，报表数据源一定要有取数逻辑”。

当庭打开中宸公司通过微信发送给美驰公司的IP地址及网页地址，勘验结果显示，中宸公司提交给美驰公司进行测试的软件系统均包含了合同约定的上述模块。其次，美驰公司在2017年12月22日提出的问题属于后期优化的范畴，并不属于严重功能缺陷，除此之外，美驰公司并未对中宸公司交付测试的软件提出其他异议。最后，美驰公司当庭指出勘验的软件系统界面与其当初打开的不一致，中宸公司确认其针对美驰公司在测试中提出的问题对涉案软件进行了调整，结合美驰公司在微信中提出的软件测试中存在问题，中宸公司的解释合理。美驰公司认为中宸公司交付的软件不符合合同约定，根据《中华人民共和国民事诉讼法》第六十四条第一款的规定，当事人对自己提出的主张，有责任提供证据。由于美驰公司没有提交充分的证据予以证明，对其主张一审法院不予采纳。综上，中宸公司提交的证据证明其向美驰公司交付测试的涉案软件符合合同约定，美驰公司未能提交证据证明涉案软件存在功能缺陷或其他质量问题，中宸公司的举证已达到高度盖然性，一审法院予以采信。

关于中宸公司是否按照合同约定的期限完成软件的开发义务问题。涉案合同约定“最后模块保证在2017年12月20日甲方可进行安装，试运行和测试数据”，中宸公司于2017年12月19日向美驰公司发送涉案软件的测试平台地址、账号及密码，并未交付最终开发成果，且未将涉案软件源代码交付给美驰公司，未在美驰公司处安装涉案软件。中宸公司对其没有按照合同约定的期限交付软件的抗辩理由是美驰公司未支付第二期款项，其行使先履行抗辩权。对此，一审法院认为，根据《中华人民共和国合同法》第六十七条关于先履行抗辩权的规定，在软件开发过程中，受托方在委托方未及时足额支付合同款项的情况下继续进行开发，是基于对委托方的信任和促进合同目的的达成，但委托方仍负有及时履行支付合同款项的义务。本案中，由于美驰公司确认技术开发文档后迟迟未付款，中宸公司以此为由行使先履行抗辩权未向美驰公司交付涉案软件源代码于法有据，一审法院予以采纳。由于双方在合同履行过程中并未对交付期限顺延事宜进行协商，故无法确定中宸公司最终的交付期限，美驰公司认为中宸公司没有按照合同约定的期限交付软件的理由不能成立，一审法院不予支持。

根据以上两点分析，一审法院认为，中宸公司在履行期限和交付内容上均不构成违约。

**二、关于本案合同是否符合解除条件的问题**

根据《中华人民共和国合同法》第九十四条第（二）项及《中华人民共和国合同法》第九十六条的规定，美驰公司于2018年7月20日通过微信向中宸公司发送了《关于终止〈销售合同〉的函》，中宸公司在庭审中确认当日收到上述函件的微信截图。一审法院认为，美驰公司在合同期限届满前向中宸公司提出解除合同符合法律规定，本案合同应当于解除合同通知到达中宸公司时的2018年7月20日解除。中宸公司认为违约方无权解除合同的主张没有法律依据，一审法院不予采纳。

**三、关于双方的各项诉请是否应当得到支持的问题**

根据前述分析可见，在本案合同履行过程中，美驰公司存在没有按照合同约定支付款项的违约行为，应当承担相应的违约责任。美驰公司认为中宸公司的行为构成违约没有事实和法律依据，故美驰公司请求中宸公司返还其已经支付的款项52000元并承担违约责任的理由不能成立，一审法院不予支持。

关于中宸公司的诉讼请求是否应当支持的问题。根据《中华人民共和国合同法》第九十七条的规定，中宸公司依照合同约定向美驰公司提交了技术开发文档，美驰公司对此也进行了确认，美驰公司应当履行其支付相关款项的义务。中宸公司诉请美驰公司支付合同约定的第二期款项26000元，于法有据，一审法院予以支持。合同约定的第三期款项的支付条件是“定制开发软件安装调试正常，测试15天内，测试如没有大的问题，甲方需支付乙方合同总金额26000元”，中宸公司在庭审中自认并未将涉案软件交付给美驰公司进行安装调试，因此合同约定的第三期款项的支付条件未成就。中宸公司诉请美驰公司支付合同约定的第三期款项26000元缺乏事实和法律依据，一审法院不予支持。另根据《中华人民共和国合同法》的相关规定，一审法院对中宸公司要求美驰公司支付违约金及律师费的诉请予以支持。

综上，一审法院依照《中华人民共和国合同法》第六十条、第六十七条、第九十四条第（二）项、第九十六条第一款、第九十七条、第一百零七条、第一百一十四条，《中华人民共和国民事诉讼法》第六十四条第一款、第一百四十二条，《最高人民法院关于适用〈中华人民共和国民事诉讼法〉的解释》第九十条之规定，判决：一、美驰公司与中宸公司签订的涉案合同于2018年7月20日解除；二、美驰公司于本判决发生法律效力之日起十日内向中宸公司支付合同款项26000元；三、美驰公司于本判决发生法律效力之日起十日内向中宸公司支付违约金13000元及律师费20000元；四、驳回美驰公司的其他诉讼请求；五、驳回被告中宸公司的其他诉讼请求。

一审判决后，双方当事人均没有提起上诉。

## 【法官评述】

计算机软件开发合同一般具有履行周期长、功能需求动态调整等特点，因此在计算机软件开发领域中，具有分阶段、按比例支付款项的行业习惯。软件开发过程中，各阶段的开发事项是环环相扣、紧密联系的，某一阶段事项的开发完成情况和效果，往往影响着下一阶段开发工作能否顺利开展和完成。委托方前期支付的款项可以理解为软件开发的启动资金，该款项的支付可以为开发方组建团队、投入相关硬件软件资源提供物质条件，前期准备是否充分往往影响着后期软件开发的进度及完成情况，因此，委托方负有按照合同约定的期限及时支付款项的义务。

在此类合同纠纷案件中，经常出现以下问题：在合同履行过程中出现合同无法继续履行下去而需要解除合同时，委托方是否应当向开发方支付开发款？合同无法继续履行下去，原因可能有委托方基于商业因素考虑撤销项目、开发方技术团队解散无法完成任务、双方对变更或新增功能需求及其报价无法协商一致、第三方支付接口无法接入等，出现委托方与开发方僵持不下的情况，软件开发处于已开始但并未完成的阶段，此时就涉及是否应当分段付款或者支付相应工作量对价的问题。司法实践中，对该问题的处理存在不同意见：第一种处理，开发方没有交付软件或者交付软件不符合合同约定的，直接认定开发方构成违约，委托方无须支付阶段性款项且开发方需返还其收取的合同款项；第二种处理，委托方已按合同约定分期支付了款项，但开发方未能按照合同约定交付阶段性成果，认定开发方构成违约，开发方应当向委托方返还未交付阶段性成果所对应的款项；第三种处理，开发方按合同约定分阶段交付了相应的开发成果，委托方未在合同约定期限内提出异议且未支付相应款项，认定委托方违约，委托方应当向开发方支付相应阶段的合同款项。

对此类案件，裁判的关键问题在于查明导致合同无法继续履行的违约方，由违约方承担违约责任并对合同解除后的处理承担相应的责任。本案亮点在于，对委托方是否应当向开发方支付开发款的问题的处理，尝试确立一个明确的裁判规则：一是开发方无过错并交付了软件或有证据证明其已完成了部分开发工作的，委托方作为违约方，导致开发方无法实现合同目的，委托方应当向开发方支付开发款或已完成工作量的相应对价；二是开发方交付的软件不符合合同约定，无法满足委托方的需求，导致委托方无法实现合同目的，委托方无须向开发方支付开发款或开发方已完成工作量的相应对价。期许本案的宣判结果，为今后审理同类案件提供一定的借鉴作用。

编写人：广州知识产权法院　谭卫东　汤家丽

（编辑：刘合安）

# 28

# 友谊公司与双赢公司 计算机软件开发合同纠纷案

阅读提示：如何对争议较大的系统性软件开发合同纠纷案件进行审理？

**【裁判要旨】**

基于功能模块众多、内容复杂、持续性开发的系统性软件产生的计算机软件开发合同纠纷，合同双方对实际开发内容、软件交付质量、期限等均存在较大争议。法院在厘清双方当事人责任时，应当结合合同履行期限、履行内容、履行过程等方面进行全面梳理，在确定涉案软件交付时间及开发完成情况的基础上，通过技术分析手段对合同基本目的是否实现、开发必要性、瑕疵或问题的产生原因等因素作综合考量。

**【案号】**

一审：广州知识产权法院（2019）粤73知民初253号

**【案情与裁判】**

原告（反诉被告）：友谊公司

被告（反诉原告）：双赢公司

**起诉与答辩**

友谊公司起诉称：友谊公司、双赢公司于2015年10月28日签订《劳务派遣管理系统软件开发合同书》（以下简称《开发合同》）及附件，约定友谊公司向双赢公司购买"双赢劳务派遣管理系统软件 V1.0"的安装、培训和系统个性化的二次开发，开发的工作内容分为项目业务需求调研、系统软件开发和系统功能现场实施培训等四阶段工作，项目总开发费用为 99 万元。此后，双方陆续签订《补充协议（一）》《补充协议（二）》，约定增加拓展功能与操作模块，并进一步确认交付标准及延长后的给付日期。经双赢公司申请延期，双方最终确认涉案软件开发以及测试系统和 BUG 程序修改的交付时间延长至 2018 年 2 月 28 日。合同履行过程中，涉案软件存在账单取数数据不准确等多个问题，在双赢公司要求再次延长个别问题的开发时间后测试发现前述问题依旧存在，涉案程序开发尚未完成。友谊公司已依约付款，但涉案软件因双赢公司原因导致合同无法继续履行，构成根本违约。请求法院判令：1. 解除友谊公司、双赢公司签订的《开发合同》《补充协议（一）》《补充协议（二）》及各附件；2. 双赢公司返还友谊公司合同款项 534000 元；3. 双赢公司向友谊公司支付违约金。

双赢公司答辩称：不同意友谊公司的诉讼请求。双赢公司开发的软件已交付给友谊公司并完成了数据迁移，数据迁移是软件运行中非常重要的环节，属于涉案合同中约定的第三个阶段，已试运行完毕，双赢公司已完成了软件交付工作。

双赢公司提出反诉称：1. 软件交付时间延迟系因友谊公司增加了部分需求导致，双赢公司对此不存在过错；2. 软件部分 BUG 客观上并不影响软件其他功能的实现，不构成合同解除的情形；3. 友谊公司提出的"社保基数调整功能"存在无法调用的问题在双赢公司合作的其他公司可以正常使用且双赢公司也具备修复能力；4. 友谊公司拒绝增加费用且关闭远程服务器导致客观上无法修复 BUG；5. 友谊公司向双赢公司支付第三、第四阶段费用的条件待修复完毕上述 BUG 后即成就；6. 友谊公司应当就新增模块增加相应费用。请求法院判令：友谊公司向双赢公司支付第三、第四阶段合同款项 536000 元以及新增功能费用 229500 元。

友谊公司答辩称：不同意双赢公司的反诉请求。理由为：1. 经测试，双赢公司开发的涉案软件存在 14 项功能的缺失及 15 项重大功能缺陷，该软件在合同约定的第二阶段结束时，仍未能完成客户使用的基本要求；2. 双赢公司的违约行为将导致合同完全无法实现，构成根本违约，友谊公司享有单方解除权，双赢公司无权要求支付后续款项。双赢公司开发的部分功能对友谊公司而言不存在任何的商业使用价值，双赢公司应返还全部合同款项。

**一审审理查明**

**一、合同签订与主要内容**

2015 年 10 月 28 日，友谊公司（甲方）、双赢公司（乙方）签订《开发合同》，约定友谊公司委托双赢公司负责“双赢劳务派遣管理系统软件 V1.0”的安装、培训及系统个性化的二次开发工作，购买具体项目为项目业务需求调研、系统软件、系统功能现场实施培训及系统个性化的二次开发，合同总价款 99 万元。其中“系统软件”必须包含合同附件 3（即甲方提出的项目需求）中的功能内容，具体以项目原型为准。附件 3 为项目需求纲要。

关于开发进度的约定：第一阶段时间为甲方支付第一阶段费用后 2 个月内，开发内容为业务需求详细调研，项目交付物为《原型设计与功能确认》。第二阶段时间为甲方验收项目原型并支付第二阶段费用后 7 个月内，开发内容为系统开发、系统测试及 BUG 程序修改，项目交付物分别为软件及系统操作手册第一版。第三阶段时间为 3 个月，开发内容为系统试运行和实施培训，项目交付物为系统操作手册第二版。第四阶段时间为 3 个工作日，开发内容为系统验收，项目交付物为全部功能验收合格的系统软件。

关于费用支付的约定：系统软件项目总开发费用 990000 元，第一阶段费用 267000 元于合同签订之日起 5 个工作日内支付；第二阶段费用 267000 元、第三阶段费用 267000 元、第四阶段费用 189000 元分别于各阶段验收合格后 5 个工作日内支付。

关于合同变更、终止、违约的约定：双方约定开发时间为初次确定时间，更改时间安排需经双方协商书面确定；第一、第二阶段开发成果未达到该阶段验收标准，乙方需退还相应阶段费用，合同自动终止；乙方逾期完成第三阶段及之前的开发任务，甲方从期限届满之日起一个月后每日按该阶段应付款的 0.03% 计收逾期违约金。

2016 年 3 月 6 日，双方签订《补充协议（一）》，约定：（1）在《开发合同》基础上增加拓展功能及操作模块，经甲乙双方盖章确认的项目原型将作为系统软件的项目需求细则，并作为系统软件开发的验收标准；（2）将《开发合同》中约定第二阶段系统开发时间延长 2 个月，系统测试及 BUG 程序修改时间延长1个月;（3）项目总开发费用增加80000元。

2016年10月31日，双方签订《补充协议（二）》，约定:（1）变更及补充原合同关于开发进度的约定为第二阶段系统开发时间10个月，交付前乙方应交付测试报告。上线前系统测试等时间7个月，并要求乙方配合甲方完成跟进测试全部事宜。第三阶段时间为3个月。第四阶段时间为3个工作日，要求乙方确保系统软件正式上线。（2）确认将《开发合同》附件3关于“微信平台”的内容作为系统软件的验收点之一。

**二、合同履行**

友谊公司依约合计支付双赢公司款项534000元。

2017年7月3日，双赢公司向友谊公司发出《延期申请函》，申请将《补充协议（二）》中约定第二阶段系统开发、系统测试及BUG程序修改交付时间顺延8个月（即2018年2月28日止），同时其余各阶段项目交付和实施时间相应顺延，并陈述了未能如期完成第二阶段开发的原因。友谊公司复函称，主要延期原因在于双赢公司前期调研不足，该情况不属于功能模块增加。其同意双赢公司该延期申请，但要求双赢公司按时完成软件开发工作并交付。

双方分别提交了电子邮件、微信聊天记录截图，用以证实涉案合同履行情况。其中，双赢公司于2018年3月2日回复友谊公司的邮件，称反馈问题计划在3月17日前完成修复。该邮件附件文档《测试问题反馈表》对包括客户通知单数据不准确等10项问题进行了列举。

**三、其他事实**

2018年3月22日，友谊公司对经双赢公司开发并安装在其处的涉案软件进行了证据保全。

友谊公司提交了证据证实其以案外人名义购买了人力资源管理软件并投入使用，涉案合同没有继续履行的必要。

一审法院组织双方进行了现场勘验，并经双方同意，以友谊公司提交公证书附件中所附U盘上的软件和数据库与《友谊公司〈劳务派遣管理系统软件原型设计与功能确认〉报告书》（以下简称《报告书》）进行技术比对。友谊公司主张双赢公司交付的软件主要存在10个问题，双赢公司对未完成功能进行确认并说明原因。另外，双方均同意在双赢公司主张的新增模块中随机抽取部分进行勘验。勘验情况为部分模块已实现，但仍存在配置问题。

## 一审判理和结果

一审法院审理认为，本案的争议焦点为：1. 涉案合同是否应当解除；2. 合同解除后的责任如何承担；3. 双赢公司的反诉主张可否支持。

1. 关于涉案合同是否应当解除的问题

从涉案合同的履行期限来看，根据《开发合同》第六条的约定，涉案软件的开发分为业务需求详细调研等四个阶段，最终开发成果应在2016年11月底交付。友谊公司、双赢公司均确认涉案合同第一阶段已履行完毕，形成的开发成果《报告书》也已交付。但双方在随后签订的补充协议中对软件的交付时间作出了变更，将涉案软件第二、第三、第四阶段的完成时间变更为2017年6月底、2017年9月底和2017年10月。而双赢公司在2017年7月3日发送给友谊公司的《延期申请函》中，再次提出将第二阶段的交付时间延至2018年2月28日，第三、第四阶段的项目交付时间亦随之顺延，而友谊公司回复表明其同意上述申请。结合上述涉案合同、函件的相关约定，一审法院认定第二阶段的交付时间应为2018年2月28日，第三、第四阶段交付时间分别顺延至2018年5月、6月底。就实际履行情况来看，友谊公司提交的电子邮件截图显示，其在2018年2月28日以电子邮件方式对双赢公司交付给其的软件中存在的问题进行反馈，可见双赢公司在此之前已经将第二阶段的开发成果交付给友谊公司测试。

从涉案合同的履行内容来看，双方均确认涉案软件依照《报告书》所记载功能需求进行开发，但对于第二阶段是否完成存在分歧。如前所述，双赢公司已在期限内将第二阶段的开发成果交付给友谊公司测试，友谊公司亦将测试中出现的问题反馈给双赢公司，并由双赢公司进行修复。但直至一审法院主持进行现场勘验时，涉案软件中尚有10个问题未完全解决，而上述问题经核实均属于涉案合同约定的功能范围内。双赢公司虽辩称部分问题的产生来源于需求变更或版本问题，但并未提交证据证实。双赢公司另抗辩称前述部分问题可通过简单配置加入系统中而解决，但其并未进行配置以符合合同约定需求。综上，双赢公司开发的软件未能达到合同约定的功能需求，且未能在合理时间内进行修复，其行为构成违约。

至于双赢公司的行为是否构成根本违约问题，如前所述，前述10个问题均属合同中约定的应开发功能，而技术勘验中有7个问题属于瑕疵问题，3个问题为功能性问题，虽会对用户使用体验造成一定影响，但整体上并不会影响软件基本功能的实现，故双赢公司的行为尚未构成根本违约。由于双赢公司已经完成了第二阶段软件开发，实现合同约定的大部分功能，友谊公司要求返还全部已支付的软件开发费用缺乏理据。

至于涉案合同应否解除问题，友谊公司主张曾于 2018 年 3 月向双赢公司发出违约通知函，要求解除涉案合同，双赢公司确认收到上述函件。双方在此之后未就继续履行合同进行协商。友谊公司另提交《软件许可合同》等证据主张其已另行购买软件，故涉案合同对友谊公司而言已无继续履行必要，且基于涉案软件为个性化定制管理软件的性质，在友谊公司没有继续履行合同意愿的情况下，双赢公司显然不具备单方继续开发的可能性，涉案合同已不具备继续履行的可能性和必要性。一审法院结合涉案合同的性质和履行情况，从平衡双方当事人利益的角度出发，酌情判定解除涉案合同。

2. 关于合同解除后的责任承担问题

依照《中华人民共和国合同法》第九十七条的规定，本案应在综合判断当事人是否存在违约情形的基础上再行确定双方应负的法律责任。具体而言，友谊公司虽已依约支付第一、第二阶段款项，并在合同履行过程中积极配合，但其在涉案软件的基本功能已经实现、双赢公司尚就友谊公司提出的软件中存在的问题进行回复的情况下，于数日后即向双赢公司提出解除涉案合同，导致已开发完成的涉案软件未获使用，双赢公司亦无法继续履行涉案合同，其行为存在过错；双赢公司在合同履行中曾多次申请延迟交付，而延迟交付的部分原因系其自身所致，该行为易致友谊公司对其软件开发能力产生疑虑，且双赢公司交付的软件经勘验确实未能完全达到涉案合同要求，该瑕疵或功能性问题未在合理期限内获得解决，加之其在收到违约通知函后未能以积极姿态就继续开发软件与友谊公司进行协商，对涉案合同已无法继续履行的后果亦存在过错。一审法院在考虑双方过错程度的基础上，酌定相关损失由双赢公司、友谊公司分别承担 60%、40%。本案中，双方为开发涉案软件投入的成本即为实际损失。涉案软件的开发费用为 107 万元，涉案合同第一、第二阶段已履行完毕，第三、第四阶段尚未开始实际履行，合同第三、第四阶段约定的开发内容并未进行，双赢公司已不需付出该部分工作量，而已开发软件虽实现基本功能但尚有约定功能未能完全实现的情况，一审法院酌情认定相关损失为 90 万元，由双方按上述比例承担。另外，依照涉案合同约定，双赢公司逾期完成第三阶段及之前的开发任务，需依约支付违约金，但双赢公司已在合同约定的时间内交付第二阶段软件开发成果，而第三阶段的开发任务未能如期完成并非其单方原因导致，故友谊公司主张双赢公司承担违约责任的诉请理据不足。

3. 关于双赢公司反诉主张的友谊公司支付其新增功能开发费 229500 元应否支持问题

结合双赢公司向一审法院提交的涉案软件模块的分析可知，双赢公司主张其共计开发完成新增功能 104 项。一审法院经分析认定新增模块共 29 个，另外 40 个模块中有部分从合同约定的功能点变更为独立的模块，有一部分模块的位置因实际需求产生迁移，亦会增加双赢公司开发过程中的工作量，故酌情确定该部分增加工作量相当于 10 个新增模块的工作量。另外，双赢公司主张有 26 个合同约定应由友谊公司主导双赢公司参与的模块亦由双赢公司开发完成。经查，涉案合同约定了由友谊公司主导、双赢公司参与开发留学管理和办证管理两部分，现双赢公司已开发完成上述模块，友谊公司并未举证证实其在开发过程中发挥主导作用，双赢公司在开发中的工作量势必有所增加，故该 26 个模块亦应计算为双赢公司的新增工作量。综上，双赢公司共计完成新增模块工作量为 65 个。双赢公司主张以涉案合同约定的总价款除以功能模块数，计算出每个模块均价尚属合理，故双赢公司主张的新增模块费用中合理的部分应予支持，一审法院据此认定友谊公司应支付双赢公司因开发新增功能模块的费用为 156997 元。鉴于该费用亦应视为实际损失，并由双赢公司、友谊公司按照上述比例分担。

据此，一审法院判决：一、友谊公司、双赢公司 2015 年 10 月 28 日签订的《开发合同》及其附件 1—3、2016 年 3 月 6 日签订的《补充协议（一）》及附件《报告书》、2016 年 10 月 31 日签订的《补充协议（二）》于判决作出之日起解除；二、双赢公司于判决发生法律效力之日起十日内返还款项 111201 元给友谊公司；三、驳回友谊公司的其他诉讼请求；四、驳回双赢公司的其他反诉请求。

一审判决后，双赢公司不服，向最高人民法院提起上诉，二审正在审理中。

## 【法官评述】

互联网技术在各个领域的广泛应用，使得实体产业对“智能化”升级的需求日益迫切，移动终端的高度普及则进一步拓宽了计算机软件开发市场，因软件开发产生的纠纷亦随之而来。计算机软件开发合同是技术合同的一种，但其具有标的的抽象性、技术认定的专业性与交付标准的不确定性等特点，在具体案件中需根据其特殊性梳理审理思路。

计算机软件开发合同纠纷的争议焦点相对集中，大体可概括为开发成果是否交付、交付成果是否符合约定以及合同目的是否实现三点。分析上述争议产生的常见原因，宜在具体案件审理时注意以下难点、要点。

（1）关于开发成果是否交付。软件具有无形性的特点，并存在开通、上线、部署、运行、交付代码等交付形式，并不如一般有形物转移占有即交付那么直观。交付事实的举证责任一般应由开发方承担，即由其提交备份软件、交付记录、对应源代码等证据予以佐证，但在开发成果灭失、云端部署交付、阶段性交付或第三方交付等特殊情况下仍需进一步分配举证责任。举证责任的分配要与双方在合同约定中所承担的义务或在履约过程中的过错程度相适应，如在开发方已初步证明其已完成开发工作的情况下，因委托方原因导致交付成果灭失、无法依约交付，或是委托方未依约履行租用服务器、提供部署环境等软件交付必需条件的义务时，应由委托方承担无法查明软件是否交付的不利后果。

（2）关于交付成果是否符合合同约定。此类争议主要包括功能不完备以及存在技术问题两种情况，产生的原因有三。其一是功能需求不确定，既体现在功能期待和实现的落差上，如功能需求陈述过于概括化、笼统化，导致双方对功能实现的认知存在偏差，无法达到委托方的预期目的；也体现在技术风险上，如委托方的功能需求在实际开发时存在难以实现的技术阻碍。其二是验收标准模糊，实践中合同双方往往未就验收所需达到的质量、方式进行详尽约定，而开发成果存在功能或运行缺陷亦难以避免。其三是履行过程复杂，软件开发过程往往需历经调研、设计、开发、测试、安装、运行等多个环节，在此期间双方均可能对开发内容、时间、价款等合同主要内容进行变更，而关于变更事实的证据又往往没有被很好地固定下来。基于以上原因，判断软件交付成果是否符合合同约定时应以文义解释为前提，再从合同整体、行业惯例的角度出发探究当事人的真实意思表示，并保证解释的结果不违背当事人签订合同的目的。具体而言，若双方对合同约定的技术性内容含义产生争议，应从相关领域人员的一般理解进行文义解释，如约定软件需具备“在线客服”模块，通常应要求开发成果能实现企业与顾客进行直接沟通的客户服务功能，而不仅仅具备相应的界面。通常来说，软件是由各种功能集合而成的系统，各功能既有其独特作用，相互之间亦通常存在有机联系，故在对争议条款进行解释时应考虑其在合同整体中的作用及地位，必要时根据行业惯例判断未明确约定的技术功能是否属于普遍认为无须特别约定的内容。如要求“库存管理”软件具备每日自动生成出入库清单功能，但并未明确约定后台需实现实时抓取库存数据，或是在“在线客服”模块中未约定实现即时通信功能，但上述实时数据抓取、即时通信是相应模块应当具备的功能，故即使合同未明确约定需开发该功能，仍可通过合同的其他条款或行业惯例得出该模块需具备以上功能的结论。在验证解释结论是否恰当时应遵循一个准则，即考虑到委托方订立软件开发合同的目的必然是使用软件，故合同条款的内容均应与委托方的实际使用目的相统一，否则该结论不应被采纳。对于纯粹的技术认定问题，则可通过组织勘验、司法鉴定等途径予以解决。

（3）合同目的是否实现。在此类案件中，委托方常以合同目的不能实现为由主张开发方构成根本违约，并要求解除合同。这一争议是基于前述两方面争议焦点的结果认定的，但需要注意的是，即使存在违约情形，对合同目的不能实现的判断仍应以是否实质性影响软件的正常使用为标准。是否实质性影响软件的正常使用则包含技术性及现实性两方面含义，技术性含义是指软件是否能够实现主要的技术功能，而现实性含义则是指软件虽具备主要技术功能，但使用该软件的现实目的已不存在（诸如委托方已不需要使用该类软件或已另行订立合同），通常体现在开发方迟延履行的情形。值得一提的是，除去支付价款、交付开发成果的主合同义务外，双方还可能对使用培训、安装环境、平台部署费用等从合同义务进行特别约定，同时，开发方还基于诚实信用原则负有的通知、协助、指导等附随义务，若违反上述从合同义务或附随义务导致软件无法安装、使用，即使受托方已履行交付软件的主要义务，仍可能导致委托方的合同目的无法实现。

本案是典型的计算机软件开发合同案件，所涉软件功能模块众多、内容复杂、开发期限长，双方在开发过程中多次变更合同内容，在是否迟延交付、交付成果是否符合合同约定、是否存在新增功能、合同目的是否实现等问题上均存在较大争议，具有代表性，可为类似案件相关争议问题的梳理和认定提供借鉴。

编写人：广州知识产权法院　张姝　林新宇

（编辑：李博雅）

# 29

# 华科尔科技公司与思路名扬公司计算机软件开发合同及买卖合同纠纷案

阅读提示：计算机软件开发合同约定不明时如何确定交付标准？

**【裁判要旨】**

在涉案争议产品具体功能需求缺少书面约定时按国家标准及行业标准履行，没有国家标准及行业标准的，应当按照通常标准并且符合当事人订立合同目的为标准履行。

**【案号】**

一审：广州知识产权法院（2018）粤73民初1号

**【案情与裁判】**

原告（反诉被告）：华科尔科技公司

被告（反诉原告）：思路名扬公司

**起诉与答辩**

华科尔科技公司起诉称：其与思路名扬公司订立合同，约定后者研发并提供无人机主板套件。签订合同后，其向思路名扬公司支付首期开发费及部分货款，思路名扬公司未能按约交付，构成根本违约，故请求法院判令：1. 解除华科尔科技公司与思路名扬公司签订的《战略合作框架协议》及附属于该协议的两份采购订单；2. 思路名扬公司返还首期开发费2000000元、货款

675479 元及利息（以 2675479 元为基数，自 2017 年 12 月 1 日起按中国人民银行同期同类贷款利率计至实际支付之日止，暂计至 2018 年 11 月 15 日为 121862.57 元）；3. 思路名扬公司向华科尔科技公司支付违约金 133773 元；4. 本案诉讼费用由思路名扬公司承担。

思路名扬公司答辩称：其已经适当履行涉案协议及其附属采购订单项下的合同义务，不存在违约行为，无须退还首期开发费、货款，无须支付违约金，请求驳回华科尔科技公司的全部诉讼请求。思路名扬公司反诉请求：1. 双方继续履行《战略合作框架协议》及附属于该协议的两份采购订单；2. 华科尔科技公司向思路名扬公司支付第二期开发费 2000000 元及利息（自 2016 年 6 月 8 日起按中国人民银行同期贷款利率 4.35% / 年上浮 50% 即 6.525% / 年计至全部支付之日止，截至 2018 年 11 月 10 日为 316417.81 元）；3. 华科尔科技公司向思路名扬公司支付 2000 套无人机主板套件订单剩余货款 1350958 元及利息（自 2016 年 8 月 20 日起按中国人民银行同期贷款利率 4.35% / 年上浮 50% 即 6.525% / 年计至全部支付之日止，截至 2018 年 11 月 10 日为 196103.58 元）；4. 华科尔科技公司向思路名扬公司支付违约金 167547.9 元；5. 华科尔科技公司承担本案本诉及反诉的诉讼费用。

**一审审理查明**

2016 年 5 月 6 日，华科尔科技公司（甲方）与思路名扬公司（乙方）签订《战略合作框架协议》，即《PCBA 合作协议》，约定思路名扬公司基于高通 APQ8074 的智能无人机硬件平台为华科尔科技公司研发主板，具体产品规格书见本协议附件 A。随后华科尔科技公司与思路名扬公司签订了购买 2100 套无人机主板套件的两份《采购订单》。

双方均确认在合同履行期间双方并未就涉案协议所提及的附件 A 达成一致意见。华科尔科技公司主张涉案合同系框架性协议，具体需求双方通过 redmine 确认，思路名扬公司所发产品规格书系基础性、介绍性的文档，涉案产品应至少具备 3 个功能：1. 一个 UI 界面；2. 调用外部设备接口的程序编译工作和数据接收工作；3. 主板应该有效地控制电调。思路名扬公司主张其所需要完成的涉案产品的功能即其发给华科尔科技公司的产品规格书记载的功能需求，华科尔科技公司所主张上述功能系主板之外涉及整机组装方面的需求和沟通，并非主板本身的需求。

华科尔科技公司支付了《战略合作框架协议》首期款200万元、100套无人机主板套件的全款96497元及2000套无人机主板套件30%的款项578982元。2016年6月至10月，华科尔科技公司、思路名扬公司多次就开发过程存在的问题通过电子邮件沟通。2016年7月22日，思路名扬公司向华科尔科技公司交付了50套无人机主板套件，华科尔科技公司主张已退回48套。

另查明，华科尔科技公司（乙方）与案外人深圳市加贝智能科技有限公司（甲方）签订《战略合作协议》，2016年3月25日生效。该协议“一、产品开发、设计、生产及商务模式”第2~4点与涉案协议内容基本一致，研发费用金额（含税）860000元。2016年6月17日，深圳市加贝智能科技有限公司出具《NRE研发工作完成确认书》，确认思路名扬公司于2016年6月16日完成相关无人机主板项目的开发工作，包括研发和方案设计。

**一审判理和结果**

一审法院审理认为，《中华人民共和国合同法》第六十条第一款规定，当事人应当按照约定全面履行自己的义务。当事人应当遵循诚实信用原则，根据合同的性质、目的和交易习惯履行通知、协助、保密等义务。根据涉案协议的约定，华科尔科技公司的主要义务系按约定支付款项、提供一定数量的无人机主板订单、负责无人机的整机组装生产及相关运营商测试工作，思路名扬公司的主要义务系按华科尔科技公司要求开发、交付无人机主板、在华科尔科技公司提供的订单达到一定数量时返还部分研发费用、为华科尔科技公司提供无人机整机组装生产工作必要的技术支持。

1. 关于涉案无人机主板的规格标准

首先，涉案协议第一条第1点约定涉案产品规格书见该协议附件A，但双方均确认合同履行期间未就附件A达成协议，即双方未就无人机主板功能、规格单独明文约定。其次，涉案协议约定每个项目由双方共同确定涉案产品的规格，虽然思路名扬公司向华科尔科技公司发送了产品规格书，但在协议履行过程中，无证据证明双方确认涉案无人机主板功能以该产品规格书为标准。再次，协议第二条第1点约定，涉案产品需要按华科尔科技公司要求定制，且涉案项目开发费高达400万元，购买硬件的费用另行计算，若仅购买达到行业通用标准的主板，与常理不符。最后，2016年6月15日思路名扬公司明确redmine系提供研发提CASE和需求的窗口，双方往来的邮件亦就产品功能需求、功能问题进行沟通。综上，广州知识产权法院认为，涉案无人机主板的功能、规格应在思路名扬公司发给华科尔科技公司的产品规格书的基础之上，再结合华科尔科技公司在往来邮件提出的个性化定制需求予以确定。

从产品规格书可知，无人机包括硬件系统、软件系统、工作环境、认证。硬件系统包括主控板、电控板、GPS 模块、App 运行端、指示灯、光流摄像头、超声波模组、马达、螺旋桨等；软件系统包括主控系统软件、SNAV（飞控算法）、电控固件、App 控制端；工作环境包括工作环境温度、存储环境温度等。思路名扬公司在本案中开发的无人机主板为硬件系统中的主控板加软件系统中的主控系统软件。其中，主控板包括硬件、外置模块、摄像头、Wi-Fi 和图传、接口信息，主控系统软件是提供整个无人机系统的 Linaro 软件平台。规格书中各部分的描述或推荐参数指标均系精准的数字范围，亦有明确的接口类型。主控板接口包括用于避障摄像头接口的摄像头连接器、用于供电输入接口的供电连接器、用于电控板控制通信接口的电控控制连接器、用于 USB 协议拓展使用的 USB 协议拓展接口等。电控板的接口包括用于主控板通信接口的电控控制连接器、用于主控板供电接口的供电连接器等。

无人机主板作为整个无人机的控制中心，控制着整个无人机。外部设备与无人机主板衔接的开发过程中，需要通过调用外部设备接口进行相关的程序编译工作和数据接收工作，从而获取外部设备的相关信息。无人机对各项参数的精准度要求高，飞行过程根据飞行情况逐步调整参数，例如进行 PID 调整、遥控器校准、电调、加速度、罗盘等，需要 UI 即调参可视化界面标定各项参数，相对准确地控制无人机飞行，产品规格书也包括调参工具。电调作为无人机的驱动电机，开发主板过程必定要求与电调进行适配，通过主板来控制电调。前述三个部分对于无人机主板来说是应当具备的功能，即思路名扬公司开发的涉案无人机主板至少具备 UI（调参可视化界面）、可正常调用的外部设备接口、主板应该有效地控制电调三个方面的功能。

2. 关于无人机主板的开发完成情况

庭审中，双方各向法院提交主板一套，但双方对对方提交的主板均不予认可，不确认系涉案合同所约定的产品。在双方均不确认的情况下，即使进行鉴定，鉴定结果亦无法作为本案认定涉案产品功能完成度的依据，故思路名扬公司对涉案无人机主板的开发完成情况，应根据本案现有的证据予以确定。

经审查，现有证据不足以证明思路名扬公司在无人机主板开发过程中已经完成具备UI（调参可视化界面）、可正常调用的外部设备接口、主板应该有效地控制电调三个方面的功能。

3. 关于无人机主板的交付情况

涉案协议第六条第1点约定思路名扬公司保证在订单订金支付后35个工作日开始交货。华科尔科技公司2016年6月22日支付了涉案两份订购单的订金，思路名扬公司按照约定应该在2016年8月10日开始交付。而涉案两份订购单上约定货期6~8周，订购单的签订时间分别为2016年6月8日、6月15日，按最远货期8周计，思路名扬公司也应该在8月3日交货2000套、8月10日交货100套。

思路名扬公司在2016年7月22日发送50个无人机主板，华科尔科技公司认为该产品品质存在问题，退回思路名扬公司48个，思路名扬公司称未收到。广州知识产权法院认定思路名扬公司收到华科尔科技公司退回涉案产品48个，理由如下：退货单上有思路名扬公司工作人员“杨某”的签名，在合同履行过程中，杨某一直代表思路名扬公司与华科尔科技公司进行沟通；思路名扬公司申请作为证人的赵某，庭审时陈述其知晓2016年8月华科尔科技公司曾向思路名扬公司退过货；思路名扬公司否认收到退货，但未提交充分的证据反驳华科尔科技公司的相关证据。

2016年9月21日、2017年3月10日双方邮件提到的5pcsUF1主板、25pcs模块，均无其他相关证据佐证为合格的无人机主板。综上，截至2017年12月1日双方最后沟通，现有证据无法证明思路名扬公司向华科尔科技公司按照协议及订单的约定交付合格产品。

综上，思路名扬公司未在合理期限内完成涉案协议约定无人机主板的开发、交付义务，导致华科尔科技公司签订涉案协议的目的无法实现，已构成根本违约，华科尔科技公司享有解除合同的权利。合同解除后，思路名扬公司应返还款项，赔偿损失。因思路名扬公司构成根本违约，其要求继续履行涉案协议及两份订购单、华科尔科技公司支付第二期开发费和利息、支付2000套涉案无人机主板剩余货款及利息、违约金的反诉主张没有依据，不予支持。一审法院判决：一、华科尔科技公司与思路名扬公司的《战略合作框架协议》及附属两份订购单于2017年12月1日解除；二、思路名扬公司，自本判决发生法律效力之日起十日内一次性向华科尔科技公司返还开发费1500000元及货款675479元，共2175479元及利息（以2175479元为基数，自2017年12月1日起至2019年8月19日按照中国人民银行同期同类贷款利率计算，自2019年8月20日起至实际支付之日止按照同期全国银行间同业拆借中心公布的贷款市场报价利率计算）；三、思路名扬公司，自本判决发生法律效力之日起十日内一次性向华科尔科技公司支付违约金133773元；四、驳回华科尔科技公司的其他诉讼请求；五、驳回思路名扬公司的全部反诉请求。

一审判决后，双方均未上诉，该判决已生效。

## 【法官评述】

合同案件的通常处理思路是先行确定双方当事人的权利义务，再根据在案证据反映的履行情况去分析判断哪一方构成违约，进而根据合同约定或法律规定对违约后果进行相应的处理。而在计算机软件开发合同纠纷中，普遍存在约定内容和履行进度“双不明”的情况，这也往往是导致计算机软件开发合同纠纷审理困难的重要因素。究其原因，约定内容不明是因技术研发过程中需要技术需求方和供给方互相协助、动态推进，前期研发的阶段性成果不断演化成后期的基础，使得作为合同权利义务的技术细节无法在签订之初就一揽子清楚无误地予以约定，履行进度不明是因研发过程互动的即发性和研发成果载体的无形性。故如何准确界定合同开发内容是在计算机软件开发合同纠纷中首先要考虑的问题。

功能需求是计算机软件开发合同的核心组成部分，也是技术开发方进行软件开发工作的前提条件。多数开发合同都会设置功能需求条款，将确定功能需求作为开发内容的一部分，约定双方确定功能需求的时间及相应的开发进程表。部分开发合同在签约时已经明确了功能需求，但也有部分开发合同没有明确功能需求。

本案就属于功能需求没有明确约定的情况。根据涉案协议的约定，华科尔科技公司的主要义务系按约定支付款项、提供一定数量的无人机主板订单、无人机的整机组装生产及相关运营商测试工作，思路名扬公司的主要义务系按华科尔科技公司要求开发并交付无人机主板、在华科尔科技公司提供的订单达到一定数量时返还部分研发费用、为华科尔科技公司提供无人机整机组装生产工作必要的技术支持。思路名扬公司主张其已经按约定开发无人机主板，华科尔科技公司认为其开发的无人机主板不符合约定。故本案的核心争议在于如何确定涉案无人机主板的规格标准。

根据合同法的规定，结合合同履行的情况，本案进行了认定。首先，《合同法》第六十一条规定，合同生效后，当事人就质量、价款或者报酬、履行地点等内容没有约定或者约定不明确的，可以协议补充；不能达成补充协议的，按照合同有关条款或者交易习惯确定。涉案协议第一条第1点约定涉案产品规格书见该协议附件A，但双方均确认合同履行期间未就附件A达成协议，即双方未就无人机主板功能、规格单独明文约定。

其次，《合同法》第六十二条规定，当事人就有关合同内容约定不明确，依照本法第六十一条的规定仍不能确定的，质量要求不明确的，按照国家标准、行业标准履行；没有国家标准、行业标准的，按照通常标准或者符合合同目的的特定标准履行。涉案协议约定每个项目由双方共同确定涉案产品的规格，虽然思路名扬公司向华科尔科技公司发送了产品规格书，但在协议履行过程中，无证据证明双方确认涉案无人机主板功能以该产品规格书为标准。协议第二条第1点约定，涉案产品系需要按华科尔科技公司要求定制，且涉案项目开发费高达400万元，购买硬件的费用另行计算，若仅购买达到行业通用标准的主板，与常理不符。2016年6月15日，思路名扬公司明确redmine系提供研发提CASE和需求的窗口，双方往来的邮件亦就产品功能需求、功能问题进行沟通。

综上，涉案无人机主板的功能、规格应在思路名扬公司发给华科尔科技公司的产品规格书的基础之上，再结合华科尔科技公司在往来邮件提出的个性化定制需求予以确定。

编写人：广州知识产权法院　江闽松

（编辑：李博雅）

# 商标权及不正当竞争案件

# 30

# OPPO 公司与中美丽臣公司等侵害商标权及虚假宣传纠纷案

**阅读提示**：未规范使用的在先注册商标，是否能对抗在后注册的驰名商标？

## 【裁判要旨】

权利的行使均有其边界，而权利本质又要求其为正当的，故当权利的行使逾越其边界时即不应得到法律保护。在本案中，当事人未规范使用在先注册商标，已超出法律赋予其注册商标专用权的应有边界，自不应认定为在先权利，更无须谈及适用保护在先权利原则问题。因此，未规范使用的在先注册商标，自是不能对抗在后驰名商标的。

## 【案号】

一审：广州知识产权法院（2018）粤 73 民初 2812 号

二审：广东省高级人民法院（2020）粤民终 1011 号

## 【案情与裁判】

原告：OPPO 公司

被告：中美丽臣公司、中超公司

**起诉与答辩**

OPPO 公司起诉称：第 4571222 号“OPPO”注册商标是用于智能手机上的驰名商标。中美丽臣公司在智能热水器产品及宣传中使用“OPPO”商标，侵害该驰名商标权。中美丽臣公司使用“泉天下力邀 OPPO 跨界联合”“更多年轻人选择的热水器”等广告语，以及与 OPPO 公司品牌主色调相同的绿色作为招商邀请函背景颜色，容易误导相关公众，构成虚假宣传。中超公司许可中美丽臣公司使用被诉商标，并约定从中分享利益，两者构成共同侵权，且造成 OPPO 公司巨大经济损失，故请求法院判令：1. 中美丽臣公司、中超公司停止侵害 OPPO 公司第 4571222 号“OPPO”注册商标专用权的行为，并销毁库存或待销售的侵权产品；2. 中美丽臣公司、中超公司停止虚假宣传行为（因本案例不涉及对中美丽臣公司、中超公司虚假宣传行为的讨论，故在一审审理查明、判理部分将不再阐述与虚假宣传相关的内容）；3. 中美丽臣公司、中超公司在《中国知识产权报》上刊登声明消除影响；4. 中美丽臣公司、中超公司连带赔偿 OPPO 公司经济损失及合理支出共计 500 万元；5. 中美丽臣公司、中超公司承担本案诉讼费。

中美丽臣公司答辩称：1. 中超公司是第 4837942、第 22579303 号“OPPO”商标的注册人，其核定使用商品包括沐浴用设备和淋浴热水器，中美丽臣公司经中超公司许可在热水器产品上使用上述被诉商标，未侵害 OPPO 公司商标权；2. OPPO 公司涉案商标在第 4837942 号商标申请日前并未达到驰名程度。

中超公司答辩称：1. 被诉商标是注册商标，未侵害 OPPO 公司涉案商标权；2. 中超公司与中美丽臣公司仅是商标许可关系，未参与被诉产品的制造销售，双方约定的利益分配只是中超公司收取的商标许可使用费，不构成共同侵权。

**一审审理查明**

**一、关于 OPPO 公司主张的注册商标及其知名度的事实**

第 4571222 号注册商标是“OPPO”，原注册人是广东欧珀移动通信有限公司，注册有效期限自 2008 年 4 月 28 日经续展至 2028 年 4 月 27 日，核定使用在第 9 类手提电话、数字音乐播放器等商品上。2018 年 6 月 12 日，该商标注册人变更为 OPPO 公司。

2012 年 12 月 31 日，国家工商行政管理总局商标局[①]（以下简称国家商标局）（2012）商标异字第 70163 号裁定书认定，OPPO 公司上述 OPPO 商标在第 9 类“手提电话、数字音乐播放器”商品上为驰名商标。

① 2018 年 3 月，改称国家知识产权局商标局。

OPPO公司为证明其商标知名度，提交了年度审计报告、年度纳税情况、销售发票、手机广告合同及发票、行业协会证明函、荣誉证书、检索报告、维权裁判文书等证据，显示OPPO公司主营业务收入、净利润、纳税额高，OPPO手机型号众多，广告投入大，销售时间长，范围广，且销售量、销售额、市场占有率等主要经济指标均位于全国手机行业前列，极具美誉度。

**二、关于被诉商标侵权的事实**

2005年8月15日，中超公司法定代表人许某未向国家商标局申请注册第4837942号“OPPO”商标，申请的商品是第11类照明器、电炊具、热水器、电压力锅（高压锅）、厨房用抽油烟机、风扇（空气调节）、浴室装置、沐浴用设备、抽水马桶、龙头。2008年4月3日，国家商标局通过了对该商标在“抽水马桶、龙头、浴室装置、沐浴用设备”注册申请的初步审定，但驳回了在其他商品上的注册申请，驳回理由是该商标与蓝天投资股份有限公司在同一种及类似商品上初步审定并公告的商标近似。在该商标初审公告期间，OPPO公司提出异议。2011年3月15日，国家商标局作出（2011）商标异字第14607号裁定书，认为被异议商标与OPPO公司在先注册使用并已具有一定知名度的引证商标构成近似商标，同时认为许某未还申请注册了多件抄袭他人商标的商标，行为具有不当性，故裁定被异议商标不予核准注册。许某未不服，向国家工商行政管理总局商标评审委员会（以下简称商评委）提出复审。2013年3月25日，商评委复审认定在案证据不足以证明OPPO公司第4571222号引证商标在被异议商标申请日前构成驰名商标，OPPO公司提出的其他异议理由也不能成立，故裁定被异议商标予以核准注册。OPPO公司不服，向北京市第一中级人民法院提起行政诉讼，该院判决维持商评委复审裁定。OPPO公司不服，向北京市高级人民法院提起上诉。2014年3月3日，北京市高级人民法院判决驳回上诉，维持原判。第4837942号商标注册有效期限自2008年10月28日经续展至2028年10月27日。2015年11月20日，该商标经核准转让给中超公司。

2019年3月25日，商评委根据OPPO公司申请宣告中超公司第4837942号注册商标无效。其理由是中超公司及其法定代表人申请注册的“MEIDA”“帕丁熊PATTIN BEAR”“美白夕家庭”“富士宝”“尚朋堂”等商标与其他知名品牌或知名动漫角色名称相同或近似，具有明显攀附他人知名商标的意图，扰乱了正常的商标注册、使用和管理秩序。中超公司不服商评委无效裁定，向北京知识产权法院提起行政诉讼，该案尚在审理中。

为证明热水器与沐浴用设备或浴室装置不是相同商品，OPPO公司提交了在淘宝网分别对沐浴用设备和浴室装置进行搜索的结果。对搜索结果前三页进行浏览，出现沐浴专用过滤器、淋浴喷头、婴儿洗澡盆、浴盆、汗蒸房等，均未见热水器产品。

为证明智能热水器与手机在使用中具有极强的关联性，OPPO公司提交了海尔官网上展示的两款海尔智能热水器说明书。根据40升瞬热洗横式电热水器和85升瞬热式防电墙横式电热水器的说明书，该两款产品均可以通过手机利用Wi-Fi网络对热水器实现远程控制。

**三、关于中美丽臣公司、中超公司抗辩的事实**

为证明沐浴用设备包括热水器，中美丽臣公司、中超公司提交了多份专利文件、相关企业官网宣传资料、网络文章、网络检索结果，以及辞海关于“沐浴”和“设备”的定义。

**一审判理和结果**

关于OPPO公司第4571222号商标是否构成驰名商标。OPPO手机凭借自身实力已为社会公众广为知晓，且根据OPPO公司提交的国家商标局认驰记录、财务审计报告、纳税情况、行业协会推荐证明、销售发票、广告费专项审计报告、广告合同及发票、荣誉证书、国家图书馆检索报告等证据，足以构成证明涉案OPPO商标驰名的基本证据，故OPPO公司第4571222号商标在被诉行为发生时已经驰名。

关于中美丽臣公司、中超公司是否规范使用第4837942号商标及是否构成侵权。注册商标的规范使用包括注册商标应当在核定的商品上使用。第4837942号商标核定的商品是浴室装置、沐浴用设备、抽水马桶和龙头。现中美丽臣公司、中超公司将该商标使用在热水器上，以相关公众一般认识综合考虑商品区分表、功能用途等因素，热水器与浴室装置、沐浴用设备可以构成类似商品，但不构成相同商品。故中美丽臣公司、中超公司将该商标使用在热水器超出核定商品使用第4837942号商标，不符合规范使用的要求。由于中美丽臣公司、中超公司未规范使用该商标，故其以该商标申请前OPPO公司涉案商标尚未驰名为由，主张不构成商标侵权，不能成立。

本案中，第9类手机与第11类热水器虽然不构成相同或类似商品，但智能手机已经成为当今社会人们的生活必需品，热水器也是生活必需品，故作为二者消费者的相关公众基本上是重合的。而且，被诉产品在宣传中反复强调其智能性。故在被诉热水器上使用与OPPO公司涉案驰名商标相同的商标，足以使相关公众认为二者存在相当大程度的联系。该行为减弱了OPPO公司涉案驰名商标的显著性，不正当地利用了该驰名商标的市场声誉，因而侵害了该驰名商标权。

据此，一审法院判决：一、中美丽臣公司、中超公司于判决发生法律效力之日起停止侵害OPPO公司第4571222号“OPPO”注册商标专用权行为，中美丽臣公司于十日内消除库存产品上的侵权标识；二、中美丽臣公司、中超公司于判决发生法律效力之日起十日内连带赔偿OPPO公司经济损失及合理开支共100万元；三、驳回OPPO公司其他诉讼请求。

一审判决后，中美丽臣公司、中超公司不服，向广东省高级人民法院提起上诉。二审法院经审理认为，一审基于在案证据认定中美丽臣公司、中超公司构成商标侵权，并判定中超公司赔偿原告经济损失及合理开支100万元于法有据，应予维持。但考虑到两公司侵权行为不尽一致以及由此导致的责任承担范围不同，遂改判中美丽臣公司仅就其中的40万元承担连带赔偿责任。

**【法官评述】**

本案主要为侵害商标权纠纷案，主要争议焦点在于未规范使用的在先注册商标，能否对抗在后驰名商标的问题。

保护在先权利原则确已作为知识产权保护共识被写入商标法等知识产权法律中，如《商标法》第九条、第三十二条等条文，但何为在先权利，如何判定在先权利，法律及相关司法解释并未给出明确解答。在本案中，中超公司注册商标注册时间早于涉案驰名商标认定时间，即相较于驰名商标，中超公司注册商标形式上为在先权利，按照保护在先权利原则，理应保护中超公司注册商标，驳回驰名商标权人的诉讼请求。但本案中超公司注册商标核定使用在沐浴用设备等商品上，其使用该注册商标时却并未依照其核准使用的商品为限，而是将其使用在与该核准使用商品相类似的热水器商品上，即被诉商标的使用事实上超越其核准范畴，属于未规范使用注册商标。而商标权人所享有的商标专用权，指的是在核定使用的商品或服务上使用核准注册的商标的专有权。因此，在未规范使用注册商标的情况下，商标权人的行为已超出法律赋予其的商标专用权范畴，即使该注册商标注册时间在先，也因其使用行为已然超出法律赋予其保护的范畴，从而丧失获得保护的正当性，保护在先权利原则在此情形下自是不应适用。

权利的行使均有其边界，而权利本质又要求其为正当的，故当权利的行使逾越其边界时即不应得到法律保护。在本案中，当事人未规范使用在先注册商标，已超出法律赋予其注册商标专用权的应有边界，自不应认定为在先权利，更无须谈及适用保护在先权利原则问题。

需要澄清的是，当事人提出保护在先权利抗辩，实为对知识产权领域所述的权利冲突理解有误。早在1998年，《最高人民法院关于全国部分法院知识产权审判工作座谈会纪要》中就将保护在先权利作为知识产权权利冲突的处理原则，但其所述的知识产权权利冲突指的是被诉侵权行为发生时，存在着两个及以上权利需要进行利益衡量、价值判断，故本案所涉纠纷亦并非真正的权利冲突问题。

编写人：广州知识产权法院　龚麒天　齐柳

（编辑：罗厚胤）

# 31

# 欧宝公司与施富公司侵害商标权及不正当竞争纠纷案

阅读提示：在现行法律未对平行进口作明确规定的情况下，是否认定平行进口行为构成商标侵权及不正当竞争？

## 【裁判要旨】

平行进口引发的商标侵权和不正当竞争纠纷中，明确被诉产品的来源和属性是侵权认定的基础。平行进口产品的判定需要满足两方面的条件：一是产品来源合法，产品须来源于商标权人或其授权许可主体；二是产品质量可控，被诉产品性状、包装与商标标识均未经更改。不损害商标识别功能、不会导致相关公众混淆且须保持产品质量相同的平行进口行为不构成商标侵权。平行进口行为源于商标权人分割市场，实施差异价格策略，平行进口商利用区域价格差异降低销售成本的行为符合市场规律，是自由竞争的必然结果，不属于因违反《中华人民共和国反不正当竞争法》第二条的规定而应当予以规制的行为。

## 【案号】

一审：广东省广州市南沙区人民法院（2018）粤 0115 民初 2362 号

二审：广州知识产权法院（2019）粤 73 民终 6944 号

## 【案情与裁判】

原告（上诉人）：欧宝公司

被告（被上诉人）：施富公司

**起诉与答辩**

欧宝公司起诉称：其是德国OBO公司第3214870号OBO商标和第G663678号OBO商标在中国的排他被许可人，商标核定使用在第9类“避雷器”以及第6类“避雷装置元件”等产品上。欧宝公司一直经营OBO系列品牌的防雷器及相关产品，其间花费大量人力、物力进行宣传推广，使得OBO品牌防雷器逐渐成为业内知名品牌。欧宝公司在2017年12月发现施富公司向“鹤山市文化中心工程及公共人防工程”项目出售标有OBO、OBO商标的假冒防雷器产品。施富公司该行为既侵害欧宝公司的注册商标专用权，也构成不正当竞争。欧宝公司遂诉至法院，请求判令施富公司：1. 停止销售侵害OBO、OBO注册商标专用权的防雷器产品；2. 赔偿欧宝公司经济损失15016.62元，及欧宝公司因制止侵权行为的合理开支29935.88元；3. 在《南方都市报》发表启事，消除施富公司销售侵权产品给欧宝公司造成的影响；4. 承担本案诉讼费。

施富公司答辩称：其使用的产品均是从新加坡合法进口，产品系由OBO商标持有人德国OBO公司的授权生产商匈牙利公司生产，并非假冒产品，施富公司并没有侵害欧宝公司的商标许可使用权，不应承担任何赔偿责任。本案的性质是平行进口问题，我国并未禁止商品平行进口，司法实践中要求平行进口的产品必须与权利人在市场上销售的商品具有同一性，包括商品的同一性以及商标标识的同一性。施富公司既未改动产品标识亦未对其包装、性状进行任何变造，因此施富公司并未侵害欧宝公司的商标使用权，也不构成不正当竞争。

**一审审理查明**

德国OBO公司为第3214870号OBO商标、第G663678号OBO商标的注册人，两商标核定使用商品类别分别为第9类“避雷器”等，以及第6类“避雷装置元件”等。上述注册商标均在有效期内。德国OBO公司与欧宝公司签订商标许可协议，约定欧宝公司在中国大陆地区拥有上述商标的排他性许可权并有权单独以自己的名义进行商标维权。经公证，鹤山市文化中心建筑现场多个配电箱中分别显示使用了带有“OBO”“OBO”标识的产品，生产商为施富公司。

2017年9月，施富公司（买方）与The White and Bai Pte Ltd（卖方）订立三份销售合同，合同约定The White and Bai Pte Ltd向施富公司销售德国OBO原厂的浪涌保护器，并提供原产地证明等信息。施富公司分别向上述三份合同列明的收款银行账户支付相应货款。2017年9月11日和26日，The White and Bai Pte Ltd作出商业发票，显示付款方为施富公司，原产地为匈牙利。相应货物于2017年9月18日、10月9日在广州海关进口。

2018年5月17日，Asia Sun Power Pte Ltd向The White and Bai Pte Ltd作出信函，证明上述货物的原产地是匈牙利。Asia Sun Power Pte Ltd亦作出货物原产地为匈牙利的三张交货单。此外，德国OBO公司向Asia Sun Power Pte Ltd作出确认函，内容为确认Asia Sun Power Pte Ltd在新加坡市场经销由德国OBO公司生产的OBO Bettermann地板下系统（UFS）、电缆支持系统（KTS）和雷电保护系统（TBS）、连接与固定系统（VBS）、电缆路由系统（LFS）、火灾保护系统（BSS）和设备系统（EGS）。

欧宝公司和施富公司均确认欧宝公司进口的“等电位连接器”等电气元件拼装后即为被诉产品，二者除防伪标签外，其余均一致。

**一审判理和结果**

一审法院审理认为，第一，施富公司提交的证据已经足以证实被诉产品是由商标权人德国OBO公司合法授权的新加坡经销商Asia Sun Power Pte Ltd销售予新加坡公司The White and Bai Pte Ltd，再由The White and Bai Pte Ltd销售予施富公司，施富公司经合法报关手续进口至我国境内的正品。

第二，被诉产品和欧宝公司在国内经销的产品在标识附着情况、产品性状等方面均不存在差异，销售过程中没有改变产品的性状和与之附着的商标标识，亦没有对产品进行分拆、变造、破坏等，未破坏商标的识别功能和质量保障功能，不会导致消费者混淆误认。施富公司提供错误电压产品的行为与进口产品和国内产品本身是否存在实质性差异并无关联性，广东省气象局的复函已经明确防雷产品测试报告不是市场准入和流通的必要条件。欧宝公司提供的优质服务，属于其在市场竞争环境中为提高自身产品竞争力，吸引更多消费者选择购买其产品的方式和手段，与产品本身无关。欧宝公司与施富公司基于产品本身以外提供的附加服务存在差异，不能证实进口产品和国内产品本身存在实质性差异。涉案产品为正品，德国OBO公司将涉案商标使用在产品之上并投放市场，其在商品首次投放市场的过程中已经获得与其商标权相对应的回报，无权阻止他人进行合法的二次销售。

第三，施富公司不存在违反国家公共政策、法律、商业道德，扰乱市场竞争秩序，损害消费者合法权益的主观恶意和客观行为，未采取明显低价销售等不正当竞争方式导致欧宝公司利益遭受实质性损害。

一审法院依据《中华人民共和国商标法》第一条、第五十七条第（一）项、第（三）项、第（七）项，《中华人民共和国反不正当竞争法》第二条，《最高人民法院关于审理商标民事纠纷案件适用法律若干问题的解释》第四条第二款，《中华人民共和国民事诉讼法》第六十四条，《最高人民法院关于适用〈中华人民共和国民事诉讼法〉的解释》第九十条之规定，判决：驳回欧宝公司全部诉讼请求。

**上诉与答辩**

一审判决后，欧宝公司不服，向广州知识产权法院提起上诉称：施富公司提供的报关单单号和销售合同、商业发票的内容均无法一一对应，货物原产地证明、交货单进行公证的申请人身份不能判定，无法认定其实质真实性，不能证明新加坡 OBO 公司销售的产品均为德国 OBO 公司生产或经其授权生产的正品。施富公司所能提供的售后服务水准与欧宝公司所能提供的售后服务水准存在差异。对于施富公司所销售的违规从新加坡串货到中国大陆的被诉产品，德国 OBO 公司显然不会承担赔偿责任等后果。承担产品质量赔偿责任是德国 OBO 公司的产品质量保证服务之一，被诉产品不享有该质量保证服务，与正常销售的产品不同，具有瑕疵。施富公司的新加坡供应商不会也无法为施富公司提供 OBO 产品质保服务，意味着施富公司所销售的 OBO 产品实际上处于无质保服务的状态。在未予合理说明、未进行区分的情况下，两种不同的防雷器同时存在于中国大陆市场，造成市场混淆，对涉案商标造成不利影响，并因此损及欧宝公司的利益。施富公司片面强调被诉产品来源于德国原厂，不进一步区分产品差异，明显利用了 OBO 品牌价值，采取低价竞争方式为自己谋求利益，对用户实际权益和涉案商标均构成侵害，有违诚实信用原则。请求撤销一审判决，改判支持欧宝公司全部诉讼请求。

施富公司答辩称：施富公司所售被诉产品均是从德国 OBO 公司授权的新加坡总经销商的下级经销商处合法采购，其确实来源于商标权人所授权的主体，并非假冒产品，施富公司提供了被诉产品合法来源的系列证据。在司法实践中，只要进口产品没有经过任何加工、改动，仅仅以原有的包装销售，依法合理标注相关信息，不会导致消费者的混淆误认，不会损害相关商标标示来源、保证品质的功能，不会损害商标权人和相关消费者的利益，不构成对商标权的侵害。对于本案而言，施富公司进口产品并不侵害欧宝公司的商标使用权，欧宝公司无权以其商标许可使用权否定施富公司平行进口的权利。

**二审审理查明**

二审查明事实与一审查明事实一致。

二审查明，第一，“鹤山文化中心成套配电箱采购用户需求书”第5项约定主要元器件品牌及技术要求，明确了配电箱招标主要电气元件品牌选择范围，其中表格5.1载明浪涌保护器的推荐品牌为“德国OBO；美国MCG；美国JOSLYN”。

第二，案外人富利公司（甲方）与施富公司（乙方）订立项目成套配电箱采购合同（施富成套配电箱）第七条约定，乙方对质量负责的条件及期限显示：1.质量三包，质保期二年，质保期限不应低于国家或行业标准，质保期自本工程所在项目竣工验收合格并完成办理备案满6个月之日起计算。2.质保期内乙方免费提供技术支持和培训，并全部承担因产品质量问题引起的维修和更换等所有费用。3.乙方应留下保修负责人的书面通信地址或电话，以便后期进行保修，联系人：胡某某，联系电话：***。乙方保修人在合同范围内的施工内容完成后至交付业主前应确保在场以便解决其维修问题，维修标准及要求应满足甲方《工程质量维修管理办法》的相关要求。

**二审判理和结果**

二审法院经审理认为，第一，被诉产品来源清晰、合法，商标标识完整，产品质量、性状未经变造，系平行进口产品。施富公司未经商标权人直接授权，进口、销售由商标权人制造并投放市场的产品，实施了平行进口行为。第二，施富公司平行进口行为仅改变产品销售渠道，未对产品标识、包装进行改动，未割裂产品与商标权人之间的固有联系，不损害涉案商标识别功能。此外，在我国商标法及司法解释并未明确采纳“权利用尽”原则，该原则亦未成为该领域通行学术观点的情况下，不宜直接引用该原则作为论据论证裁判理由。该论证依据并不妥当，二审法院予以纠正。第三，施富公司寻求低价产品降低经营成本、追求商业利润的行为不具有反不正当竞争法上的可责性，行为过程未违反诚实信用原则和公认商业道德，不构成不正当竞争。

综上，二审法院依据《中华人民共和国商标法》第一条，《中华人民共和国反不正当竞争法》(1993 年)第一条、第二条,《中华人民共和国民事诉讼法》第一百七十条第一款第(一)项、《最高人民法院关于适用〈中华人民共和国民事诉讼法〉的解释》第三百三十四条之规定,判决:驳回上诉,维持原判。

**【法官评述】**

**一、平行进口产品的认定**

平行进口引发的商标侵权和不正当竞争纠纷中,明确被诉产品的来源和属性是侵权认定的基础。平行进口产品的判定需要满足两方面的条件:一是产品来源合法,二是产品质量可控。具体判定时需要注意以下几点:(1)产品来源于商标权人或其授权许可主体。平行进口产品必须与商标权人具有关联性,以此与假冒、仿冒产品相区分。需要注意的是,与商标权人之间具有关联性不等于得到商标权人直接的、明示的许可,在商标权人授权他人制造、销售产品的情况下,该制造、销售商将产品投放市场的行为,可以视为经商标权人同意而具有正当性的行为,这种情况下,商标权人虽未实际控制产品制造、销售环节,但对产品质量和销售渠道具备控制的可能性,同样符合平行进口产品的要件。(2)被诉产品性状、包装与商标标识均未经更改。平行进口产品侵权阻却的根本原因在于其为商标权人同意投放市场的真品,因而认定的关键在于产品核心要素未经更改。值得探讨的问题在于,同样系商标权人或经其授权制造、销售的产品,为了贴合不同地域消费者的差异化需求,可能在产品设计的细节上存在差异,对于上述差异正当范围的把握,应当以不会造成消费者混淆和商标权受损为基础,结合产品本身特性进行认定。综上,平行进口产品的认定,核心在于不损害商标识别功能,不会导致相关公众混淆,在此基础上,产品质量须相同且合法来源于商标权人或其授权许可主体。

**二、平行进口产品商标侵权判定**

我国现行法律、法规和司法解释未对该问题作明确规定,需要回归商标权本质属性、基本功能和根本目的,综合考量平行进口行为产生和存在的社会经济基础,合理平衡商标权人、被许可使用人、平行进口人和消费者的利益,准确划定商标侵权行为和正当使用行为的法律界限。

(1)从保护商标权的角度来看。商标是区分商品与服务来源的标识,商标的市场价值在于对特定商业主体的指向关系。商标法保护商标的基本功能，是保护其识别性，以及在识别性基础上衍生出的质量保证功能和承载商誉功能，被诉侵权行为是否损害商标基本功能是本案侵权认定的核心。本案平行进口产品系涉案商标权人制造并由其授权经销商投放市场销售的正品，未损毁、遮盖产品本身附带的品牌标识，亦未在产品上附加其他标识，商标与商品来源的对应关系明确、真实，消费者可清晰识别产品来源于商标权人，商标识别功能正常发挥。需要指出的是，目前学界对于平行进口行为的司法规制问题存在多种理论观点，其中最具代表性的是权利用尽理论。该理论从学理角度对商标权人将产品投放市场后，产品二次流通环节中的侵权阻却事项进行了解释，被普遍认可为平行进口行为合法化的理论基础。但是，在我国商标法、反不正当竞争法及相关司法解释未对此予以采纳的情况下，司法实践不宜直接将该理论引以为据。

（2）从保障消费者利益的角度来看，商标权根本目的是建立和巩固商品与消费者的特定联系。我国商标法将保障消费者利益作为根本目的之一。在平行进口产品标识真实、明确、产品合法来源于商标权人且产品质量有保障的情况下，一般而言，不会损害消费者权益，反而会因其提供的不同类型产品而丰富消费者选择，激发市场竞争活力，从而最终使消费者获益。

（3）从促进市场经济发展的角度来看，商标因应市场竞争需要而产生，商标基本功能的有序发挥和商标权保护体系的规范运作，促进和维护着市场经济健康发展。因此，商标法所能给予商标权的保护，是通过打击侵权行为、营造公平竞争的市场经济秩序，而不是通过垄断商标权而限制自由竞争。在商标权人已经通过销售实现经济利益的前提下，平行进口产品对商标权人造成的损害有限，不宜在产品后续流通环节赋予商标权人更多的垄断利益。

（4）商标被许可使用人权益的保护问题。商标被许可人，在许可合同约定的范围和时间内，其排他许可使用权依法受到保护。但是，许可使用权依附商标权和合同约定而存在，并非单独创设的新的商标权，受合同相对性的制约，其约束力指向合同相对方而非不特定第三人。因此，无论被许可人使用商标还是提起侵权诉讼，其实体权利基础仍然是商标权，其对合同外第三人提起侵权诉讼的前提是商标权受到侵害，而不是许可使用权受到侵害。在作为合同外第三人的平行进口商未侵害商标专用权的前提下，不能突破合同相对性，认定其侵害被许可人的许可使用权。

## 三、平行进口产品不正当竞争判定

（1）从平行进口形成根源来看。市场经济中，理性市场主体追求利润最大化，同一产品在不同地域销售价格不同的现实状况必然刺激平行进口行为的产生。平行进口行为源于商标权人分割市场，实施差异价格策略，平行进口商利用区域价格差异降低销售成本的行为符合市场规律，是自由竞争的必然结果，不属于因违反《反不正当竞争法》第二条的规定而应当予以规制的行为。

（2）从商标权人或其授权许可人利益受损情况来看。平行进口冲击商标权人已有的销售体系，可能导致市场份额被分割的结果。商标权人或其授权许可人为开拓市场、获得授权而付出的成本，亦有可能受到损害。但是，在反不正当竞争法上，一种利益应受保护并不构成该利益受损方获得民事救济的充分条件。竞争对手之间彼此进行商业机会的争夺是竞争的常态，竞争自由的边界在于同样尊重他人的竞争自由。就同一产品的交易机会而言，竞争本身就是给竞争对手造成损害的行为，竞争对手间一方有所得另一方即有所失。利益受损方要获得民事救济，还必须证明竞争对手的行为具有不正当性。

总而言之，经营者在法律规定和合同约定的范围内，以不违反公认商业道德和不扰乱市场经济秩序的正当手段，追求、获取经济利益的行为，是促进市场经济蓬勃发展的源动力，应当为法律所允许。知识产权司法保护不应基于“有损害即有救济”的宽泛正义，过度干涉市场竞争，窒息市场自由竞争活力。理性市场竞争格局中，除法律规定和合同约定之外，竞争者享有竞争自由。一方面，在平行进口涉及的商标侵权和不正当竞争纠纷的处理中，司法应当充分尊重市场主体的竞争自由，尊重商业模式创新，鼓励包容性发展，为多元化竞争方式留存发展空间。另一方面，市场竞争主体不应期待司法为其预留规避自由竞争和商业风险的空间，应当积极通过合同安排维护自身合法权益。

编写人：广州知识产权法院　石静涵　邓文婷

（编辑：黄榆岚）

# 32

# 斯蒂尔公司与合鸿公司侵害商标权纠纷案

**阅读提示：** 商标权人是否应当对商标注册机关的公示错误或瑕疵承担责任？

**【裁判要旨】**

商标权人享有依法被核准的注册商标专用权，因商标注册审查部门公告系统及商标注册证样式和文字等原因而导致的涉案注册商标公示上的错误或瑕疵，除被诉侵权人能够证明其确实不知道或不应当知道涉案注册商标受保护的情况外，不应支持其以商标公示错误或瑕疵为由对抗商标权人。

**【案号】**

一审：广东省广州市海珠区人民法院（2017）粤 0105 民初 1886 号

二审：广州知识产权法院（2019）粤 73 民终 3449 号

**【案情与裁判】**

原告（被上诉人）：斯蒂尔公司

被告（上诉人）：合鸿公司

**起诉与答辩**

斯蒂尔公司起诉称：斯蒂尔公司成立于 1926 年，是一家依据德国法律成立并存续的国际化集团公司，是全球享有盛誉的园林养护和建筑工业劳动力工具生产商，其产品销往全球 160 多个国家和地区，其品牌“STIHL”自 1971 年起一直是全球最畅销的品牌，并于1982年被中国行政机关、司法机关认定为驰名商标，其链锯产品自1972年以来坚持使用“上橙下灰”的颜色组合，具有较高的辨识度，该颜色组合作为知名商品特有装潢多次受到司法机关、行政机关的保护。2015年8月14日，斯蒂尔公司获准注册第9137205号商标，核准使用商品为第7类“林业和园艺用链锯”。2014年3月，合鸿公司生产、销售“橙灰”颜色组合的链锯产品涉嫌侵犯斯蒂尔公司的多项知识产权，双方在法院审理期间达成和解协议：合鸿公司就侵权行为赔偿原告人民币45万元；合鸿公司已知晓斯蒂尔公司“橙灰”颜色组合在链锯及园林机械上的知名度和显著性，且已被行政机关认定为知名商品特有装潢；合鸿公司承诺如继续使用和斯蒂尔公司相同或近似的“橙灰”颜色组合，如被认定侵权，则给予斯蒂尔公司不低于50万元的赔偿。2015年12月17日，斯蒂尔公司函告合鸿公司“橙灰”颜色组合被司法机关予以保护的相关情况及“橙灰”颜色组合已被核准注册为颜色商标的事实，并提醒合鸿公司所承诺的再次侵权则赔偿不低于50万元人民币的协议内容。2016年4月15日及2016年10月14日，斯蒂尔公司分别对合鸿公司在“第119届中国进出口商品交易会”和“第120届中国进出口商品交易会”上的侵权行为进行了证据保全。2017年1月20日，斯蒂尔公司对合鸿公司网站使用“橙灰”颜色组合产品的行为进行证据保全。合鸿公司未经斯蒂尔公司许可或授权，生产、销售和许诺销售侵犯斯蒂尔公司商标权的产品，严重损害了斯蒂尔公司的合法权益。故请求法院判令：1. 合鸿公司立即停止侵害斯蒂尔公司第9137205号注册商标专用权行为，并销毁侵权货物；2. 合鸿公司赔偿斯蒂尔公司经济损失人民币50万元（包括合理开支）；3. 承担本案全部诉讼费用。

合鸿公司答辩称：1. 斯蒂尔公司提供照片中的红色、白色产品与涉案注册商标不构成近似；2. 产品照片不能反映产品各个侧面的颜色使用情况，不能据此判断是否侵权，合鸿公司未生产、销售被诉产品；3. 和解协议条款中的违约条款仅适用于侵犯知名商品特有装潢的侵权行为，不适用于侵犯商标权的案件，且侵权情节轻微，违约责任过高。

**一审审理查明**

2015年8月14日，斯蒂尔公司经注册取得了注册号为第9137205号商标，核定使用商品为第7类商品“林业和园艺用链锯”，有效期至2025年8月13

日，该商标为颜色商标，商标的图形轮廓仅用来显示颜色所在的位置，其本身不是申请的商标，该商标包含的颜色为橙色（RAL 颜色对表编号 2010）和灰色（RAL 颜色对照表编号 7035），与本商标指定使用商标的颜色一致，其中，橙色位于指定商品外罩的上部，灰色位于指定商品外罩的下部。

2016 年 4 月 15 日及 2016 年 10 月 14 日，斯蒂尔公司分别对合鸿公司在“第 119 届中国进出口商品交易会”和“第 120 届中国进出口商品交易会”上的侵权行为进行了公证取证。斯蒂尔公司对合鸿公司在“第 22 届中国五金博览会”上的侵权行为提供了证据，并对合鸿公司网站使用与涉案注册商标相同或近似的标识进行公证取证。

合鸿公司认为其注册网站比较多，斯蒂尔公司公证取证的公司网站不作为主要宣传网站，且对于其没有重复侵权进行了公证取证。同时，合鸿公司认为涉案注册商标在商标网检索及公告中没有公示其为颜色组合商标，并提供了商标网查询网页情况，商标网查询显示第 9137205 号商标权人是斯蒂尔公司，公告日期为 2015 年 8 月 14 日，商标名称为“图形”。

一审诉讼中，斯蒂尔公司经与商标局[①]沟通，商标局在 2017 年 1 月 13 日第 1535 号公告中将该商标更正为颜色商标并予以说明，根据公示原则，合鸿公司实际上在 2017 年 1 月应当知道涉案注册商标为颜色商标，且斯蒂尔公司早在 2014 年、2015 年就向合鸿公司发函说明斯蒂尔公司的颜色商标获得保护的情况并要求合鸿公司停止侵权，实际上合鸿公司早在几年前就已经知道该商标为颜色商标。

合鸿公司因其侵权行为于 2014 年 10 月 16 日和斯蒂尔公司签订《和解框架协议》，约定如果合鸿公司继续使用和斯蒂尔公司相同或近似的“橙灰颜色组合装潢”并被人民法院认定侵权，则给予斯蒂尔公司不低于 50 万元的赔偿。

**一审判理和结果**

一审法院审理认为，斯蒂尔公司是第 9137205 号商标的注册商标专用权人，享有上述注册商标的专用权，上述商标处于有效保护期内，依法应当受法律保护。本案中斯蒂尔公司主张保护的是颜色组合商标，该商标标识中的链锯图形是在核准使用商品内的通用图形，其功能仅在于显示颜色所在位置，本身

① 原国家工商行政管理总局商标局，现国家知识产权局商标局。

并非商标标识的构成要素，也非对商标显著性产生影响的独立要素。颜色组合商标是由两种或两种以上颜色排列组合而成的，可以区分不同商品或服务的标识；颜色组合商标的使用一般应与其所核定使用的商品相结合，其在使用中的具体形态可随商品本身的形状不同而改变。鉴于此，斯蒂尔公司所主张的第9137205号注册商标则是由指定颜色及指定颜色位置关系所构成的颜色组合商标，并在核定使用的林业和园艺用链锯商品上，斯蒂尔公司对该“上橙下灰”颜色组合商标享有独占使用权。未经斯蒂尔公司许可，他人不得在同一商品上使用与其注册商标相同或近似的商标，不得在类似商品上使用与其注册商标相同或者近似且容易导致混淆的商标。

经比对，一审法院认为合鸿公司在第22届中国五金博览会展示的产品、产品目录宣传册中的个别产品图样及公司网站显示均是链锯产品，与涉案注册商标核定使用的商品为同一种类商品，这些链锯产品均采用了上部外罩是橙色或淡红橙，下部为浅灰白或灰白色的颜色组合形式，这与涉案注册商标的“上橙下灰”颜色使用的位置相同，颜色组合方式则构成近似。虽然合鸿公司质疑斯蒂尔公司第9137205号注册商标的性质（图形还是颜色商标），但是斯蒂尔公司已提供商标局更正后的商标证推翻合鸿公司意见从而明确涉案权利商标属于颜色商标，对此合鸿公司没有进一步举证予以证明其抗辩意见或反驳斯蒂尔公司的意见。同时，尽管斯蒂尔公司的举证没有直接反映出合鸿公司在第119届、第120届中国进出口商品交易会上实施展示其产品及派发产品目录宣传册、名片等侵权行为，但是结合合鸿公司在第22届中国五金博览会派发相似产品目录宣传册以及合鸿公司在与斯蒂尔公司达成和解框架协议后仍在其网站宣传推广等行为来看，则无法完全排除合鸿公司在第119届、第120届中国进出口交易会上曾实施侵犯斯蒂尔公司注册商标行为的可能。

综上，一审法院认为合鸿公司的上述行为侵犯了斯蒂尔公司注册商标专用权，应当承担停止侵权和赔偿损失的责任。因双方均未提交权利人的实际损失和侵权人获得利益，参照双方签订的《和解框架协议》约定，综合侵权行为性质、持续时间及合理开支等因素，酌定合鸿公司赔偿斯蒂尔公司50万元（含合理维权支出）。

一审法院依据《中华人民共和国侵权责任法》第二条、第六条第一款、第九条第一款、第十五条，《中华人民共和国商标法》（2013年修正）第五十六条、第五十七条第（一）项、第（二）项、第（六）项、第五十九条第三款、第六十三条,《中华人民共和国民事诉讼法》第六十四条第一款,《最高人民法院关于适用〈中华人民共和国民事诉讼法〉的解释》第九十条,《最高人民法院关于审理商标民事纠纷案件适用法律若干问题的解释》第十六条第一款、第二款、第十七条、第二十一条第一款的规定，判决：一、合鸿公司在本判决生效之日起立即停止侵害斯蒂尔公司第 9137205 号注册商标专用权的行为；二、合鸿公司在本判决生效之日起十日内赔偿斯蒂尔公司经济损失及制止侵权合理支出共计 500000 元；三、驳回斯蒂尔公司的其他诉讼请求。

**上诉与答辩**

一审判决后，合鸿公司不服，向广州知识产权法院提起上诉称：商标公告是商标性权利生效及保护范围的基础，根据公示原则，注册商标专用权自公告之日起生效，商标的内容及保护范围应以商标公告的内容为准。涉案商标于 2015 年 8 月 13 日注册公告，第 1458 期公告的内容并没有说明该商标是颜色商标，斯蒂尔公司在 2017 年 3 月起诉时使用的商标注册证反映该商标为“指定颜色”的图形商标，2017 年 1 月 13 日商标局在第 1535 号公告中才将该商标更正为“颜色商标”。2018 年 2 月，斯蒂尔公司提交补充证据时才提交新的商标注册证，指明该商标是颜色商标，以及颜色的分布。第 119 届、第 120 届中国进出口商品交易会发生在 2016 年 4 月及 10 月，均是在 2017 年 1 月 13 日商标局第 1535 号商标公告之前，因此，斯蒂尔公司无权以公告在后的颜色商标指控更正公告之前的行为侵权。一审法院以斯蒂尔公司在 2014 年、2015 年向合鸿公司发出了侵权警告为由，认为合鸿公司当时就应当知道涉案商标为颜色组合商标。合鸿公司认为商标权利应当以商标注册证及商标公告的权利内容为准，斯蒂尔公司在涉案商标更正为颜色商标并明确其颜色分布之前，无权禁止他人使用。请求撤销一审判决，依法改判驳回斯蒂尔公司的全部诉讼请求。

斯蒂尔公司答辩称：注册商标的有效期为十年，自核准之日起计算，涉案商标的受保护期自核准之日即 2015 年 8 月 14 日起算。商标注册证及相关证明是权利人享有注册商标专用权的凭证，商标公告仅仅是刊发商标注册及其他事项，并非确定商标保护范围的依据。

**二审审理查明**

二审查明事实与一审查明事实一致。

**二审判理和结果**

二审法院经审理认为，本案二审的争议焦点在于斯蒂尔公司第 9137205 号注册商标是否为颜色组合商标。

本案中，2015 年 8 月 14 日，经商标局核准，斯蒂尔公司取得第 9137205 号注册商标专用权，商标注册证标注为指定颜色的图形商标，后经斯蒂尔公司申请重发商标注册证更正为颜色商标，并注明使用方式。2015 年 8 月 13 日第 1467 期商标公告中，该商标注册公告显示其为“图形”；2017 年 1 月 13 日第 1535 期商标公告中，该商标注册公告更正为“颜色商标”。二审法院认为，商标注册审查部门对商标申请的审查，以商标申请文件为准，不应超出商标申请人申请注册的范围，斯蒂尔公司第 9137205 号商标系作为颜色组合商标申请注册并获得核准。虽然存在商标局发布的第 1467 期商标注册公告中显示为“图形”，最初的商标注册证标注为指定颜色的图形商标等问题，但均不能改变第 9137205 号注册商标系颜色组合商标、斯蒂尔公司自 2015 年 8 月 14 日起获得涉案注册商标专用权的事实。因商标注册审查部门公告系统及商标注册证样式和文字等原因而导致的涉案注册商标公示上的错误或瑕疵，其不利后果不应由商标权人承担，商标权人应当依照《中华人民共和国商标法》的规定依法享有被核准的注册商标专用权；除被诉侵权人能够证明其确实不知道或不应当知道涉案注册商标受保护的情况以外，不应支持其以商标公示错误或瑕疵为由对抗商标权人。本案中，经过斯蒂尔公司对“上橙下灰”颜色组合链锯产品的长期宣传和大量使用，已经使其具备了较高的显著性，足以使相关公众通过“上橙下灰”颜色组合识别商品来源。在“上橙下灰”颜色组合获得商标注册之前，其已经作为知名商品的特有装潢受到司法保护，且合鸿公司曾因包括“上橙下灰”颜色组合在内的多项知识产权于 2014 年 10 月 16 日与斯蒂尔公司签署和解协议。故合鸿公司对斯蒂尔公司享有“上橙下灰”颜色组合相关权利及斯蒂尔公司在链锯产品上使用“上橙下灰”颜色组合的方式是明知的，应当履行和解协议的约定在相关产品上不再使用与斯蒂尔公司“上橙下灰”颜色组合相同或近似的颜色组合。即使商标局对涉案注册商标的公示存在错误或瑕疵，也并不影响合鸿公司早已知晓斯蒂尔公司“上橙下灰”颜色组合并不是作为图形在商品上使用的事实，也不会与合鸿公司对斯蒂尔公司“上橙下灰”颜色组合权利范围的认知产生冲突，并未对合鸿公司的生产经营活动产生额外的限制或造成不利影响。

综上，合鸿公司关于斯蒂尔公司涉案注册商标为图形商标，而非颜色组合商标的主张依据不足，二审法院不予支持。依照《中华人民共和国民事诉讼法》第一百七十条第一款第（一）项规定，驳回上诉，维持原判。

## 【法官评述】

在商标侵权案件中，因商标注册审查部门公告系统及商标注册证样式和文字等原因而导致的涉案注册商标公示上的错误或瑕疵，商标权人是否应当对商标注册机关的公示错误或瑕疵承担责任？我们认为应重点通过审查被诉侵权人是否确实不知道或不应当知道涉案注册商标受保护情况的证据来综合认定。如果被诉侵权人明知或应当知道涉案注册商标受保护情况，那么其仍然应当对侵权行为承担责任；如果确实不知或不应当知道涉案注册商标受保护情况，那么其以商标公示错误或瑕疵为由主张免责才有可能获得支持。

本案中，涉案注册商标为颜色组合商标，不同于图形商标，准确认定商标的类型对认定被诉侵权人是否构成商标侵权行为具有重要意义。《商标法》第九十五条规定，商标注册证及相关证明是权利人享有注册商标专用权的凭证。尽管斯蒂尔公司最初的商标注册证标注为指定颜色的图形商标，但不能改变涉案商标系作为颜色商标申请注册并获得核准的事实，斯蒂尔公司享有依法被核准注册的商标专用权。斯蒂尔公司通过对“上橙下灰”颜色组合链锯产品的长期宣传和大量使用，已经使其具备较高显著性，足以使相关公众通过“上橙下灰”颜色组合识别商品来源，且合鸿公司曾因包括“上橙下灰”颜色组合等知识产权与斯蒂尔公司达成前述和解协议，据此可以认定合鸿公司对斯蒂尔公司享有“上橙下灰”颜色组合相关权利及斯蒂尔公司在链锯产品上使用“上橙下灰”颜色组合的方式是明知的，合鸿公司应当停止使用相同或近似的颜色组合。综合上述因素考量，即使商标局对涉案注册商标的公示存在错误或瑕疵，也并不影响合鸿公司早已知晓斯蒂尔公司“上橙下灰”颜色组合并不是作为图形在商品上使用的事实，合鸿公司应当对上述侵权行为承担责任。

对于商标公示错误或瑕疵的责任该由谁来承担这一问题，应当综合考虑被诉侵权人对涉案商标受保护情况的主观认识等因素来确定。本案确立的裁判规则确保商标权人的权利不因商标注册机关的公示错误或瑕疵而受到损害，在不加重被诉侵权人义务的同时，不仅依法维护了商标权人的合法权益，也体现了平等保护双方当事人的原则。

编写人：广州知识产权法院　裘晶文　耿照阳

（编辑：罗厚胤）

# 33

# 珠江公司与南方珠江公司、粤缆公司侵害商标权纠纷案

**阅读提示：将企业字号作为产品标识突出使用，是否对他人同名商标构成侵权？**

## 【裁判要旨】

在商品上不规范地突出使用企业名称或字号构成商标性使用，该使用行为与他人注册商标产生权利冲突时，判断其是否享有企业名称或字号在先使用权应以《中华人民共和国商标法》第五十九条第三款之规定为依据，即在商标注册人申请商标注册前，其已经在同一种商品或者类似商品上先于商标注册人使用与注册商标相同或者近似并有一定影响的标识。

## 【案号】

一审：广东省广州市黄埔区人民法院（2019）粤 0112 民初 5555 号

二审：广州知识产权法院（2020）粤 73 民终 797 号

## 【案情与裁判】

原告（上诉人）：珠江公司

被告（被上诉人）：南方珠江公司、粤缆公司

**起诉与答辩**

珠江公司起诉称：珠江公司系第 16994691 号“珠江电缆”注册商标的权利人，注册日期为 2016 年 8 月 14 日，现处于有效期内。珠江公司系第 22112299

号“珠江”注册商标的权利人，注册日期为2018年1月21日，现处于有效期内。上述注册商标核定使用商品类别包括第9类“磁线，电线识别线，电源材料（电线、电缆），同轴电缆，电缆连接套筒，纤维光缆，绝缘铜线，电缆包皮层，马达启动缆，电线识别包层，电报线，电话线，电线，电缆”等。珠江公司生产销售的“珠江”“珠江电缆”电线、电缆等产品具有较高的知名度，上述商标已与珠江公司建立了稳定对应联系。南方珠江公司成立于2016年6月20日，其企业名称完整包含了珠江公司注册商标，粤缆公司成立于2011年4月21日，南方珠江公司与粤缆公司注册地址一致且股东混同。珠江公司经调查发现，南方珠江公司、粤缆公司共同生产销售的电线电缆产品及价格书和官方网站上均使用了与珠江公司注册商标近似的“南方珠江”“南方珠江电缆”字样，容易导致公众误认为南方珠江公司、粤缆公司生产销售的电缆产品来源于珠江公司，造成混淆误认。南方珠江公司、粤缆公司未经珠江公司许可，在电线电缆产品的生产销售及宣传活动中使用与珠江公司注册商标近似的标识，已构成商标侵权。故请求法院判令：1. 南方珠江公司、粤缆公司立即停止商标侵权行为，包括但不限于停止生产、销售、广告宣传等侵犯第16994691号“珠江电缆”商标及第22112299号“珠江”商标专用权的行为；2. 南方珠江公司、粤缆公司连带赔偿珠江公司经济损失及合理维权支出共计人民币300万元；3. 南方珠江公司、粤缆公司承担本案的诉讼费用。

南方珠江公司答辩称：1. 被诉产品系南方珠江公司生产销售，但是南方珠江公司不构成商标侵权，无须承担赔偿责任；2. 珠江是广东地区众所周知的河流名称，公众对于“珠江”的认知是基于地域的认知；3. 珠江公司提出的赔偿数额无合理依据且数额过高，珠江公司无证据证明其实际损失。被监管部门暂扣的货物已经是南方珠江公司的绝大部分存货，即使南方珠江公司存在侵权行为，该批产品的价值仅20万元左右。

粤缆公司答辩称：1. 粤缆公司没有参与被诉产品的生产及销售，珠江公司请求没有依据；2. 粤缆公司与南方珠江公司均是独立法人，即使二者之间有部分股东重合，但不影响法人各自独立对外承担责任；3. 粤缆公司有自己的商标、品牌、经营场所、产品及销售渠道，珠江公司的证据不能证明被诉产品是粤缆公司生产、销售，因此珠江公司无权要求粤缆公司对南方珠江公司的行为承担连带赔偿责任。

## 一审审理查明

珠江公司经注册取得了第16994691号“珠江电缆”和第22112299号“珠江”商标，“珠江电缆”商标的注册日期为2016年8月14日，“珠江”商标的注册日期为2018年1月21日，“珠江”和“珠江电缆”商标核定使用商品均为第9类“磁线，电线识别线，电源材料（电线、电缆），同轴电缆，电缆连接套筒，纤维光缆，绝缘铜线，电缆包皮层，马达启动缆，电线识别包层，电报线，电话线，电线，电缆”等。珠江公司生产销售的“珠江”“珠江电缆”电线、电缆等产品，经珠江公司长期宣传并使用上述商标，“珠江”和“珠江电缆”商标均具有较高的知名度。

珠江公司对南方珠江公司的侵权行为进行了证据保全。经比对，南方珠江公司销售被诉产品上的标识、与珠江公司所有的商标珠江电缆、珠江均有汉字“珠江”字样。

珠江公司认为南方珠江公司、粤缆公司存在共同侵权行为，并在庭前调取了广州市增城区市场监督管理局对南方珠江公司、粤缆公司的询问笔录、扣押清单及现场照片等证据。南方珠江公司、粤缆公司提交经营场所不动产登记查册表、租金发票及各自产品的3C认证等证书，以证明双方各自独立，没有关联性。珠江公司提交向律所转账凭证一张，证明为本案诉讼支出了合理费用150000元。

## 一审判理和结果

一审法院审理认为，珠江公司为尚在保护期限内的第16994691号“珠江电缆”、第22112299号“珠江”商标的注册人，享有上述商标在电线电缆商品上的商标专用权，应受到我国法律保护。本案的争议焦点是南方珠江公司是否侵害了珠江公司上述两注册商标专用权，以及南方珠江公司、粤缆公司是否需要承担共同侵权责任。

珠江公司主张南方珠江公司在电线电缆产品包装上使用“南方珠江”图文标识、在价格书上使用“南方珠江电缆”图文标识的行为侵害了珠江公司的注册商标专用权。本案中，南方珠江公司作为企业字号使用的“南方珠江”与“珠江”“珠江电缆”文字注册商标构成近似。但南方珠江公司向工商行政管理局申请“南方珠江”企业名称在先，其登记成立后，珠江公司才获得核准注册“珠江”“珠江电缆”文字商标。因此，南方珠江公司对其企业名称中的“南方珠江”字号享有合法的在先使用权，虽然南方珠江公司在产品包装、价格书上使用“南方珠江”字样，但其使用具有持续性和合法性，没有明显的不正当意图，也没有对相关公众造成混淆误认的后果。故南方珠江公司使用“南方珠江”字号并不构成对珠江公司“珠江”“珠江电缆”注册商标专用权的侵犯。对于珠江公司的诉讼请求，一审法院不予支持，粤缆公司与南方珠江公司也无须承担共同侵权责任。

一审法院依据《中华人民共和国民事诉讼法》第六十四条第一款的规定，判决驳回珠江公司全部诉讼请求。

**上诉与答辩**

一审判决后，珠江公司不服，向广州知识产权法院提起上诉称：南方珠江公司对其企业名称中的“南方珠江”享有在先使用权是错误的，南方珠江公司、粤缆公司对“南方珠江”和“南方珠江电缆”等被诉侵权标识的使用，属于商标法意义上的商标性使用，这种使用方式与珠江公司核准注册的涉案商标权冲突，已构成商标侵权。故请求撤销一审判决，改判南方珠江公司、粤缆公司连带赔偿经济损失及合理维权开支。

南方珠江公司答辩称：1. 南方珠江公司对企业名称中的字号享有合法的在先使用权，不存在侵权行为，无须向珠江公司赔偿；2. 珠江公司自称“珠江电缆”作为其产品商标一直在广泛使用。但珠江公司的“珠江电缆”商标注册日期是在 2016 年 8 月，“珠江”商标的注册日期是 2018 年 1 月，两注册商标获得核准时间短，珠江公司没有证据证实其对该注册商标的产品有广泛的宣传及应用；3. 珠江公司的企业字号“珠江电缆”是否具有知名度、影响力，与注册商标没有直接关联，也与本案无关。

粤缆公司答辩称：其答辩意见与南方珠江公司相同。珠江公司没有证据证明被诉产品是由粤缆公司生产和销售的。南方珠江公司与粤缆公司均是依法成立的企业法人，二者各自独立。粤缆公司于 2011 年成立，有着自己的商标和品牌，多年来经营形成了良好的企业信誉，不需要利用珠江公司的知名度。粤缆公司没有侵权行为，无须承担连带赔偿责任。

**二审审理查明**

二审法院查明，珠江公司第 16994691 号“珠江电缆”商标申请日为 2015 年 5 月 20 日，第 22112299 号“珠江”商标申请日为 2016 年 12 月 1 日。南方珠江公司系第20617343号“”商标权人，申请日为2016年7月12日，授权公告日为2017年9月7日，类别为第9类。南方珠江公司曾于2016年7月12日申请注册第20617830号“南方珠江 Southern Pearl River Cable”商标，被驳回；于2017年3月15日申请注册第23158523号“南方珠江电缆”商标，亦被驳回。

二审查明其他事实与一审查明事实一致。

**二审判理和结果**

二审法院经审理认为，本案二审争议的主要焦点为南方珠江公司使用“南方珠江”“南方珠江电缆”的行为是否侵害了珠江公司涉案注册商标专用权。

首先，根据《中华人民共和国商标法》第四十八条之规定，南方珠江公司在其电缆产品外包装上突出使用“南方珠江”、产品价格书上突出使用“南方珠江电缆”字样的行为，足以实现商标所具有的区分商品来源的功能，属于将“南方珠江”“南方珠江电缆”用于商品包装及广告宣传、用于识别商品来源的行为，构成商标性使用。其次，南方珠江公司系在被诉侵权标识中单独突出使用“南方珠江”和“南方珠江电缆”字样，该字样能够起到识别商品来源的作用，实质上已经成为独立的商标标识，而不是对南方珠江公司企业名称或企业字号的合理、规范使用。即使南方珠江公司的企业名称系合法注册，其也仅享有在商品上规范使用企业名称的权利，而无权不规范地将企业字号作为商标标识突出使用，造成易与他人注册商标混淆或误认的后果。判断南方珠江公司主张的在先使用抗辩能否成立，应以《中华人民共和国商标法》第五十九条第三款之规定为依据，即商标注册人申请商标注册前，他人已经在同一种商品或者类似商品上先于商标注册人使用与注册商标相同或者近似并有一定影响的商标的，注册商标专用权人无权禁止该使用人在原使用范围内继续使用该商标，但可以要求其附加适当区别标识。本案中，珠江公司第16994691号“珠江电缆”商标申请日为2015年5月20日，第22112299号“珠江”商标申请日为2016年12月1日，而南方珠江公司成立于2016年6月20日，明显晚于第16994691号商标申请时间，也仅比第22112299号商标申请时间早半年。南方珠江公司也未提交证据证明在珠江公司申请注册涉案商标前，南方珠江公司已经在电缆产品上将“南方珠江”“南方珠江电缆”字样作为商标使用并具有一定影响，故南方珠江公司的在先使用抗辩不能成立。

本案中，南方珠江公司的被诉产品为电缆产品，与珠江公司涉案商标核定使用的第 9 类商品属于相同种类的商品。南方珠江公司使用的两个被诉侵权标识均由其第 20617343 号注册商标、英文“Southern Pearl River Cable”与中文“南方珠江”“南方珠江电缆”分别组合而成，其中“南方珠江”“南方珠江电缆”字样最能吸引相关公众的一般注意力、识别功能最强，系其被诉侵权标识中的主要部分。将“南方珠江”“南方珠江电缆”分别与珠江公司涉案文字商标“珠江”“珠江电缆”进行比对，二者整体上构成近似，且容易导致相关公众对商品来源产生混淆或误认。故南方珠江公司在被诉侵权商品上使用“南方珠江”“南方珠江电缆”字样的行为已经构成对珠江公司涉案注册商标专用权的侵犯。

综上，二审法院依据《中华人民共和国侵权责任法》第八条、第十五条，《中华人民共和国商标法》第四十八条、第五十七条第（二）项、第五十九条第三款、第六十三条，《最高人民法院关于审理商标民事纠纷案件适用法律若干问题的解释》第九条、第十条，《中华人民共和国民事诉讼法》第一百七十条第一款第（二）项的规定，判决：一、撤销广东省广州市黄埔区人民法院（2019）粤 0112 民初 5555 号民事判决；二、南方珠江公司自本判决生效之日起立即停止侵害珠江公司第 16994691 号、第 22112299 号注册商标专用权的行为；三、南方珠江公司自本判决生效之日起十日内赔偿珠江公司经济损失 50 万元及维权合理开支 10 万元；四、驳回珠江公司的其他诉讼请求。

## 【法官评述】

部分企业在经营过程中为牟取不正当利益，采取“傍名牌”的手法，将他人注册商标或未注册的驰名商标，作为自己企业的字号注册使用，以达到提升知名度、增加交易机会、吸引消费者、推销商品的目的。司法实践中，将企业字号作为产品标识突出使用，遇上他人同名商标时，是否构成侵权？对此，我们认为解决此类权利冲突案件一般应当综合考量在先权利和禁止混淆等情况来综合认定是否构成侵权。

就本案而言，珠江公司作为生产销售电线电缆产品的知名企业，系涉案商标的合法注册人，通过其广泛宣传使用，涉案商标具有较高的知名度。南方珠江公司在其电缆产品外包装上突出使用“南方珠江”、产品价格书上突出使用“南方珠江电缆”字样的行为，足以实现商标所具有的区分商品来源的功能，构成商标性使用，而不是对企业名称或企业字号的合理、规范使用。同时，南方珠江公司成立时间明显晚于珠江公司第16994691号“珠江电缆”注册商标申请时间，也仅比第22112299号“珠江”注册商标申请时间早半年，南方珠江公司亦未提交证据证明在珠江公司申请注册涉案商标前，南方珠江公司已经在电缆产品上将“南方珠江”“南方珠江电缆”字样作为商标使用并具有一定影响，因此，南方珠江公司的在先使用抗辩不能成立。南方珠江公司明知其申请注册的第20617830号“南方珠江 Southern Pearl River Cable”商标和第23158523号“南方珠江电缆”商标均被驳回，仍然在产品上突出使用“南方珠江”“南方珠江电缆”字样，构成故意侵权。本案二审判决依法保护了知名民营企业珠江公司作为商标权人所享有的合法权益，打击了恶意攀附他人商标的侵权行为，有力维护了电线电缆行业的公平竞争秩序。

本案二审判决纠正了一审法院对企业字号在先使用权的错误认定，明确了即使企业名称系合法注册，其也仅享有在商品上规范使用企业名称的权利，而无权不规范地将企业字号作为商标标识突出使用，造成易与他人注册商标混淆或误认的后果，厘清了商标和企业名称冲突案件的裁判标准。

编写人：广州知识产权法院　裘晶文　耿照阳

（编辑：罗厚胤）

# 34

# 景田公司与百岁山食品公司等侵害商标权纠纷案

**阅读提示：在不正当竞争纠纷的处理中如何创新运用即发侵权法理对被告的行为进行认定？**

## 【裁判要旨】

被诉侵权活动开始之前，权利人有证据证明被诉行为即将对自己的知识产权构成侵犯，或该行为的正常延续必然构成侵权，权利人可依法起诉，也就是说在实际损害造成前，只要实施的侵权准备活动存在侵权危险，就可依据即发侵权法理作出认定和制止，而不以损害事实的实际发生为构成要件。

## 【案号】

一审：广州知识产权法院（2019）粤73民初223号

二审：广东省高级人民法院（2021）粤民终227号

## 【案情与裁判】

原告：景田公司

被告：张某甲、张某乙、张某丙、李某、百岁山食品公司、百岁山物流公司、百岁山速运公司、百岁山投资公司、百岁山环保公司

**起诉与答辩**

景田公司起诉称：景田公司是第633953号商标和第3407468号商标（商标详见附件1）的商标权人，其主张百岁山食品公司在微信公众号上使用的

"景田太空水"侵害了景田公司第633953号驰名商标权利，张某甲、张某乙、张某丙、李某、百岁山食品公司、百岁山物流公司、百岁山速运公司、百岁山投资公司、百岁山环保公司（上述五公司以下合称百岁山公司）在知晓或者应当知晓景田公司注册商标知名度和美誉度的情况下，违反诚实信用原则和商业道德，不仅在相同或相关联的商品上复制、摹仿景田公司的上述两个驰名商标恶意注册了多项商标，还将景田公司第3407468号驰名商标使用登记为企业名称中的字号，极易造成消费者混淆误认，侵害了景田公司在先市场信誉等合法权益，给景田公司造成巨大经济损失，故请求法院判令张某甲等停止被诉商标侵权及不正当竞争行为，并共同赔偿300万元给景田公司。

张某甲等共同答辩称：1. 张某甲、张某丙、张某乙的正常商业投资行为具有合法性，从未使用景田公司的第633953号或第3407468号商标，更无在相同或相关联的商品上复制、临摹景田公司商标的情况。2. 即使张某甲、张某丙、张某乙、李某设立或任法定代表人的公司存在不正当竞争行为，也与股东或法定代表人个人无关，应由公司以其全部财产对外承担责任，景田公司不能越过公司直接要求股东或法定代表人承担责任。3. 百岁山公司的经营范围均与景田公司存在明显界限，不会引人误以为是他人商品或与他人存在特定联系；何况百岁山公司从设立至今并未实际经营或进行广告投放、宣传等商业行为，故不存在违反秩序、损害其他经营者利益的情形。4. 张某甲等申请设立公司并按照工商行政管理部门的要求进行名称预先核准，属于行政确认行为，景田公司如对设立公司行为不服，应启动行政诉讼程序要求行政部门对相关确认行为进行撤销或更正。5. 百岁山食品公司并未生产或销售任何关于"景田""百岁山"的商品，更无在商品上复制、临摹"景田""百岁山"商标的行为，百岁山食品公司对"百岁山""景田太空"等文字作品享有著作权，有正当理由将文字作品作为企业字号使用，且著作权与商标属于不同的知识产权保护内容，即使百岁山食品公司申请注册的商标与现有商标近似，其提交申请行为也属于行政登记行为而非民事范畴，不应被认定为侵权行为。6. 景田公司主张的赔偿金额明显过高。

**一审审理查明**

案外人高达公司于1992年4月13日申请了第633953号商标并于1993年3月21日注册公告，核定使用商品/服务为第32类矿泉水、蒸馏水、汽水、果汁、碳酸饮料、无酒精饮料。2009 年 3 月 28 日，该商标经核准转让给景田食品公司，注册有效期经续展现为 2013 年 3 月 20 日至 2023 年 3 月 19 日。

2002 年 12 月 17 日，案外人周某良申请了第 3407468 号商标并于 2004 年 6 月 7 日注册公告，核定使用商品 / 服务类别为第 32 类不含酒精的果汁饮料、水（饮料）、矿泉水（饮料）、矿泉水等，注册有效期限经续展现为 2014 年 6 月 7 日至 2024 年 6 月 6 日。2009 年 8 月 7 日，该商标经核准转让给景田食品公司。

2019 年 12 月 19 日，景田食品公司更名为景田公司，即本案原告。

根据景田公司提交的商标广告费专项审计报告、《深圳海关统计查询数据证明书》、荣誉证书、受保护记录、国家工商行政管理总局商标评审委员会作出的商评驰字〔2014〕98 号《关于认定肇庆浩宏新材料有限公司等企业 37 件商标为驰名商标的通报》等证据，景田公司在第 32 类矿泉水、蒸馏水等商品上享有的第 633953 号、第 3407468 号商标在 2014 年之前已享有非常高的知名度，并且该知名度延续至今。

根据广东省揭阳市榕城区某居民委员会出具的证明以及结婚登记审查处理材料显示，张某甲、张某丙、张某乙为兄弟关系，李某系张某甲的妻子。

2014 年 12 月 9 日，百岁山食品公司被核准设立，法定代表人为张某甲，股东为张某甲、张某乙、张某丙，注册资本 1000 万元，经营范围为水产品批发、零售等。该公司的《企业名称预先核准申请书》显示备选企业名称为“广东景田食品饮料股份有限公司”。自 2014 年 12 月 30 日起，该公司陆续在第 29、30、32 类商品 / 服务上申请包含“景田”或“百岁山”字样的第 16053188 号、第 16053352 号、第 16053483 号、第 16162745 号、第 16162966 号、第 16163090 号、第 22937816 号、第 22938043 号、第 23179463 号、第 23179463A 号、第 23179385 号、第 24384815 号、第 25104044 号商标共计 13 个（商标详见附件 2）。目前上述 13 个商标均未获得授权，其中 2017 年 3 月 16 日在第 30 类食用芳香剂上申请的第 23179463A 号商标于 2018 年 1 月 27 日初审公告，专用权期限为 2018 年 4 月 28 日至 2028 年 4 月 27 日，2018 年 10 月 13 日第 1619 期商标公告显示该商标因异议无效；2015 年 1 月 15 日在第 30 类咖啡、谷类制品上申请的第 16162966 号商标于 2017 年 10 月 6 日初审公告，专用权期限为 2018 年 1 月 7 日至 2028 年 1 月 6 日，2018 年 5 月 20 日第 1600

期商标公告显示该商标因异议无效。

2017年4月起，张某甲进行了七项美术作品的著作权登记，包括国作登字-2017-F-00457293号“百岁山”、国作登字-2017-F-00457629号“百岁山物流”、国作登字-2017-F-00462830号“景田太空水”、国作登字-2017-F-00457292号“景田百岁山”、国作登字-2017-F-00380682号“景田太空泉”、国作登字-2017-F-00380683号“景田太空水”、国作登字-2017-F-00462823号“景田太空水”。张某甲还在2015年5月申请了两款饮料瓶的外观设计专利并获得授权。

2018年2月至7月，李某在第29、30、35、39类商品/服务上分别申请了7个包含“景田”字样的商标，目前上述7个商标中4个商标处于无效状态，其他3个商标则为异议中状态。同时，李某还于2018年7月26日进行了国作登字-2018-F-00586882号“景田太空”美术作品的著作权登记。

2018年4月26日，张某甲和百岁山食品公司作为股东设立百岁山物流公司，注册资本1000万元，经营范围为装卸搬运、道路货物运输代理等。同日，张某甲和百岁山食品公司作为股东设立百岁山速运公司，李某任法定代表人，注册资本1000万元，经营范围为装卸搬运、道路货物运输代理等。2018年5月3日，张某甲和百岁山食品公司作为股东设立百岁山投资公司，李某任法定代表人，注册资本1000万元，经营范围为房地产投资、项目投资等，且百岁山物流公司承诺将其经营场地供给百岁山投资公司无偿使用。2018年5月4日，张某丙和百岁山食品公司作为股东设立百岁山环保公司，张某丙任法定代表人，李某任监事，百岁山速运公司承诺将其经营场地提供给百岁山环保公司使用。

名称为“百岁山食品”的新浪微博认证为“百岁山食品公司”。账号主体为百岁山食品公司的微信公众号使用的头像包含“景田太空水”字样（详见附件3），关注该公众号后显示有“你好，欢迎关注百岁山食品”字样的欢迎语，本案一审庭审时当庭查看该公众号，显示账号已冻结。另外，根据景田公司提交的资料显示，百岁山食品公司于2018年3月29日在我国澳门地区申请了“景田百岁山 Gamten”商标，商品和服务类别为第32类矿泉水（饮料）、水（饮料）等。景田公司明确本案中现有证据仅能证明存在“景田太空水”在微信公众号中使用的商标侵权情形，没有其他商标使用构成侵权的证据。

景田公司提交了一张拍摄的照片，其认为广州市白云区林安物流园内有招牌带“百岁山物流公司 全国物流专线”字样的店铺，张某甲、张某乙、张某丙、李某、百岁山公司对此不予确认。

张某甲、张某乙、张某丙、李某、百岁山公司主张百岁山食品公司2014年12月成立后至今尚未实际运营，且2017年至2019年一直亏损并未实际盈利，百岁山物流公司、百岁山速运公司、百岁山投资公司、百岁山环保公司成立后均未实际经营，并提交了百岁山食品公司2017年3月至2019年6月的资产负债表、利润表以及2017年1月至2019年6月的增值税纳税申报表，上述表格均系打印，表上无任何签章，其中百岁山食品公司2017年12月31日的利润表显示营业收入为18000元，2018年6月、9月、12月及2019年3月的利润表中均产生了管理费用。景田公司认为上述报表均系自行编制，未经独立第三方机构审计核实，且利润表显示2017年至2019年百岁山食品公司均有支出管理费用并产生营业收入，可见该公司开展了实际经营活动。张某甲等称因担心公司未实际经营导致零收入没有报税会被列入经营异常或非正常户，故委托代记账公司从而产生管理费用名目。

**一审判理和结果**

景田公司主张的是第633953号商标权，根据该公司提交的证据，足以证明该公司在第32类矿泉水、蒸馏水等商品上享有的第633953号商标在2014年之前已享有非常高的知名度，并且该知名度延续至今。本案中，景田公司主张百岁山食品公司在微信公众号中使用的“景田太空水”侵害了第633953号商标权。经查，百岁山食品公司于2015年1月15日申请了第16162966号商标但尚未获得核准，即第16162966号商标仍不属于注册商标，故本案不存在为了解决注册商标之间的权利冲突适用《关于审理涉及驰名商标保护的民事纠纷案件应用法律若干问题的解释》第十一条规定认定驰名商标的必要性。百岁山食品公司在微信公众号中使用“景田太空水”的行为，属于商标法意义上的使用行为；被诉商标与第32类矿泉水、蒸馏水等商品上的第633953号商标在音、形、义等商标构成要素上基本相同，太空水指向的商品类别也与矿泉水、蒸馏水等商品属于类似商品，因此容易导致相关公众产生混淆，百岁山食品公司构成《中华人民共和国商标法》第五十七条第（二）项规定的商标侵权行为。

至于景田公司在本案主张第633953号商标为驰名商标，因不存在必要性，根据《关于审理涉及驰名商标保护的民事纠纷案件应用法律若干问题的解释》

第三条的规定，法院不予认定。

关于涉案不正当竞争部分，景田公司主张的是被诉“百岁山”字号的登记使用已构成不正当竞争，以及主张“景田”“百岁山”“景田太空水”“景田太空泉”“景田太空”等多项商标的恶意注册行为构成不正当竞争。关于被诉“百岁山”字号登记使用构成不正当竞争的问题，景田公司据以主张的权利基础是第 3407468 号商标权；关于商标恶意注册部分，景田公司据以主张权利的商标是第 633953 号商标和第 3407468 号商标。

如前所述，第 633953 号商标权在 2014 年之前已享有非常高的知名度且该知名度延续至今；另根据景田公司提交的证据，景田公司在第 32 类矿泉水、蒸馏水等商品上享有的第 3407468 号商标在 2014 年之前也享有非常高的知名度且该知名度延续至今。在此情况下，百岁山食品公司在 2014 年申请登记成立仍然选择使用百岁山作为字号，所经营的行业与景田公司同为广东省内食品饮料行业，甚至百岁山食品公司在成立时的备选名称为“广东景田食品饮料股份有限公司”，其字号选择具有明显的针对性，已体现出攀附景田公司第 633953 号商标和第 3407468 号商标知名度的意图。

在百岁山食品公司成立以后，百岁山食品公司自 2014 年至 2017 年陆续在第 29 至 32 类食品相关商品类别上申请了第 16053188 号、第 16053352 号、第 16053483 号、第 16162745 号、第 16162966 号、第 16163090 号、第 22937816 号、第 22938043 号、第 23179463 号、第 23179463A 号、第 23179385 号、第 24384815 号、第 25104044 号等商标，甚至还于 2018 年在我国澳门地区申请了“景田百岁山 Gamten”商标，商品和服务类别为第 32 类矿泉水（饮料）、水（饮料），其行为证明其为开展生产经营、攀附景田公司商标的知名度，进行了具有恶意的商标注册申请。

其后，百岁山食品公司与其股东张某甲于 2018 年出资设立了百岁山物流公司、百岁山速运公司、百岁山投资公司；百岁山食品公司与其股东张某丙于 2018 年出资设立了百岁山环保公司。张某甲的妻子即李某在百岁山速运公司、百岁山投资公司任法定代表人，在百岁山物流公司、百岁山食品公司任监事；同在 2018 年，李某在第 32 类水商品、第 30 类商品、第 29 类水果等食品、第 39 类运输服务、第 35 类广告服务上申请了 7 个“景田太空”商标。上述行为证明百岁山食品公司在为开展生产经营进行运输、广告宣传等方面的准备，成立了相关公司以及在与这些业务相对应的类别上申请注册商标。此外，百岁山食品公司的股东张某甲还申请了相应的“景田太空水”“百岁山物流”“百岁山”“景田百岁山”“景田太空泉”，以及李某申请了“景田太空”等作品著作权登记。

并且，张某甲等提交的百岁山食品公司资产负债表和利润表上显示该公司2017年已开始有营业收入，该公司在微博中也使用其企业名称及“百岁山食品”字号；换言之，百岁山食品公司开始了实际经营，并在商业活动中使用了其企业名称及百岁山字号。至于百岁山物流公司、百岁山速运公司、百岁山投资公司、百岁山环保公司是否实际经营的问题，虽然景田公司提交了一张有经营场所外标明“百岁山物流公司全国物流专线”招牌的照片，但没有其他证据辅以证明，故一审法院认为景田公司的证据不足以证明百岁山物流公司、百岁山速运公司、百岁山投资公司、百岁山环保公司已存在实际经营行为并在商业活动中使用百岁山字号。

综上所述，景田公司的第633953号、第3407468号商标具有非常高的知名度，百岁山食品公司却仍以百岁山作为字号、以景田作为备选字号，具有攀附景田公司涉案商标知名度的主观意图；百岁山食品公司成立后为开展生产经营进行运输、广告宣传等方面的准备，陆续成立了百岁山物流公司、百岁山速运公司、百岁山投资公司、百岁山环保公司，同时百岁山食品公司及其股东、监事在与这些业务相对应的类别上先后恶意申请了20余项商标注册，且百岁山食品公司开始了实际经营，在商业活动中使用了其企业名称及百岁山字号。根据《中华人民共和国商标法》第五十八条关于“将他人注册商标、未注册的驰名商标作为企业名称中的字号使用，误导公众，构成不正当竞争行为的，依照《中华人民共和国反不正当竞争法》处理”之规定以及《中华人民共和国反不正当竞争法》第六条第（四）项关于“其他足以引人误认为是他人商品或者与他人存在特定联系的混淆行为”之规定，百岁山食品公司已构成仿冒混淆不正当竞争行为。

至于百岁山物流公司、百岁山速运公司、百岁山投资公司、百岁山环保公司，虽然没有证据证明已开展经营活动，但均为百岁山食品公司作为股东设立的，登记的“百岁山”字号具有明显的针对性，且经营内容基本围绕百岁山食品公司进行运作，属于与景田公司涉案商标商品的生产部门、销售渠道和消费对象相同或类似的食品饮料商品相关的运输、宣传等服务。而且，除了成立这些公司以外，百岁山食品公司及其股东、监事还在与其业务相对应的类别上先后申请了20余项商标注册，申请相关著作权登记等，为开展商业经营活动作进一步的准备。也就是说，一旦百岁山物流公司、百岁山速运公司、百岁山投资公司、百岁山环保公司在商业活动中使用其企业字号，必将导致与景田公司商标的混淆误认、构成不正当竞争；而这种即将发生的不正当竞争行为因百岁山食品公司恶意注册多项商标等准备实施或在经营活动中已实际开始实施不正当竞争行为等事由使对景田公司权利的威胁变得更迫在眉睫，因此根据即发侵权（即将发生的侵权行为）理论，为了更好地保护权利人的利益，在百岁山食品公司已存在不正当竞争行为的情况下，百岁山物流公司、百岁山速运公司、百岁山投资公司、百岁山环保公司应停止继续使用百岁山字号以制止即将发生的不正当竞争行为。

对于商标恶意申请问题，由于商标申请后，从申请到核准应由行政机关进行审查，因此商标申请后的程序和实体具体事项处理不属于法院民事诉讼的审查范围，景田公司可依循行政程序及其后续的诉讼程序主张救济；至于申请但未核准的商标在商业活动中因使用产生的法律后果，应属于是否构成商标侵权的问题，目前景田公司也明确本案中现有证据仅能证明存在"景田太空水"在微信公众号中使用的商标侵权情形（该部分在本案商标侵权中已作处理），没有其他商标使用侵权的证据。因此，一审法院认为涉案的商标恶意申请可以作为证明百岁山食品公司实施前述仿冒混淆不正当竞争行为时存在恶意攀附景田公司商标的证据，在承担赔偿责任时一并予以考虑，但不应另行认定构成独立的不正当竞争行为。

对于景田公司在本案主张第3407468号为驰名商标，因不存在必要性，根据《关于审理涉及驰名商标保护的民事纠纷案件应用法律若干问题的解释》第三条的规定，一审法院不予认定。

百岁山食品公司构成商标侵权行为，应承担停止侵权并赔偿损失的民事责任。百岁山食品公司构成仿冒混淆不正当竞争行为，应承担停止不正当竞争行为及赔偿损失的民事责任，包括停止在企业名称中使用"百岁山"字号，限期办理企业名称变更，变更后的企业名称不得含有"百岁山"字号；同时，由百岁山食品公司作为股东设立的百岁山物流公司、百岁山速运公司、百岁山投资公司、百岁山环保公司也应停止使用“百岁山”字号，办理企业名称变更以制止即将发生的不正当竞争行为。至于张某甲、张某乙、张某丙、李某，属于上述五公司的股东或高管，市场竞争中公司的不正当竞争行为应由公司承担民事责任，景田公司对于张某甲、张某乙、张某丙、李某的诉讼请求，一审法院不予支持。

关于百岁山食品公司应承担的赔偿数额。鉴于各方当事人提交的证据均不足以证明景田公司因被侵权及不正当竞争所受到的实际损失数额，也不足以证明百岁山食品公司因商标侵权及不正当竞争获利的具体数额，并且目前也没有可以参照的“景田”“百岁山”商标许可费的具体数额，因此一审法院综合考虑涉案第633953号和第3407468号商标的知名程度，百岁山食品公司侵害商标权行为及其不正当竞争行为的性质、后果及其实施侵害行为的主观因素，结合景田公司为制止侵权行为所支付的合理开支，酌定百岁山食品公司因商标侵权行为和不正当竞争行为应向景田公司赔偿经济损失及合理开支共计30万元。

一审法院判决：一、百岁山食品公司于判决发生法律效力之日起立即停止侵害景田公司第633953号注册商标专用权的涉案行为；二、百岁山食品公司于判决发生法律效力之日起立即停止涉案不正当竞争行为，百岁山公司自判决发生法律效力之日起停止在企业名称中使用包含“百岁山”字号的企业名称，并于判决发生法律效力之日起十日内办理企业名称变更，变更后的企业名称不得含有“百岁山”文字；三、百岁山食品公司于判决发生法律效力之日起十日内因涉案侵害商标权的行为和不正当竞争行为向景田公司赔偿30万元的经济损失和合理支出；四、驳回景田公司的其他诉讼请求。

一审判决后，百岁山公司不服，向广东省高级人民法院提起上诉。二审经审理后判决：驳回上诉，维持原判。

## 【法官评述】

即发侵权是指侵权活动开始之前，权利人有证据证明某行为即将对自己的知识产权构成侵犯，或该行为的正常延续必然构成侵权行为，权利人可依法起诉，也就是说即发侵权发生在实际损害造成前，且不以损害事实的存在为构成要件，只要实施了侵权准备活动存在侵权危险，就可作出认定和制止。同时，即发侵权因不存在损害结果，其责任承担方式一般是非财产的民事责任。我国目前仅在理论上将即发侵权的理论引入专利法、著作权法和商标法中。在不正当竞争领域，我国法律尚无明确规定即发侵权行为应如何处理，本案在不正当竞争纠纷处理中创新引入即发侵权理论，对已经注册尚未实际开展经营活动但准备实施不正当竞争的被告的行为进行规制。同时应当注意的是，2021 年实施的《民法典》第一千二百零五条规定，因产品缺陷危及他人人身、财产安全的，被侵权人有权请求生产者、销售者承担停止侵害、排除妨碍、消除危险等侵权责任。该条规定也为制止即将发生的危及他人财产安全的知识产权侵权行为提供了法律依据。

本案中，张某甲等先设立备选企业名称为“广东景田食品饮料股份有限公司”的百岁山食品公司用以开展水产品的经营活动，随后该公司作为股东再成立百岁山物流公司、百岁山速运公司、百岁山投资公司、百岁山环保公司。虽然没有证据证明物流、速运、投资、环保等公司已开展经营活动，但该四公司登记的“百岁山”字号具有明显的针对性，且经营内容基本围绕百岁山食品公司进行运作，属于与景田公司涉案商标商品的生产部门、销售渠道和消费对象相同或类似的食品饮料商品相关的运输、宣传等服务。而且，除了成立这些公司，百岁山食品公司及其股东、监事还在与其业务相对应的类别上先后申请了 20 余项商标注册，申请相关著作权登记等，为开展商业经营活动作进一步的准备。一旦该四公司在商业活动中使用其企业字号，必将导致与景田公司商标的混淆误认、构成不正当竞争；而这种即将发生的不正当竞争行为因百岁山食品公司恶意注册多项商标等准备实施或在经营活动中已实际开始实施不正当竞争行为等事由使对景田公司权利的威胁变得更迫在眉睫，因此本案在不正当竞争部分引入即发侵权（即将发生的侵权行为）理论，为了更好地保护权利人的利益，在百岁山食品公司已存在不正当竞争行为的情况下，认定百岁山物流公司、百岁山速运公司、百岁山投资公司、百岁山环保公司应停止继续使用“百岁山”字号，以制止即将发生的不正当竞争行为。

编写人：广州知识产权法院　朱文彬　邓志愿　罗炜

（编辑：刘合安）

附件 1：

| | |
|---|---|
| 第 633953 号商标 | 景田 |
| 第 3407468 号商标 | 百岁山 |

附件 2：

| | |
|---|---|
| 第 16053188 号 | 景田太空泉 |
| 第 16053352 号 | 景田太空泉 |
| 第 16053483 号 | 景田太空泉 |
| 第 16162745 号 | 景田太空水 |
| 第 16162966 号 | 景田太空水 |
| 第 16163090 号 | 景田太空水 |
| 第 22937816 号 | 景田太空泉 |
| 第 22938043 号 | 景田太空水 |
| 第 23179463 号 | 百岁山 |
| 第 23179463A 号 | 百岁山 |
| 第 23179385 号 | 景田 |
| 第 24384815 号 | 景田百岁山 |
| 第 25104044 号 | 百岁山 |

附件 3：

| | |
|---|---|
| 账号主体为百岁山食品公司的微信公众号使用的头像 | 景田太空水 |

# 35

# 费列罗公司等与斯维特公司侵害商标权及不正当竞争纠纷案

**阅读提示：**判断商品包装、装潢构成有一定影响的商品包装和装潢应考虑哪些因素？

**【裁判要旨】**

商品有一定影响尚不足以证明该商品的包装、装潢已成为识别商品来源的商业标识进而获得反不正当竞争法的保护。判断商品包装、装潢是否构成有一定影响的商品包装和装潢应当考虑如下因素：相关公众对该商品包装和装潢的知晓程度；该商品包装和装潢持续使用的时间；使用该包装和装潢的商品任何宣传的持续时间、程度和地域范围；该商品销售的时间、区域、数量以及该商品受保护的情况等因素。

**【案号】**

一审：广东省广州市海珠区人民法院（2018）粤0105民初1553号

二审：广州知识产权法院（2019）粤73民终6024号

**【案情与裁判】**

原告（被上诉人）：索尔马代克公司、费列罗公司、费列罗贸易公司（以下合称费列罗三公司）

被告（上诉人）：斯维特公司

**起诉与答辩**

费列罗三公司起诉称：19 世纪 60 年代后期，健达（KINDER）品牌的创始人 Michele Ferrero 创造了健达巧克力条。后该品牌进入中国市场。健达奇趣蛋因其独特的包装、装潢，结合牛奶、可可酱和有趣的玩具，一经推出便受到中国消费者的喜爱。在中国，索尔马代克公司（SOREMARTEC S.A.）享有下列注册商标专用权：1. G1288269，第 30 类，立体商标（文后附图 1），核定使用商品包括“糕点及糖果；巧克力和巧克力制品等”，专用权期限为 2015 年 11 月 25 日至 2025 年 11 月 25 日；2. G728472，第 30 类（文后附图 2），核定使用商品包括“巧克力；巧克力蛋；糖；糖果等”，专用权期限为 2010 年 1 月 24 日到 2020 年 1 月 24 日；3. G720813，第 30 类（文后附图 3），核定使用商品包括“巧克力；巧克力蛋；糖制品；糖果等”，专用权期限为 2009 年 8 月 3 日到 2019 年 8 月 3 日；4. 17154267，第 30 类（文后附图 4），核定使用商品包括“巧克力；甜食；果仁糖等”，专用权期限为 2016 年 8 月 21 日至 2026 年 8 月 20 日。

费列罗公司在中国享有如下注册商标专用权：1. Kinder（719519，第 30 类），核定使用商品包括“巧克力；巧克力制品；糖果等”，专用权期限为 2014 年 12 月 14 日到 2024 年 12 月 13 日；2. G858042，第 30 类（文后附图 5），核定使用商品包括“巧克力；糕点和糖果；甜食等”，专用权期限为 2015 年 6 月 6 日到 2025 年 6 月 6 日；3. G782756，第 30 类（文后附图 6），核定使用商品包括“巧克力；糖等”，专用权期限为 2012 年 5 月 23 日到 2022 年 5 月 23 日；4. G551073，第 30 类（文后附图 7），核定使用商品包括“巧克力；糖；糖制品等”，专用权期限为 2010 年 3 月 9 日到 2020 年 3 月 9 日。费列罗三公司指控斯维特公司存在如下侵权行为：斯维特公司在第 121 届中国进出口商品交易会（举办日期：2017 年 5 月）上展示了带有“Kendory”和“King EGG”的被诉产品。斯维特公司还在阿里巴巴平台开设网店销售多款被诉产品，包括“King EGG”“KING & Queen EGG”“Kengo TOY”“Kings JOY”“超 Q 蛋”“巧心蛋”“Kendory”“HAPPY Egg”“MAGIC CHOCO EGG”“kindor EGG”等。斯维特公司销售的各类蛋形包装的产品，与费列罗三公司的知名商品的特有包装、装潢极为近似，且擅自使用索尔马代克公司、费列罗公司知名商品特有的名称。斯维特公司具有攀附费列罗三公司产品市场知名度和美誉度的故意，有违诚信原则，构成不正当竞争。故请求法院判令：1. 斯维特公司立即停止销售带有与费列罗公司系列注册商标相同及近似标识的巧克力及糖果产品；2. 斯维特公司立即停止销售与费列罗三公司知名商品的特有包装、装潢近似的产品，并停止使用费列罗三公司知名商品特有的名称（即"KINDER SURPRISE EGG"，中文名"奇趣蛋"）；3. 斯维特公司在其经营性网站首页显著位置发布英文声明，消除侵权影响，该声明应保留不少于60天；4. 斯维特公司向费列罗三公司赔偿1000000元（即斯维特公司两项侵权的共同赔偿）。

斯维特公司答辩称：1. 斯维特公司在第121届中国进出口商品交易会上展示的带有"kengdory"和"King EGG"的商品和在公司及阿里巴巴平台上展示的"King EGG""KING&QUEEN EGG""Kengo TOY"等商品与费列罗三公司的产品健达奇趣蛋有明显的区别，斯维特公司并未侵犯费列罗三公司的注册商标专用权，也没有不正当竞争行为；2. 斯维特公司并无侵犯费列罗三公司注册商标专用权的故意，斯维特公司的行为不构成不正当竞争，费列罗三公司诉称的被诉产品是斯维特公司从潮安县庵埠食品批发市场所采购的，属于从正规渠道所采购的产品。综上，请法院考虑到本案具体情况，驳回费列罗三公司不合理的诉讼请求。

**一审审理查明**

索尔马代克公司享有第G1288269号（附图1）、G728472号（附图2）、G720813号（附图3）、17154267号（附图4）、719519号"Kinder"、G858042号（附图5）、G782756号（附图6）、G551073号（附图7）商标的专用权。

后索尔马代克公司在第121届中国进出口商品交易会上购买蓝色蛋形玩具一个、条形玩具一个，获取名片一张。该蓝色蛋形玩具如文后附图8所示。蛋形玩具背面印有出口商：汕头市斯维特工贸有限公司。长条形玩具正面为上白下橙颜色组合，其上有七个蛋形突出附着品，分别以不同的颜色及花纹显示，该条形玩具的正面及背面如文后附图9和附图10所示。

同时，斯维特公司还在其阿里巴巴网站店铺内销售商品名称为"美味巧克力Kinder蛋/King&queen巧克力蛋"（带有展示盒）、"Kinder SURPRISE kosher巧克力"（带有玩具）、"King toys半个巧克力蛋加饼干"、"Kings joy Kinder SURPRISE巧克力糖果"等被诉产品。

**一审判理和结果**

一审法院审理认为，关于斯维特公司的行为是否构成商标侵权的问题。斯维特公司在阿里巴巴网站上的商品上显示的图案，与费列罗公司的G858042号商标（附图5）在形态及构造上均一致，构成相同。蛋形玩具产品的中部位置显示的“Kengo TOY”为上下排列，“Kengo”中的字母“K”为大写黑色字体，其他字母为小写红色字体显示，“TOY”则为大写黄色字体显示。上述标识与索尔马代克公司的G720813号商标（附图3）在字母排列方式和字体颜色设计方面极为相似，两者构成近似。至于费列罗三公司提交的产品实物（附图8），所对应的产品名称为“KingEGG”。将该产品图案与索尔马代克公司的G1288269号商标（附图1）及G728472号商标（附图2）进行比较，虽然该被诉产品外形为蛋形，但因蛋形为较为通用的形状，显著性并不突出，且索尔马代克公司的G1288269号商标（附图1）大致分为上下结构，上半部为字母组合图案，下半部为含有奶滴图案的橙红色波浪线分隔开的图案。而被诉产品的蛋形外壳存在上、中、下三层结构，顶部有彩色渐变，中部为卡通脸谱及字母图示，底部为普通波浪线分隔开的图案。两者在图案、颜色、分隔位置及分隔波浪线等方面均存在实质性差异，不易造成公众混淆。

关于斯维特公司销售被诉产品的行为是否构成不正当竞争行为的问题，本案中，费列罗三公司为证明健达奇趣蛋是有一定影响的商品，提交了2010年至2015年的销售量及销售额的销售合同、销售发票及其他相关证明，2010年至2014年的费列罗贸易公司的审计报告，国内电视及报纸宣传报道等。综合考虑上述证据，健达奇趣蛋是有一定影响的商品。

关于健达奇趣蛋的包装、装潢是否具有区别商品来源的显著特征，或虽然本身缺乏显著特征但经过使用取得了显著特征，已足以区别商品来源的问题。根据查明的事实，健达奇趣蛋产品长期持续使用该种特有的蛋形包装、装潢，即该包含顶部渐变色彩、中部字母图形及底部橙红色含白色奶滴的波浪图案组合长期使用，使这种特有包装、装潢的显著性和识别性随之增强，已经将上述特有包装、装潢和健达奇趣蛋这一商品紧密联系起来，该包装、装潢已经具有区别商品来源的显著特征，相关公众已经将具有该包装、装潢的健达奇趣蛋与费列罗三公司联系在一起。综上所述，一审法院认定健达奇趣蛋的顶部渐变色彩、中部字母图形及底部橙红色含白色奶滴的波浪图案组合包装、装潢构成有一定影响的商品特有包装、装潢。

本案中，一审法院当庭将费列罗三公司提交的健达奇趣蛋和被诉产品“KingEGG”（包括附图8和附图11）的包装、装潢进行比对，虽然在具体颜色、字母结构及分割比例等细节方面均有差异，但整体均采用带有一端突出物的蛋形外壳，采取上中下三种颜色分层结构，顶部均为渐变色渲染，中部均为黑色、黄色、红色书写的英文单词，底部均为波浪分隔线构成的图案。健达奇趣蛋区分为蓝色顶端的“男孩版”和粉色顶端的“女孩版”，斯维特公司销售的该款被诉产品则分为红色系的“GIRL”和蓝色系的“BOY”两个版本，上述诸多相同元素整合在产品上，容易造成相关公众的误认和混淆，应认定两者的包装、装潢构成近似。斯维特公司销售被诉产品“King EGG”存在攀附健达奇趣蛋的产品市场知名度和美誉度的故意，有违诚信原则，构成不正当竞争，应当承担停止使用、赔偿损失等民事责任。同理，斯维特公司许诺销售的被诉产品“King & Queen EGG”（产品图案如附图12）、“男孩 & 女孩开心 SURPRISE 巧克力蛋玩具糖果”（产品图案如附图13和附图14）、“SURPRISE 巧克力 Kinder 蛋内含玩具”（产品图案如附图15）与费列罗三公司的产品健达奇趣蛋的特有包装、装潢构成近似，斯维特公司许诺销售上述产品的行为构成不正当竞争，应当承担停止使用、赔偿损失等民事责任。综上所述，一审法院判决：一、斯维特公司立即停止侵犯索尔马代克公司的G720813号商标（附图3）、费列罗公司的719519号“Kinder”商标、G858042号商标（附图5）、G551073号商标（附图7）专用权的行为，即停止销售侵犯上述商标专用权的产品；二、斯维特公司立即停止销售侵犯费列罗三公司知名产品包装、装潢的蛋形包装产品；三、斯维特公司向费列罗三公司赔偿经济损失及维权支出合理费用300000元；四、驳回费列罗三公司的其他诉讼请求。

**上诉与答辩**

一审判决后，斯维特公司不服，向广州知识产权法院提起上诉称：1. 一审法院认定斯维特公司构成不正当竞争，缺乏依据。“健达奇趣蛋”商品包装、装潢并不具有区分商品来源的显著特征，一审认定被诉产品与其商品包装、装潢近似，缺乏依据。2. 一审法院认定斯维特公司构成商标侵权，缺乏依据。3. 一审判赔30万元没有事实依据，判赔金额过高。请求撤销一审判决，依法改判驳回费列罗三公司全部诉讼请求。

费列罗三公司共同答辩称：1. 一审法院认定健达奇趣蛋商品构成有一定影响的商品，事实认定清楚；2. 健达奇趣蛋商品的包装、装潢设计独特，经过长期使用具有较高的显著性，可以起到区分商品来源的作用；3. 被诉产品“King EGG”“King & Queen EGG”“男孩 & 女孩开心 SURPRISE 巧克力蛋玩具糖果”“SURPRISE 巧克力 kinder 蛋内玩具”的包装、装潢与健达奇趣蛋商品包装、装潢近似，斯维特公司的行为构成不正当竞争。

**二审审理查明**

二审查明事实与一审查明事实一致。

**二审判理和结果**

二审法院经审理认为，本案为侵害商标权及不正当竞争纠纷案件。结合双方的诉辩意见，本案二审争议焦点是：斯维特公司实施的行为是否构成商品侵权及不正当竞争行为。

**一、关于商标侵权是否成立的问题**

本案中，被诉产品为巧克力、糖果、饼干等商品，费列罗三公司第 G720813 号、第 719519 号、第 G858042 号、第 G551073 号注册商标核定使用商品包括巧克力、糖果、饼干等商品，故二者属于同一类商品。将被诉产品文字标识分别与涉案注册商标比对：1. 被诉产品文字标识“Kengo TOY”与第 G720813 号“Kinder JOY”注册商标虽然二者发音不同，但二者均由两个英文单词构成，且第二个单词仅有一个字母不同。从单词大小写形式上看，二者第一个英文单词首字母均为大写，第二个单词所有字母均为大写；从单词的排列方式上看，均为第一个单词在上、第二个单词在下，第二个单词略大于第一个单词。从标识的实际使用情况看，涉案注册商标实际使用时第一个单词首字母为黑色，其余字母为红色，第二个单词为黄色，被诉标识的颜色组合方式亦相同；并且，二者实际使用在商品上时均与红色波浪加奶滴图形商标共同使用，均位于该图形标识的上方。2. 被诉产品标识“Kings JOY”与第 G720813 号“Kinder JOY”注册商标虽然二者发音不同，但二者均由两个英文单词构成，且第二个单词完全相同。从单词大小写形式上看，二者第一个英文单词首字母均为大写，第二个单词所有字母均为大写；从单词的排列方式上看，均为第一个单词在上、第二个单词在下，第二个单词略大于第一个单词。从标识的实际使用情况看，涉案注册商标实际使用时第一个单词首字母为黑色，其余字母为红色，第二个单词为黄色，被诉产品标识的颜色组合方式亦相同；并且，二者实际使用在商品上时均与红色波浪加奶滴图形商标共同使用，均位于该图形标识的上方。3. 被诉产品标识“Kindor”与第 719519 号“Kinder”注册商标，二者均由英文字母构成且仅有一个单词不同，二者首字母均为大写；使用在其中一款被诉商品上时首字母为黑色，其余字母为红色，与第 719519 号“Kinder”注册商标实际使用的颜色一致。4. 将被诉图形标识即红色波浪加奶滴图形标识与第 G858042 号红色波浪加奶滴图形注册商标比对，二者图案、颜色均相同，且两个奶滴均为左大右小，奶滴之间的位置以及与红色波浪的位置均相同。因此，斯维特公司将被诉标识使用在与涉案注册商标核定使用的商品上，容易使相关公众对商品来源产生误认或者认为其来源即斯维特公司与费列罗三公司之间存在某种特定的联系，可能导致相关公众的混淆和误认。

综上，一审法院的上述认定正确，二审法院予以维持。因斯维特公司在涉案网站商品名称中使用被诉标识“Surprise”的行为不属于商标使用，一审法院认定斯维特公司侵害费列罗公司第 G551073 号“SURPRISE”注册商标专用权错误，二审法院予以纠正。

**二、关于不正当竞争行为是否成立的问题**

本案中，一审法院认定被诉商品“King EGG”“King & Queen EGG”“男孩 & 女孩开心 SURPRISE 巧克力蛋玩具糖果”“SURPRISE 巧克力 kinder 蛋卡片玩具”的包装、装潢与健达奇趣蛋商品包装、装潢近似。对此，二审法院认为，上述商品均使用了蛋形包装，且均采用上部为蓝色或粉色渐变色、中部为白色、下部为红色或蓝色形式将蛋形区分为三个部分，中部使用的英文标识亦采用三个色块进行区分且均包含红色、黄色。由于健达奇趣蛋商品使用的两款包装、装潢的整体形象具有区别商品来源的显著特征，斯维特公司在上述巧克力商品上使用的包装、装潢与健达奇趣蛋商品的两款包装、装潢达到在视觉上非常近似的程度，即使双方商品存在价格、质量、口味、消费层次等方面的差异和厂商名称、商标不同等因素，仍不免使相关公众易于误认斯维特公司的蛋形巧克力商品与健达奇趣蛋存在某种联系。一审法院认定斯维特公司上述行为构成不正当竞争正确，二审法院予以维持。斯维特公司上诉主张部分商品是在网站展示，商品的包装显示为平面图，因而无法与健达奇趣蛋蛋形包装进行比对，对此，二审法院认为，健达奇趣蛋包装、装潢最显著的特点集中体现在蛋形及蛋形正面的装潢，而涉案网站展示的多款产品恰好展示了蛋形商品的正面装潢，且多款商品描述中含有“蛋形”文字，结合费列罗三公司取得的被诉产品实物，涉案网站商品图片虽为平面图，但亦不能否定被诉产品为蛋形包装的事实。故，对斯维特公司该项上诉理由，二审法院不予支持。

综上所述，一审判决关于不正当竞争行为部分认定事实基本清楚，裁判结果正确，但在适用法律时并未遵循不正当竞争案件的审理思路，对《中华人民共和国反不正当竞争法》第六条保护商业标识的立法本意理解不准确，在判断是否构成有一定影响的商品包装、装潢时着重论述了健达奇趣蛋是否属于有一定影响的商品，导致论述不到位，说理不充分，故在维持该部分裁判结果的同时对其理由予以纠正和补充。二审法院依照2013年修正的《中华人民共和国商标法》第四十八条、第五十七条第（二）项、第六十三条，2017年修正的《中华人民共和国反不正当竞争法》第六条第（一）项、第十七条，《中华人民共和国民事诉讼法》第一百七十条第一款第（一）、（二）项，《最高人民法院关于适用〈中华人民共和国民事诉讼法〉的解释》第三百三十四条规定，判决：一、维持广东省广州市海珠区人民法院（2018）粤0105民初1553号民事判决第二项、第三项；二、撤销广东省广州市海珠区人民法院（2018）粤0105民初1553号民事判决第四项；三、变更广东省广州市海珠区人民法院（2018）粤0105民初1553号民事判决第一项为，斯维特公司在本判决发生法律效力之日起立即停止侵犯索尔马代克公司第G720813号“Kinder JOY”注册商标、费列罗公司的第719519号“Kinder”注册商标、第G858042号红色波浪加奶滴图形注册商标专用权的行为，即停止销售侵犯上述商标专用权的产品；四、驳回费列罗三公司的其他诉讼请求。

## 【法官评述】

根据《反不正当竞争法》第六条第（一）项的规定，经营者不得实施下列混淆行为，引人误认为是他人商品或者与他人存在特定联系：擅自使用与他人有一定影响的商品名称、包装、装潢等相同或者近似的标识。因此，判断商品包装、装潢是否构成有一定影响的商品包装和装潢应当考虑如下因素：相关公众对该商品包装和装潢的知晓程度；该商品包装和装潢持续使用时间；使用该包装和装潢的商品任何宣传的持续时间、程度和地域范围；该商品销售的时间、区域、数量等；该商品受保护的情况等因素。

本案中，费列罗三公司从2009年开始宣传推广健达奇趣蛋商品，即从2009年起开始将蛋形包装使用在巧克力商品上且持续使用至今，可见健达奇趣蛋的蛋形包装使用已长达11年；自2014年起开始使用健达奇趣蛋男孩版、女孩版装潢，自上市以来一直持续销售该商品。从费列罗三公司提交的销售合同、发票、宣传推广等方面分析，健达奇趣蛋通过各种途径宣传，2011年至2014年健达奇趣蛋在全国多家省、市及地区电视台广告总播放次数为147829次，2011年至2015年广告投入约1.21亿元，可见费列罗三公司持续通过电视、广告、路演等多渠道、多形式宣传推广涉案商品；健达奇趣蛋2011年至2016年在四川、北京、广东、杭州、深圳等省市销售数额约2.03亿元，并在京东开设旗舰店销售涉案商品，可见涉案商品的销售区域遍布全国各地，覆盖线上线下；费列罗三公司在2014年、2016年等持续通过行政投诉、起诉等行政、司法手段保护涉案商品。对于普通消费者而言，健达奇趣蛋的包装及其两款装潢最显著的特征是蛋形包装，以及独特的渐变色彩、文字、图案及其排列组合。

从上述分析可见，至本案侵权行为发生时，健达奇趣蛋的包装、装潢经过长期、持续的推广、宣传及销售，已在所属行业和相关公众中具有较高知名度和影响力。健达奇趣蛋的包装和该商品男孩版、女孩版的装潢，足以使相关公众与费列罗三公司的商品联系起来，成为相关公众识别健达奇趣蛋商品来源的显著特征。费列罗三公司健达奇趣蛋的包装和该商品男孩版、女孩版装潢属于有一定影响的商品包装、装潢。本案厘清了《反不正当竞争法》中对有一定影响的商业标识的审理思路，对同类案件具有指导意义。

编写人：广州知识产权法院　彭盎

（编辑：罗厚胤）

附图 1

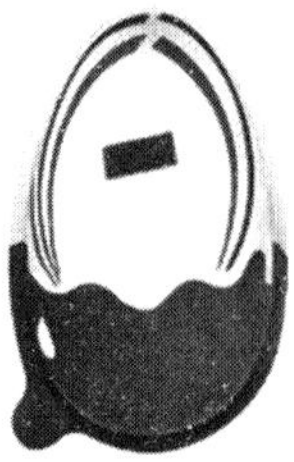

附图 2

Kinder
JOY

附图 3

KINDER JOY

附图 4

附图 5

附图 6

SURPRISE

附图 7

附图 8

附图 9

附图 10

附图 11

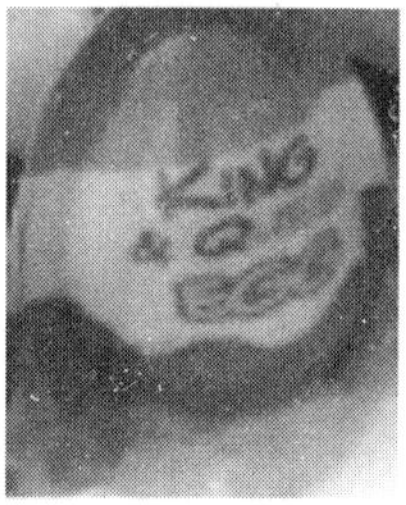

附图 12

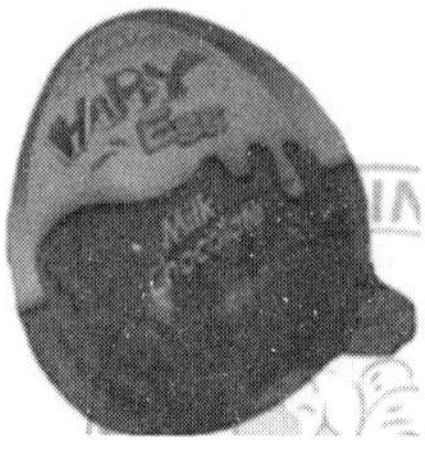

附图 13

附图 14

附图 15

# 36

# 华润公司与超炫公司侵害商标权及不正当竞争纠纷案

**阅读提示：**权利人在被诉标识所属商品服务类别上已持有有效注册商标，是否有权要求将不同类别的注册商标认定为驰名商标并要求跨类保护？

**【裁判要旨】**

权利人拥有与被诉标识所属商品服务类别相同的有效注册商标和不同类别的注册商标，如果在同一案件中同时主张保护相同类别注册商标专用权和将不同类别注册商标认定为驰名商标并要求跨类保护，则驰名商标的认定不具有必要性。

**【案号】**

一审：广州知识产权法院（2019）粤 73 民初 2516 号

**【案情与裁判】**

原告：华润公司

被告：超炫公司

**起诉与答辩**

华润公司起诉称：华润公司系华润集团的全资子公司。华润集团与华润公司于 2018 年 10 月签订《商标使用许可合同》，2019 年 7 月签订《商标使用许可合同补充协议》，将合同所列“华润”系列商标授予华润公司普通使用许可

（含分许可）。同时，对于有关商标侵权、字号侵权及不正当竞争行为，华润集团出具《授权书》及《补充授权书》，授权华润公司有权单独以自己的名义采取维权措施。华润集团及下属企业拥有“华润”资本投资服务等20件中国驰名商标。华润集团旗下的华润纺织于1997年9月1日成立，是中国纺织服装行业最具规模的大型企业之一，主要从事棉纺织品、锦纶民用丝及品牌服饰的制造、分销和零售，华润纺织的棉纺业务在国内同行业具有很高知名度。

华润集团经过对“华润”字号和商标70余年的使用、宣传推广和经营积累，使得“华润”字号和商标在国内几乎人人皆知，树立了非常高的知名度、影响力和卓著声誉，“华润”商标早已成为中国驰名商标，“华润”字号也早已成为全国知名字号。国家工商行政管理总局先后于2001年和2010年发文，要求各地工商机关加强对“华润”字号和商标的保护，各省/市设立“华润”字号企业必须有华润集团的授权。

2013年1月，国家工商行政管理总局商标评审委员会认定，早在2005年7月5日之前，第773121号“华润”商标在“资本投资”服务上已构成驰名商标。本案中，“华润”商标在第36类“资本投资”服务上理应被认定为中国驰名商标，请求法院对此事实予以认定，以加强对“华润”驰名商标的保护。

经调查发现，超炫公司擅自将“华润”登记为其企业字号，并在其公司网站、中国进出口商品交易会等经营活动中大肆使用“华润”文字或标识。2019年10月，超炫公司作为参展商参加了在广州举行的第126届中国进出口商品交易会，华润公司对其侵权及不正当竞争行为进行了证据保全。在“华润”字号和商标在全国乃至世界范围内享有非常高的知名度，具有极高的市场声誉及商业价值的情况下，超炫公司的上述行为企图混淆视听，依靠“搭便车”、傍名牌获取非法利益，其侵权主观故意明显，严重侵犯了权利人的注册商标权、企业名称权、知名字号权，构成商标侵权及不正当竞争。同时，超炫公司对“华润”驰名商标的复制、摹仿，容易引人误认为其与华润集团及该集团下属企业存在关联或其他特定关系，从而导致混淆、误导公众，亦会淡化或贬损“华润”驰名商标，构成对“华润”驰名商标权利的侵犯。超炫公司的侵权行为给权利人造成了巨大的经济损失，应当承担停止侵权、赔偿损失以及消除影响等民事责任。

综上，请求法院判令：1. 超炫公司立即停止侵犯第773121号“华润”（资本投资服务）驰名商标的权利；2. 超炫公司立即停止侵犯第3152161号、第

3345238号、第3346100号、第19626919号、第3346098号、第19626917号、第776090号、第3346105号、第13703719号“华润”及第9364736号“华润纺织”商标（以下简称涉案十枚商标）注册商标专用权；3. 超炫公司立即停止不正当竞争行为，即立即停止在经营活动中使用与“华润”相同或近似的文字或标识；4. 超炫公司立即停止使用带有“华润”文字的企业名称，并变更其企业名称，变更后的企业名称不得含有与“华润”相同或者近似的字样；5. 超炫公司在《中国知识产权报》《中国工商报》《江西日报》《南昌日报》等媒体上就其侵权行为刊登不少于7个工作日的声明，消除对华润公司的不良影响；6. 超炫公司赔偿华润公司经济损失100万元及合理开支人民币34900元；7. 超炫公司承担全部诉讼费用。

超炫公司答辩称：1. 超炫公司是经过合法工商注册登记使用字号，主观上没有商标侵权故意，客观上没有突出使用华润字号，也无因此获得相关利益，没有造成公众误认的结果和效果，在企业经营过程中并没有将“华润”作为突出使用相同或相近的文字进行使用，因此超炫公司主观上没有过错，客观上没有侵犯华润公司的注册商标。2. 超炫公司企业字号对华润公司注册商标造成冲突，主要是因为工商登记部门注册的信息与商标注册信息没有进行信息相关联造成，超炫公司在使用企业字号上并没有在商品、招牌或包装上使用“华润”字样的服务标识，没有对华润商标造成相似或误认，超炫公司将华润公司注册的“华润”商标作为企业字号使用并不构成不正当竞争。3. 华润公司没有证据证明超炫公司企业字号与其商标重名造成华润公司任何损失，也没有证据证明超炫公司获利的具体金额，因此，华润公司要求超炫公司承担经济损失100万元及合理费用缺乏依据。请求法院依据事实及法律驳回华润公司的诉讼请求。

**一审审理查明**

**一、华润公司的涉案权利情况**

华润集团在第25类、第35类、第36类、第40类、第42类上注册及受让有“華潤”“華潤”“華潤”“華潤”“华润纺织”等11枚商标，上述商标均在有效期内。

2018年10月23日，华润集团与华润公司签订《商标使用许可合同》，约定华润集团将包括第773121号等商标在内的166个商标授予华润公司普通使用许可，并授权华润公司对被许可商标注册有效期限内发生的任何侵权行为以及不正当竞争行为有权单独以自己的名义采取维权措施，全部赔偿归华润公司所有。

**二、关于“华润”商号及商标知名度的事实**

（1）关于“华润”作为驰名商标受保护的情况

《中华商标》2013年第1期登载的《商标评审委员会在商标异议复审、争议案件中认定的180件驰名商标》（2012年12月31日）中，华润集团在第36类资本投资服务上的“华润”商标位列其中。商标评审委员会在商评字〔2013〕第01465号《关于第4761504号“华润双驰”商标异议复审裁定书》中，认定第773121号商标为资本投资服务上的驰名商标。北京市第一中级人民法院等民事判决均认定第773121号商标为资本投资服务上的驰名商标。

（2）“华润”字号和商标受保护的情况

国家工商行政管理总局于2001年发布工商企字〔2001〕第310号《关于保护“华润”字号有关问题的通知》，2010年7月15日发布工商办字〔2010〕134号《关于加强“华润”字号和商标保护工作的通知》，专门就加强“华润”字号及商标保护问题，向全国工商行政机关下发通知。最高人民法院（2019）最高法民申1953号民事裁定书以及（2019）最高法民申1712号民事裁定书认定华润公司历史悠久，属全球500强企业，“华润”字号亦因此具有较强识别性。多地法院判决认定“华润”字号为臆造词，具有较强的识别性。

（3）“华润”字号的宣传报道情况

中华书局出版《红色华润》一书，分年代论述了华润集团的发展历史。多方媒体、期刊均有对华润集团的宣传报道。

（4）“华润”字号和商标在纺织服装行业的宣传情况

华润纺织（集团）有限公司提交了其参加展会的照片，并出具2013年、2014年的社会责任报告。

**三、被诉侵权事实**

（1）华润公司在本案中主张的商标侵权行为

华润公司在庭审中明确其主张超炫公司实施的商标侵权包括：1. 在超炫公司网站页面上部左上角显著位置突出使用“华润”字样；2. 在超炫公司网站页面中间显著位置突出使用“华润制衣”字样；3. 超炫公司将涉案商标相同的拼音“huarun”注册为域名并进行使用。

（2）华润公司在本案中主张的不正当竞争行为

华润公司在庭审中明确其主张超炫公司实施的不正当竞争行为包括：1. 超炫公司使用“华润”作为企业字号进行登记侵害了华润公司知名字号权、企业名称权，构成不正当竞争；2. 超炫公司将“华润”作为企业字号进行登记侵犯了华润公司作为驰名商标的权利，构成不正当竞争；3. 超炫公司使用“华润”作为字号进行登记侵犯了华润公司涉案十枚商标的注册商标专用权，构成不正当竞争；4. 超炫公司在经营活动中使用“华润”“华润制衣”“huarun”也侵犯了华润公司的知名字号权、企业名称权，构成不正当竞争。

（3）超炫公司所实施的行为

（2019）粤广广州第 203471 号公证书显示，超炫公司的官网上显示有“华润制衣”字样，页面左上角的图标是“华润”两字配有飞鸟的图案；页面显示公司的域名为“www.nchuarun.com”。

（2019）粤广广州第 203477 号公证书显示，“中国进出口贸易（广交会）官方网站”，在“参展商”一栏搜索“南昌华润制衣有限公司”并进入该公司网页，显示该公司有“针织卫衣 风帽衫套头衫”等 8 个产品。

（2019）粤广南粤第 28955 号公证书显示，进入“第 126 届中国进出口商品交易会”展馆，有“1.1M15 南昌华润制衣有限公司”字样的展位。

超炫公司于 2020 年 12 月 17 日被核准将原名称“南昌华润制衣有限公司”变更为“南昌超炫制衣有限公司”。

**一审判理和结果**

一审法院认为，关于本案的法律适用，超炫公司自 2009 年取得企业名称后，持续使用该名称至 2020 年 12 月 17 日，其官网在庭审时仍然使用被诉的标识，故本案应适用 2019 年修改后的《中华人民共和国商标法》。本案华润公司主张超炫公司的不正当竞争行为持续至今，故应适用 2019 年修正的《中华人民共和国反不正当竞争法》。

本案争议焦点为：1. 超炫公司是否侵害了华润公司所主张的涉案商标权；2. 超炫公司是否构成不正当竞争；3. 如构成侵权，华润公司的诉讼请求是否应当支持。

**一、关于是否构成商标侵权的问题**

根据《中华人民共和国商标法》第五十七条及《最高人民法院关于审理商

标民事纠纷案件适用法律若干问题的解释》第一条的规定，关于超炫公司对被诉标识的使用与华润公司所主张的注册商标核定使用的服务是否相同或者类似问题。首先，超炫公司在其网站中，以较大的字体标注“华润制衣”以及使用了带有“华润”字样的图标，在域名中使用了“华润”的汉语拼音“huarun”，消费者在浏览网页时会通过该标识去识别网页中所展示商品的来源。超炫公司突出使用上述标识的行为属于商标性使用。其次，超炫公司网站上展示的商品为针织类的服装。因此，超炫公司对标识的使用与华润公司主张的涉案十枚商标所核定的服装、服装制作、服装设计等类别相同或近似；超炫公司的网页主要是介绍该公司的经营情况，展示该公司的产品并达到推销该公司产品的目的，因此，其在网页上使用上述标识，与华润公司涉案商标所核定的市场营销的服务相同或类似。

关于被诉标识与涉案注册商标是否相同或近似。“华润”汉字为涉案商标的主要识别部分。超炫公司使用“华润”加飞鸟的图标以及使用“华润制衣”的文字，“华润”的文字起到识别作用。超炫公司所使用的“华润”标识与华润公司的注册商标的“华润”虽然存在繁简不同、字体不一的区别，但读音一致，应当认定为近似商标。超炫公司将“huarun”注册为域名，而“huarun”为“华润”的汉语拼音，容易使相关公众产生误认。

超炫公司使用的上述标识以及注册的域名与华润公司的上述商标近似，容易使相关公众误认该公司的产品与华润公司有关联，因此，超炫公司的行为构成对华润公司涉案十枚商标的侵权。

关于华润公司起诉认为超炫公司侵害了其持有的第773121号商标在资本投资上的商标权利，请求认定该商标为驰名商标并要求跨类保护问题，《最高人民法院关于审理涉及驰名商标保护的民事纠纷案件应用法律若干问题的解释》第三条规定，被诉侵犯商标权或者不正当竞争行为的成立不以商标驰名为事实根据的，人民法院对于所涉商标是否驰名不予审查。本案中，如前所述，一审法院已认定超炫公司的行为侵犯了华润公司的商标专用权，故认定超炫公司构成商标侵权无须以第773121号商标在资本投资上是否驰名为事实依据，故一审法院对华润公司第773121号商标在资本投资上是否为驰名商标不予审查。

**二、关于超炫公司是否构成不正当竞争的问题**

关于超炫公司使用“华润”作为企业字号登记是否构成不正当竞争问题。

一审法院认为，根据《中华人民共和国商标法》第五十八条和《中华人民共和国反不正当竞争法》第六条第（二）项的规定，本案中，根据华润公司提交的证据以及一审法院查明的事实，“华润”字号及商标经过华润集团长期使用、宣传，于超炫公司登记注册前在全国范围内已具有较高的知名度，“华润”是涉案商标的主要识别部分，“华润”字号已经成为华润集团的简称。超炫公司在企业字号中使用“华润”文字，主观上明显具有攀附华润集团企业声誉的意图，客观上足以使相关公众产生混淆或认为两者之间存在某种特定联系，故其行为构成不正当竞争。

关于华润公司主张超炫公司将“华润”作为企业字号登记使用侵犯了华润公司作为驰名商标的权利，构成不正当竞争问题。由于本案认定超炫公司构成不正当竞争不以商标驰名为事实根据，故就华润公司的该项主张一审法院不予支持。

至于华润公司主张超炫公司使用“华润”作为字号进行登记侵害了华润公司注册商标专用权，在经营活动中使用“华润”“华润制衣”“huarun”侵犯了华润公司的知名字号权、企业名称权，上述行为均构成不正当竞争，一审法院认为，《中华人民共和国商标法》第五十八条规定的将商标作为企业名称中字号使用的行为，应有别于具有识别商品来源功能的商标使用行为，如将与他人注册商标相同或者相近似的文字作为企业的字号在相同或者类似商品上突出使用，则应审查该商标使用行为是否侵害商标权。在本案中，超炫公司在经营过程中突出使用“华润”文字以及“华润”汉语拼音“huarun”的行为构成商标侵权，华润公司对超炫公司的上述突出使用商标的行为请求按照违反《中华人民共和国反不正当竞争法》进行认定，一审法院不予采纳。

**三、关于本案的民事责任承担问题**

根据《中华人民共和国侵权责任法》第六条和第十五条的规定，权利人有权要求侵权人停止侵害并赔偿损失。超炫公司实施了侵害华润公司注册商标权的行为，同时实施了不正当竞争行为，华润公司请求判令超炫公司停止侵权并赔偿损失的诉讼请求一审法院予以支持。鉴于超炫公司在本案诉讼期间已变更企业名称，华润公司请求超炫公司停止使用含有“华润”字样的企业名称的诉讼请求已无实际意义，一审法院对此不予处理。

超炫公司长期使用“华润”字号的行为已经给华润公司造成了一定的不良

影响，华润公司要求超炫公司刊登声明，消除影响，一审法院予以支持，但基于超炫公司的影响力在其所在的区域内刊登声明即足以消除不良影响。

关于赔偿金额。超炫公司侵害了华润公司多项权利，一审法院综合全案因素，合并确定超炫公司应当承担的赔偿金额。根据《中华人民共和国商标法》第六十三条和《中华人民共和国反不正当竞争法》第十七条的规定，本案中，华润公司请求法院在法定赔偿范围内酌定赔偿金额，一审法院予以准许，在确定赔偿金额时，一审法院考虑如下因素：1. 华润公司“华润”商标及字号具有较高知名度；2. 超炫公司自 2009 开始使用“华润”作为其企业字号至 2020 年 12 月 17 日，使用期限较长；3. 超炫公司侵权的主观过错程度、侵权的形式及影响范围；4. 超炫公司的注册资本为 50 万元，经营商品主要为针织类服装以及该行业一般的获利情况；5. 华润公司的合理开支。根据以上因素，一审法院酌情确定超炫公司赔偿华润公司 30 万元（含合理开支），华润公司超出部分的诉讼请求一审法院不予支持。

综上，一审法院根据《中华人民共和国商标法》第四十八条、第五十七条、第五十八条、第六十三条，《中华人民共和国反不正当竞争法》第六条、第十七条，《中华人民共和国侵权责任法》第六条、第十五条，《最高人民法院关于审理商标民事纠纷案件适用法律若干问题的解释》第一条、第九条、第十条、第十一条，《最高人民法院关于审理不正当竞争民事案件应用法律若干问题的解释》第六条，《中华人民共和国民事诉讼法》第六十四条之规定，判决：一、超炫公司立即停止侵害华润公司所享有的涉案十枚注册商标专用权的行为，即立即停止在其网页中使用包含“华润”的标识，停止在其域名中使用“huarun”汉语拼音；二、超炫公司于本判决发生法律效力之日起十日内赔偿华润公司经济损失及合理维权费用共 30 万元；三、超炫公司于本判决发生法律效力之日起十日内在《南昌日报》刊登声明，消除对华润公司商誉所造成的不良影响；四、驳回华润公司的其他诉讼请求。

一审判决后，双方当事人均没有提起上诉。

## 【法官评述】

商标是区别商品或者服务来源的商业标识。商标经核准注册后，一般在核准注册的商品或服务范围内使用，并有权禁止他人使用。驰名商标，是指在中国境内为相关公众所熟知的商标。驰名商标一般具有良好的社会声誉和市场价值，属于无形资产。《商标法》第十三条规定："为相关公众所熟知的商标，持有人认为其权利受到侵害时，可以依照本法规定请求驰名商标保护。就相同或者类似商品申请注册的商标是复制、摹仿或者翻译他人未在中国注册的驰名商标，容易导致混淆的，不予注册并禁止使用。就不相同或者不相类似商品申请注册的商标是复制、摹仿或者翻译他人已经在中国注册的驰名商标，误导公众，致使该驰名商标注册人的利益可能受到损害的，不予注册并禁止使用。"

对于注册驰名商标，与一般注册商标相比较，法律给予跨类似商品保护，即可以禁止其他相同或类似商标在驰名商标注册商品或服务使用范围之外的商品或服务上使用。其他相同或类似商标包括已注册商标和未注册商标。

依照《商标法》第五十七条第（二）项的规定，未经商标注册人的许可，在同一种商品上使用与其注册商标近似的商标，或者在类似商品上使用与其注册商标相同或者近似的商标，容易导致混淆的，属于侵犯注册商标专用权的行为。而《最高人民法院关于审理涉及驰名商标保护的民事纠纷案件应用法律若干问题的解释》第二条规定，在下列民事纠纷案件中，当事人以商标驰名作为事实根据，人民法院根据案件具体情况，认为确有必要的，对所涉商标是否驰名作出认定：（1）以违反《商标法》第十三条的规定为由，提起的侵犯商标权诉讼；（2）以企业名称与其驰名商标相同或者近似为由，提起的侵犯商标权或者不正当竞争诉讼；（3）符合本解释第六条规定的抗辩或者反诉的诉讼。

本案中，2013 年 1 月，国家工商行政管理总局商标评审委员会认定第 773121 号"华润"商标在"资本投资"服务上构成驰名商标。华润公司主张对第 773121 号"华润"商标认驰并要求跨类保护。本案审理的重点在于有没有必要对该商标进行驰名商标的认定。

承办法官认为，依据《最高人民法院关于审理涉及驰名商标保护的民事纠纷案件应用法律若干问题的解释》第三条的规定，被诉侵犯商标权或者不正当竞争行为的成立不以商标驰名为事实根据的，人民法院对于所涉商标是否驰名不予审查。因此，承办法官主要审查被告是否构成商标侵权、不正当竞争，根据在案证据，对华润公司主张、构成要件、认定标准等方面进行审查，从而考虑本案是否存在"认驰"的必要性。经审查，华润公司在服装、服装制作、服装设计、市场营销等类别上均持有有效注册商标，被诉标识与华润公司注册商标构成近似，华润公司提交的证据足以证明被告构成对华润公司在上述类别中注册商标的侵权。在不正当竞争方面，华润公司亦能够举证证明被告在其企业字号中使用“华润”文字的行为构成不正当竞争。故，承办法官认为本案不存在“认驰”的必要性。

承办法官想通过本案引起相关权利人注意：权利人在被诉标识所属商品服务类别上已持有有效注册商标，却要求将不同类别的注册商标认定为驰名商标并要求跨类保护，其行为应属于滥用权利，通过主张认定驰名商标来选择管辖法院，企图逃避级别管辖的规定。因此，在立案时，可以加强对此类案件在权利基础、被诉行为方面的审查。

编写人：广州知识产权法院　谭卫东　汤家丽

（编辑：刘合安）

# 37

# 玛氏（中国）公司与商讯公司侵害商标权及不正当竞争纠纷案

**阅读提示：** 基于未注册驰名商标权和企业名称权主张权利，两者知名度不同的情况下请求权的审查存在哪些差异？

## 【裁判要旨】

以未注册驰名商标权和字号权在同一案中起诉被告的注册商标权民事案件中，在审查时，应当根据《最高人民法院关于审理不正当竞争民事案件应用法律若干问题的解释》第六条关于有一定影响的企业名称的规定进行认定，综合考虑权利人字号的知名程度、双方商品的类似程度、权利人字号与对方使用的商标标识字样的近似程度、相关公众的注意程度，以及对方的主观意图、是否存在实际混淆的证据等因素综合进行认定；而在审查未注册驰名商标权时，应当重点审查其作为商标是否已为相关公众所熟知，是否具有驰名商标所应有的广泛影响力和知名度。

## 【案号】

一审：广州知识产权法院（2017）粤 73 民初 3370 号

二审：广东省高级人民法院（2019）粤民终 2677 号

## 【案情与裁判】

原告：玛氏（中国）公司

被告：商讯公司

**起诉与答辩**

玛氏（中国）公司起诉称：玛氏（中国）公司是全球及中国市场上最具影响力的宠物食品企业玛氏公司（MARS，INCORPORATED）在中国设立的全资子公司，主要从事研制、生产、批发销售食品、宠物食品和宠物护理产品等。玛氏（中国）公司认为，商讯公司在淘宝店铺及展会中销售使用“玛氏”和“MARS”商标的宠物食品、进行宣传，侵害了玛氏（中国）公司享有的未注册驰名商标权利及企业名称权，构成不正当竞争，故提起本案诉讼，请求法院判令：1. 商讯公司停止侵害玛氏（中国）公司企业名称“玛氏”、未注册驰名商标“玛氏”和“MARS”权利的行为，即停止生产、销售带有“玛氏”“MARS”商标的宠物食品，停止在宠物食品及动物栖息用品上使用“玛氏”“MARS”进行宣传的行为；2. 商讯公司在《中国知识产权报》刊登道歉声明，以消除影响；3. 商讯公司赔偿玛氏（中国）公司经济损失 50 万元，其中包括制止侵权的合理支出费用；4. 商讯公司承担本案诉讼费。

商讯公司答辩称：1. 商讯公司是第 6828820 号玛氏、第 6828821 号 MARS 注册商标权利人，对该两商标的合法规范使用不会使相关公众对商品来源产生混淆或误认，且在该两商标申请之日，玛氏（中国）公司使用“玛氏”企业名称尚不足一年，不具有较高知名度，故商讯公司的行为不构成对玛氏公司企业名称的侵权；2. 玛氏（中国）公司并未把“玛氏”和“MARS”直接作为宠物食品的商标进行使用和宣传，不足以证明“玛氏”和“MARS”是玛氏（中国）公司的未注册驰名商标；3. 涉案淘宝网店铺内的产品是商讯公司生产的，商讯公司在展会和博览会上使用了“玛氏”和“MARS”商标，但展会已经结束，博览会结束时官网已经关闭；4. 玛氏（中国）公司的母公司美国玛氏公司多次针对商讯公司的“玛氏”和“MARS”注册商标提出异议及无效宣告，玛氏（中国）公司自 2012 年起已知悉商讯公司使用“玛氏”和“MARS”注册商标进行宠物食品的经营，其于 2017 年才对商讯公司提起诉讼，已经超过了诉讼时效。综上所述，玛氏（中国）公司的诉讼请求没有事实和法律依据，请求法院予以驳回。

**一审审理查明**

玛氏（中国）公司于 1993 年 2 月 3 日成立，原名为“爱芬食品（北京）有限公司”，是案外人美国玛氏公司（MARS，INCORPORATED）在中国独资设立的有限责任公司，注册资本 6100 万美元，经营范围主要为研制、生产食品、宠物食品和宠物护理产品，开发食品、宠物食品和宠物护理产品，销售自产产品，以批发的方式在国内销售和进出口非自产的食品、宠物食品、宠物护理产品及其他同类产品等。2007年6月19日，国家工商行政管理总局通知北京市工商行政管理局称，核准“爱芬食品（北京）有限公司”的企业名称变更为“玛氏食品（中国）有限公司”。2007年10月26日，北京市工商行政管理局核准爱芬食品（北京）有限公司将企业名称变更为“玛氏食品（中国）有限公司”。玛氏（中国）公司称其是美国玛氏公司在国内唯一一家全资子公司；此外，玛氏（中国）公司在国内还单独设立或与美国玛氏公司共同设立了玛氏食品（上海）有限公司、玛氏食品（嘉兴）有限公司等企业。根据《公证书》记载，页面顶部有“MARS”字样以及页面底部有“@2015玛氏及其子公司版权所有”的网站介绍显示，美国玛氏公司从1935年开始生产宠物食品，是全球第一家生产专业宠物食品的企业，旗下拥有PEDIGREE宝路、WHISKAS伟嘉、ROYAL CANIN皇家等品牌，1989年伟嘉、宝路品牌的宠物食品产品开始进入中国。1993年玛氏（中国）公司成立，当时名为爱芬食品（北京）有限公司，1995年美国玛氏公司在北京市怀柔区投资设立了国内第一家宠物食品工厂。根据《公证书》记载，玛氏（中国）公司及其母公司申请对玛氏（中国）公司的部分产品销售票据、合同等进行保全证据公证，《公证书》所附票据中，包括2008年6月的订单，订单首部显示玛氏（中国）公司企业名称“玛氏食品（中国）有限公司”，产品为宝路、伟嘉品牌的猫犬食品；《公证书》所附合同为玛氏（中国）公司（甲方）与案外人朝批公司（乙方）于2008年4月21日签订的《2008年度分销商销售合同（现代渠道）》，该合同约定朝批公司为甲方产品在指定经销区域和渠道内的非独家分销商，合同中约定甲方是包括小食品、糖果巧克力、调味产品、宠物食品和宠物护理产品的生产商和供货商，但未对销售产品的具体品牌进行约定。

2008年7月8日，商讯公司申请注册“玛氏”商标并经国家知识产权局核准注册，注册公告日期为2010年9月28日，专用期限为2010年9月28日至2020年9月27日，商品/服务类别为第31类（类似群3101—3110）：圣诞树、芝麻、自然草皮、种家禽、花生（果品）、黄瓜、谷种、宠物食品、酿酒麦芽、动物栖息用品。2008年7月8日，商讯公司还申请了“MARS”商标并经国家知识产权局核准注册，注册公告日期为2010年3月28日，专用期限为2010

年 3 月 28 日至 2020 年 3 月 27 日，商品 / 服务类别为第 31 类（类似群 3101—3110）：圣诞树、芝麻、自然草皮、种家禽、花生（果品）、黄瓜、谷种、宠物食品、酿酒麦芽、动物栖息用品等。

根据涉案《公证书》记载，涉案淘宝店铺淘宝网名称为“MARS 玛氏宠物食品 宠物护理专家”，首页名称为“MARS© petcare 玛氏 © 宠物食品 宠物护理专家”，产品包装上带有“MARS”字样。在淘宝网店铺中搜索“玛氏宠物”，显示结果前两位是“玛氏宠物食品官方旗舰店”和“MARS 玛氏宠物食品 宠物……”，点击后者进入名称为“MARS 玛氏宠物食品 宠”的涉案淘宝店铺，网店首页显示“Mars 玛氏宠物食品”，店铺内产品包装袋上均有“MARS”字样，店铺页面上还有产品包装袋标注有“whiskas 伟嘉”“Pedigree 宝路”字样。玛氏（中国）公司认为上述店铺是商讯公司经营的涉案网店，网店首页显示“玛氏 Mars 宠物食品”“玛氏 Mars 宠物食品 宠物护理专家”“MARS© petcare”，在宝贝分类栏目上方的产品包装上有“whiskas 伟嘉”字样，但在该店铺中搜索“宝路”“伟嘉”的搜索结果均显示为 0 个宝贝，所售产品有“玛氏三文鱼升级配方幼犬粮”等，页面内还有“玛氏 ® 宠物护理专家”和“MARS® petcare 玛氏”标识，在“公司介绍”栏目里，显示有“MARS® 玛氏 ® 一直致力于宠物护理事业，MARS® 玛氏 ® 宠物食品天然配方……”“欢迎您来到玛氏宠物食品王国，玛氏是专业致力于宠物食品研发与生产制造的综合性品牌，产品涉及宠物干粮、湿粮、零食、保健营养、洗护等多个系列，形成了丰富的产品线”等宣传字样，淘宝网页面显示该店铺的商品外包装上均在显著位置标注有“MARS”字样。

商讯公司确认涉案淘宝网店是其 2012 年 11 月 8 日开设并使用至第一次开庭之日；玛氏（中国）公司自 2012 年开始即知道被诉侵权行为，但直至 2017 年才提起本案诉讼，超过了诉讼时效；涉案淘宝网店已经关闭，里面所涉及的产品是其生产的。

**一审判理和结果**

一审法院审理认为，本案属于侵害商标权及不正当竞争纠纷，主要审查以下几个问题：1. 玛氏（中国）公司主张商讯公司侵害其未注册驰名商标权是否成立；2. 玛氏（中国）公司主张商讯公司仿冒侵害其企业名称权构成不正当竞争是否成立；3. 商讯公司应承担的民事责任。

本案中，玛氏（中国）公司并未在宠物食品、动物栖息用品商品类别上申请注册“MARS”“玛氏”商标；而商讯公司2008年7月8日在宠物食品、动物栖息用品等商品上分别申请了第6828820号“玛氏”、第6828821号“MARS”商标，并于2010年9月28日、2010年3月28日分别获得注册公告。玛氏（中国）公司首先应证明在商讯公司涉案第6828820号“玛氏”、第6828821号“MARS”商标2008年7月8日注册申请时，玛氏（中国）公司的未注册商标“玛氏”和“MARS”在其主张的宠物食品商品类别上已达驰名程度。

根据玛氏（中国）公司提交的时间节点在2008年7月8日之前的相关证据，其生产、销售的宠物食品产品使用的主要是“宝路”“伟嘉”等商标而非“玛氏”或“MARS”商标，相关供货合同、购销合同中所涉的也是“玛氏产品”“玛氏宠物产品”“玛氏公司的宝路伟嘉系列”等将“玛氏”作为企业名称、字号使用的情形，审计报告所涉品牌亦主要为“伟嘉”和“宝路”，因此，玛氏食品（中国）有限公司的证据不足以证明其将“玛氏”“MARS”作为商标在我国经过长期、广泛宣传使用，不足以证明上述商标在宠物食品商品上已为相关公众所熟知，具有驰名商标所应有的广泛影响力和知名度。故玛氏（中国）公司主张“玛氏”“MARS”在宠物食品上应认定为未注册驰名商标，依据不足；玛氏（中国）公司认为商讯公司侵害其未注册驰名商标权利的诉讼请求亦不予支持。

根据玛氏（中国）公司的证据以及商讯公司的自认，本案被诉不正当竞争行为始于2012年，并属于持续性行为，因此玛氏（中国）公司提起本案诉讼并未超过法定的诉讼时效，同时本案应适用现行《中华人民共和国反不正当竞争法》。

对于玛氏（中国）公司主张商讯公司仿冒侵害其企业名称权构成不正当竞争是否成立的问题，经审查，第一，2007年6月19日经国家工商行政管理总局通知、2007年10月26日经北京市工商行政管理局核准，玛氏（中国）公司的企业名称从“爱芬食品（北京）有限公司”变更为“玛氏食品（中国）有限公司”，即玛氏（中国）公司使用“玛氏”企业名称所产生的权利应始自2007年10月26日，比商讯公司申请注册涉案商标的时间2008年7月8日更早。第二，在玛氏（中国）公司变更为“玛氏”字号前，存在以下情况：1.有证据显示其在2001年起制造、销售“伟嘉”和“宝路”等品牌宠物食品商品时，已标注“制造商：爱芬食品（北京）有限公司 美国玛氏公司在华独资企业”的内容，而美国玛氏公司的英文名称则为“MARS，INCORPORATED”，这让相关公众开始逐步了解玛氏（中国）公司是使用“玛氏”“MARS”字号的美国玛氏公司在中国的外商投资企业；2. 玛氏（中国）公司提交的多篇宣传报道、广告等均介绍了玛氏（中国）公司曾用名称爱芬食品（北京）有限公司是美国玛氏公司在我国国内的独资企业，所涉及的宠物食品品牌包括“宝路”和“伟嘉”等；3. 在玛氏（中国）公司提交的部分台历和宣传品上，同时使用“whiskas 伟嘉”和“© 玛氏，2006”或“©Mars2000”“©Mars2005”等字样；4. 2002 年至 2006 年，玛氏（中国）公司的经销商与各地商场、超市等所签的部分供货合同中也约定了合同标的物为“玛氏产品”“玛氏宠物产品”“玛氏公司的宝路伟嘉系列”等内容，陆续使用了“玛氏”字号。以上事实足以证明，在玛氏（中国）公司变更为“玛氏”字号前、仍然使用爱芬食品（北京）有限公司的企业名称时，相关公众已然清楚了解玛氏（中国）公司是美国玛氏公司在我国国内的独资企业，并且制造、销售“伟嘉”和“宝路”等品牌宠物食品商品。第三，在玛氏（中国）公司的企业名称变更为“玛氏食品（中国）有限公司”后，其在制造、销售的“伟嘉”和“宝路”等品牌宠物食品商品上使用“制造商：玛氏食品（中国）有限公司 美国玛氏公司在华独资企业”“制造商：玛氏食品（中国）有限公司 ©Mars 2007”。第四，根据审计报告显示，2006 年至 2008 年，玛氏（中国）公司“宝路”品牌产品的销售收入合计 41751.2 万元，广告及市场推广费用合计 4681.8 万元，“伟嘉”品牌产品的销售收入合计 29818.2 万元，广告及市场推广费用合计 5127.7 万元，即玛氏（中国）公司的“伟嘉”和“宝路”等品牌宠物食品商品的销售额巨大。《宠物世界 2009 年增刊》也显示，2008 年度宠物干粮市场份额第一名为玛氏（宝路、伟嘉）品牌。综合上述四方面的情况，虽然玛氏（中国）公司使用“玛氏”字号所产生权利应始自 2007 年 10 月 26 日，但由于其在变更为“玛氏”字号前，相关公众已经清楚了解美国玛氏公司（MARS，INCORPORATED）、玛氏（中国）公司以及在相关公众中具有很高知名度的宝路和伟嘉等品牌宠物食品商品之间的关联，而玛氏（中国）公司在销售宝路和伟嘉等品牌宠物食品商品以及进行宣传时也陆续使用“玛氏”“MARS”字号，商标标识的知名度辐射到字号的知名度，进一步巩固了相关公众对于原告与“玛氏”“MARS”字号之间存在特定联系的认识。因此，当玛氏（中国）公司的企业名称变更为“玛氏食品（中国）有限公司”后，其继续在宝路和伟嘉等品牌宠物食品商品使用“玛氏”字号，玛氏（中国）公司的“玛氏”字号承继了前述市场知名度，在短期内即可在宠物食品上产生较高的知名度，符合反不正当竞争法及其司法解释关于企业名称权利的相关规定，故法院认定玛氏（中国）公司的“玛氏”字号在商讯公司申请注册“玛氏”“MARS”商标前已属于有一定影响的企业字号。

第一，根据现有证据足以认定玛氏（中国）公司的“玛氏”字号在商讯公司申请注册“玛氏”“MARS”商标前已属于有一定影响的企业字号，具有较高的知名度。第二，玛氏（中国）公司的商品为宠物食品，商讯公司“玛氏”“MARS”商标注册并使用在宠物食品、动物栖息用品商品类别上，属于类似商品。第三，玛氏（中国）公司的“玛氏”字号与商讯公司的“玛氏”商标、标识字样完全相同。玛氏（中国）公司是美国玛氏公司的外商独资企业，该公司的英文名称中商号为 MARS，同时“玛氏”也是“MARS”的中文音译；并且，玛氏（中国）公司在销售商品和宣传中也同时使用“玛氏”“MARS”，考虑到其“玛氏”字号的知名度，相关公众已形成玛氏（中国）公司的“玛氏”字号与“MARS”之间存在对应关系的认识。因此，可以认为商讯公司使用的“MARS”商标、标识字样与玛氏（中国）公司“玛氏”字号构成近似。第四，商讯公司在其涉案网店中故意使用在相关公众中具有很高知名度的玛氏（中国）公司“宝路”和“伟嘉”品牌宠物食品图片，在其承办的博览会的网站中将“玛氏中国”等与玛氏（中国）公司相关的网站链接与商讯公司涉案淘宝网店的链接置于同一页面，并在参加的多场文化节、博览会上使用存在暗示其“MARS® 玛氏 ®”产品与美国有特定联系的宣传内容，足以导致相关公众产生混淆，并且证明了商讯公司存在攀附玛氏（中国）公司商誉进行不正当竞争的主观意图。第五，第 6828820 号“玛氏”商标和第 6828821 号“MARS”商标已被生效裁判认定在宠物食品上的注册损害美国玛氏公司在先商号权并予以无效宣告。综合以上因素，商讯公司在制造、销售的宠物食品上所使用的“玛氏”“MARS”商标以及针对宠物食品和动物栖息用品的宣传中所使用的“玛氏”“MARS”标识字样，足以导致混淆误认，构成擅自使用玛氏（中国）公司有一定影响的“玛氏”字号的不正当竞争行为。

综上所述，一审法院依照《中华人民共和国反不正当竞争法》第六条、第十七条,《关于审理涉及驰名商标保护的民事纠纷案件应用法律若干问题的解释》第五条、第十一条,《最高人民法院关于审理注册商标、企业名称与在先权利冲突的民事纠纷案件若干问题的规定》第一条,《最高人民法院关于审理不正当竞争民事案件应用法律若干问题的解释》第四条的规定，判决如下：一、商讯公司于判决发生法律效力之日起停止在其生产、销售的宠物食品上使用“玛氏”“MARS”商标，并停止在宠物食品及动物栖息用品上使用“玛氏”“MARS”进行宣传的行为；二、商讯公司于判决发生法律效力之日起十日内在《中国知识产权报》上刊登声明，就其不正当竞争行为澄清事实、消除影响；三、商讯公司于判决发生法律效力之日起十日内向玛氏（中国）公司赔偿经济损失及合理开支合计40万元；四、驳回玛氏（中国）公司的其他诉讼请求。

一审判决后，商讯公司不服，向广东省高级人民法院提起上诉。二审经审理后判决：驳回上诉，维持原判。

**【法官评述】**

本案商讯公司享有注册商标权，玛氏（中国）公司先是主张其享有在先未注册驰名商标权，并同时主张其享有在先企业名称权（字号权）的权利冲突案件；以未注册驰名商标权和字号权在同一案中起诉被告的注册商标权民事案件较为少见，而且本案还涉及被告注册的商标最后被生效裁判认定在宠物食品上的注册损害美国玛氏公司在先商号权而予以无效宣告，因此该案实质是在先权利人对于抢注商标的行为人主张停止侵权并赔偿损失的案件。

首先，关于未注册驰名商标权，原告生产、销售的宠物食品产品使用的主要是“宝路”“伟嘉”等商标而非“玛氏”或“MARS”商标，相关供货合同、购销合同中所涉及的也是“玛氏产品”“玛氏宠物产品”“玛氏公司的宝路伟嘉系列”等将“玛氏”作为企业名称、字号使用的情形，审计报告所涉品牌亦主要为“伟嘉”和“宝路”，因此，原告的证据不足以证明其将“玛氏”“MARS”作为商标在我国经过长期、广泛宣传使用，不足以证明上述商标在宠物食品商品上已为相关公众所熟知，具有驰名商标所应有的广泛影响力和知名度。故原告主张将“玛氏”“MARS”在宠物食品上应认定为未注册驰名商标，依据不足。

其次，关于企业名称权，企业登记主管机关依法登记注册的企业名称，以及在中国境内进行商业使用的外国（地区）企业名称，以及具有一定的市场知名度、为相关公众所知悉的企业名称中的字号，可以认定为法律规定的企业名称。虽然原告使用“玛氏”字号所产生权利应始自2007年10月26日，但由于其在变更为“玛氏”字号前，相关公众已经清楚了解美国玛氏公司（MARS，INCORPORATED）、玛氏（中国）公司以及在相关公众中具有很高知名度的宝路和伟嘉等品牌宠物食品商品之间的关联，而原告在销售宝路和伟嘉等品牌宠物食品商品以及进行宣传时也陆续使用“玛氏”“MARS”字号，商标标识的知名度辐射到字号的知名度，进一步巩固了相关公众对于原告与“玛氏”“MARS”字号之间存在特定联系的认识。因此，当玛氏（中国）公司的企业名称变更为“玛氏食品（中国）有限公司”后，其继续在宝路和伟嘉等品牌宠物食品商品上使用“玛氏”字号，玛氏（中国）公司的“玛氏”字号承继了前述市场知名度，在短期内即可在宠物食品上产生较高的知名度，符合反不正当竞争法及其司法解释关于企业名称权利的相关规定，故广州知识产权法院认定玛氏（中国）公司的“玛氏”字号在被告申请注册“玛氏”“MARS”商标前已属于有一定影响的企业字号。

最后，关于比对标准，参照《最高人民法院关于审理商标授权确权行政案件若干问题的规定》第十二条的规定，可结合以下因素判断原告使用的字号与被告使用的商标是否容易导致混淆：（1）原告字号的知名程度；（2）原告与被告商品的类似程度；（3）原告字号与被告使用的商标、标识字样的近似程度；（4）相关公众的注意程度；（5）被告的主观意图以及是否存在实际混淆的证据；（6）其他因素。

编写人：广州知识产权法院　朱文彬　邓志愿　罗炜

（编辑：刘合安）

# 38

# 网易杭州公司等与泰奇公司等侵害商标权及不正当竞争纠纷案

**阅读提示：**商标的显著性是否会由于电影作品的知名度提升而减弱并最终成为通用名称？商标权与电影作品名称权利冲突应如何处理？

**【裁判要旨】**

以著名影视作品的名称作为商标在先权利抗辩时，应注意两种权利知名度的区别。商标权属于一种“注册宣示权利产生、使用决定保护范围”的弹性权利，商标知名度对涉案商标在相关公众中发挥的识别功能产生强化作用，决定着商标的价值、禁用权的范围、与其他权利冲突时在先权利的认定等方面。而影视作品知名度主要在于提升了影视作品的口碑、影响和价值，同时可能为导演、编剧、演员等相关影视作品创作参与者赢得肯定，但相关公众并不会因此产生商品来源指向的识别或联想。对于著作权保护期限内的作品，如果作品名称、作品中的角色名称等具有较高知名度，将其作为商标使用在相关商品上容易导致相关公众误认为其经过权利人的许可或者与权利人存在特定联系，当事人可以以此主张构成在先权益。

**【案号】**

一审：广东省广州市天河区人民法院（2016）粤0106民初10265号

二审：广州知识产权法院（2019）粤73民终1752号

## 【案情与裁判】

原告（被上诉人）：网易杭州公司、网易雷火公司

被告（上诉人）：泰奇公司、动景公司

一审被告：奇点公司、北京互联公司、飚游公司

**起诉与答辩**

网易杭州公司、网易雷火公司起诉称：网易杭州公司是第6592682号、第6592685号“倩女幽魂online”商标的商标权人。网易雷火公司经授权享有该二商标的使用权。网易杭州公司和网易雷火公司认为，“倩女幽魂online”是注册商标及游戏软件的特有名称，泰奇公司、奇点公司、北京互联公司开发和推广，动景公司和飚游公司在其网站上进行推广的《倩女幽魂3D》游戏的商品类别与第6592682号“倩女幽魂online”商标在第9类上核准注册的“计算机软件”“计算机游戏软件”属于相同商品，与“倩女幽魂online”商标高度近似，构成商标侵权，《倩女幽魂3D》游戏擅自使用“倩女幽魂online”知名游戏的特有名称，构成不正当竞争，故要求泰奇公司、奇点公司、北京互联公司停止使用“倩女幽魂3D”以及任何含有“倩女幽魂”的字样作为其计算机游戏软件名称，赔偿网易杭州公司、网易雷火公司经济损失及维权合理开支302万元，动景公司和飚游公司停止发布侵权游戏相关广告信息和下载，并分别向网易杭州公司、网易雷火公司赔偿经济损失等5万元。

北京互联公司、泰奇公司共同辩称：一、“倩女幽魂”一词已经演变成特指神鬼类故事的通用名称，包括泰奇公司在内的公众和组织均有以正当理由使用该词的权利。二、泰奇公司与已获得1987版《倩女幽魂》相关权利的案外人梦响强音文化传播（上海）有限公司（以下简称梦响强音公司）签订了《电影著作权授权协议》，使用“倩女幽魂”作为游戏名称具有合法授权，不属于商标性使用。三、网易杭州公司、网易雷火公司仅获得了第9类商品中“计算机软件”的商标专用权，无权限制泰奇公司在第41类商品和服务项目上使用“倩女幽魂”字样。四、网易杭州公司、网易雷火公司主张的“倩女幽魂”不属于特有名称，泰奇公司使用“倩女幽魂”作为游戏名称，不构成不正当竞争行为。相较于网易杭州公司、网易雷火公司同名游戏，1987版《倩女幽魂》拥有更高知名度，而泰奇公司也是基于此才购买了电影的游戏改编权，包括其名

称的使用权，故泰奇公司基于授权使用，不存在不正当竞争行为。五、网易杭州公司、网易雷火公司的赔偿请求缺乏充分事实和法律依据。网易杭州公司、网易雷火公司无论在内测还是公测等阶段，均没有使用“倩女幽魂”名称上线其游戏。为避免不必要的诉争，泰奇公司已在 2015 年 12 月收到两原告的异议后，主动停止使用“倩女幽魂”游戏名称进行相应的宣传活动。

动景公司辩称：一、动景公司不是本案适格被告；二、九游平台作为网络服务提供者，仅按照游戏平台行业惯例为游戏运营方提供游戏下载和游戏信息发布平台，属于合理行为，不存在侵权情形；三、涉案游戏未侵害网易杭州公司、网易雷火公司的注册商标专用权；四、九游平台不存在商标侵权行为或者为商标侵权行为提供便利行为；五、动景公司从未针对网易公司及其经营的游戏产品实施不正当竞争行为；六、网易杭州公司、网易雷火公司要求赔偿经济损失及合理费用的诉求未提交任何证据予以认证，应承担举证不能的不利后果。

奇点公司、飓游公司未答辩，亦未在举证期限内提交证据。

**一审审理查明**

网易杭州公司经国家工商行政管理总局商标局[①]（以下简称国家商标局）核准注册了第 6592682 号、第 6592685 号“倩女幽魂 online”商标。第 6592682 号商标核定使用商品包括第 9 类计算机程序（可下载软件）、计算机游戏软件等，有效期自 2010 年 5 月 7 日至 2020 年 5 月 6 日；第 6592685 号商标核定使用服务为第 38 类计算机终端通讯、计算机辅助信息与图像传输等，有效期自 2010 年 4 月 7 日至 2020 年 4 月 6 日。2016 年 1 月，网易杭州公司出具《证明函》称，作为“倩女幽魂 online”第 9 类和第 38 类的商标权人，其授权网易雷火公司独家享有上述商标的使用权，期限为永久。

国家版权局作出的软著登字第 0147123 号、第 0806593 号《计算机软件著作权登记证书》载明：“网易倩女幽魂 Online 游戏软件 V1.0”著作权人网易杭州公司，开发完成日期 2009 年 3 月 10 日，首次发表日期 2009 年 3 月 10 日；“网易《倩女幽魂 2 Online》游戏软件 V2.0.0”著作权人网易杭州公司，开发完成日期 2013 年 3 月 20 日，首次发表日期 2013 年 4 月 20 日。北京互联公司系泰奇互动网站 www.taiqigame.com 的主办单位。该网站新闻栏目于 2016 年 2 月 20

① 现国家知识产权局商标局。

日发布的《原创正版手游〈倩女幽魂 3D〉》，申明该手游是在合法授权范围内制作，泰奇公司将积极应对保护自身的合法权益。

2016 年 2 月 4 日，网易雷火公司代理人在公证人员见证下，依次浏览 91 单机游戏网、九游网等网站。其中，91 单机游戏网于 2015 年 12 月 23 日发布《〈倩女幽魂 3D〉手游炫酷坐骑大爆料》《〈倩女幽魂 3D〉手游羽陌·弓手角色曝光》《网易倩女幽魂手游何时推出》等文章，分别介绍了《倩女幽魂 3D》手游的坐骑、角色等,《倩女幽魂》手游的世界观、剧情、特色以及将于 2016 年 1 月 7 日开启首次删档技术封测；琵琶网于 2016 年 1 月 7 日同时登载有网易杭州公司、网易雷火公司的《倩女幽魂》手游双平台测试及《倩女幽魂 3D》手游首测相关信息；九游网设有“倩女幽魂 3D”游戏专区，首页地址为 http://www.9game.cn/qnyh3d/，首栏显示“倩女幽魂 3D 手机游戏 尽在九游”等标题，该专区设有游戏新闻、游戏攻略、预订激活码、充值中心、进入论坛栏目，侧栏显示“安卓：即将测试”；游戏新闻栏目中发表于 2015 年 12 月的《87 版倩女唯一正版授权〈倩女幽魂 3D〉首曝》等文章称，“由泰奇互动代理发行的 MMORPG《倩女幽魂 3D》即将首测。作为《倩女幽魂》（87 版）唯一正版授权手游,《倩女幽魂 3D》完美还原了原作中令人憧憬的爱情纠葛以及梦幻迷离的场景”。

2016 年 4 月 27 日，网易杭州公司和网易雷火公司通过可信时间戳知识产权系统对《倩女幽魂 3D 手游下载 _ 倩女幽魂 3D 安卓版 v1.0.pdf》等文件进行证据保存。上述网页来源于多特游戏、56 手机游戏、93636 手游网、PC6.com 安卓网、91 游戏网等游戏网站，其中 PC6.com 安卓网页面显示可提供《倩女幽魂 3D》下载服务。

庭审中，北京互联公司、泰奇公司确认被控侵权游戏《倩女幽魂 3D》手游由泰奇公司委托奇点公司研发，泰奇公司作为《倩女幽魂 3D》手游所有者，授权北京互联公司运营。动景公司确认为九游网、网站域名 9game.cn 的备案主办单位，但称该网站主办单位于 2017 年 3 月已变更为案外人广州爱九游信息技术有限公司。

**一审判理和结果**

一审法院认为，网易杭州公司、网易雷火公司享有“倩女幽魂 online”商标专用权，“倩女幽魂”一词并非特指神鬼类故事的通用名称，“倩女幽魂 3D”游戏名称的使用属于商标性使用，且“3D”仅为游戏类型说明性文字，其主要部分“倩女幽魂”与第6592682号“倩女幽魂online”商标具有显著性的文字内容一致，二者在整体上构成近似。第6592682号商标最迟已在2011年“倩女幽魂online”网络游戏相关推广宣传中使用，且该网络游戏具有一定的知名度和市场影响力，“倩女幽魂online”商标及名称已为普通网络游戏玩家所知悉，“倩女幽魂3D”名称在手游类网络游戏上的使用，容易使相关公众误以为该手游为网易杭州公司、网易雷火公司新推出的同名手游，或认为该手游与网易杭州公司、网易雷火公司存在某种特定的联系，即使“倩女幽魂3D”手游未正式运营，亦足以造成混淆，故由奇点公司、泰奇公司开发，北京互联公司运营的“倩女幽魂3D”游戏名称的使用，已构成对第6592682号商标专用权的侵害。但在线游戏与第6592685号商标的核定使用服务不属于类似服务，故不构成对第6592685号商标的侵害。动景公司作为“倩女幽魂3D”游戏发布平台的主办单位，为商标侵权行为提供帮助且具有主观过错，也构成商标侵权。飓游公司则不构成商标侵权。另外，在被诉行为构成商标侵权的情况下，不应另行依据反不正当竞争法对被诉行为作重复评价，故对于被诉行为同时构成擅自使用知名商品特有名称的相关诉请不予支持。

一审法院判决：一、泰奇公司、奇点公司、北京互联公司于判决发生法律效力之日起十日内连带赔偿网易杭州公司、网易雷火公司经济损失包括为制止侵权行为所支付的合理开支共计500000元；二、动景公司于判决发生法律效力之日起十日内赔偿网易杭州公司、网易雷火公司经济损失包括为制止侵权行为所支付的合理开支共计40000元；三、驳回网易杭州公司、网易雷火公司的其他诉讼请求。

**上诉与答辩**

一审宣判后，泰奇公司、动景公司均不服，向广州知识产权法院提起上诉。泰奇公司上诉称：“倩女幽魂”一词早已演变成特指神鬼故事的通用名称，公众有正当使用该词的权利；泰奇公司并未将“倩女幽魂3D”作商标性使用，而是用于说明游戏来源于1987版的《倩女幽魂》电影，用于体现游戏内容与电影的相关性，表明特定的游戏背景，并未产生商标区分商品来源的作用，一审法院认定泰奇公司使用“倩女幽魂3D”名称属于商标性使用缺乏事实和法律依据；泰奇公司与已获得1987版《倩女幽魂》相关权利的梦响强音公司签订了《电影著作权授权协议》，授权内容包括但不限于电影名称等，授权权利为以电影为蓝本独家享有使用部分或者全部授权内容开发发行不限数量的网络游戏、单机游戏产品的改编权、LOGO 使用权等，因此泰奇公司使用“倩女幽魂 3D”作为游戏名称具有合法授权，并不存在主观恶意；一审判决泰奇公司赔偿 50 万元缺乏事实和法律依据。请求撤销一审判决，驳回网易杭州公司和网易雷火公司的全部诉讼请求。

动景公司上诉称：“倩女幽魂”在长期的艺术创作中，已经形成了固定的含义，涉案游戏使用其作为名称属于描述性使用，并不属于商标性使用，动景公司在经营九游平台期间已经对涉案游戏进行了一定的审核，尽到了审核义务。一审法院认定动景公司在接到网易杭州公司和网易雷火公司的侵权通知后未能及时停止侵权行为，属于事实认定错误。动景公司从未收到网易杭州公司和网易雷火公司寄送的要求立即停止侵权行为的法律函，网易杭州公司和网易雷火公司也没有证明收件邮箱是动景公司在公开渠道确认的联系方式或与动景公司存在直接关联。一审法院以九游网系阿里旗下产品为由，认定动景公司已收到相关停止侵权通知，属于事实认定错误。另外，动景公司在本案立案后已经停止了涉案被诉行为，已经履行了网络服务提供者应尽的义务，无须承担任何赔偿责任。请求撤销一审判决第二项；改判动景公司无须向网易杭州公司和网易雷火公司支付任何费用或承担本案诉讼费。

网易杭州公司和网易雷火公司共同答辩称：1. 同意一审法院查明的事实和判决结果；2. 我方享有“倩女幽魂”的商标专用权且“倩女幽魂”并非通用名称，泰奇公司将“倩女幽魂”作为九游平台游戏专区的名称是商标性的使用，且已与我方商标构成混淆；3. 泰奇公司虽然获得了 1987 版《倩女幽魂》电影的相关授权，但该授权不能证明泰奇公司享有在游戏里使用“倩女幽魂”名称的权利；4.“倩女幽魂”商标具有较高知名度，泰奇公司在游戏研发过程中是知道网易杭州公司和网易雷火公司的游戏开发中使用“倩女幽魂”的情况的；5. 一审判决的赔偿金额是合理恰当的。

一审被告北京互联公司同意泰奇公司、动景公司的上诉意见。

一审被告奇点公司、飓游公司均未陈述意见。

**二审审理查明**

二审查明事实与一审查明事实一致。

## 二审判理和结果

二审法院经审理认为，本案争议焦点为：1. 泰奇公司实施的涉案被诉行为是否属于侵害商标权的行为；2. 动景公司是否存在帮助侵权行为；3. 一审认定的赔偿责任是否合法恰当。

1. 泰奇公司实施的涉案被诉行为是否属于侵害商标权的行为

网易杭州公司与网易雷火公司系涉案第 6592682 号“倩女幽魂 online”商标的权利人和许可使用人，上述商标核定使用商品及服务包括计算机游戏软件等在内。由于商标权属于一种“注册宣示权利产生、使用决定保护范围”的弹性权利，因此商标在市场中因商业使用所产生的知名度极为关键，决定着商标的价值、禁用权的范围、与其他权利冲突时在先权利的认定等。本案中，网易杭州公司与网易雷火公司在一审中提交证据证明，经过商业使用，涉案商标于 2015 年被诉行为发生前已在计算机游戏软件等商品中产生了较高的知名度以及显著性，此种知名度在相关公众以及权利类别等方面均有别于影视作品《倩女幽魂》产生的知名度。前者知名度主要是对涉案商标在游戏从业者、玩家等相关公众中发挥的识别功能产生强化作用；而后者知名度主要在于提升影视作品的口碑、影响和价值，同时可能为导演、编剧、演员等相关影视作品创作参与者赢得肯定，但相关公众并不会因此产生商品来源指向的识别或联想。因此，在被诉行为发生时，由于涉案商标知名度的影响，计算机游戏商品的相关公众容易将使用涉案商标的“倩女幽魂”游戏与网易杭州公司和网易雷火公司联系起来，而非仅仅将“倩女幽魂”视为关于游戏内容的介绍。泰奇公司认为，“倩女幽魂”因电影《倩女幽魂》等作品已演变为属于神鬼类故事的通用名称的上诉理由，对于被诉行为发生时的计算机游戏商品相关公众而言，与事实不符，二审法院不予采纳。

2015 年起，泰奇公司等将“倩女幽魂 3D”作为游戏名称并在商业宣传推广活动中使用，由于其使用的“倩女幽魂 3D”在计算机游戏商品相关公众中足以发挥识别商品来源的功能，故属于商标法意义上的使用。对此，泰奇公司辩称于 2015 年获得电影《倩女幽魂》（1987 年）著作权人授权许可在游戏中使用“倩女幽魂 3D”作为游戏名称。广州知识产权法院认为，首先，虽然泰奇公司于 2015 年获得了电影《倩女幽魂》（1987 年）著作权人的授权许可，但由于使用“倩女幽魂”为名称的影视作品有多部，其中 20 世纪 60 年代的电影《倩女幽魂》相比电影《倩女幽魂》（1987 年）明显更在先使用该作品名称，因此泰奇公司仅以其获得了电影《倩女幽魂》（1987 年）著作权人的授权许可为由，主张可以合法使用电影作品名称“倩女幽魂”的理由尚不充分。其次，泰奇公司作为游戏开发商，对于 2015 年涉案“倩女幽魂 online”商标在计算机游戏的知名度和显著性相比一般公众而言应当更为了解，应当知道其后续在计算机游戏同类或类似商品中使用的用于识别商品来源的商标、名称、标识等，对涉案商标应尽合理避让义务，以此防止计算机游戏商品相关公众产生混淆；而泰奇公司 2015 年获得著作权授权的目的之一却恰恰是将“倩女幽魂 3D”作为开发游戏的名称并在商业宣传推广活动中使用，其行为难言善意。最后，泰奇公司于 2015 年在游戏名称中使用“倩女幽魂 3D”等涉案行为，容易令相关公众误以为“倩女幽魂 3D”游戏与网易杭州公司及网易雷火公司之间存在特定联系，破坏了涉案商标的识别功能，并造成相关公众容易混淆的结果，构成商标侵权。综上，一审法院关于泰奇公司实施的被诉行为属于侵害第 6592682 号“倩女幽魂 online”商标权行为的认定，法律依据和论证理由充分，应当予以维持。

2. 动景公司是否存在帮助侵权行为

动景公司作为九游网的主办单位，同样应当知道涉案商标在计算机游戏商品中的知名度和显著性，但其仍为涉案商标侵权行为的发生提供了帮助；同时，动景公司在九游网上对外公布的电子邮箱 gc-public@service.alibaba.com 收到网易杭州公司发送要求停止侵权的法律函件后，仍然没有立即停止商标侵权行为，造成侵权行为进一步持续发生。因此，根据《中华人民共和国商标法》（2013 年修正）第五十七条第（六）项，一审法院关于动景公司构成帮助侵害商标权的认定，事实和法律依据充分，二审法院予以维持。至于动景公司另提交的与本案无关的数份侵权通知邮件，不能否认其对外公布的邮箱收到侵权通知的事实，动景公司据此提出的上诉理由，二审法院不予采纳。

3. 一审认定的赔偿责任是否合法恰当

鉴于各方当事人未能举证证实网易杭州公司和网易雷火公司因侵权所受损失及侵权人的侵权获利具体数额，因此综合考虑涉案商标的知名度、侵权行为的性质、侵权期间及后果，以及网易杭州公司和网易雷火公司为维权所支付的合理开支等因素，一审法院酌情确定由奇点公司、北京互联公司、泰奇公司连带赔偿网易杭州公司和网易雷火公司 500000 元，动景公司赔偿网易杭州公司和网易雷火公司40000元，合法恰当，二审法院予以维持。

综上，二审法院依据《中华人民共和国民事诉讼法》第一百七十条第一款第（一）项规定，判决：驳回上诉，维持原判。

## 【法官评述】

本案所涉《倩女幽魂》游戏是非常知名的游戏，一审法院采取了诉前禁令，二审宣判恰逢广东省高级人民法院的网游案件审判指引出台，裁判结果具有较大社会影响，被《南方日报》《羊城晚报》及省法院官微报道。在法律适用方面，涉及“商标的显著性是否会由于电影作品的知名度提升而导致减弱并最终成为通用名称”“商标权与电影作品名称权利冲突的处理”两个疑难问题。

首先，关于第一个问题，泰奇公司认为虽然网易杭州公司和网易雷火公司享有“倩女幽魂online”商标，但“倩女幽魂”因电影《倩女幽魂》的知名度，早已演变成神鬼类故事的通用名称，公众有使用“倩女幽魂”的权利。合议庭论述了商标知名度与电影作品《倩女幽魂》知名度在相关公众的范围以及作用、功能上的区别，指出前者知名度主要是对涉案商标在游戏从业者、玩家等相关公众中发挥的识别功能产生强化作用；而后者知名度主要在于提升了影视作品的口碑、影响和价值，同时可能为导演、编剧、演员等相关影视作品创作参与者赢得肯定，但相关公众并不会因此产生商品来源指向的识别或联想。因此，在被诉行为发生时，由于涉案商标知名度的影响，计算机游戏商品的相关公众容易将使用涉案商标的“倩女幽魂”游戏与网易公司联系起来，而非仅仅将“倩女幽魂”视为关于游戏内容的介绍。泰奇公司关于通用名称的上诉理由不成立。

其次，关于商标权与电影作品名称权利冲突的问题，泰奇公司辩称于2015年获得电影《倩女幽魂》(1987年)著作权人授权许可在游戏中使用“倩女幽魂3D”作为游戏名称。合议庭参考了《最高人民法院关于审理商标授权确权行政案件若干问题的规定》(以下简称商标授权确权司法解释)第二十二条“对于著作权保护期限内的作品，如果作品名称、作品中的角色名称等具有较高知名度，将其作为商标使用在相关商品上容易导致相关公众误认为其经过权利人的许可或者与权利人存在特定联系，当事人以此主张构成在先权益的，人民法院予以支持”的规定，以及北京市高级人民法院“功夫熊猫”案的裁判思路，审查认为，首先，由于使用“倩女幽魂”作为名称的影视作品有多部，其中1960年上映的电影《倩女幽魂》明显更在先使用该作品名称（而且根据《著作权法》第二十一条第三款的规定，电影作品的发表权和经济权利的保护期为50年，截止于作品首次发表后第50年的12月31日，因此1960年上映的电影《倩女幽魂》属于已超出著作权保护期限的作品，不符合前述商标授权确权司法解释第二十二条的规定），因此泰奇公司仅以其获得了电影《倩女幽魂》（1987年）著作权人的授权许可为由，主张可以合法使用电影作品名称“倩女幽魂”的理由尚不充分。其次，泰奇公司作为游戏开发商，对于2015年时涉案“倩女幽魂 online”商标在计算机游戏的知名度和显著性相比一般公众而言应当更为了解，应当知道其后续在计算机游戏同类或类似商品中使用的用于识别商品来源的商标、名称、标识等，对涉案商标应尽合理避让义务，以此防止计算机游戏商品相关公众产生混淆；而泰奇公司2015年获得著作权授权的目的之一却恰恰是将“倩女幽魂3D”作为开发游戏的名称并在商业宣传推广活动中使用，其行为难言善意。

编写人：广州知识产权法院　朱文彬　邓志愿　罗炜

（编辑：刘合安）

# 39

# 松田公司等与味魔师公司侵害商标权及不正当竞争纠纷案

阅读提示：应如何准确把握作为商标权在先权利抗辩的著作权产生标准以及侵权比对标准？

**【裁判要旨】**

由于知识产权的无形性，因此同一载体、对象、标识可能存在不同的知识产权，对此应当依据不同知识产权的特征及其产生标准予以审查。并且，在不同知识产权侵权以及不正当竞争仿冒混淆认定中都存在相同或近似比对的问题。因此，在面对可能存在不同知识产权的同一对象的比对标准上，要避免存在对象同一则比对标准同一的认识误区。

**【案号】**

一审：广东省广州市黄埔区人民法院（2019）粤 0112 民初 1925 号

二审：广州知识产权法院（2019）粤 73 民终 6457 号

**【案情与裁判】**

原告（上诉人）：松田公司、林某

被告（上诉人）：味魔师公司

**起诉与答辩**

松田公司、林某起诉称：林某享有涉案樱花图（详见附件 1）的著作权，并将涉案樱花图授权给案外人苏州松田公司作为商标使用，该公司申请第

1398146号注册商标（详见附件2）并将上述注册商标权转让给松田公司，并同意该公司继续使用林某享有著作权的涉案樱花图。林某和松田公司认为味魔师公司在商品上使用的被诉商标图案（详见附件3）与涉案樱花图构成实质性相似，故要求味魔师公司停止侵犯著作权的行为，停止在商品上使用侵害松田公司、林某署名权、复制权、发行权、信息网络传播权、获得报酬权的图案，并赔偿松田公司、林某经济损失100万元，同时在《广州日报》上发表声明消除因侵权行为造成的不良影响。

味魔师公司答辩称：涉案樱花图不构成作品，也无法证明林某享有著作权，且双方图案不构成实质性相似。

**一审审理查明**

2018年8月21日，国家版权局向林某颁发作品登记证书。证书载明：申请者林某于1998年8月1日创作完成美术作品《樱花》，并于1999年11月1日首次发表。登记号为国作登字-2018-F-00578556。林某于2018年11月1日出具情况说明，表示林某将创作的涉案美术作品授权给苏州松田公司作为商标使用，该公司于1998年11月申请注册商标，商标注册号为1398146。1999年10月，苏州松田公司将上述注册商标权转让给松田公司，并同意该公司继续使用林某享有著作权的涉案樱花图。

苏州松田公司原法定代表人于2018年11月8日出具情况说明显示，林某创作完成了涉案樱花图授权给苏州松田公司使用，该图案获准注册，商标注册号为1398146。后该公司搬迁至上海，成立松田公司，该商标由松田公司持有并使用。对松田公司使用涉案樱花图的行为不持异议，对林某享有涉案樱花图著作权的事实也不持异议。

2016年10月16日，广东省深圳市深圳公证处出具的公证书显示，在淘宝网搜索“樱花甲基”所得的甲基麦芽酚香精产品正面左上角印有被诉商标图案，松田公司、林某确认其主张的侵权图案就是该图案，味魔师公司确认该商品系其公司生产，也确认使用了上述图案。

2019年1月29日，松田公司、林某的委托代理人登陆www.vemos.cn网站，查看“餐饮专区”页面，依次点击页面左侧列表栏中的名目，对显示的相应的页面内容进行浏览、截图。公证书截图页面显示味魔师公司成立于2008年，从事肉制品无磷技术开发和无磷产品制造。

松田公司、林某主张其美术作品与涉案商品上使用的被诉商标图案构成实质性相似。味魔师公司的商标图完全包括了松田公司、林某作品独创性的表达，两个图形都有统一整体，均包括形成环形的相连的五朵花瓣并且中心的花蕊大小与花瓣相近，同时花瓣与花蕊均相符对应向外凸起，两个图形整体形式、构图安排、黑白色调一致，具有相同的表现形式，两者造型均古朴典雅，有相同美感。味魔师公司认为其使用的被诉商标图案与松田公司、林某的作品完全不同。味魔师公司在商品上使用的被诉商标与松田公司、林某涉案樱花图经比对，两者“樱花”部分的颜色背景、线条不同，观感上一横一纵，整体形象不同，不构成实质性相似。

味魔师公司成立于2008年12月16日，经营范围为香料、香精制造，食品添加剂制造等。2004年3月7日，江某申请注册了第3286109号商标，经续展有效期至2024年3月6日。2014年3月6日，江某与味魔师公司签订商标许可协议，约定味魔师公司以普通许可的方式使用江某的注册商标。味魔师公司是上述注册商标的合法使用人。

**一审判理和结果**

一审法院认为，本案中，味魔师公司生产的被诉产品外包装上印制了被诉商标图案作为标识商品来源之用，松田公司、林某指称该行为侵害其著作权。本案有以下争议焦点：一是涉案樱花图是否构成美术作品；二是如果构成美术作品，被诉行为是否为著作权法规制的侵权行为；三是如果构成侵权，味魔师公司的责任承担如何认定。

《中华人民共和国著作权法实施条例》第二条规定，著作权法所称作品，是指文学、艺术和科学领域内具有独创性并能以某种有形形式复制的智力成果；第四条第（八）项规定，美术作品，是指绘画、书法、雕塑等以线条、色彩或者其他方式构成的具有审美意义的平面或者立体的造型艺术作品。由上述定义可知，松田公司、林某主张的涉案樱花图具备美术作品的属性，可以认定为美术作品，且松田公司、林某提交的证据能证明涉案作品的著作权为林某所有并授权松田公司使用。

经比对，松田公司、林某享有作品权利的涉案樱花图与味魔师公司使用的被诉商标图案之间虽主题相同，但表现手法不同，不构成实质性相似，故松田公司、林某主张请求保护著作权项下的署名权、复制权、发行权、信息网络传播权、获得报酬权，无事实与法律依据，其诉讼请求不应得到支持。

一审法院根据《中华人民共和国著作权法》第三条、《中华人民共和国著作权法实施条例》第二条、第四条第（八）项之规定，判决驳回松田公司、林某的全部诉讼请求。

**上诉与答辩**

一审宣判后，松田公司、林某、味魔师公司均向广州知识产权法院提起上诉。

松田公司、林某上诉称：1. 一审判决认定涉案樱花图与味魔师公司被许可使用的第 3286109 号注册商标中的樱花图案不构成实质性相似是错误的。涉案樱花图是林某 1998 年出于运营公司、注册商标的需要，通过手绘一次创作完成的，不存在专业美术作品的创作底稿文件，且手绘的草稿也未能保存，但其能提交充分证据证明苏州松田公司和松田公司是涉案樱花图最早公开者和最先使用者、林某是涉案樱花图的作者。通过比对可见，涉案樱花图与第 3286109 号注册商标中的樱花图案在线条设计、构图上完全一致，表现手法相同，构成实质性相似。2. 味魔师公司侵犯松田公司和林某著作权的主观故意明显，且侵权时间长、数额大、情节比较严重。味魔师公司明显是在知晓涉案作品的情况下，未经许可将松田公司的智力成果用作自己的商标注册申请图样，其注册行为缺乏正当性，应予制止。因此，松田公司、林某要求的 100 万元赔偿和消除影响的诉讼请求应予支持。请求撤销一审判决，改判支持松田公司、林某的全部诉讼请求。

味魔师公司答辩称：1. 一审法院部分事实认定错误，松田公司和林某提供的证据无法证明涉案图案为林某独立创作，也无法证明林某是著作权人；2. 一审法院关于味魔师公司使用的第 3286109 号注册商标中的樱花图案与松田公司、林某涉案樱花图不构成实质性相似、不侵犯著作权的认定正确；3. 本案是松田公司因涉嫌商标侵权被味魔师公司提起诉讼后［案号（2018）粤 0111 民初 8946 号］，为拖延诉讼而提起的，具有恶意诉讼的嫌疑，意图混淆著作权实质性相似与商标近似的判断标准，且涉案作品著作权登记证书系味魔师公司起诉松田公司商标侵权后，林某为应对诉讼而事后办理的。

味魔师公司上诉请求：1. 将一审判决中关于“原告提交的证据能证明涉案作品的著作权为原告林某所有”的认定改为认定松田公司和林某提交的证据不

能证明涉案作品的著作权为林某所有，维持一审判决结果；2. 本案诉讼费用全部由松田公司和林某承担。事实和理由：1. 松田公司和林某提供的证据无法证明涉案图案为林某独立创作完成，也无法证明林某是著作权人；2. 第 3286109 号注册商标中的樱花图案与林某的涉案樱花图不构成实质性相似，不侵犯著作权，同意一审法院对此作出的认定。

松田公司、林某答辩称：1. 林某是涉案樱花图的作者，拥有该作品的著作权；2. 林某的涉案樱花图与自然界和商标中的樱花图案存在显著不同，具有独创性，构成美术作品，味魔师公司使用的第 3286109 号注册商标中的樱花图案与涉案樱花图不存在独创性差异，构成实质性相似；3. 在（2018）粤 0111 民初 8946 号案中，一审法院认定松田公司使用的商标标识（以下简称 8946 号案被诉图案，详见附件 4）与第 3286109 号注册商标构成相似，如果依据相同的标准进行判断，本案的涉案樱花图与第 3286109 号注册商标更加相似。

**二审审理查明**

二审查明事实与一审查明事实基本一致。

**二审判理与结果**

二审法院认为，二审的争议焦点为：1. 林某主张其享有涉案樱花图的美术作品著作权是否成立；2. 在著作权法的体系中，涉案樱花图与被诉商标是否构成实质性相似。鉴于本案一审在 2019 年 11 月 1 日前，故本案应适用 2013 年修正的《中华人民共和国商标法》。

1. 关于林某主张其享有涉案樱花图的美术作品著作权是否成立的问题

《中华人民共和国著作权法实施条例》第二条规定，著作权法所称作品，是指文学、艺术和科学领域内具有独创性并能以某种有形形式复制的智力成果；第四条第（八）项规定，美术作品是指绘画、书法、雕塑等以线条、色彩或者其他方式构成的有审美意义的平面或者立体的造型艺术作品。《中华人民共和国商标法》第八条规定，任何能够将自然人、法人或者其他组织的商品与他人的商品区别开的标志，包括文字、图形、字母、数字、三维标志、颜色组合和声音等，以及上述要素的组合，均可以作为商标申请注册。据此，具有审美意义的平面造型艺术设计如图形或图文组合等，既有可能构成美术作品，同时在其作为图形商标或图文组合商标申请核准注册后也可能属于注册商标。但应当注意的是，著作权和商标权至少存在以下区别：第一，二者的保护客体不同，著作权保护的作品是具有独创性的智力成果，目的在于令观众得以学习、体会和欣赏合法传播的思想、情感的独创性表达，追求文化成果的多样性；商标权保护的商标是在商业活动中用于识别商品来源的标识，目的在于通过商标节约相关公众搜索和识别商品的成本，同时激励和鞭策商标权人维持与其商标知名度相符的持续稳定的商品品质，追求商标标识的显著性。第二，二者的保护期限不同，注册商标专用权的保护期为自核准注册之日起十年，期满后不续展则注销；美术作品的著作权保护期自创作完成之日起计算，其中作者的署名权、修改权、保护作品完整权的保护期不受限制，发表权和著作权中的财产权利的保护期，公民为作者的则为作者终生及其死亡后五十年，法人或者其他组织的作品则为五十年。第三，二者的保护范围不同，注册商标专用权以核准注册的商标和核定使用的商品或服务为限，商标禁用权也只是扩展至符合其知名度大小的近似商标和类似商品的范围内，只有在商标知名程度非常高达到驰名程度时，才存在跨越商品类别保护的可能；著作权则以作品相同或构成实质性相似来确定保护范围，对于作为作品传播载体的商品或服务的类别在一般情况下没有加以限定。第四，从保护效力和民事责任的角度而言二者亦存在区别，根据《中华人民共和国商标法》第四十九条和第六十四条，注册商标三年不使用有相应的“撤三”制度约束其保护效力，注册商标专用权人不能证明此前三年内实际使用过该注册商标，也不能证明因侵权行为受到其他损失的，被诉侵权人不承担赔偿责任；而著作权则在复制、传播、使用等方面没有相应的权利约束和限制。因此，鉴于著作权相对于商标权具有保护客体不同、保护期限长、保护范围广、受市场因素约束小等特性，当主张著作权作为商标权的在先权利予以保护时，应当对是否构成作品以及主张人是否属于著作权人予以严格审查，并对著作权的保护范围施以合理限制，不应使在先著作权获得接近甚至超过驰名商标跨类保护的保护范围和保护力度，否则就与商标法依法、严格、有限保护在先权利的立法本意不符。

本案中，第一，林某是在2018年味魔师公司向广东省广州市白云区人民法院起诉松田公司等侵害商标权纠纷后才向国家版权局申请作品登记，从申请作品登记的时间节点而言，味魔师公司对林某存在为应对前案商标侵权诉讼而进行作品登记的质疑有一定的合理性，因此二审法院认为仅凭该作品登记不足以认定林某享有涉案樱花图的美术作品著作权，林某应当对其享有著作权另行充分举证证明。第二，松田公司和林某称涉案樱花图是林某在草稿纸上一次创作完成的，不存在美术作品的初稿、线条稿、填色稿等创作底稿文件；并且由于时代久远等原因，林某手绘的草稿纸也未能保存，即林某不能提供涉案樱花图创作过程的相关证据。第三，虽然第 1398146 号商标是苏州松田公司于 1998 年 11 月 10 日申请并于 2000 年 2 月 21 日初审公告，然而正如前述关于著作权与商标权区别的分析所言，由于著作权相对于商标权具有保护客体不同、保护期限长、保护范围广、受市场因素约束小等特性，故申请人将图文组合作为商标在某类商品或服务上申请注册以及在商品经营中使用商标的行为，只能证明申请人的意思表示是希望获得商标权并应接受商标法关于商标权的保护和规制，而不能直接证明申请人同时获得该“图文组合”的美术作品著作权。否则，会得出这样一个结论：申请人在某类商品或服务上申请商标注册享有注册商标专用权的同时，对于该“商标标识”便可直接享有不存在商品或服务类别使用限制的著作权，进而对他人在其他商品或服务类别上在后注册的近似商标产生在先权利，并实质获得接近甚至超过驰名商标跨类保护的保护范围和保护力度。这种结论，明显与《中华人民共和国商标法》和《中华人民共和国著作权法》的立法本意不符，也不当扩张了知识产权的边界，否则容易导致不恰当的权利冲突。综合以上三方面，二审法院认为林某和松田公司的证据不足以证明林某享有涉案樱花图的美术作品著作权，一审法院对该部分的认定有误，二审法院予以纠正。

2. 关于在著作权法的体系中涉案樱花图与第 3286109 号商标是否构成实质性相似的问题

林某和松田公司上诉认为，既然广东省广州市白云区人民法院在（2018）粤 0111 民初 8946 号民事判决中认定松田公司使用 8946 号案被诉图案与味魔师公司第 3286109 号注册商标构成近似，同时涉案樱花图中的图形部分与 8946 号案被诉图案的图形部分相比，明显与第 3286109 号注册商标的图形部分更加相似，那么根据（2018）粤 0111 民初 8946 号案一审的判断标准，本案中涉案樱花图与第 3286109 号注册商标应构成实质性相似。

以上上诉理由实质上是商标近似混淆与作品实质性相似的认定标准问题。关于商标近似混淆的认定，参照《最高人民法院关于审理商标授权确权行政案件若干问题的规定》第十二条的规定，法院应当综合考量如下因素以及因素之间的相互影响，认定是否容易导致混淆：商标标志的近似程度、商品的类似程度、请求保护商标的显著性和知名程度、相关公众的注意程度、其他相关因素，主观意图以及实际混淆的证据可以作为判断混淆可能性的参考因素。据此，商标近似混淆的认定包括“标”与“商”两方面的考虑，既要从“标”的角度考虑商标标志构成要素及其整体的近似程度，也要从“商”即市场的角度考虑商标的显著性和知名度、所使用商品的关联类似程度、相关公众的注意程度等因素。比如，请求保护的商标具有较高的知名度和显著性，即使商标标志构成要素本身近似程度弱一些，也可能造成混淆；又如，相关公众注意程度低的商品，在其他因素相当的情况下，更容易造成混淆。关于作品实质性相似的认定，《中华人民共和国著作权法实施条例》第二条规定，作品是指文学、艺术和科学领域内具有独创性并能以某种有形形式复制的智力成果，因此作品实质性相似是指作品的独创性表达实质相似，一般而言，首先应采用思想与表达二分法将不属于著作权法保护对象的思想和公知领域的部分予以排除，再将具有独创性表达的部分进行比较判断。因此，比较商标近似混淆与作品实质性相似的认定，二者最关键的区别在于商标近似混淆认定以“商”的因素即市场因素作为必要要件，而作品实质性相似认定不以市场因素为必要要件。

具体到本案中，由于商标近似混淆与作品实质性相似的认定标准具有明显区别，即使8946号案被诉图案与第3286109号注册商标构成近似，也不能据此得出涉案樱花图与第3286109号注册商标构成实质性相似的结论，林某和松田公司的该项上诉理由于法无据，一审法院关于涉案樱花图与第3286109号注册商标比对不构成实质性相似的结论正确，二审法院予以维持；况且如前所述，林某和松田公司的证据不足以证明林某享有涉案樱花图的美术作品著作权，因此一审法院驳回林某和松田公司诉讼请求的认定正确，二审法院予以维持。

综上，二审法院依照《中华人民共和国民事诉讼法》第一百七十条第一款第（一）项规定，判决：驳回上诉，维持原判。

## 【法官评述】

由于知识产权的无形性，因此同一载体、对象、标识可能存在不同的知识产权，对此应当依据不同知识产权的特征及其产生标准予以审查。例如，《著作权法实施条例》第四条第（八）项规定，美术作品是指绘画、书法、雕塑等以线条、色彩或者其他方式构成的有审美意义的平面或者立体的造型艺术作品；《专利法》第二条规定，外观设计专利保护的是富有美感并适于工业应用的新设计；《反不正当竞争法》第六条规定，经营者不得擅自使用与他人有一定影响的商品名称、包装、装潢等相同或者近似的标识，引人误认为是他人商品或者与他人存在特定联系；2019年《商标法》第八条规定，任何能够将自然人、法人或者其他组织的商品与他人的商品区别开的标志，包括文字、图形、字母、数字、三维标志、颜色组合和声音等，以及上述要素的组合，均可以作为商标申请注册。根据上述不同知识产权的相关规定，具有审美意义的同一个平面造型艺术设计如图形或图文组合，本身有可能构成美术作品，用于工业应用并经申请授权后可能构成外观设计专利，经使用成为有一定影响的商品装潢后则可能获得反不正当竞争法的保护，同时在其作为图形商标或图文组合商标申请核准注册后也可能属于注册商标。并且，正因为在不同知识产权侵权以及不正当竞争仿冒混淆认定中都存在相同或近似比对的问题，因此在面对可能存在不同知识产权的同一对象的比对标准上，要避免存在认为对象同一则比对标准同一的认识误区。

例如本案中商标近似混淆与作品实质性相似的认定所存在的区别，同样存在于商标近似混淆与外观设计专利近似比对中。究其原因，是由不同知识产权保护客体和保护目的存在区别产生的：著作权保护的作品是具有独创性的智力成果，目的在于令观众得以学习、体会和欣赏合法传播的思想、情感的独创性表达，追求文化成果的多样性；外观设计专利保护的是富有美感并适于工业应用的新设计，其保护的落脚点在于设计的美感效果；商标权保护的商标是在商业活动中用于识别商品来源的标识，目的在于通过商标节约相关公众搜索和识别商品的成本，同时激励和鞭策商标权人维持与其商标知名度相符的持续稳定的商品品质，追求商标标识的显著性；而《反不正当竞争法》所保护的有一定影响的商品装潢是指由于权利人的使用而使该装潢具有一定的显著性和知名程度因而可以发挥识别商品来源的作用，禁止他人使用是为了防止相关公众在商业活动中产生混淆，保护的是因装潢的显著性而产生的识别功能。从上述分析可以发现，商标权与有一定影响的商品装潢保护有共同的落脚点在于因显著性而产生的识别功能，故二者在近似混淆判断上也比较接近，《最高人民法院关于审理不正当竞争民事案件应用法律若干问题的解释》第四条也规定了认定与知名商品特有名称、包装、装潢相同或者近似，可以参照商标相同或者近似的判断原则和方法；而著作权和外观设计专利权保护的客体和目的均与商标权存在较大差异，因此对二者进行近似比对时均不必考虑市场因素和使用因素，这是司法实践中面对可能存在不同知识产权的同一对象所采用的比对标准时应当加以重点关注的一个问题。

编写人：广州知识产权法院　朱文彬　邓志愿　罗炜

（编辑：刘合安）

附件 1：

| | |
|---|---|
| 涉案樱花图 |  |

附件 2：

| | |
|---|---|
| 第 1398146 号注册商标 |  |

附件 3：

| | |
|---|---|
| 被诉第 3286109 号注册商标 |  |

附件 4：

| | |
|---|---|
| 8946 号案被诉图案 |  |

# 40

# 卡拉威公司诉华夏帽业公司侵害商标权及不正当竞争纠纷案

**阅读提示：当事人事先约定是否可以作为确定知识产权纠纷案件损害赔偿数额的依据？**

## 【裁判要旨】

权利人与侵权人就侵权赔偿进行事先约定，是双方就将来发生侵权时对侵权赔偿数额所预先达成的一种计算方法。当侵权行为实际发生时，权利人有权按照合同约定的赔偿方式主张权利，在无法律规定无效等情形下，人民法院可直接以权利人与侵权人的事先约定作为确定侵权损害赔偿数额的依据。

## 【案号】

一审：广东省广州市海珠区人民法院（2018）粤0105民初19199号

二审：广州知识产权法院（2019）粤73民终5977号

## 【案情与裁判】

原告（被上诉人）：卡拉威公司

被告（上诉人）：华夏帽业公司

**起诉与答辩**

卡拉威公司起诉称：卡拉威公司享有第7683422号“Callaway”注册商标专用权，核定使用商品包括第25类帽子的帽檐、帽、有帽檐的帽等，专用权期限为2011年1月14日至2021年1月13日。华夏帽业公司是一家从事各类帽子和服饰生产销售的公司，在参加第121届中国进出口商品交易会（以下简称广交会）期间，华夏帽业公司展位上摆放的产品目录宣传册及广告牌上使用了“Callaway”标识，侵犯了卡拉威公司的注册商标专用权。卡拉威公司向广交会知识产权和贸易纠纷投诉接待站发起投诉，华夏帽业公司为避免投诉记录的不良影响，主动请求和解，于2017年5月5日签订《承诺书》，约定华夏帽业公司在第121届广交会上撤展上述产品目录宣传册及广告牌上的侵权商标标识，并不再生产销售侵犯卡拉威公司享有知识产权的产品，不再展出侵犯卡拉威公司知识产权的宣传材料，如违反承诺再次侵权，愿意支付卡拉威公司100万元作为重复侵权的约定赔偿。然而，华夏帽业公司在2018年5月4日参加第123届广交会期间，再次在其产品目录宣传册中使用“Callaway”商标标识，侵犯了卡拉威公司的注册商标专用权，违反了华夏帽业公司自愿签订的《承诺书》的不侵权承诺，华夏帽业公司应当按照《承诺书》的约定承担责任。故卡拉威公司请求法院判令华夏帽业公司：1. 立即停止侵犯卡拉威公司第7683422号注册商标专用权的行为；2. 赔偿卡拉威公司经济损失100万元（包括卡拉威公司为制止侵权所发生的合理费用）；3. 承担本案的诉讼费。卡拉威公司在本案诉讼过程中变更上述第一项诉讼请求为华夏帽业公司立即停止侵犯卡拉威公司第7683422号注册商标专用权和不正当竞争行为，具体为停止在展会上展出带有卡拉威公司注册商标的产品目录宣传册，停止在华夏帽业公司官方网站（www.huaxiacap.com）上使用卡拉威公司注册商标。

**一审审理查明**

卡拉威公司是第7683422号“Callaway”注册商标的商标权人。卡拉威公司在第121届广交会参展期间向广交会知识产权和贸易纠纷投诉接待站投诉华夏帽业公司侵权，华夏帽业公司于2017年5月5日向卡拉威公司出具《承诺书》，承诺如下：1. 主动在第121届广交会上撤展上述产品目录宣传册及广告牌上的侵权商标标识。2. 以后不生产、销售侵犯卡拉威高尔夫公司（CALLAWAY GOLF COMAPNY）等公司的知识产权的产品，不再展出侵犯任何上述公司知识产权的宣传材料。3. 本承诺书签署后如发现承诺人违反本协议内容，以任何方式侵犯上述任一公司的知识产权的，承诺人愿意支付任何上述公司人民币100万元整，作为重复侵权的约定赔偿；本承诺书自签署之日起生效。

2018年5月4日，卡拉威公司发现华夏帽业公司在第123届广交会期间，在宣传册及网站使用卡拉威公司第7683422号商标，对其与卡拉威公司关系进行引人误解的商业宣传。卡拉威公司以华夏帽业公司存在商标侵权与不正当竞争行为为由提起诉讼。

**一审判理和结果**

一审法院经审理认为，华夏帽业公司使用第7683422号商标构成不正当竞争。关于赔偿数额的问题，本案可以适用华夏帽业公司承诺再次侵权自愿赔偿100万元的数额作为本案的赔偿数额。因此，卡拉威公司在本案中主张华夏帽业公司就其不正当竞争行为赔偿100万元合理合法，一审法院予以支持，对华夏帽业公司不同意赔偿及不同意赔偿100万元的抗辩意见均不予采纳。故判决：一、华夏帽业公司自判决生效之日起停止在其宣传册上使用卡拉威公司第7683422号商标，停止在其www.huaxiacap.com网站上使用卡拉威公司第7683422号商标；二、华夏帽业公司在判决生效之日起十日内赔偿卡拉威公司经济损失人民币100万元（包括维权支出）；三、驳回卡拉威公司的其他诉讼请求。

**上诉与答辩**

一审判决后，华夏帽业公司不服一审判决，向广州知识产权法院提起上诉称：1.华夏帽业公司为品牌代工企业，卡拉威公司为品牌运营商，双方之间并不存在竞争关系，因此华夏帽业公司不构成不正当竞争。2.即便华夏帽业公司构成不正当竞争，一审判决华夏帽业公司承担100万元赔偿金额过高。华夏帽业公司出具的《承诺书》系确认华夏帽业公司构成商标侵权，并在此基础上承诺如再发生侵犯知识产权行为，支付100万元约定赔偿。但实际上华夏帽业公司的行为仅构成不正当竞争，并不构成商标侵权，华夏帽业公司的行为并未侵犯卡拉威公司的知识产权，因此本案不应适用100万元的约定赔偿。3.华夏帽业公司不正当竞争行为情节轻微，且发现后立即作了整改，卡拉威公司没有任何证据证明华夏帽业公司的不正当竞争行为给卡拉威公司造成了经济损失。卡拉威公司商标非驰名商标，也没有较高的商业价值，一审法院认定其损失远超过100万元，华夏帽业公司对此不认同。

卡拉威公司答辩称，华夏帽业公司与卡拉威公司存在竞争关系且实施了不正当竞争行为。华夏帽业公司实施的不正当竞争行为属于《承诺书》中约定的侵权行为，华夏帽业公司应当按照《承诺书》承担赔偿责任。

**二审审理查明**

二审查明事实与一审查明事实一致。

**二审判理和结果**

二审法院经审理认为，本案的争议焦点是一审法院适用赔偿方式以及判赔金额是否适当。权利人与侵权人就侵权损害赔偿数额作出的事先约定，是双方就未来发生侵权时权利人因被侵权所受到的损失或者侵权人因侵权所获得的利益所预先达成合意的一种计算方法，并未被《中华人民共和国反不正当竞争法》《中华人民共和国侵权责任法》等相关法律法规所禁止，任何人基于法律的规定均负有不侵害他人合法权益的义务，且有权基于侵权责任而在当事人之间作出分配权利义务的处分权和合同性安排。按照私法自治原则，事先约定赔偿是当事人自由意志的表现，法院应尊重当事人的意思，在无法律规定无效等情形下，权利人就有权按照合同约定的赔偿方式主张权利，故一审法院判决的赔偿金额并非过高。一审法院基于权利人的主张选择适用约定赔偿方式并非基于责任竞合，而是基于合同约定，将事先约定作为确定本案赔偿方式的依据。华夏帽业公司在进行民事活动中违背诚信原则，实施了侵害卡拉威公司的知识产权行为被发现后出具《承诺书》作为往后的不侵权允诺与担保，其再次实施侵权行为则背离了自己的承诺，触发了《承诺书》适用的条件，应承担侵权所要付出的代价。

综上，二审法院判决：驳回上诉，维持原判。

## 【法官评述】

确定知识产权损害赔偿数额是知识产权保护的核心问题。由于知识产权的无形性及价值的不确定性，虽然现行知识产权各单行法已规定四种计算方法，仍难以满足司法实践需要。本案中，权利人与侵权人对未来发生侵权赔偿预先达成合意的计算方法，可以适用当事人事先约定作为确定损害赔偿额的依据。引入事先约定计算方法可基于当事人意思自治快速确定赔偿数额，免去权利人就实际损失、侵权获利所负的举证责任及法院计算繁复，权利人主张权利时可以根据案情准确计算出赔偿数额。不仅不正当竞争纠纷中可采纳该计算方法，在各类知识产权纠纷案件中均有适用的空间。

适用事先约定赔偿计算方法，是人民法院创新计算方法、拓宽裁判思路的举措，符合当事人预期选择，亦可一定程度上破解“举证难、赔偿低、周期长、成本高”难题。该制度设计体现了人民法院在知识产权损害赔偿问题上，探索为人民提供公正、高效司法保护路径的积极姿态，充分发挥司法保护知识产权的主导作用。

编写人：广州知识产权法院　蒋华胜　潘星予

（编辑：李博雅）

# 41

# 科莱恩德国公司等与金凯公司不正当竞争纠纷案

阅读提示：发送专利侵权警告函的行为是否构成商业诋毁？

**【裁判要旨】**

某一行为是否构成商业诋毁，其判定标准是该行为是否属于编造、传播虚假信息或者误导性信息，对竞争对手的商业信誉或商品声誉是否造成了损害。具体到发送侵权警告函的行为是否构成商业诋毁，应审查侵权警告函的内容是否存在虚假信息或者误导性信息，即具体的侵权警告函所披露的信息是否足够充分。通常而言，权利人在侵权警告函中披露了权利人的专利、收函方涉嫌侵权的产品、涉嫌侵权的理由以及涉嫌侵权行为的性质等信息，即可认定权利人披露信息的充分性。

**【案号】**

一审：广东省广州市黄埔区人民法院（2018）粤 0112 民初 3043 号

二审：广州知识产权法院（2019）粤 73 民终 3552 号

**【案情与裁判】**

原告（上诉人）：科莱恩德国公司、科莱恩中国公司、科莱恩上海公司

被告（被上诉人）：金凯公司

## 起诉与答辩

科莱恩德国公司、科莱恩中国公司、科莱恩上海公司（以下合称科莱恩公司）起诉称：科莱恩（Clariant）是全球处于领先地位的特种化工产品公司。科莱恩德国公司是科莱恩在德国设立的公司，是“EXOLIT”商标权人及 Exolit OP1230 阻燃剂相关专利的专利权人。Exolit OP1230 是“EXOLIT”系列无卤阻燃剂产品之一，是科莱恩的知名产品，该产品从 2007 年开始在中国销售，在相关市场享有较高的知名度。科莱恩中国公司、科莱恩上海公司是科莱恩在中国投资设立的公司，负责在中国境内批发、销售科莱恩产品（包括 Exolit OP1230 等）相关事宜及法律事务的处理等。

金凯公司成立于 2006 年 1 月 10 日，从事化学试剂和助剂制造、专项化学用品制造、有机化学原料制造等业务。金凯公司与科莱恩公司都处于化工领域，具有竞争关系，金凯公司的 BEP-22E 系列和 BEP-F22 无卤阻燃剂产品与科莱恩公司的 Exolit OP1230 无卤阻燃剂产品是竞争产品。

从 2015 年 4 月开始，科莱恩公司的经销商和客户先后收到金凯公司发出的五个系列不同内容的警告信或律师函，金凯公司在侵权警告中指称 Exolit OP1230（CLARIANT）阻燃剂产品侵犯金凯公司的多项专利权，涉嫌构成专利侵权；或者在侵权警告中告知科莱恩公司的专利已被专利复审委[①]宣告无效等内容，但是在侵权警告中并没有附明确的侵权比对证据。金凯公司向科莱恩公司经销商或客户发出的五个系列警告函没有附明确的侵权比对证据，并且散布引人误解的信息，实质是在实施不正当竞争行为。金凯公司持续向科莱恩公司的经销商和客户发函的行为具有主观恶意，其目的就是破坏公平交易秩序，通过实施不正当竞争行为以达到抢占市场的目的。金凯公司的不正当竞争行为严重干扰了科莱恩公司的生产、经营活动，损害了科莱恩公司的商业信誉、商品声誉，给科莱恩公司造成了巨大的经济损失和商誉损失。

基于上述事实和理由，科莱恩公司请求法院判令：1. 金凯公司停止不正当竞争行为，即停止向科莱恩公司的经销商和客户发出与科莱恩公司或者科莱恩公司产品相关的警告函以及投诉；2. 金凯公司在《中国知识产权报》上连续一周刊登声明消除影响，并明确撤回向科莱恩公司经销商和客户发出的侵权警告

---

① 现国家知识产权局专利局复审和无效审理部。

（内容须经科莱恩公司同意）；3. 金凯公司赔偿科莱恩公司经济损失人民币500万元（含合理支出人民币150万元）；4. 金凯公司承担本案全部诉讼费用。

金凯公司答辩称：金凯公司的发函行为不构成对科莱恩公司的不正当竞争，而是属于正当维权行为。金凯公司在发送警告函时，所依据的专利均合法有效，警告函仅仅客观陈述事实，不存在捏造事实的情形，且金凯公司已尽到必要的谨慎注意义务，在发函的同时尽可能全面客观地提供了与函件内容有关的资料，足以证明警告函内容的客观性。科莱恩公司索赔人民币500万元的诉讼请求没有依据。

**一审审理查明**

诉辩双方均生产、销售无卤阻燃剂产品，对产品生产方法均申请了相关专利，经营范围均为化工领域，具有竞争关系。在本案中，科莱恩公司生产、销售的涉案产品 Exolit OP1230 无卤阻燃剂产品与金凯公司多项专利下的 BEP-22E 系列和 BEP-F22 系列无卤阻燃剂产品形成直接的竞争关系。经当事人确认，科莱恩公司早于金凯公司在中国境内销售阻燃剂产品（包括涉案的 Exolit OP1230 无卤阻燃剂产品），且科莱恩公司的产品市场份额远高于金凯公司。

科莱恩德国公司拥有优先权日为2003年12月19日、应用在 Exolit OP1230 阻燃剂产品上的 ZL200410104691.6 号专利。该专利于2014年12月26日被宣告全部无效。

金凯公司拥有以下四个专利：ZL201310061973.1（以下简称专利1，申请日为2013年2月27日）、ZL201410251925.3（以下简称专利2，申请日为2013年2月27日，2016年10月25日被宣告全部无效）、ZL201310753931.4（以下简称专利3，申请日为2013年12月31日，2017年8月11日被宣告全部无效）、ZL201410001027.2（以下简称专利4，申请日为2014年1月2日）。

检测单位上海微谱化工技术服务有限公司于2015年10月20日出具检测报告，载明 Exolit OP1230 产品落入专利2的权利保护范围。检测单位国家非金属矿深加工产品质量监督检验中心于2016年5月27日出具检验报告，载明 Exolit OP1230 产品未落入专利2的权利保护范围。检测单位上海微谱化工技术服务有限公司2016年8月29日出具检测报告，载明 Exolit OP1230 产品氯含量未侵犯金凯公司专利3的专利权。

2015年11月27日至2017年7月11日，金凯公司与科莱恩公司及其经销商、客户之间因专利侵权、不正当竞争、确认不侵害专利权共提起8件诉讼或行政处理案件。其中，3件因专利权被宣告无效而申请撤回起诉或被驳回起诉，2件申请撤回起诉，1件中止审理，另（2015）粤知法专民初字第1997号案（专利3，判决时间2016年5月8日）判决东莞市正显电子材料有限公司停止侵权及赔偿金凯公司经济损失，（2017）粤0112民初2110号案判决驳回金凯公司的诉讼请求。

2015年4月20日至2017年6月8日，金凯公司通过聘用律师向科莱恩公司销售商或客户发送侵权律师函或警告函（科莱恩公司在其诉状中陈述金凯公司未向Exolit OP1230产品的生产商或者科莱恩在中国的公司发函）。律师函或警告函的主要内容为：金凯公司为专利1、专利2、专利3、专利4的专利权人（因发函对象不同所提及的专利不同），科莱恩德国公司拥有的专利已被宣告无效，发函对象的产品涉嫌专利侵权，金凯公司保留对使用侵权产品的行为追究法律责任的权利等。

科莱恩公司的客户或经销商在接收到金凯公司律师函后采取的一般做法是将律师函作为附件以电子邮件方式发送给科莱恩公司，同时在邮件内容中表达了不安、质疑、要求解释、承诺和解决问题的提议等。

2015年5月至2017年6月，科莱恩公司向其经销商或客户发出回复函，主要内容为：认为金凯公司的函件内容为虚张声势的商业伎俩并承诺其产品不构成侵权，且会积极应对；认为金凯公司的行为是滥用专利权，表明会采取相应的法律行动；对金凯公司函件内所陈述的客观情况进行了说明；保证Exolit OP1230产品不会侵犯金凯公司的专利1、专利2、专利3、专利4（因复函对象不同所提及的专利类型而不同）的专利权，并承诺如收函公司支付专利侵权赔偿金，将全额赔偿。

科莱恩公司陈述金凯公司的不正当竞争行为严重损害了其商业信誉、商品声誉，对科莱恩公司“EXOLIT”商标的知名度及美誉度造成了严重影响，给科莱恩公司造成了巨大的经济损失和商誉损失，但对该陈述未提交相关证据予以证明。

**一审判理和结果**

为保护专利而发送侵权警告是专利权人行使专利权的应有之义，但以不正当方式滥用侵权警告，损害竞争对手的合法权益，则超出权利行使范围，可以构成商业诋毁或其他不正当竞争行为。司法实践既要允许采取正当的侵权警告行为而保障专利权的行使，又要防止滥用侵权警告而保护竞争对手的合法权益。判断发送专利侵权警告这种竞争行为的不正当性或者可谴责性应当根据其具体发送情况进行认定。具体于本案而言：1. 关于发函主体和发函对象。金凯公司发送专利侵权律师函或警告函之时是涉案有效专利的专利权人，发函对象均是科莱恩公司涉嫌侵权产品的特定经销商，属于《中华人民共和国专利法》第十一条规定的涉嫌专利侵权人的范围，因此，发函主体和发函对象符合专利维权形式上的正当性。2. 关于专利侵权律师函内容的合法性。本案专利侵权律师函或警告函中明确了据以主张权利的专利、涉嫌侵权的产品、相关检测报告、向法院起诉的事实以及收函方的涉嫌侵权行为，信息披露比较充分，内容明确、真实且较为客观，措辞理性。本案科莱恩公司的涉案产品占有较大市场份额，销售商或客户众多，金凯公司发函涉及的专利亦众多，金凯公司向较多销售商或客户发函具有现实的客观性，从上文科莱恩公司与收函销售商或客户沟通情况来看，收函销售商或客户出于规避风险向科莱恩公司索求风险保障承诺也是市场主体的正常反应，科莱恩公司未有证据证明收函销售商或客户产生了误解。3. 关于注意义务。本案各方当事人的相关证据显示，由于送检涉案产品的样品状态不同、检验依据不同、检测单位不同，检测结果差异巨大，出现对当事人双方各自有利的检测报告，但当事人各方均未对涉案检测报告的真实性提出质疑，因此，可以认定金凯公司在侵权警告律师函中附上的利己的检测报告具有真实性，就涉嫌专利侵权事实的单方判断而言，可以认为金凯公司已善尽谨慎注意义务。4. 关于金凯公司滥用侵权警告的认定。区分权利滥用的关键在于主观恶意的判断，恶意即一方当事人明知其民事行为缺乏法律上的依据和事实上的根据，以损害竞争对手利益或为自己谋取不正当利益为目的。本案及纵观当事人双方间所有的涉诉涉行政处理过程而言，从未有涉案产品已决的专利侵权认定，在此情况下，难以认定金凯公司明知其专利维权民事行为缺乏法律上的依据和事实上的根据，科莱恩公司也未举出证明金凯公司具有主观恶意的直接证据。

一审法院依照《中华人民共和国民事诉讼法》第六十四条第一款、《最高人民法院关于适用〈中华人民共和国民事诉讼法〉的解释》第九十条之规定，判决驳回科莱恩公司的全部诉讼请求。

## 上诉与答辩

一审宣判后，科莱恩公司不服，向广州知识产权法院提起上诉，请求撤销一审判决，改判支持其全部上诉请求。主要事实和理由：金凯公司在2013年、2014年申请专利时早已知晓并且非常了解科莱恩德国公司在先专利和Exolit OP1230产品的相关内容，知道包括二乙基次膦酸铝在内的二烷基次膦酸盐作为阻燃剂是现有技术。而且，金凯公司五个系列侵权警告函中没有专利1和专利4侵权及侵权比对依据。金凯公司在科莱恩公司向其提起不正当竞争及确认不侵害专利权之诉后仍继续发送侵权警告函和向江苏省知识产权局申请投诉。由此可见，金凯公司未尽到发警告函前的审慎注意义务，是明知的恶意行为，不但违反了诚实信用原则和商业道德，也因“捏造、散布虚假事实，损害科莱恩公司的商业信誉、商品声誉”，构成商业诋毁。

金凯公司答辩称，科莱恩公司主张涉案产品为现有技术，应由其承担举证责任。涉案产品型号不能等同于涉案产品的技术方案，科莱恩公司主张涉案产品属于现有技术，而且在与技术方案直接相关的专利侵权程序及无效程序中，科莱恩公司未举证证明其产品属于现有技术。科莱恩公司与金凯公司就涉案阻燃剂产品持续多年申请了多项专利，也进一步证实产品涉及多个技术方案及不断发展。

## 二审审理查明

一审法院查明的事实有相应的证据佐证，二审法院依法予以确认。

二审法院另查明，科莱恩公司在一审法院2018年11月23日的庭审中主张，本案应同时适用《中华人民共和国反不正当竞争法》总则第二条的规定以及分则第十四条的规定，本案由多个不正当竞争行为构成，包括多次发函及投诉，其中发函行为构成商业诋毁，投诉及全部行为综合起来分析构成《中华人民共和国反不正当竞争法》第二条规定的侵权。

再查明，自金凯公司2015年4月向科莱恩公司的客户上海广宾公司发送侵权警告函后，科莱恩公司与金凯公司通过电子邮件协商解决纠纷和合作，双方于2015年7月7日在金凯公司处举行了会谈。根据往来邮件显示，双方最终未能达成一致意见。

## 二审判理和结果

二审法院经审理认为，本案各方争议的焦点为：1. 金凯公司发送专利侵权警告函的行为，是否构成对科莱恩公司的商业诋毁；2. 金凯公司发送专利侵权警告函以及申请行政处理的行为，是否构成对科莱恩公司的其他不正当竞争。

关于金凯公司发送专利侵权警告函的行为是否构成商业诋毁的问题。某一行为是否构成商业诋毁，其判定标准是该行为是否属于编造、传播虚假信息或者误导性信息，对竞争对手的商业信誉或商品声誉是否造成了损害。具体于本案而言，应审查侵权警告函的内容是否存在虚假信息或者误导性信息，即具体的侵权警告函所披露的信息是否足够充分。由于专利侵权判断的复杂性和专业性，披露信息是否充分应根据案件具体情况综合判断。通常而言，权利人在侵权警告函中披露了权利人的专利、收函方涉嫌侵权的产品、涉嫌侵权的理由以及涉嫌侵权行为的性质等信息，即可认定权利人披露信息的充分性。本案中，五个系列的侵权警告函系金凯公司在不同时期依据不同专利向特定的经营者发送。从警告函的具体内容来看，发函时金凯公司相应的发明专利均处于有效期内。其中部分警告函附有涉案产品落入该专利技术特征的检测报告或认定涉案产品落入该专利权保护范围的生效判决，在科莱恩公司未能举证证明金凯公司存在提供伪证，或者与相关检测机构、案件当事人存在恶意串通的情况下，金凯公司据此发函可认为相应的警告函不存在虚假情况或者误导性陈述。其他警告函只是陈述了金凯公司的专利 1、科莱恩公司的专利被宣告无效等情况，并在函件中提示发函对象对其购买、使用的“二烷基次膦酸盐”产品作出比对判断，该函件内容不存在虚假信息，且从该函件使用的措辞以及发函的对象来看，其并不足以导致收函方产生误解的结果。金凯公司依据专利 1、2 向深圳市中级人民法院起诉科莱恩中国公司后，才向科莱恩公司的特定销售商和客户发送警告函，在本案现有证据难以证明金凯公司向深圳市中级人民法院的起诉涉嫌恶意诉讼的情况下，该警告函尚不足以认定存在虚假信息或者误导性信息。综上，金凯公司发送侵权警告函的内容未含有虚假或者误导性信息。与此同时，从商业诋毁的结果要件来看，本案现有证据亦不足以证明科莱恩公司因金凯公司的发函行为遭受商业信誉或者产品声誉的损害。因此，科莱恩公司主张金凯公司发送侵权警告函的行为构成商业诋毁不能成立，广州知识产权法院不予支持。

关于金凯公司发送侵权警告函及申请行政处理的行为是否构成其他不正当竞争的问题。由于涉案专利为发明专利，依照相关法律规定，以生产经营为目的销售、使用涉嫌侵权产品均构成专利侵权，金凯公司的发函对象均是针对涉案产品的销售者和使用者，并未不正当扩大发送的范围。从本案发函的情况来看，金凯公司发函的时间主要集中在 2015 年 12 月至 2016 年 6 月，该时间段正是金凯公司与科莱恩公司协商解决纠纷和商谈合作的时期。金凯公司在该期间频繁发函不排除其增加谈判筹码和抢占市场的意图，但从本案现有证据来看，不足以认定金凯公司的发函行为系专以不正当损害他人权益为目的，故该行为不足以用反不正当竞争法的原则规定予以规制。综上，金凯公司的上述行为未违反《中华人民共和国反不正当竞争法》总则第二条的规定。

由于金凯公司的被诉行为既不构成商业诋毁，亦不属于《中华人民共和国反不正当竞争法》第二条规定的不正当竞争行为，因此，科莱恩公司对金凯公司的指控不成立，金凯公司本案中无须承担民事责任。综上，二审法院依据《中华人民共和国民事诉讼法》第一百七十条第一款第（一）项的规定，判决：驳回上诉，维持原判。

**【法官评述】**

《专利法》（2008 年修正）第六十条规定："未经专利权人许可，实施其专利，即侵犯其专利权，引起纠纷的，由当事人协商解决。"协商解决是发生侵权案件以后或可能存在侵权行为时，双方当事人直接进行磋商，以达成解决争议的处理方式。为保护专利权而发送侵权警告，可视为可能存在侵权行为时，当事人协商解决纠纷的重要途径和环节，符合法律有关鼓励当事人协商解决纠纷的规定精神，也是专利权人行使专利权的应有之义。允许当事人以专利侵权警告的方式解决争议显然有利于降低维权成本、提高纠纷解决效率和节约司法资源。《最高人民法院关于审理侵犯专利权纠纷案件应用法律若干问题的解释》第十八条规定："权利人向他人发出侵犯专利权的警告，被警告人或者利害关系人经书面催告权利人行使诉权，自权利人收到该书面催告之日起一个月内或者自书面催告发出之日起二个月内，权利人不撤回警告也不提起诉讼，被警告人或者利害关系人向人民法院提起请求确认其行为不侵犯专利权的诉讼的，人民法院应当受理。"权利人发出侵权警告被作为他人提起确认不侵权诉讼的前提条件，这也说明司法解释认可专利侵权警告。但《反不正当竞争法》第十一条同时规定："经营者不得编造、传播虚假信息或者误导性信息，损害竞争对手的商业信誉、商品声誉。”依据该规定，专利权人发送侵权警告要适当，不能滥用侵权警告而损害他人合法权益、扰乱市场竞争秩序，如果专利权人为谋求市场竞争优势或者破坏竞争对手的竞争优势，以不正当方式滥用侵权警告，损害竞争对手合法权益，则超出权利行使的范围，可以构成商业诋毁或其他不正当竞争行为。因此，发送侵权警告既可以是权利行使行为，可被用以行使和保护权利；又可以是市场竞争行为，可被用以进行市场竞争或者不正当竞争。正当的侵权警告与不正当竞争的划分涉及权利保护与维护公平竞争之间的利益平衡，要求既允许正当的侵权警告行为及保护权利的行使，又有效防止滥用侵权警告及保护竞争对手的合法权益。根据《反不正当竞争法》第十一条的规定可知，某一行为是否构成商业诋毁，其判定标准是该行为是否属于编造、传播虚假信息或者误导性信息，对竞争对手的商业信誉或商品声誉是否造成了损害。

侵权警告是属于正当维权还是构成不正当竞争，应当根据发送侵权警告的具体情况和有关法律规定进行认定。为有效发挥专利侵权警告的纠纷解决功能和维护当事人之间的利益平衡，需要适当限制侵权警告的发送条件、发送内容、发送对象范围、发送方式等，并由权利人承担不正当侵权警告行为的法律责任。就专利侵权警告的内容而言，权利人在侵权警告中依据的涉嫌侵权事实应当具有较高程度的确定性，但又不能对其确定性程度要求过高和过分，否则会妨碍侵权警告制度的正常效用和有悖此类制度的初衷。鉴于专利侵权判断的专业性、复杂性以及专利权自身效力的相对不稳定性，涉嫌侵权的检测意见被否定、专利权事后被宣告无效也非权利人当然能够预料和控制，因此权利人据以主张权利的部分专利事后部分被宣告无效、涉嫌侵权的检测意见被否定，均不足以据此认定其在权利有效之时据以主张权利行为的不正当性，也不足以认定权利人构成捏造、散布虚假事实。本案中，鉴于发函时专利权利人相应的发明专利均处于有效期内，其中部分警告函附有涉案产品落入该专利技术特征的检测报告或认定涉案产品落入该专利权保护范围的生效判决，另结合侵权警告函的内容、对象、范围等多种因素，法院综合认定专利权人发送侵权警告函属于正当维权，不构成不正当竞争。

发送专利侵权警告函的行为是否构成商业诋毁，要充分分析权利人发送侵权警告行为的属性及其正当性，根据权利人的权利状况、发送条件、发送内容、发送对象范围、发送方式等多种因素进行综合判断，确保发送专利侵权警告函既能在提高纠纷解决效率、节约司法资源方面发挥积极作用，又能保证专利权利人不能滥用侵权警告而损害他人合法权益、扰乱市场竞争秩序，做到权利保护与维护公平竞争之间的利益平衡。

编写人：广州知识产权法院　黎炽森　刘合安

（编辑：刘合安）

# 42

# 衍生集团与王老吉公司不正当竞争纠纷案

**阅读提示：** 同业经营者的多次行政投诉属于合法监督还是构成商业诋毁？如何判断两个主体间是否存在竞争关系？失实宣传是否必然构成虚假宣传？

**【裁判要旨】**

判断被诉行为是否构成商业诋毁，应从行为人是否具有经营者身份、行为人是否采用不正当的或违反公认商业道德的方式、被诉行为是否达到实质贬损竞争对手商誉的效果方面进行判断。行政投诉是包括竞争对手在内的市场主体行使合法监督权利的行为，具有正当性，未违反商业道德，不能仅以投诉行为有可能出现贬损后果为由认定构成商业诋毁。

此外，判断两个主体间是否存在竞争关系，不应片面理解为经营者之间针对某种特定商品的竞争，而应当从市场主体在竞争中存在联系或者一方行为不正当地干扰了他人正当经营活动并损害相关公众利益的角度出发，认定是否存在竞争关系。夸大失实的宣传是否构成虚假宣传，应结合实际情况对误导性信息的作用和后果进行分析，如消费者以生活常识即可分辨产品的真实功能，夸大宣传未能对消费者的交易决策产生实质性影响，不宜认定为虚假宣传。

**【案号】**

一审：广东省广州市白云区人民法院（2018）粤 0111 民初 10233 号

二审：广州知识产权法院（2019）粤 73 民终 6933 号

## 【案情与裁判】

原告（上诉人）：衍生集团

被告（被上诉人）：王老吉公司

**起诉与答辩**

衍生集团起诉称：2015年9月、2017年10月王老吉公司先后两次以衍生集团经营的“衍生小儿七星茶固体饮料”产品仿冒药品为由，向食品药品监督管理部门投诉，要求食品药品监督管理部门对衍生集团进行查处。食品药品监督管理部门接到投诉后，依法对衍生集团进行了调查，并认定王老吉公司投诉事项不成立，涉案产品并不与药品相混同，故对其作不予立案处理。因王老吉公司屡次针对衍生集团主打产品进行恶意虚假投诉，食品药品监督管理部门就此对衍生集团展开调查，致使衍生集团商誉受到重大损害。此外，衍生集团发现王老吉公司通过其官网大肆实施虚假宣传。王老吉公司在其官网“产品展示”子栏目“王老吉食品系列”中，对多款固体饮料、植物饮料、糖果产品的功效、产品类型、适用人群等方面作了虚假、引人误解的商业宣传。综上，衍生集团向法院起诉，请求判令：1. 确认王老吉公司构成不正当竞争行为；2. 王老吉公司立即停止不正当竞争行为；3. 王老吉公司在《南方都市报》第一版显著位置及其官网首页显著位置刊登致歉声明，就其不正当竞争行为向衍生集团公开赔礼道歉，消除影响；4. 王老吉公司支付衍生集团经济损失及维权合理支出共计200万元；5. 王老吉公司承担本案诉讼费。

王老吉公司答辩称：王老吉公司两次对衍生集团产品涉嫌违规违法进行投诉举报，是法律赋予王老吉公司的合法权利，王老吉公司没有捏造事实进行举报，也没有将投诉举报对外披露，食品药品监督管理部门亦没有将相关情况对外公开，衍生集团指责王老吉公司的投诉举报行为是不正当竞争行为，于法无据。王老吉公司官网中对各产品的介绍、描述均客观真实，衍生集团指责王老吉公司虚假宣传，没有任何事实依据。王老吉公司官网对产品的介绍、描述、宣传，与衍生集团没有直接利害关系，衍生集团不是适格主体。衍生集团对王老吉公司提起的诉讼纯粹属于恶意炒作，是恶意诉讼，是违反诚信的不正当竞争行为。请求驳回衍生集团的全部诉讼请求。

**一审审理查明**

衍生集团委托生产的“衍生小儿七星茶TM固体饮料”产品包装标有“衍生药食同源 健康之源”字样，注明产品名称为草本固体饮料；配料为食用葡萄糖等；注意事项为本产品不能代替保健食品、药品，可常年食用。产品经食药监部门依法审查许可生产。金域公司出具的检测报告证明衍生小儿七星茶固体饮料产品包装标签内容（含食品名称）经第三方机构鉴定合规，不存在仿冒药品情形。

《中华人民共和国药典》2015年版记载小儿七星茶颗粒的处方包含薏苡仁、稻芽、山楂、淡竹叶、钩藤、蝉蜕、甘草，功能与主治为开胃消滞，清热定惊，用于小儿积滞化热，消化不良，不思饮食，烦躁易惊，夜寐不安，大便不畅，小便短赤。国家食品药品监督管理总局在其官方网站明确“小儿七星茶颗粒”的性质属于中药药品。

2015年9月，王老吉公司向食品药品监督管理部门投诉举报衍生小儿七星茶擅自使用药品名称命名生产食品的违法行为。2017年9月26日，王老吉公司再次向食品药品监督管理部门递交《关于投诉衍生牌小儿七星茶违规问题的报告》，反映衍生小儿七星茶擅自使用药品名称命名生产食品的违法行为。2017年10月31日、2017年12月28日，食品药品监督管理部门两次出具政府信息公开答复书，对王老吉公司投诉举报衍生集团经营的衍生牌“小儿七星茶TM固体饮料”仿冒药品生产经营食品的投诉举报件不予立案。

衍生集团未举证证明王老吉公司有将上述两次投诉行为进行扩大宣传、对外作出有损衍生集团商誉的行为，食品药品监督管理部门也并未对衍生集团的产品进行暂扣、抽检等。

在王老吉公司的官网上，三公仔益生菌的广告宣传为“品名：三公仔儿童益生菌”“服用益处：免疫健康双调节作用，提升免疫力、防治腹泻同时舒缓……免疫力，防治湿疹，改善便秘”“更适合儿童使用”“三公仔联合杜邦荣誉出品儿童专用益生菌”；王老吉龟苓膏的广告宣传为“王老吉不仅能去火，更有美容、降血脂等功效”；吉芝草虫草饮的广告宣传为“有效调养身体，抗疲劳，补脾益气，补肾益肺，补气益血”；王老吉枇杷糖的广告宣传为“枇杷的主要功效：治疗肺热咳喘，吐逆，烦渴。主要功效：润肺下气；止咳……”；王老吉润喉糖的广告宣传为“偏热多湿的气候容易使人肠胃失调，以及嗜食辛辣、肥甘、味厚的食物，加上熬夜、烟酒过度等带来的影响，会使上班族出现不同程度的咽喉肿痛、口苦烦躁、食欲欠佳等症状……此时，您可以品尝一下王老吉润喉糖，上述不良症状得到缓解和消除”。

**一审判理和结果**

一审法院经审理认为，王老吉公司投诉衍生集团所依据的事实是衍生集团生产的衍生小儿七星茶固体饮料存在普通食品名称使用药品通用名称，且衍生集团在本案中没有举证证明王老吉公司存在除投诉行为外对外散布传播有损衍生集团产品声誉或企业信誉的行为。王老吉公司的投诉行为没有捏造、散布虚假事实，也没有造成衍生集团的商业信誉和商品声誉受损的结果，王老吉公司根据《中华人民共和国药典》的规定以及广东省食品药品监督管理局在2017年发出的食品标签说明书“非法声称”问题专项整治文件对衍生集团的产品涉嫌违规行为进行投诉，属于正常合法的投诉监督行为。故王老吉公司的投诉行为不属于《中华人民共和国反不正当竞争法》所规定的商业诋毁。

关于王老吉公司是否存在虚假宣传并对衍生集团构成不正当竞争。首先，王老吉公司的产品与衍生集团的产品存在区别，不存在竞争关系。另王老吉公司在其官网上对其生产、销售三公仔益生菌的宣传内容更多强调的是更适合儿童，“儿童专用”一词只出现了一次，也并非使用较大字体等形式予以强调、提醒消费者注意，单纯强调“更适合儿童”并非是对适用人群的虚假宣传，吉芝草虫草饮、王老吉龟苓膏、王老吉枇杷糖、王老吉润喉糖的宣传内容有一定的夸大成分，但对于相关公众而言，不足以因为王老吉公司的夸大宣传行为将虫草饮、龟苓膏、枇杷糖、润喉糖这类产品误认为药品或有特定的功效。王老吉公司的宣传行为不构成虚假宣传。衍生集团举证王老吉公司对其产品的宣传行为构成了《中华人民共和国反不正当竞争法》中规定的虚假宣传事实依据不足。

一审法院依据《中华人民共和国食品安全法》第十二条，《中华人民共和国反不正当竞争法》第二条、第八条、第十一条，《中华人民共和国民事诉讼法》第六十四条第一款，参照《最高人民法院关于审理不正当竞争民事案件应用法律若干问题的解释》第八条第二款的规定，判决：驳回衍生集团的全部诉讼请求。

**上诉与答辩**

一审判决后，衍生集团不服，向广州知识产权法院提起上诉称：1. 没有任何证据证明衍生集团通过产品包装标签、广告媒介等发布过“衍生小儿七星茶固体饮料的功能有清热宁神、消滞安眠，主治不思饮食、夜睡不宁”的宣传语，王老吉公司不能据此认为该固体饮料有明示疾病预防治疗功能，属于药品的通用表述。2. 王老吉公司向食品药品监督管理部门以衍生小儿七星茶固体饮料产品仿冒药品为由至少提起过三次投诉。3. 王老吉公司采用较为隐晦的诋毁方式，预期甚至追求食品药品监督管理部门对衍生集团展开调查，先后三次就相同事由重复举报，是一种商业诋毁的客观表现方式，其行为已超出合理行使权利的范畴。4. 实际经济损失不是认定商业诋毁行为的必要条件。商誉受到损害是关于社会评价降低的损害事实，往往会造成特定主体财产利益的损失，并非当然或绝对发生实际经济损失。5. 王老吉公司与衍生集团经营的为同类产品，如药食同源类饮料（含固体饮料、植物饮料）、药食同源糖果（含硬质糖果）产品，明显具有竞争关系。宣称普通食品具有疾病预防、治疗功效及保健功效的行为足以误导消费者，系法律法规明令禁止的，衍生集团已提供证据证明王老吉公司通过其官网食品专栏进行虚假宣传。请求撤销一审判决，改判王老吉公司构成不正当竞争，并公开赔礼道歉、赔偿损失。

王老吉公司答辩称：1. 衍生集团关于小儿七星茶的宣传语有相关截图为证。2. 王老吉公司对衍生小儿七星茶固体饮料涉嫌以药品通用名称生产食品的违法行为进行投诉，是我国食品安全法赋予的权利，是依法行使监督权的行为，不构成商业诋毁。3. 王老吉公司的产品与衍生集团产品之间不存在竞争关系，王老吉公司官网对相关产品的描述、宣传、介绍客观真实，不存在虚假宣传，即便存在夸张也在法律规定的合理范围内。

**二审审理查明**

二审查明事实与一审查明事实一致。

**二审判理和结果**

二审法院经审理认为，王老吉公司就其认为的违规行为向行政监管部门进行投诉，系其行使自身监督权利的正当行为，并未违反法律规定。虽然上述投诉均不成立，但是衍生集团作为市场经营主体，理应接受竞争对手、消费者和其他相关公众对其生产、经营行为合法性的监督和纠正，正当的监督、纠正行为是维系市场健康运行和保护相关公众合法权益不可或缺的环节，在衍生集团未提交足够证据证实王老吉公司以虚假信息进行投诉的情况下，不宜仅以其发起投诉或者投诉不成立为由，认定王老吉公司实施了编造虚假信息或者误导性信息的行为。至于衍生集团主张王老吉公司三次就同一事项进行投诉的问题，即便如衍生集团所称，投诉次数多少亦与是否构成虚假投诉无必然联系，不能证明王老吉公司存在虚假投诉的行为或故意对衍生集团进行诋毁的行为。

关于本案中王老吉公司是否符合虚假宣传行为主体条件的问题。王老吉公司作为同样从事食品、保健品等商品生产的企业，显然系与衍生集团具有竞争关系的市场主体，符合法律规定的主体条件。值得指出的是，反不正当竞争法调整平等市场主体之间的竞争关系，对这种竞争关系的理解和界定，虽然与市场主体经营的产品或服务密不可分，但绝不是以市场主体的行业或服务类别为限，更不能以市场主体经营的某类产品或服务是否同类，片面地反推市场主体间是否存在竞争关系，而应当从市场主体在竞争中存在联系或者一方行为不正当地干扰了他人正当经营活动并损害相关公众利益的角度出发，认定是否存在竞争关系。王老吉公司与衍生集团系同行业经营者，在市场中存在直接的竞争关系。衍生集团主张王老吉公司在其相关商品上使用的宣传用语，虽有不准确或者夸大之处，但不足以导致欺骗、误导消费者的后果。

综上，二审法院依照《中华人民共和国民事诉讼法》第一百七十条第一款第（一）项之规定，判决：驳回上诉，维持原判。

## 【法官评述】

本案的争议焦点集中在商业诋毁和虚假宣传两种不正当竞争行为的认定上。

### 一、商业诋毁行为的认定

根据《反不正当竞争法》的相关规定，商业诋毁的行为人必须具有经营者身份，主观上具有削弱竞争对手竞争力和声誉，从而获取不正当竞争优势的故意，并且该行为必须采用不正当的、违反公认商业道德的方式，达到贬损竞争对手商誉的效果。上述要件中，主体资格、主观状态均容易认定，争议较大的是采用的不正当手段和贬损后果的认定标准问题。笔者认为，贬损商誉的后果必须是对商誉产生了直接的影响，使相关公众均对该市场主体或其商品产生负面评价，从而直接影响市场主体的正常运营和市场份额。易言之，贬损商誉的后果必须是显而易见的，潜在的、远期的或个别性的负面效果，不能视为反不正当竞争法意义上的贬损后果。此外，导致上述贬损结果的行为必须是不正当的、违反公认商业道德的，如果行为正当亦未违反商业道德，则不能仅以可能出现贬损后果为由认定构成商业诋毁。上述两个要件存在一定关联，不正当手段的严重程度直接决定了是否产生贬损后果及其程度，但发生贬损后果却不一定能反推行为人采取了不正当手段。特定条件下，行为人的正当行为也有可能产生贬损后果，但不能以此认定行为人存在不正当竞争行为。

本案中，衍生集团主张王老吉公司就同一事由多次进行行政投诉，构成商业诋毁。根据一审、二审法院查明的事实，王老吉公司确就衍生公司相关产品违反规定仿冒药品的行为向行政管理机关进行了多次投诉，但该行政投诉是行使自身合法监督权利的行为，具有明显的正当性，不属于违反公认商业道德的手段。至于多次投诉系因行政机关未予受理或对投诉内容不予支持，王老吉公司亦并未就投诉的事实进行任何宣传和散布，该投诉行为并未明显超出正当界限。此外，由于行政机关并未对衍生公司作出任何实质处罚或认定衍生公司产品违规，该投诉行为并未对衍生公司产生较明显的实质影响。由于行政机关并未就投诉行为进行广泛宣传，该事实的知悉范围有限，即使行政机关发文公示过被投诉的企业名单，但对具备一般分辨能力的相关公众而言，均应理解投诉行为属正常的市场监督行为，在行政机关并未就相关事项出具结论的情况下，其真实性不能确定，因此一般不会对被投诉方产生消极评价。由此，王老吉公司的投诉行为并未违反商业道德，亦未违反市场基本商业秩序，不存在对衍生集团合法经营活动的不正当干扰，更谈不上损害衍生集团的商业信誉和商品声誉，不构成不正当竞争行为。

**二、市场竞争关系的界定**

《反不正当竞争法》调整平等市场主体之间的竞争关系，对这种竞争关系的理解和界定，虽然与市场主体经营的产品或服务密不可分，但绝不是以市场主体的行业或服务类别为限，更不能以市场主体经营的某类产品或服务是否同类，片面地反推市场主体间是否存在竞争关系，而应当从市场主体在竞争中存在联系或者一方行为不正当地干扰了他人正当经营活动并损害相关公众利益的角度出发，认定是否存在竞争关系。正如《德国反不正当竞争法》中所规定的：竞争行为是指一个人的任何以有利于自己或他们企业的方式促进商品或服务包括不动产、权利或义务之购销或提供的行为。可以看出，竞争行为基本已等同于经营行为。因此，我国反不正当竞争法中的“竞争”不应片面理解为经营者之间针对某种特定商品的竞争，而应当理解为对交易能力这一抽象利益的竞争，特定商品仅仅是体现交易能力的载体，自然不能以特定商品是否类似判定其制造、销售者之间是否具有竞争关系。本案中，王老吉公司与衍生集团系同行业经营者，应认定两者在市场中存在直接的竞争关系。

**三、虚假宣传行为的认定**

虚假宣传行为是通过对商品质量等提供误导性的信息，误导相关公众。《最高人民法院关于审理不正当竞争民事案件应用法律若干问题的解释》第八条规定：以明显的夸张方式宣传商品，不足以造成相关公众误解的，不属于引人误解的虚假宣传行为。人民法院应当根据日常生活经验、相关公众一般注意力、发生误解的事实和被宣传对象的实际情况等因素，对引人误解的虚假宣传行为进行认定。可见，结合实际情况对误导性信息的作用和后果进行分析，判断其是否足以欺骗、误导消费者，从而对消费者的交易决策产生实质性影响，是准确界定虚假宣传行为的关键。对于日常消费品，上述分析应以一般消费者的正常认知程度为基准，判断相关宣传是否足以令上述消费者作出错误购买的意思表示。

实践中，经营者对产品进行功能上的夸大宣传时有发生，这种宣传虽然有不实之处，但不能一概而论认定为虚假宣传。若仅是个别功能失实或是部分语言表达存在相对模糊之处，则应对该不实之处是否对消费者真实意思表示产生影响进行分析。就本案而言，王老吉公司在其润喉糖、龟苓膏等产品上使用的有保健功效等宣传用语，虽有不准确或者夸大之处，但消费者在购买上述产品时，以生活常识即可分辨上述产品的真实功能，并不会因其具有保健功效，认为其是药品，而作出错误的意思表示，因此，王老吉公司上述宣传不足以导致欺骗、误导消费者的后果，不构成虚假宣传。

编写人：广州知识产权法院　石静涵　邓文婷

（编辑：黄榆岚）

# 43

# 显辉公司诉瑞鸿公司、鞋机协会不正当竞争纠纷案

阅读提示：反不正当竞争法对于商业模式的保护有何界限？

**【裁判要旨】**

本案厘清了反不正当竞争法对于商业模式的保护路径。即在市场竞争中，经营者通常可以根据市场需要和消费者需求自由选择商业模式，这是市场经济的必然要求。虽然商业模式是经营者在实践中总结的基本运营模式，是经营者参与竞争的重要手段，但反不正当竞争法对于商业模式的保护是一种消极保护，仅从禁止和救济的角度出发，并非赋予竞争独占或垄断的权利。不同的经营者之间可以互相学习、借鉴各自的商业模式，在后的经营者可以模仿在先经营者的商业模式。

**【案号】**

一审：广东省广州市天河区人民法院（2019）粤 0106 民初 695 号

二审：广州知识产权法院（2019）粤 73 民终 6562 号

**【案情与裁判】**

原告（被上诉人）：显辉公司

被告（上诉人）：瑞鸿公司、鞋机协会

**起诉与答辩**

显辉公司起诉称："第二十八届广州国际鞋类、皮革及工业设备展览会"系

显辉公司主办的系列国际展览之一，2018 年 5 月 30 日至 6 月 1 日在广交会琶洲展馆举办，每届举办的展会时间和地点都是固定的。显辉公司主办的展览是亚洲极具影响力的鞋革类展会，在业界及广大参展客户中享有较高的知名度。瑞鸿公司、鞋机协会于 2018 年 5 月 30 日至 6 月 1 日，在广州琶洲保利世贸博览馆共同举办“2018 广州国际鞋机鞋材皮革工业展”。瑞鸿公司、鞋机协会首次举办该类展会，没有尽到合理避让义务，与显辉公司上述展会同期、同地举办，不当利用了显辉公司已取得的商誉和市场影响力为其谋取交易机会，客观上抢占了显辉公司多年积累的竞争优势，具有“搭便车”的主观恶意，构成不正当竞争。此外，瑞鸿公司、鞋机协会的招展宣传内容大多是对显辉公司展会情况的介绍，造成了相关公众的混淆、误认，使人误以为其展会系显辉公司的展会，该行为构成虚假宣传。故请求法院判令：1. 瑞鸿公司擅自将显辉公司名称“显辉展览”作为百度搜索关键词进行网络推广服务的行为，构成不正当竞争；2. 瑞鸿公司、鞋机协会与显辉公司同期、同地举办同类展会的一系列行为，构成不正当竞争；3. 瑞鸿公司、鞋机协会的展会宣传行为构成虚假宣传；4. 瑞鸿公司、鞋机协会消除影响，即分别在其网站公开道歉，并在《广州日报》《中外鞋业》《北京皮革》上进行公开道歉，时间为连续三个月；5. 判令瑞鸿公司、鞋机协会举办同类展会时，附加足以使相关公众区别展会来源的标识；6. 瑞鸿公司、鞋机协会赔偿显辉公司经济损失及维权所支出的合理开支共计 1244625.5 元。

瑞鸿公司答辩称：1. 瑞鸿公司、鞋机协会举办的展会已获行业协会许可，并在公安机关办理了许可手续，是合法的展会，且瑞鸿公司、鞋机协会在广告刊登、会展宣传等处均未使用过“显辉展览”，也未以“显辉展览”招揽或误导客户，不构成不正当竞争；2. 瑞鸿公司在展会宣传上并无任何违规行为，显辉公司主张瑞鸿公司、鞋机协会构成虚假宣传并无任何证据。综上，显辉公司的诉请并无任何依据，瑞鸿公司不应承担任何责任，恳请法院驳回显辉公司的全部诉讼请求。

鞋机协会答辩称：1. “显辉展览”并非显辉公司的专用企业名称；2. 鞋机协会事前并不知道瑞鸿公司使用“显辉展览”作为关键词进行网络推广使用，在显辉公司告知的情况下已经催促瑞鸿公司进行处理；3. 显辉公司诉请的损失没有相关的依据，不能证明是因为瑞鸿公司以及鞋机协会的展销行为所导致，不应予以支持。

**一审审理查明**

显辉公司提交承办展览协议书、展馆场地租赁合同（外展）等。协议书载明，1990 年 7 月 18 日，显辉公司与广东鞋业厂商会达成合意，每年 5 月在广州合作主办“国际皮鞋皮革及工业展”。

显辉公司提交 2003 年至 2018 年期间“广州国际鞋类、皮革及工业设备展览会”的展会场刊封面及部分宣传单，载明每年举办一届，2018 年的展会为第二十八届，显辉公司自 2008 年起成为该展会的主办单位。

显辉公司提交多份报纸，报纸载明 2011 年至 2018 年期间，《南方都市报》《广东科技报》《潮州日报》《广州日报》《亚太经济时报》等报纸对“广州国际鞋类、皮革及工业设备展览会”的相关报道。

显辉公司提交获奖证明，显示“广州国际鞋类、皮革及工业设备展览会”于 2010 年 5 月获广州市会展业管理领导小组办公室颁发的“连续举办十年以上展会纪念”等相关奖项。

显辉公司经公证，瑞鸿公司网站有“2018 广州国际鞋机鞋材皮革工业展”的相关信息和宣传推广内容，该展会举办时间为 2018 年 5 月 30 日至 6 月 1 日，地点为新港北路的广州市琶洲保利世贸博览馆，筹展联系人为瑞鸿公司。

广州市天河区市场和质量监督管理局出具《关于步弋洋举报事项的答复》，载明工商已认定瑞鸿公司利用百度搜索设置关键词“显辉展览”链接到其公司网站的行为构成不正当竞争，并已对瑞鸿公司作出了罚款决定。

鞋机协会公约载明：“一致约定凡我会会员单位一律由协会分配广州国际皮革工业技术展展位，不得未经协会同意向任何第三方取得展位。如若违反无条件强制退出广东省鞋机协会，所有捐赠以及会费不予退还且除名，并自愿放弃公约诚意金。”

鞋机协会理事群微信聊天截图载明，詹某称：“王精文会长，此次展会，显辉老板亲自出来操刀，我们务必多请一些人，在每个路口进行引流，此次会展必须成功，不要考虑暂时的成本。”赵某称：“一定要成功，不然明年显辉要打压我们了。”

“广州 5 月 30—6 月 1 日对接群”微信聊天截图显示，“永正……”称“这次是对显辉的一次革命，从来革命都是推翻专制，不平等规定，打击他要付出代价是必须的，当下革命尚未成功，同志仍需努力”。

《参展申请合同》《参展合同》和发票及相关付款凭证，显示多家参展商向瑞鸿公司申请展位后，却在展会前一天与显辉公司签订参展合同并参加了显辉公司的展会。

瑞鸿公司、鞋机协会举办的展会现场视频、照片及宣传册，显示瑞鸿公司、鞋机协会的展会与显辉公司展会同期举行，瑞鸿公司展会在新港东路南保利世贸博览馆。

瑞鸿公司提交的工商登记查询、场馆租赁服务合同、广告制作、广告位租用订单以及广州市公安局大型群众性活动安全许可决定书显示，瑞鸿公司已取得举办展会的合法经营权，瑞鸿公司与鞋机协会共同举办“2018 广州国际鞋机鞋材皮革工业展”，并取得了公安机关的审批许可。

“显辉展览”商标查询结果载明，显辉公司于 2018 年 4 月 19 日才提出商标注册申请，目前并不享有“显辉展览”的专用权。

国家企业信用信息公示系统查询显示，“显辉展览”商号并非显辉公司专有，在显辉公司之前已有多家企业使用“显辉展览”作为商号。

（2018）粤广海珠第 39098 号公证书载明，百度搜索“瑞鸿展览”，搜索结果第一条系显辉公司的网站。

另查明，显辉公司系有限责任公司，成立于 2000 年 6 月 23 日，注册资本为 50 万元，经营范围为商务服务业。瑞鸿公司系有限责任公司，成立时间为 2007 年 11 月 13 日，注册资本为 50 万元，经营范围为商务服务业。鞋机协会系社会团体法人，成立时间为 2017 年 12 月 26 日，注册资本为 5 万元，经营范围为政策宣传、技术服务、内部培训、信息咨询、经贸合作、编辑刊物、维护权益、自律建设、开展公益活动等。

**一审判理和结果**

一审法院经审理认为，本案为不正当竞争纠纷，争议焦点在于：瑞鸿公司、鞋机协会与显辉公司同期、同地举办同类展会的一系列行为是否构成不正当竞争。显辉公司与瑞鸿公司的经营范围均为商务服务业，均有举办鞋展类业务，故双方在该业务范围内确实存在竞争关系。瑞鸿公司使用显辉公司的企业字号“显辉展览”设置为百度推广关键词，为其网站及网站上发布的展会内容进行推广宣传，而显辉公司与瑞鸿公司、鞋机协会举办的展会均为鞋类展会，举办的时间相同，展会地点亦相隔较近，容易使相关公众误以为瑞鸿公司、鞋机协会举办的展会与显辉公司或者与显辉公司举办的展会存在特定的联系，故一审法院认定瑞鸿公司、鞋机协会举办该次展会的行为对显辉公司构成不正当竞争，显辉公司要求瑞鸿公司、鞋机协会赔偿经济损失合法有理，一审法院予以支持。依照《中华人民共和国反不正当竞争法》第二条、第十七条，《中华人民共和国民事诉讼法》第六十四条第一款之规定，判决：一、瑞鸿公司、鞋机协会于本判决发生法律效力之日起十日内，分别在其网站上连续十五日刊登声明为显辉公司消除影响；二、瑞鸿公司、鞋机协会于本判决发生法律效力之日起十日内赔偿显辉公司经济损失及合理开支共 10 万元；三、驳回显辉公司的其他诉讼请求。

**上诉与答辩**

一审判决后，瑞鸿公司、鞋机协会不服，向广州知识产权法院提起上诉，请求撤销一审判决，依法改判驳回显辉公司全部诉讼请求。第一，瑞鸿公司、鞋机协会认为，瑞鸿公司同期举办展会的行为不构成不正当竞争。瑞鸿公司举办的展会名称与显辉公司举办展会的名称有明显区别，宣传也不同，客户可以清晰区别。第二，法律没有禁止相同行业展会或有交织业务展会不能同期举行，没有禁止即为允许。第三，瑞鸿公司和显辉公司举办的展会并不在同一地点，瑞鸿公司的展会在新港东路南保利世贸博览馆，中间有封闭六车道机动车道，而显辉公司展会在新港北路，两地方向相反，不会导致客户混淆。第四，一审法院不能以网络推广可能存在不正当竞争，就推定展会中也存在不正当竞争，该推定没有法律依据。

鞋机协会上诉称，撤销一审判决，驳回显辉公司全部诉讼请求或者发回一审法院重审本案。鞋机协会认为显辉公司主张对“显辉展览”享有专属权，但未明确是知识产权中的哪一种专属权。显辉公司提交的知名度和影响力的证据显示，2008 年以前案外人举办展会时同时使用“显辉展览”，2008 年之后显辉公司才以主办或协办的身份组织展会并使用“显辉展览”进行宣传。“显辉展览”早在行业使用，并且举办展会及使用的主体均不是显辉公司，而是案外人。证据显示最先一直使用“显辉展览”的案外人与显辉公司是两个独立的商事主体，并不必然产生权利义务的承接。鞋机协会在一审提交的证据也显示，显辉公司以“显辉展览”作为商标注册申请时间为 2018 年 4 月 9 日。可见，显辉公司使用“显辉展览”前，其他商事主体在此之前或同一时期也有使用。显辉公司进行行业垄断，虽然显辉公司与鞋机协会服务内容属于同一行业，但服务主体、展览地址、针对对象（鞋机协会以会员为主、行业非会员为辅；显辉公司服务对象为行业不特定人员，没有明确对象）等均不同，一审法院仍然判决鞋机协会与瑞鸿公司的行为构成不正当竞争并承担赔偿10万元的责任，明显错误。

显辉公司答辩称，同意一审判决，请求维持原判。显辉公司认为：1.涉案两个展会的经营行为具有很强的关联关系，相关公众基于对二十多年约定俗成的显辉展会时间和地点的习惯，容易将瑞鸿公司、鞋机协会举办的展会误认为是显辉公司展会或与显辉公司存在特定联系，构成不正当竞争。2.显辉公司展会具有一定影响力和知名度，瑞鸿公司、鞋机协会同期、同地举办同类展会，容易使相关公众误认为其展会与显辉公司展会或显辉公司存在特定联系，构成不正当竞争。3.被诉行为违反了诚实信用原则和公认的商业道德。（1）瑞鸿公司、鞋机协会在后举办同类展会，应充分尊重竞争对手在客户培育方面的付出，在选择展会时间和地点时应具有善意，应尽量避免与在先展会冲突和混淆。（2）基于展会行业特点，同类展会没有同期、同地举办的先例，主要因为展会只是一个交易平台，其边界感很弱，容易造成相关公众混淆，不利于维持正常的市场秩序，这也是行业的基本共识和基本商业道德。（3）同期、同地举办同类展会的行为易滋生一系列其他不正当竞争行为，长此以往势必严重破坏展会行业的竞争秩序，有必要予以制止。

**二审审理查明**

二审查明事实与一审查明事实一致。

**二审判理和结果**

二审法院经审理认为，本案为不正当竞争纠纷案件。本案争议焦点是：瑞鸿公司、鞋机公司与显辉公司同期、同地举办同类展会的行为是否构成不正当竞争。本案中，瑞鸿公司、鞋机协会同期、同地举办同类展会的行为，虽然借用显辉公司的竞争优势为其谋取交易机会，实际上可能给显辉公司造成了市场机会或利益的损失。但反不正当竞争法对于商业模式的保护是一种消极保护，故被诉竞争行为具有不正当性是瑞鸿公司、鞋机协会构成不正当竞争的前提。

第一，关于瑞鸿公司、鞋机协会是否实施了不正当干扰显辉公司正当经营活动的行为。首先，显辉公司提交了《广东省鞋机协会公约》、微信截图、退展申请等证据拟证实瑞鸿公司、鞋机协会以不正当手段限制鞋机协会会员单位参加显辉公司举办的广州鞋展，对此，广州知识产权法院分析如下：首先，从证据能否采信的角度看，《广东省鞋机协会公约》为打印件，该公约签字盖章处为空白，无法证实其真实性，而理事会、对接群、群聊等微信截图对话主体身份不明，且对话内容不完整，无法真实、完整展现对话内容；其次，从上述证据的内容看，无论是公约还是微信聊天记录均不能证明瑞鸿公司或鞋机协会实施了何种不正当手段限制其会员单位参加显辉公司的展会；再次，从退展申请的内容看，向显辉公司申请退回广州鞋展定金的原因多样，仅凭申请亦无法证实上述公司退展系鞋机协会以不正当手段限制所致。故，现有证据不能证明瑞鸿公司、鞋机协会实施了何种不正当的手段干扰显辉公司的正当经营活动。

第二，关于混淆的问题。双方均确认客户通过官网等渠道了解到展会举办时间、地点后会向展会主办方咨询展会位置、展位价格等并索要展位平面图及参展合同，在展位平面图中选择好展位后将参展合同发回展会举办方，展会举办方签字、盖章后出具展位确认书给客户，客户再付款。虽然瑞鸿公司以“显辉展览”作为百度推广关键词的行为会将参展商等客户引流至其官网，点击进入瑞鸿公司官网时可能会导致混淆，但从上述参展流程来看，客户最终确定参展是经过多个磋商阶段的，展会地点、价格均是敏感性因素，而显辉公司展会在“广交会展馆”举办是其展会的显著性要素之一，尤其是显辉公司展会展位的价格与瑞鸿公司展会的价格存在较大的差异；而瑞鸿公司官网及线下宣传中均明确标明了展会名称、地点及主办单位，展会地点显示为“广州－琶洲－保利世贸博览馆”。从上述分析可见，瑞鸿公司举办的展会能够与显辉公司的广州鞋展相区分。并且，显辉公司一审中提交的相关公众混淆的证据尚不足以证明存在混淆的事实。故，现有证据尚不能证实“同期、同地举办同类型展会”的行为足以引起相关公众对两个展会产生混淆。

第三，关于显辉公司主张不能同期、同地举办同类展会是展会行业的基本共识和商业道德的问题。公认的商业道德在内涵上具有高度的抽象性和不确定性，反不正当竞争法本身没有对其含义作出明确的界定。公认的商业道德要按照特定商业领域中市场交易参与者即经济人的伦理标准来加以评判，体现的是一种商业伦理，是指特定商业领域普遍认知和接受的行为标准，具有公认性和一般性。商业伦理标准应以市场效率为基础和目标，符合商业实际，符合体现在商业惯例、行业惯例中的商业道德认识和商业道德感。公认的商业道德同时还具有抽象性，需要根据特定商业领域甚至个案情形予以具体化。不同行业的公认商业道德有其不同的存在方式，即使是同一行业，其商业惯例亦有分别。具体到展会行业，是否有相关公认的商业道德，该商业道德的具体内涵均应由负有证明义务的显辉公司进行举证说明。本案中显辉公司并未提交证据证实同类型展会不得同期、同地举办是展会行业公认的商业道德。并且，从显辉公司关于 2016 年前我国实行展会审批制到 2016 年取消审批制的陈述亦可得知，政府不再对展会行业进行事前的干预，减少行政管理，而是让市场在资源配置中起决定性作用，即由展会行业的经营者根据市场需求自行选择展会时间、地点及类型。

综上，鉴于显辉公司未能举证证明被诉行为构成《中华人民共和国反不正当竞争法》第六条第（四）项规定的混淆行为，故对其主张均不予支持。瑞鸿公司、鞋机协会的上诉请求成立，应予支持。二审法院依照《中华人民共和国反不正当竞争法》第二条，《中华人民共和国民事诉讼法》第六十四条第一款、第一百七十条第一款第（二）项规定，判决：一、撤销广州市天河区人民法院（2019）粤 0106 民初 695 号民事判决；二、驳回显辉公司的全部诉讼请求。

## 【法官评述】

市场经济是由市场在资源配置中起决定性作用的经济。自由竞争能够确保市场资源优化配置，但市场经济同时要求竞争公平、正当和有序。在市场竞争中，经营者通常可以根据市场走向和消费者需求自由选择商业模式，这是市场经济的必然要求。虽然商业模式是经营者在实践中总结的基本运营模式，是经营者参与竞争的重要手段，但反不正当竞争法对于商业模式的保护是一种消极保护，仅从禁止和救济的角度出发，并非赋予竞争独占或垄断的权利。不同的经营者之间可以互相学习、借鉴各自的商业模式，在后的经营者可以模仿在先经营者的商业模式。如前所述，展位租赁与展会增值服务相结合的商业模式是展会行业惯常的经营方式，显辉公司对该种商业模式不享有独占性的权利。

显辉公司在本案所主张保护的商业模式还与展会时间、展会地点及展会类型等多个维度相关。《反不正当竞争法》的立法目的是保障市场竞争秩序，鼓励并保护公平竞争，保护经营者和消费者的合法权益。展会行业竞争激烈，公平、自由的竞争环境有利于展会行业获得最大限度的发展空间。本案中显辉公司举办的广州鞋展是专门针对鞋类、皮革类等经营者的展会，从2003年起即固定在每年5月底或6月初、举办地点为位于广州琶洲的广交会展馆，然而无论是时间、地点还是展会类型均属于公有领域，展会行业的经营者对此均不能享有独占性的权利，其亦有权根据自身经营的需要自由选择展会时间、地点及展会类型。故显辉公司对其主张的展会时间、地点及展会类型均不享有独占性权利，正如天猫、淘宝不能独占每年11月11日的“双11”促销活动，京东也不能独占每年6月18日的“618”促销活动。

竞争自由是一项最基本的竞争政策。市场竞争中的相互争夺性损害是允许的和常态的竞争损害，对于竞争行为的干预是例外。因此，对《反不正当竞争法》第二条即一般条款以及第六条第（四）项即禁止混淆行为兜底条款的适用，更应当秉持谦抑的司法态度，对竞争行为保持有限干预和司法克制理念，严格把握上述条款的适用条件，以避免不适当干预而阻碍市场的自由竞争。

编写人：广州知识产权法院　彭盎

（编辑：罗厚胤）

# 44

# 灵子公司与张某商标权权属纠纷案

**阅读提示：**公司高级管理人员利用职务之便私自注册商标、损害公司利益的行为对商标权权属认定有何影响？

## 【裁判要旨】

公司的董事、监事、高级管理人员应当遵守法律、行政法规和公司章程，对公司负有忠实义务和勤勉义务，其利用职务之便私自注册商标、损害公司利益的行为具有不正当性，违背了诚实信用原则，应作为认定商标权权属时的重要考量因素。

## 【案号】

一审：广东省广州市黄埔区人民法院（2019）粤0112民初9497号

二审：广州知识产权法院（2020）粤73民终787号

## 【案情与裁判】

原告（上诉人）：灵子公司

被告（被上诉人）：张某

**起诉与答辩**

灵子公司起诉称：张某以灵子公司总经理身份向商标代理公司联系注册"雨灵子""水灵子"商标事项，但张某委托商标代理机构将"雨灵子"注册在灵子公司名下，并选择另一家商标代理机构把"水灵子"注册在自己名下，并把注册费用向灵子公司进行了报账。在后期的使用过程中，张某多次通知加盟商“水灵子”商标作为公司商标使用。2016年，灵子公司决定使用“水灵子”作为公司商标，因涉案“水灵子”商标注册在张某个人名下，灵子公司认为张某申请注册商标的行为是职务行为，商标权权属应当归属灵子公司，因此要求张某将该商标物归原主，转让给灵子公司。张某于2018年11月14日委托商标代理公司办理涉案“水灵子”商标转让手续，商标代理公司于2018年12月24日向国家商标局申请办理涉案“水灵子”商标转让手续，但在2019年3月张某私自委托商标代理公司将商标转让的申请撤回。根据“水灵子”商标的创作过程、注册过程、使用过程及商标协议转让过程，张某应当将涉案“水灵子”商标转让给灵子公司，但经灵子公司多次与张某协商，张某均不同意转让且向增城区市场监督管理局等行政部门以涉案“水灵子”商标被侵权为由进行投诉。张某私自将本属于灵子公司的“水灵子”商标注册到其个人名下，严重损害了灵子公司的合法权益。故灵子公司请求法院判令：1. 确认第20606443号“水灵子”注册商标归灵子公司所有；2. 张某于判决生效后十日内协助灵子公司办理商标转让手续，转让费用由张某负担；3. 张某承担本案诉讼费用。

张某答辩称：涉案“水灵子”商标是其合法注册取得，张某属于在先权利人，灵子公司未在法定期限内向商标局提出异议，故应驳回灵子公司全部诉求。

**一审审理查明**

第20608832号“雨灵子”注册商标的注册人是灵子公司，注册日期为2017年8月28日，有效日期至2027年8月27日，核定使用商品国际分类第41类：培训；安排和组织培训；组织表演（演出）；演出；健身俱乐部（健身和体能训练）等。该“雨灵子”注册商标的申请人为灵子公司，申请日期为2016年7月11日，委托代理机构为案外人星腾公司。

第20606443号“水灵子”注册商标的注册人是张某，注册日期2017年9月7日，有效日期至2027年9月6日，核定使用商品国际分类第41类：实际培训（示范）；组织教育或娱乐竞赛；演出制作；组织舞会；俱乐部服务（娱乐或教育）；为艺术家提供模特服务；健身指导课程；教学等。该“水灵子”注册商标的申请人为张某，申请日期2016年7月11日，委托代理机构为案外人锦标公司。

灵子公司于2015年7月22日成立，经营范围：文艺创作服务；舞台表演艺术指导服务；舞台表演美工服务；舞台表演道具服务；舞台表演化妆服务；舞蹈表演辅导服务等。自2015年7月22日至2017年1月16日，张某担任灵子公司的法定代表人，2017年1月16日以后，法定代表人变更为黄某，因存在股权转让问题，张某目前仍是灵子公司股东。双方当庭一致确认，灵子公司法定代表人变更时，除涉股权外，所有手续均已交接清楚。

案外人灵子舞蹈公司成立于2018年10月19日，法定代表人黄某，经营范围：艺术表演场馆管理服务；舞台表演艺术指导服务；健身服务；舞台表演美工服务；舞台表演道具服务；舞台表演化妆服务等。灵子公司与案外人灵子舞蹈公司的法定代表人为同一人即黄某，除黄某外二公司的股东并不相同。

**一审判理和结果**

一审法院经审理认为，本案的争议焦点在于确认“水灵子”商标权权属。根据《中华人民共和国商标法》相关规定，注册商标专用权必须经过公告才能取得。一般情况下，有效的商标注册证上的注册人即是注册商标的所有人，但并非绝对，当事人就商标权权属有约定的应自约定生效之日起即在当事人之间具有拘束力。因此，如果当事人能够提供相反的证据证明商标权权属不同于商标注册证的情形，则应当根据证据查明当事人就商标权权属安排所作的真实意思表示，进而认定商标权权属。本案中，诉争的第20606443号“水灵子”注册商标存在有效的商标注册证，注册人为张某，张某即是该注册商标的所有人。灵子公司认为该商标权为其所有或就该商标权权属有约定为其所有的，根据《中华人民共和国民事诉讼法》第六十四条举证责任的规定，灵子公司应承担举证责任，否则应当承担举证不利的法律后果。灵子公司提交22份证据，张某提交8份证据，经双方质证，一审法院采证以下事实：灵子公司法定代表人黄某的乳名“灵子”与涉案“水灵子”商标没有关联性；灵子公司通过召开特别会议决定将“水灵子”作为灵子公司企业商标的会议记录无参会人员签名，且无证据原件；“商标流程状态”仅显示有“撤回转让申请”，无具体内容显示，不认可商标撤回转让流程表；灵子公司委托星腾公司办理商标注册申请的名字仅为“尚灵子”“雨灵子”“艺灵子”，星腾公司为“雨灵子”商标办理的代理机构；张某要求在合同及宣传活动中使用的“水灵子”标识并非是灵子公司，“水灵子”标识与灵子舞蹈公司名称、地址及电话等企业信息并列，且在加盟商交流群中陈述的“水灵子”商标未显示是灵子公司；商标撤回转让申请书内容显示受让人为灵子舞蹈公司，并非灵子公司；灵子公司提交的张某报销注册费用的账本明细全部是手写账目，缺乏有效的会计凭证、发票单据等；张某在微信群中要求加盟商使用“水灵子”商标的微信聊天记录显示的“灵子舞蹈”“灵子总部宣”指代模糊，并非明确指灵子公司，亦未显示张某作出“水灵子”商标属灵子公司注册、属于灵子公司所有的明确意思表示。一审法院通过上述分析，认定灵子公司举证不能证明本案灵子公司和张某双方就诉争第20606443号“水灵子”注册商标的权属有约定，也未能提供相反证据证明该诉争商标权属有不同于第20606443号商标注册公告登记的情形，所以，灵子公司举证不能证明该诉争商标的权属为其所有，对其诉求不予支持。

一审法院依据《中华人民共和国商标法》第三十三条，《中华人民共和国民事诉讼法》第六十四条第一款，《最高人民法院关于适用〈中华人民共和国民事诉讼法〉的解释》第九十条之规定，判决驳回灵子公司的全部诉讼请求。

**上诉与答辩**

一审判决后，灵子公司不服，向广州知识产权法院提起上诉称：一审法院没有认定“水灵子”商标来源于灵子公司的股东黄某，属于事实认定错误。案件关键证人星腾公司的经办人员冯某某因客观原因不能出庭作证，导致一审判决未能全面查清事实。一审法院对灵子公司在一审阶段提交的多份证据存在错误理解，未能将证据串联起来综合判断。一审法院依据《中华人民共和国商标法》第三十三条作出判决，属于适用法律错误。请求撤销一审判决，改判支持灵子公司全部诉讼请求。

张某答辩称：“水灵子”商标与“雨灵子”商标不在同一商标代理公司注册，“水灵子”商标注册不属于职务行为，“雨灵子”商标注册属于职务行为。商标注册后有公示期，灵子公司如有异议，应当在异议期内提出异议。灵子公司提交的会议记录张某未参加，亦未签名，属于伪造的记录。

**二审审理查明**

二审中，灵子公司与张某均提交了新证据，二审法院经组织双方质证，对相关证据予以采纳。其中，灵子公司提交的灵子公司和灵子舞蹈公司企业信息公示报告、员工劳动合同、灵子舞蹈公司财务报表、税表、账簿及清算报告，均可证明灵子公司与灵子舞蹈公司在业务、股东、员工、财务等方面存在混同的事实。

二审法院另查明，灵子公司提交微信“水灵子总部协调内部问题董事群”记录显示，2018 年 12 月 20 日，张某说：水灵子商标我已经过户到公司了，6 到 8 个月商标局才能更改。微信“水灵子品牌加……交流群 1”记录显示，黄某说：2019 年 1 月 6 号开始，灵子舞蹈启用“水灵子”作为品牌名称对外宣传。微信“水灵子品牌加盟商交流群 2”记录显示，张某说，以后就是让大家记住品牌水灵子，让人家知道水灵子是隶属灵子公司的一个品牌名称。《撤回转让 / 移转申请 / 注册商标申请书》记载：“受让人名称：广州市灵子舞蹈有限公司”，并盖有“国家知识产权局”公章。

2019 年 10 月 28 日，灵子公司法定代表人由黄某变更为孙某某。灵子舞蹈公司于 2018 年 10 月 19 日注册成立，股东为黄某、张某飞，其中张某飞系张某的姐姐，该公司于 2019 年 7 月 9 日核准注销。

广东省广州市中级人民法院于 2020 年 6 月 11 日作出的（2020）粤 01 民终 1774 号民事判决书记载：张某与黄某于 2017 年 1 月 10 日签订的《股权转让合同书》因构成恶意串通损害第三人利益，经人民法院生效判决确认无效，故一审法院判决确认张某享有灵子公司 50% 的股权，黄某于判决生效之日起十五日内协助张某将其持有的灵子公司 50% 的股份变更登记至张某名下；二审法院驳回上诉，维持原判。

二审查明其他事实与一审查明事实一致。

**二审判理和结果**

二审法院经审理认为，本案的争议焦点为涉案“水灵子”商标所有权是否应当归属灵子公司所有。二审法院从以下三个方面进行论述。

首先，张某系灵子公司的股东、执行董事兼经理，属于灵子公司的董事、高级管理人员，对灵子公司负有忠实义务和勤勉义务，不得利用职务便利为自己或他人谋取属于公司的商业机会，自营或者为他人经营与所任职公司同类的业务。从双方当事人提交的证据看，张某以灵子公司经理的身份，于 2016 年 7 月 11 日委托案外人星腾公司申请注册“雨灵子”商标，商标权人为灵子公司，该商标核定使用的商品类别为第 41 类；同日，其又委托案外人锦标公司申请注册涉案“水灵子”商标，商标权人为张某本人，核定使用的商品类别也为第 41 类。虽然 2017 年 1 月 16 日灵子公司的工商登记资料进行了变更，张某将其持有的灵子公司股权转让给黄某，灵子公司法定代表人、执行董事兼经理均变更为黄某，但该股权转让行为因构成恶意串通损害第三人利益，经人民法院生效判决确认无效，张某实际上仍是灵子公司股东，并参与灵子公司、灵子舞蹈公司的经营活动。从本案中相关微信聊天记录来看，张某要求灵子公司品牌加盟商宣传推广“水灵子”品牌，其在“水灵子品牌加盟商交流群 2”中说：“以后就是让大家记住品牌水灵子，让大家知道水灵子是隶属灵子公司的一个品牌名称。”由此可见，张某在担任灵子公司股东、法定代表人、执行董事兼经理期间，在代表公司申请注册“雨灵子”商标的同时，又以其个人名义在与灵子公司经营范围相同的商品类别上申请注册涉案“水灵子”商标，在公司经营活动中以灵子公司的名义宣传推广属于其个人的“水灵子”商标，明显属于利用职务之便为自己谋取属于灵子公司的商业机会，违反了其对灵子公司的忠实义务和勤勉义务，损害了灵子公司的合法权益。

其次，灵子公司的股东为黄某、张某，灵子舞蹈公司的股东为黄某、张某飞，二者系关联公司。灵子舞蹈公司股东张某飞是张某的姐姐，灵子公司主张张某为规避其离婚财产分割问题，由张某飞代张某持有灵子舞蹈公司的股份。广东省广州市中级人民法院（2020）粤 01 民终 1774 号民事判决书记载：“宋某某在 2017 年 5 月 5 日向一审法院起诉张某、黄某、灵子公司，一审法院认为张某通过恶意串通签订《股权转让合同书》方式处分张某持有的属于夫妻共同财产范畴的灵子公司的 50% 的股权，明显损害了宋某某的利益，宋某某主张涉案《股权转让合同书》无效，符合法律规定。”二审法院认为，从该案认定的张某恶意处分其持有的属于夫妻共同财产的灵子公司股权的事实来看，灵子公司关于张某通过张某飞代为持有灵子舞蹈公司股权以规避其离婚财产分割的主张具有一定的合理性。张某对一审有关证据发表质证意见自认：微信聊天记录内容中的“灵子舞蹈启用‘水灵子’商标”，所谓的“灵子舞蹈”是指灵子舞蹈公司，并非灵子公司。结合灵子公司、张某提交的微信聊天记录来看，张某作为灵子公司的股东，其实际参与了灵子舞蹈公司的经营活动，并指示品牌加盟商宣传推广“水灵子”商标。灵子公司、灵子舞蹈公司还存在部分员工相同、财务混同等情况。二审法院认为，灵子公司、灵子舞蹈公司存在股东相同、部分员工相同、财务混同、张某作为灵子公司股东实际参与灵子舞蹈公司经营等情形，二者形成了一个紧密关联的整体，实际上是混同经营，已丧失各自的独立人格，构成人格混同。

最后，二审庭审中，灵子公司、张某均确认，张某与灵子舞蹈公司于2018年12月7日签署了《同意转让证明》，约定将涉案“水灵子”商标转让给灵子舞蹈公司。张某于2018年12月7日委托商标代理机构向国家知识产权局申请办理“水灵子”商标转让手续。国家知识产权局《转让/转移申请/注册商标申请书》上注明的受让人灵子舞蹈公司联系人亦为张某。微信“水灵子总部协调内部问题董事群”记录显示，2018年12月20日，张某说：水灵子商标我已经过户到公司了，6到8个月商标局才能更改。黄某在品牌加盟商微信群中发布通知“2019年1月6号开始，灵子舞蹈启用‘水灵子’作为品牌名称对外宣传”，张某在微信群中告知公司加盟商“水灵子”隶属于灵子公司。二审法院对上述事实予以确认。张某于2019年3月11日向国家知识产权局提交了有张某、黄某签名的《撤回同意转让证明》，内容为同意撤回涉案“水灵子”商标转让申请。黄某主张该《撤回同意转让证明》上的签名系伪造，张某系私自撤回涉案“水灵子”商标的转让申请。二审法院认为，从黄某否认《撤回同意转让证明》上其签名的真实性、张某与黄某2019年4月30日的微信聊天记录内容、国家知识产权局《转让/转移申请/注册商标申请书》上转让人及受让人联系人均为张某、涉案“水灵子”商标的转让及撤回转让申请均由张某委托商标代理机构操作等情况来看，张某系私自于2019年3月11日向国家知识产权局申请撤回涉案“水灵子”商标的转让具有高度盖然性，二审法院予以采信。由于张某于2018年12月7日申请办理了涉案“水灵子”商标的转让，并于2018年12月20日在微信群中告知了公司有关人员，灵子舞蹈公司才通知加盟商于2019年1月6日起启用“水灵子”品牌，张某也对灵子舞蹈公司启用“水灵子”品牌的行为进行了“背书”，其加盟商已经为宣传推广“水灵子”品牌及从事相关经营活动付出了巨大的成本。张某于2019年3月11日私自申请撤销涉案“水灵子”商标的转让违反了其与灵子舞蹈公司之间商标转让协议的约定，会给灵子舞蹈公司及其加盟商的经营活动造成重大损失。由于灵子公司与灵子舞蹈公司系混同经营，在灵子舞蹈公司被依法核准注销后，其相应的业务系由灵子公司负责继续经营，从维护灵子公司及其加盟商的信赖利益及合法权益的角度出发，张某作为灵子公司的股东，其亦应当依照上述商标转让协议的约定，将涉案“水灵子”商标的所有权转移给灵子公司。二审法院认为，灵子公司有权依据张某与灵子舞蹈公司之间的商标转让协议获得涉案“水灵子”商标所有权。

综上，二审法院认为灵子公司的上诉请求成立，应当予以支持，一审判决适用法律错误，应予以纠正。依据《中华人民共和国公司法》第一百四十七条、第一百四十八条，《中华人民共和国商标法》第四十二条，《中华人民共和国民事诉讼法》第一百七十条第一款第（二）项规定，判决：撤销一审判决；改判确认灵子公司享有第20606443号“水灵子”注册商标专用权，张某于本判决发生法律效力之日起十日内协助灵子公司办理第20606443号“水灵子”商标转让手续，商标转让申请费用由张某负担。

**【法官评述】**

商标作为一种重要的知识产权，不仅是企业的无形资产，亦已成为企业发展战略的重要资源和市场经济发展的强大动力，在一定程度上代表着一个企业的经济实力、发展水平和整体形象。特别是具有一定知名度的商标，其所具有的价值是产品的其他特征无法比拟的，企业通过商标的显著性向消费者展示其形象和信誉，从而保证消费者能在互相竞争的同类产品中凭借商标对产品进行选择和识别。

本案为商标权权属纠纷，灵子公司通过对涉案“水灵子”商标的广泛宣传而为消费者所熟知，在广州地区甚至全国各地均有大量加盟商，“水灵子”商标的归属对灵子公司的后续发展具有至关重要的作用。张某系灵子公司的股东，并曾担任该公司董事及高级管理人员，其私自以个人名义在与灵子公司经营范围相同的商品类别上申请注册涉案“水灵子”商标，在经营活动中以灵子公司的名义宣传推广属于其个人的“水灵子”商标，后因股东之间的矛盾，张某与灵子公司就涉案商标的归属发生了争议。灵子公司作为小微民营企业，由于其经营管理不规范，股东、高级管理人员违反《公司法》的规定、利用职务便利损害公司合法权益，给公司及其加盟商的正常经营活动造成了巨大的风险。双方当事人围绕“水灵子”商标权属之争在一审、二审中共提交四十多份证据来证明各方对涉案“水灵子”商标具有所有权。本案中，从涉案“水灵子”商标的注册和使用过程来看，张某作为灵子公司的股东、董事、高级管理人员，其在代表公司申请注册“雨灵子”商标的同时，私自申请注册涉案“水灵子”商标的行为已经违反了其对灵子公司应尽的忠实义务和勤勉义务，损害了灵子公司的合法权益。张某与黄某签订了将涉案“水灵子”商标所有权转让给灵子舞蹈公司的协议，张某还向国家知识产权局递交了商标转让申请，其私自撤回商标转让申请的行为违反了前述协议的约定。由于灵子舞蹈公司与灵子公司构成人格混同且灵子舞蹈公司已经于2019年7月9日被核准注销，张某作为灵子公司的股东，其应当按照前述商标转让协议的约定，将涉案“水灵子”商标的所有权转移给灵子公司。本案判决厘清了张某利用职务便利私自注册涉案“水灵子”商标的不正当性，明确指出张某的行为违背了诚实信用原则，违反了忠实义务和勤勉义务，损害了灵子公司的合法权益。

本案从维护公司及股东、加盟商的信赖利益和合法权益的角度出发，有力维护了小微民营企业及其加盟商的正常经营秩序，避免因为公司运营不规范及股东之间的矛盾给公司及加盟商造成不可挽回的损失。

编写人：广州知识产权法院　裘晶文　耿照阳

（编辑：罗厚胤）

# 植物新品种案件

# 45

# 台沃公司与清远农技中心侵害植物新品种权纠纷案

**阅读提示：** 申请植物新品种权、申请植物新品种审定的行为是否属于商业目的？育种过程中未经品种权人许可，利用其品种组配其他品种并申请审定的行为是否构成侵犯植物新品种权？

## 【裁判要旨】

植物新品种权并不因培育出新品种而自动取得，申请行为是获取植物新品种权的前置程序，申请植物新品种权的行为本身并不具有商业目的。审定是科研育种活动的最后一个环节，通过审定是科研育种与商业目的之间的分水岭，申请审定的行为本身并不具有商业目的。育种过程中未经品种权人许可，利用其品种组配其他品种并申请审定的行为不构成侵犯权利人植物新品种权。

## 【案号】

一审：广州知识产权法院（2018）粤 73 民初 707 号

## 【案情与裁判】

原告：台沃公司

被告：清远农技中心

**起诉与答辩**

台沃公司起诉称:“粤禾丝苗”是广东省农业科学院水稻研究所自主选育的籼稻新品种和恢复系,该所享有“粤禾丝苗”植物新品种权。2015年10月9日,台沃公司与广东省农业科学院水稻研究所签订了《关于“粤禾丝苗”独占许可协议》,台沃公司取得了籼稻品种、恢复系“粤禾丝苗”的独占使用权等相关权利。“恒丰A”是粤良公司拥有的被授予植物新品种权的水稻品种。2015年10月12日,台沃公司与粤良公司签订了《水稻不育系“恒丰A”使用协议》,台沃公司获得了对“恒丰A”进行配组筛选、参加区试等权利,并独占享有对配组品种的生产经营权。清远农技中心未经台沃公司同意,使用不育系“恒丰A”及恢复系“粤禾丝苗”组配出“恒丰优粤禾丝苗”。2017年1月1日农业部植物新品种保护办公室发布了品种权申请公告,该公告显示清远农技中心于2016年8月9日对“恒丰优粤禾丝苗”提出了植物新品种权申请,且台沃公司得知清远农技中心已在申请审定“恒丰优粤禾丝苗”。清远农技中心对不育系“恒丰A”及恢复系“粤禾丝苗”不享有任何权利,其未经同意而使用该两品种违法组配的行为及就组配品种申请植物新品种权、申请审定的行为侵犯了台沃公司的合法权益。台沃公司请求判令清远农技中心:1.停止用“粤禾丝苗”重复生产“恒丰优粤禾丝苗”的行为,停止向广东省农作物品种审定委员会申请“恒丰优粤禾丝苗”审定的行为,停止向农业部植物新品种保护办公室就“恒丰优粤禾丝苗”申请植物新品种权的行为。2.在《中国种业》《农资财富杂志》刊登致歉声明,消除侵权行为对台沃公司造成的影响。3.向台沃公司赔偿损失50万元。

清远农技中心辩称:1.其从未从事“粤禾丝苗”和“恒丰A”的生产和销售行为,不存在侵权行为。2.其在科研育种过程中使用了台沃公司“粤禾丝苗”和“恒丰A”,行为合法,其申请“恒丰优粤禾丝苗”新品种审定及植物新品种权符合法律规定,属于正当行使其权益。

**一审审理查明**

广东省农业科学院水稻研究所是“粤禾丝苗”的品种权人,2015年10月9日,台沃公司通过与广东省农业科学院水稻研究所签订《关于“粤禾丝苗”独占许可协议》,取得该品种的独占使用权。粤良公司是“恒丰A”的品种权人,2015年10月12日,台沃公司与粤良公司签订《水稻不育系“恒丰A”使用协议》,粤良公司授权台沃公司用“恒丰A”配组的品种推荐参加除广西和广东区域外的各级区试，授权台沃公司独占使用“恒丰A”配组品种审定区域（广东和广西区域除外）的生产经营权。

清远农技中心使用台沃公司享有权利的“粤禾丝苗”和“恒丰A”组配出新的品种“恒丰优粤禾丝苗”，于2016年8月9日向农业部植物新品种保护办公室申请品种权保护。农业部植物新品种保护办公室于2017年1月5日发出《提供繁殖材料通知书》，要求提供“恒丰优粤禾丝苗”与近似品种“恒丰优1179”的繁殖材料2500 g用于田间测试和保藏。2017年4月28日，农业部植物新品种保护办公室植物新品种保藏中心接收了上述品种繁殖材料各2500 g并出具检测报告书，检测结果显示，送交上述两品种符合《农业部植物新品种保护办公室第8号公告》中的规定，即日起在本中心保藏至保护期届满。双方均确认“恒丰优粤禾丝苗”现处于公告期，尚未获得植物新品种授权。

清远农技中心就“恒丰优粤禾丝苗”向广东省农作物品种审定委员会申请了审定。台沃公司表示其于2018年3月19日以电子邮件的方式向广东省农业主管部门提出异议。双方均确认，通过审定是种子在该审定区域内生产、销售的准入条件之一，“恒丰优粤禾丝苗”要在广东省内生产、销售，必须要经过广东省农作物品种审定委员会审定或者经过农业部品种审定委员会审定。

**一审判理和结果**

一审法院经审理认为，清远农技中心使用“粤禾丝苗”和“恒丰A”组配出“恒丰优粤禾丝苗”，并向农业部植物新品种保护办公室申请植物新品种权以及向广东省农作物品种审定委员会申请审定的行为是否侵权，关键在于判断上述三项行为是属于科研范畴还是属于商业行为。

第一，关于组配“恒丰优粤禾丝苗”的行为。清远农技中心未经台沃公司许可，利用“粤禾丝苗”和“恒丰A”组配“恒丰优粤禾丝苗”的行为属于科研范畴，依照《中华人民共和国种子法》第二十九条及《中华人民共和国植物新品种保护条例》第十条的规定，享有豁免权，其行为不构成侵权。

第二，关于清远农技中心向农业部植物新品种保护办公室申请植物新品种权的行为。作为育种单位，在育种完成之后，清远农技中心有权就新培育出的“恒丰优粤禾丝苗”申请植物新品种权。植物新品种权并不因培育出新品种而自动取得，申请行为是获取植物新品种权的前置程序，申请植物新品种权的行为本身并不具有商业目的。清远农技中心就“恒丰优粤禾丝苗”申请植物新品种权的行为本身并不构成侵权。

第三，关于清远农技中心就“恒丰优粤禾丝苗”向广东省农作物品种审定委员会申请审定的行为。品种审定是品种审定委员会对新育成的品种或新引进的品种根据审定标准和规定程序，对申请审定品种的品种试验结果进行审核鉴定，决定该品种能否销售或推广并确定其适宜推广区域的过程。品种试验的结果是品种审定的主要依据，品种试验包括生产试验和区域试验，主要是对品种的丰产性、稳产性、抗逆性和品质等农艺性状进行鉴定，以此来判定品种的经济性和使用价值。关于审定行为的性质，《广东省农作物种子条例》第十三条规定，经国家级或者省级审定通过的农作物新品种为科技成果。由此可知，审定是科研育种活动的最后一个环节。众所周知，科研育种活动系一个漫长的过程，组配只是其中一个关键环节，组配成功并不意味着科研育种活动即告终结，育种成果还需要经过有关部门的审定，只有审定通过，育种才算完成，科研活动才算结束。通过审定也是主要农作物品种进入市场的准入条件。由此可见，通过审定是科研育种与商业目的之间的分水岭，清远农技中心培育出“恒丰优粤禾丝苗”后申请审定的行为仍属于科研育种范畴。

关于清远农技中心申请植物新品种权和申请审定的过程中会重复使用“恒丰A”和“粤禾丝苗”生产“恒丰优粤禾丝苗”的行为是否构成为商业目的。《最高人民法院关于审理侵犯植物新品种权纠纷案件具体应用法律问题的若干规定》第二条第三款规定，被控侵权人重复以授权品种的繁殖材料为亲本与其他亲本另行繁殖的，人民法院一般应当认定属于商业目的将授权品种的繁殖材料重复使用于生产另一品种的繁殖材料。通过文义解释，重复以授权品种的繁殖材料为亲本与其他亲本另行繁殖也有可能不构成商业目的，即存在一般之外的例外情形，故不能简单地认为有“重复以授权品种的繁殖材料为亲本与其他亲本另行繁殖”的行为即认为有商业目的，否则就违背了《中华人民共和国种子法》和《中华人民共和国植物新品种保护条例》鼓励培育推广良种的立法本意。根据上述立法宗旨和解释，显然，如要将此处的“重复以授权品种的繁殖材料为亲本与其他亲本另行繁殖”认定为有商业目的，需要对“重复”二字进行限缩解释，将其限定在以市场销售为目的的重复，比如重复生产以获得大量预售种子资源，即将育种过程中必然产生的重复生产，比如为了达到用于育种的合理数量的种子等情况排除在外。品种试验过程中必然会涉及重复以授权品种的繁殖材料为亲本与其他亲本另行繁殖的情况，这一情况显然只是科研育种的范畴，并不具备商业目的。清远农技中心表示除了提供上述种子供植物新品种申请及审定之外，并没有生产其他种子，台沃公司亦未举证证明清远农技中心除此之外还利用“恒丰优粤禾丝苗”存在其他商业行为。如果将清远农技中心在这一过程中的“重复”理解为具有商业目的，则新品种仅能存在于实验组配过程中，根本没有办法通过审定测试，无法知晓科研育种是否成功，更无可能将科研成果推向市场，这显然与《中华人民共和国种子法》和《中华人民共和国植物新品种保护条例》鼓励培育推广良种的立法精神背道而驰。清远农技中心组配出“恒丰优粤禾丝苗”后有权向广东省农作物审定委员会申请审定以获得“恒丰优粤禾丝苗”未来在市场推广销售的准入资格，其在审定过程中按照审定程序的要求提供2500 g种子属于合理行为。同样，清远农技中心就组配出的“恒丰优粤禾丝苗”向农业部植物新品种保护办公室申请植物新品种权属于行使其合法权利，其按照相关要求提供2500 g种子本身并不具有可责难性。综上，一审法院驳回了台沃公司的全部诉讼请求。

一审判决后，台沃公司不服，向最高人民法院提起上诉，二审正在审理中。

**【法官评述】**

2020年中央经济工作会议，恰逢“十三五”收官、“十四五”开局的关键点，此次会议围绕构建新发展格局，部署了2021年要抓好的8项重点任务，“解决好种子和耕地问题”首次纳入其中。种子是农业的“芯片”，其重要性不言而喻。开展种源技术攻关，立志打一场种业翻身仗也是当前农业领域的一项重点工作。种源技术攻关是一个艰苦而漫长的过程，投入大、风险高，需要法律来保驾护航。

本案即是一例在科研育种活动中产生的涉嫌侵害植物新品种权纠纷，主要争议问题是育种者未经植物新品种权人和相关权利人的许可，将其植物新品种作为亲本进行育种，育种后向广东省农作物品种审定委员会申请审定以及向农业部植物新品种保护办公室申请植物新品种权的行为是属于科研范畴还是属于商业行为，是否构成侵权，目前法律规定不甚明确，也无先例可循。裁判者如何评价上述行为，不仅影响当事人双方的利益，更会对相关行业产生影响。科研育种活动的边界在哪里？品种审定与科研育种究竟是何种关系？为审慎起见，在本案审理过程中，承办人就上述问题专程向广东省农业农村厅进行了咨询。结合科研育种行业的实际，我们最终认为审定是科研育种活动的最后一个环节，组配只是其中一个关键环节，组配成功并不意味着科研育种活动即告终结，育种成果还需要经过有关部门的审定，只有审定通过，育种才算完成，科研活动才算结束。通过审定是科研育种与商业目的之间的分水岭。

对于《最高人民法院关于审理侵犯植物新品种权纠纷案件具体应用法律问题的若干规定》第二条第三款“重复以授权品种的繁殖材料为亲本与其他亲本另行繁殖的，人民法院一般应当认定属于商业目的”的解释，我们从科研育种行业的实际和鼓励培育推广良种的立法目的考虑，对该条文的“重复”二字进行限缩解释，将其限定在以市场销售为目的的重复，比如重复生产以获得大量预售种子资源，即将育种过程中必然产生的重复生产，比如为了达到用于育种的合理数量的种子等情况排除在外。

基于上述考虑，本案依据《种子法》鼓励培育推广良种的立法宗旨，开创性地认定清远农技中心以台沃公司享有权利的植物新品种“粤禾丝苗”和“恒丰A”组配出“恒丰优粤禾丝苗”，并申请审定、申请植物新品种权的行为不属于商业性使用，不构成侵权，厘清了育种行为本身以及育种后申请审定、申请植物新品种权的行为与育种后商业性使用行为的边界，为合法育种行为提供了司法保障。

本案虽然处于二审期间，但一审判决中对于科研活动与商业目的之间的划分，对于“重复以授权品种的繁殖材料为亲本与其他亲本另行繁殖”中“重复”的理解等均被《最高人民法院关于审理侵害植物新品种权纠纷案件具体应用法律问题的若干规定（二）（征求意见稿）》所吸收。该解释征求意见稿第十二条规定，被诉侵权人主张对授权品种进行下列生产、繁殖行为属于科研活动的，人民法院应当予以支持：（一）试验或者试种授权品种；（二）利用授权品种配组形成新品种；（三）利用授权品种配组形成新品种后，为该新品种申请品种权或者审定品种需要而利用授权品种繁殖材料重复使用于生产申请品种的繁殖材料。其中第（二）、第（三）项的规定与本案一审的裁判规则不谋而合，这是对一审裁判的肯定。

编写人：广州知识产权法院　谭海华　曾维亮

（编辑：刘合安）

# 技术调查案件

# 46

# 现场实验的注意事项

## ——陈某与诺美公司侵害实用新型专利权纠纷案

**阅读提示：**法庭组织双方当事人进行现场实验时，有何注意事项？

**【技术调查要旨】**

被诉侵权技术方案的技术特征往往不能直接观察获取，为充分查清技术事实，解决司法鉴定程序周期长、成本高的困境，可综合案件现有证据判断现场实验的必要性和可行性，合理分配举证责任，引导当事人积极举证质证，并在保障实验安全性和科学性的情况下，组织双方当事人运用相应的工具和方法对存在被诉侵权技术方案的相关信息进行披露。

**【技术调查事实】**

一审：广州知识产权法院（2019）粤73知民初49号

原告：陈某

被告：诺美公司

**技术争议焦点**

双方主要争议在于：被诉产品是否具有温控开关、温控器。陈某认为被诉产品在按压温控按钮的时候，有5个对应不同颜色的指示灯亮起，所以被诉产品具有该技术特征。诺美公司确认被诉产品有5个不同颜色的指示灯，但认为涉案专利权利要求有温控器这一特征，可以调节温度从高到低，被诉产品没有温控器，实际运行过程中只能加热，被指控的按钮没有调节温度高低的功能。

**技术比对和分析**

针对被诉产品在实际运行中其按钮是否具有调节温度高低的功能，法庭组织双方当事人利用红外检测仪、电力监测仪进行实验检测。

1. 关于红外检测仪检测温度的情况

庭审中，法庭组织双方当事人对被诉产品进行检测，通过红外温度检测仪测试被诉产品开机后温度在 37~42℃之间的数据，因测试点不同其温度也不相同且温度数值区间较小，因此对该实验数据不予确认。

2. 关于电力监测仪检测温度的情况

因发热片不同的输出功率对应不同的温度，庭审现场双方确认根据被诉产品不同输出功率来判断调节不同温度档位是否控制温度变化。在检测不同温度档位过程中，原告自行提供电力监测仪用于实验检测。原告提供的电力监测仪为多功能功率计量插座，可用于测量功率、电流、电压等参数。

电力监测仪显示的被诉产品在不同加热档位的数据如下：一档功率 18.35kW、二档 17.76kW、三档 17.66kW、四档 17.61kW、五档 17.86kW。由此可知，被诉产品在不同加热档位下功率基本维持不变。

**技术调查结论**

根据实验数据，可推断被诉产品对应的温控器与温控按钮仅控制发热片的通断电，对发热片不具有调节温度的作用。据此，技术调查官的意见为被诉产品不具有温控器。

陈某根据现场实验情况，申请撤回本案起诉。

## 【技术调查官评述】

在组织现场实验过程中应注意以下几点：

1. 技术调查官及时将现场查明技术事实向法官反馈，以便引导双方当事人充分披露技术事实。尽管被诉产品的操作按钮以及宣传页面显示温度控制的功能，被告当庭提出被诉产品按钮没有调节温度高低的功能，但在查明技术事实时仍应以被诉产品实际状态为准，被诉产品的操作按钮以及宣传页面显示温度控制的功能仅可作为间接证据（被诉产品是否属于虚假宣传则另当别论），不能直接反映被诉产品具有涉案专利温控开关的真实状态。技术调查官应将现场举证质证反映的技术情况向法官及时反馈，协助法官合理分配举证责任，以此引导双方当事人充分披露技术事实，避免双方各执一词而不得不引入鉴定。就本案而言，技术比对初期原告根据间接证据已履行初步举证责任，被告不能仅凭口头意见作有效异议，应要求被告就被诉产品实际运行不同于其产品宣传的情况进行举证。

2. 现场实验由法庭主持，但实验方法建议由双方当事人协商确认。一是避免依职权介入过于主动，有违法院中立地位；二是实验检测方法具有不确定性，何种检验方法安全、可操作仍属当事人最为清晰。现场实验测量方法建议仍应由当事人双方进行协商，技术调查官作为技术人员可主持双方进行协商，并在协商的过程中提供意见参考或适时发表意见解决分歧。本案中，尽管在协商过程中技术调查官提出万用表、红外检测仪等检测方案，但采用何种方法检测仍应由双方当事人协商决定。基于司法辅助人员的地位，技术调查官并非作为第三方机构存在，在双方当事人见证且现场条件允许的情况下，实验检测的结果仍应由当事人予以确认。

3. 法庭应对实验原理、操作方法的科学性、客观性具有相应的判断能力。尽管双方当事人各负举证质证的责任，但在当事人向法庭披露技术事实的过程中，对于其实验原理、操作方法是否具备科学性、客观性，法庭应有足够的判断能力，否则一旦双方当事人意见争执不下，实验将无法进行。此时，技术调查官的主要职责在于对其实验的科学性予以判断。本案在利用红外线检测仪进行实验的过程中，发现不同测试点其温度也不相同的测试结果，而且各测量数据之间数值相差较小（事后结合电力检测仪数据分析，该数据温度数值区间较小，与被诉产品在不同加热档位下功率基本维持不变的情况相吻合），无法判断数值间的变化是测量位置、通电时间或功率的改变而引起的变化，技术调查官应对该数据能否采用作出判断。

4. 法庭应确保实验操作安全，实验操作人员以双方当事人的技术人员为主。实践过程中，不少法官基于中立性的考虑，倾向于由技术调查官进行操作。但现阶段技术调查官不能覆盖所有技术领域，即使是该领域的技术人员也未必熟知被诉产品具体结构情况，被诉产品的管道、电路、强弱电分布等往往不能直接确认，不能有效保障实验准确、安全、高效。作为涉案技术方案的所有者或使用者，当事人对所属技术领域的背景以及被诉产品的具体情况都应是最了解的。回归举证责任，涉案技术问题首先应由当事人解决，仅在技术调查官熟知被诉产品具体结构，且实验由当事人操作易发生实验结果失真的情况下，方建议由技术调查官操作，法庭、技术调查官的主要精力应放在对双方当事人操作过程中的方式方法以及结果等进行监督和分析上。本案中，双方当事人认为万用表检测被诉产品电路涉及强电，测量时需注意避开强电相关区域，而短时间接触案件的技术调查官往往无法直接获知被诉产品强弱电分布情况，在明确实验操作由当事人技术人员进行操作后，其技术人员基于安全性考量提供了电力监测仪的替代方案，进而确保实验的安全性和有效性。

编写人：广州知识产权法院　练景峰

（编辑：杨春莲）

# 47

# 产品用途限定的查明

## ——阳腾云公司与佳积公司侵害实用新型专利权纠纷案

**阅读提示：**无法对产品进行操作演示的情况下，应如何确定被诉产品能否适用于权利要求限定的用途功能？

**【技术调查要旨】**

在现场保全勘验过程中，由于各种不确定因素，经常会遇到机器无法运转的情况，因此无法直接确定被诉产品能否适用于权利要求中限定的具体用途或应用领域。对此，可通过查阅产品说明书等相关渠道获取相关信息，查明产品实际具备的功能，并据此认定其具体用途或应用领域。

**【技术调查事实】**

一审：广州知识产权法院（2018）粤73民初1254号

二审：最高人民法院（2020）最高法知民终245号

原告：阳腾云公司

被告：佳积公司

**技术争议焦点**

佳积公司认为被诉产品不具备涉案专利权利要求1中的5个技术特征：

1. 进料平台。被诉产品是进料通道，并非平台。

2. 工业相机。被诉产品是传感器且自带光源，用于检测物料缺损情况，并非工业相机，且被诉产品的传感器是悬立着的，而本案专利中的工业相机是有东西托着的。

3. 背光源。被诉产品没有背光源设置，被诉产品的传感器自带光源。

4. 卡位挡板。被诉产品没有卡位挡板，而是使用连接器，该连接器也有挡料、不让物料掉下去的作用。

5. 正、反料管。被诉产品相应位置也是有管的，但其不是正反料管，相应的位置是判断物料是否有缺失。

**技术比对和分析**

1. 关于进料平台

经勘验，被诉产品的分料臂一端的下方设置有一供物料进入的平台，一透明管上端穿过该平台连接该平台上的输料口，与涉案专利对进料平台的描述一致。涉案专利与被诉产品分别如图 1 和图 2 所示。

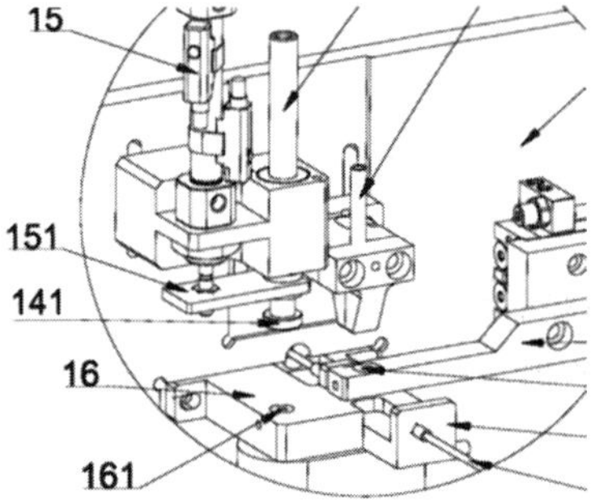


图 1　涉案专利的进料平台 16 和输料口 161

图 2　被诉产品对应的进料平台和输料口

至于佳积公司认为被诉产品为进料通道并非平台，该进料通道为平台上对应的输料口，属于平台的一部分，不与进料平台构成区别。因此，被诉产品具有涉案专利的进料平台。

2. 关于工业相机

经勘验，被诉产品卡位立块一侧设有用于安装图像传感器（图 3）的机架，安装于该机架上的图像传感器位于透明管一侧，与涉案专利的工业相机的位置连接关系一致。

经查阅相关资料，图像传感器为工业相机的一种，可将光信号转变成电信号。在官网下载的产品说明书如图 4 所示。在本案中该图像传感器根据物料图像的相关参数进行判断，发出信号影响相应的执行机构动作。因此，被诉产品具有涉案专利的工业相机。

图 3　被诉产品图像传感器

（品牌 BANNER，型号 iVu Plus GEN2，IVU2PRGR12）

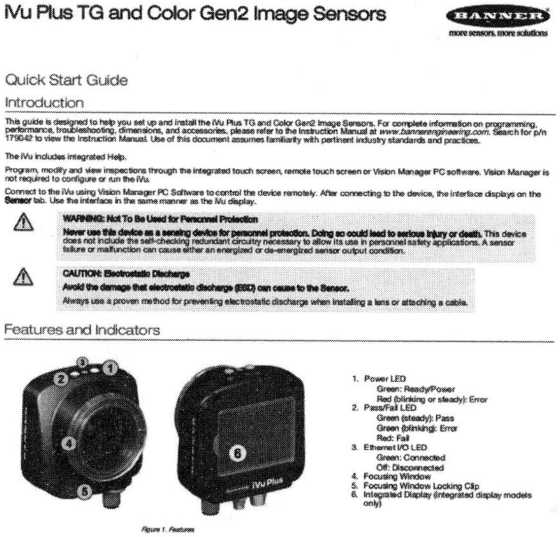

iVu Plus TG and Color Gen2 Image Sensors

BANNER
more sensors, more solutions

Quick Start Guide

Introduction

This guide is designed to help you set up and install the iVu Plus TG and Color Gen2 Image Sensors. For complete information on programming, performance, troubleshooting, dimensions, and accessories, please refer to the Instruction Manual at www.bannerengineering.com. Search for p/n 179042 to view the Instruction Manual. Use of this document assumes familiarity with pertinent industry standards and practices.

The iVu includes integrated Help.

Program, modify and view inspections through the integrated touch screen, remote touch screen or Vision Manager PC software. Vision Manager is not required to configure or run the iVu.

Connect to the iVu using Vision Manager PC Software to control the device remotely. After connecting to the device, the interface displays on the **Sensor** tab. Use the interface in the same manner as the iVu display.

**WARNING: Not To Be Used for Personnel Protection**

**Never use this device as a sensing device for personnel protection. Doing so could lead to serious injury or death.** This device does not include the self-checking redundant circuitry necessary to allow its use in personnel safety applications. A sensor failure or malfunction can cause either an energized or de-energized sensor output condition.

**CAUTION: Electrostatic Discharge**

**Avoid the damage that electrostatic discharge (ESD) can cause to the Sensor.**

Always use a proven method for preventing electrostatic discharge when installing a lens or attaching a cable.

Features and Indicators

1. Power LED
   Green: Ready/Power
   Red (blinking or steady): Error
2. Pass/Fail LED
   Green (steady): Pass
   Green (blinking): Error
   Red: Fail
3. Ethernet I/O LED
   Green: Connected
   Off: Disconnected
4. Focusing Window
5. Focusing Window Locking Clip
6. Integrated Display (integrated display models only)

*Figure 1. Features*

图 4　被诉产品图像传感器官网下载的产品说明书

3. 关于背光源

经勘验，被诉产品透明管相对于图像传感器的另一侧设置有背光源，该光源内部具有 LED 灯泡。

至于佳积公司认为其背光源在实际运行过程中并未使用，因无法运行，从而无法对该状况予以判断，但被诉产品本身具有涉案专利的背光源结构（图 5）。

4. 卡位挡板

经勘验，被诉产品的气缸连接有挡板，挡板与立块匹配（图 6），与涉案专利的卡位挡板的结构、位置、连接关系一致（图 7）。

至于佳积公司认为对应的结构为连接器，其连接器也有挡料、不让物料掉

图 5　背光源内部结构

图 6　被诉产品对应的挡板与立块

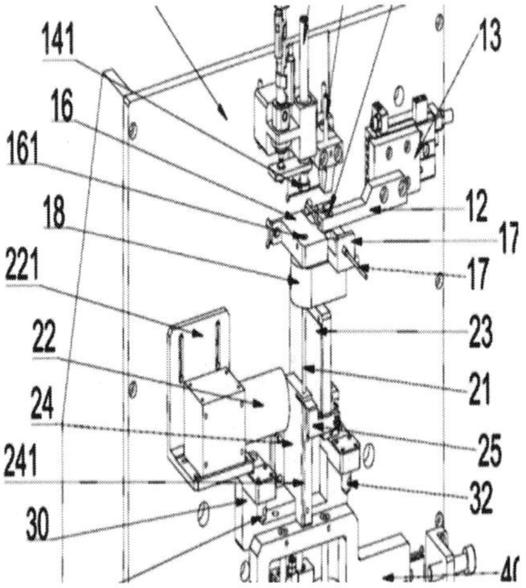


图 7　涉案专利卡位挡板 25 和卡位挡块 24

下去的作用，不影响对涉案专利卡位挡板的认定。

5. 关于正反料管

佳积公司认为被诉产品不具有正反料管，其装置检测的并非正反料而是长短料。

经现场勘验，双方当事人经调试后均无法使被诉产品正常运行，无法通过现场直接确认被诉产品实际运行过程中检测的是正反料还是长短料。但经查阅被诉产品图像传感器的说明书（图 8），其可检测工件形状等参数（该产品具备 Area、Blemish、Match、Sort、Color 等检测模式），具备检测正反料和长短料的能力。

Figure 16. **Add New** Screen (1G models shown)

2. Select the Sensor Type for the new inspection, and click **Next**.

| **Sensor Type** | **Description** |
| --- | --- |
| Area Sensor | Use an Area sensor to ensure that a feature, or multiple features, are present on a part. When setting up the iVu for an Area inspection, a feature, such as a drilled hole, is identified as well as the size (area) expected. If there is more than one of the identified features on a part, the number expected can be set as well. During the inspection, the sensor verifies that each part or package includes the specified number of features. |
| Blemish Sensor | Use a Blemish sensor to find flaws on a part (for example, scratches on a disc), or to make sure that a feature exists on a part. Although verifying whether a feature is present on a part is more commonly an Area sensor application, a Blemish sensor may be a better option when dealing with variable materials or uneven lighting. |
| Match Sensor | Use a Match sensor to verify that a pattern, shape, or part in any orientation matches a reference pattern. Teach the reference pattern during setup. A reference pattern might include alphanumeric characters, logos, or any other shapes. During an inspection, the sensor checks that each part or package being inspected matches the reference pattern. If there is more than one of the identified pattern, set the number of expected matches. |
| Sort Sensor | Use a Sort sensor to recognize and sort up to ten different patterns within the same inspection. Teach each reference pattern during setup. Store reference patterns in one of ten pattern memory locations. A reference pattern might include alphanumeric characters, logos, or any other shapes. The pass criteria can be set for any or all of the patterns. |
| Average Color (iVu Color models only) | Use an Average Color sensor to visually inspect a part by analyzing all colors in the Region of Interest (ROI) and reducing them to a single set of color values, the average of the combined colors in the ROI. The Average Color sensor is used to report which color, on average, is being seen by the sensor. |
| Color Compare (iVu Color models only) | Use a Color Compare sensor to verify that a part's color matches a reference color. The Color Compare sensor looks for a statistical match for both the specific hue(s) and relative abundance of colors seen within the ROI. |
| Color Area (iVu Color models only) | Use a Color Area sensor to separate same color blobs, or Binary Large Objects, from the larger scene and to analyze parts with color variations that cannot accurately be detected by gray scale sensors. Use an Color Area sensor to ensure that a specific color feature, or multiple features, are present on a part. If there is more than one of the identified features on a part, the number expected can be set as well. During the inspection, the sensor verifies that each part or package includes the correct color and specified number of features. |

图 8　被诉产品图像传感器的说明书

至于佳积公司认为被诉产品在前工序已经过正反料检测，其后续工序不需要正反料检测仅需长短料检测，虽无法通过现场直接确认被诉产品实际运行过程中检测的是正反料还是长短料，但被诉产品前后工序均为检测正反料或者先检测正反料后检测长短料，使用者在正常运行过程中可根据实际情况予以调整，对于该技术特征的认定仍应以被诉产品实际具备的检测能力为准。

因此，虽无法判断被诉产品在实际运行过程中是否用于检测正反料，但根据图像传感器的说明书可认定被诉产品的图像传感器具备检测正反料和长短料的能力。

**技术调查结论**

被诉产品使用的传感器具备检测工件形状、瑕疵、分类等多种检测功能，具备检测正反料和长短料的能力。被诉产品客观上具备两个出料口的结构，至于是正反料还是长短料，取决于前段工序的检测设置，使用者在正常运行过程中可根据实际情况予以调整，对于该技术特征的认定仍应以被诉产品实际具备的检测能力为准。因此，虽无法实际检测被诉产品在运行过程中是否用于检测正反料，但根据图像传感器的说明书可认定被诉产品的图像传感器具备检测正反料和长短料的能力。据此，技术调查官的意见为被诉侵权技术方案具有与涉案专利权利要求 1 对应技术特征相同的技术特征。

一审合议庭采纳了技术调查官的意见，并据此判令佳积公司赔偿阳腾云公司经济损失和合理费用共20万元。

一审判决后，佳积公司不服，向最高人民法院提起上诉。二审经审理后判决：驳回上诉，维持原判。

**【技术调查官评述】**

本案主要争议在于被诉产品是否具有正反料管，即工业相机是否对马达轴芯的正反方向进行筛选，使筛选后的马达轴芯从相应的正反料管下落。通常来说，最直观的方法是使机器运转，观察机器工业相机是否能对马达轴芯进行正反方向的筛选。但经现场近两个小时的调试后均无法确保机器正常运转，无法直观验证工业相机是否对马达轴芯的方向进行筛选。因此，需要从其他渠道获取相关信息，查明被诉产品的用途或应用领域。

根据本领域普通技术人员对工业相机即本案图像传感器的原理来分析，该图像传感器即是根据物料图像的相关参数进行判断，发出信号，影响相应的执行机构动作。按通常理解，只要在图像传感器上设定待检测物体图像的相关参数即可实现待检测图像的筛选。但图像传感器在本案中能否实现马达轴芯的正反方向筛选仍需结合涉案被诉产品图像传感器的具体结构参数加以确定。

在本案中，被告惰于举证涉案被诉产品图像传感器的相关参数。而原告提供的相关资料主要来源于销售商等零散网站，虽能直接反映该型号的传感器具备根据产品形状轮廓等参数进行检测的能力，但其内容的证明力较低。后经查询该传感器的官方网站核实，该传感器是美国邦纳工程国际有限公司生产的第二代图像传感器，具备图像匹配、区域面积、瑕疵检测、分类检测等多种检测功能。该产品的说明书中称，该产品具备Area、Blemish、Match、Sort等检测模式，即可对马达轴芯正反向轮廓形状的不同点进行检测，由此可确定该图像传感器具备对马达轴芯正反方向进行筛选的功能。

编写人：广州知识产权法院　练景峰

（编辑：杨春莲）

# 48

# 功能性特征的技术比对和认定

## ——万旅公司与松林达公司等侵害实用新型专利权纠纷案

**阅读提示：**对于功能性技术特征，应如何结合专利说明书中的实施例进行比对？

**【技术调查要旨】**

技术调查官在未直接参与庭审的情况下，应通过查阅当事人提交的证据材料以及双方在庭审中的陈述，并对被诉产品进行彻底拆解后，与专利技术方案进行比对分析。对于功能性技术特征，还需结合专利说明书中的实施例进行比对。

**【技术调查事实】**

一审：广州知识产权法院（2017）粤73民初2348号

二审：广东省高级人民法院（2018）粤民终2135号

原告：万旅公司

被告：松林达公司、欧力公司

**技术争议焦点**

被诉产品为多功能旅行充电转换器，双方当事人争议的技术特征主要有三项：

1. 被诉产品是否具备“使推动板在某位置定位的档位结构”的技术特征。松林达公司等认为，某位置定位的档位结构是功能性特征，在实施例上，根据说明书0036描述的档位结构，包括设于推动板上一面的三个档位槽，以及设于支柱顶部的可嵌入其中一个档位槽的弹性嵌入件。被诉产品没有构成档位结构的支柱顶部的嵌入件，推动板上也没有设置档位槽。

2. 被诉产品是否具备“开关结构”的技术特征。松林达公司等认为，开关结构是功能性特征，没有具体的技术特征，是一种功能。在实施例上，根据说明书 0032 第二句，所述开关结构包括可活动的推动板 3，以及使推动板 3 在某位置定位的档位结构。被诉产品的开关结构和涉案专利不同，被诉产品的开关结构设置于推动插头的四个槽的盖板下边，通过拨片拨动位置的移动挡住槽的缝隙来实现插头的伸出和缩进，而涉案专利的开关结构是通过在插头的尾部的插孔盖板下设置拨片，该拨片位置容易滑落，另外设置了一个支柱膜来对其进行定位。涉案专利需要多设置一个支柱，故涉案专利多了一个技术特征。

3. 被诉产品是否具备“推动板上设有用于遮挡各插脚的伸出部分的遮挡件”的技术特征。松林达公司等认为，被诉产品所谓的推动板根本不是用于遮挡伸缩部分的遮挡件，而是用于遮挡插脚伸出的槽，从而限制插头伸缩。被诉产品上并未设置用于遮挡各插脚的伸出部分的遮挡件。

**技术比对和分析**

1.“档位结构”主要是限定于能起到使推动板在某位置定位的功能，因此是功能性技术特征。根据说明书中的具体实施例，档位结构包括设于推动板上一面的三个档位槽，以及设于支柱顶部的可嵌入其中一个档位槽的弹性嵌入件。经拆卸和分析，被诉产品中上盖板背面有四个档位槽，分别对应于 EU、UK、AUS 和 US 四国标准插头，推动板后端中部有一弹性嵌入件，可以嵌入四个档位槽其中一个，使得推动板可以定位于其中一个槽。因此，被诉产品的档位结构与涉案专利说明书及附图中记载的实现档位结构功能的技术特征相比，两者手段相同，功能和效果也相同。

2. 权利要求 1 中限定了“开关结构”，主要是起“在其中一个插脚的伸出部分伸出外壳外时，能限制其他插脚的伸出部分伸出或完全伸出外壳外”的功能，因此是功能性技术特征。但是，该功能性技术特征的具体实施例对应的技术特征载于权利要求 2 中，即“开关结构包括可活动的推动板，以及使推动板在某位置定位的档位结构”，且万旅公司只要求保护权利要求 2，故只要比对权利要求 2 中的具体技术特征即可。经拆卸和分析，被诉产品中包括可活动的推动板和档位结构（详见第 1 个问题分析）。

3.“遮挡件”主要是限定于能起到遮挡各插脚的伸出部分的功能，因此是功能性技术特征。根据说明书中的具体实施例，说明书0033记载：“推动板3设有与第一插脚210位置相应的、在到达相应档位时能限制第一插脚210伸出的第一挡件211，推动板3设有与第二插脚220位置相应的、在到达相应档位时能限制第二插脚220伸出的第二挡件221，推动板设有与第三插脚230位置相应的、在到达相应档位时能限制第三插脚230伸出的第三挡件231；推动板3设有与第二插脚220位置相应的、在到达相应挡位时能限制第二插脚220伸出的第四挡件222。”说明书0038记载：“第一挡件211、第二挡件221设于推动板3的一侧边缘，位置与第一插脚、第二插脚的一侧的导电触头相应；第四挡件设于推动板3的另一侧边缘，位置与第二插脚220的另一侧导电触头相应。”经拆卸和分析，被诉产品的推动板上设置有遮挡件，该遮挡件实现了遮挡住各插脚伸出的功能，达到了避免非使用插脚的伸出或完全伸出的效果。但是与涉案专利不同的是，其并不是遮挡各插脚的伸出部分，而是遮挡各插脚后端部四个凸起，某一时刻遮挡件挡住其中三个凸起，不挡住其中一个凸起，此时上盖板的对应的三个被挡住的槽缝隙会被推动板封闭，一个没被挡住的槽缝隙会露出来。另外，被诉侵权产品推动板上前端的遮挡件包括三个挡件，通过三个挡件来实现对四个不同标准插脚的遮挡，起到某一个时刻只有其中一个插脚可以伸出的功能，而涉案专利是通过四个挡件来实现对三个不同标准插脚的遮挡从而实现相同的功能。

**技术调查结论**

被诉产品具备“使推动板在某位置定位的档位结构”“开关结构”两项技术特征；但被诉产品的遮挡件与涉案专利说明书及附图中记载的实现遮挡件功能的技术特征相比，两者手段存在差异，被诉产品不具备“推动板上设有用于遮挡各插脚的伸出部分的遮挡件”的技术特征。据此，技术调查官的意见为被诉侵权技术方案有一项技术特征与涉案专利相应技术特征既不相同也不等同。

一审合议庭采纳了技术调查官的意见，认定被诉侵权技术方案未落入涉案专利权的保护范围，并据此判决驳回万旅公司的全部诉讼请求。

一审判决后，万旅公司不服，向广东省高级人民法院提起上诉。二审经审理后判决：驳回上诉，维持原判。

【技术调查官评述】

部分技术类案件因未作提前研判等原因而没有申请技术调查官参与庭审，开庭后才发现涉及的争议技术问题比较复杂，需要技术调查官介入协助并提供比对意见。在这种情况下，由于没有参与现场庭审环节，技术调查官对技术比对无法形成直观的判断，因此需要结合庭审笔录、双方提交的比对意见以及对被诉产品的解剖分析等综合进行，在必要时还可以通过电话沟通明确技术特征具体含义，甚至还可以建议再行组织勘验。

本案正是这种情况，技术调查官在庭后通过通读专利说明书，对涉案专利进行仔细分析研究，找准专利发明点。由于争议的技术特征为功能性技术特征，因此还需要对每一个技术特征结合专利说明的具体实施例展开细致解释。在此前提下，对被诉产品进行拆分解剖，理解涉案技术方案的具体实现原理，并对每一个零部件进行逐一比对，最终认定被诉产品不落入涉案专利权的保护范围。

编写人：广州知识产权法院　林奕濠

（编辑：杨春莲）

# 49

# 现有技术在侵权判定中的运用

## ——仁豪公司与太阳洲公司等侵害实用新型专利权纠纷案

**阅读提示：在权利要求描述模糊的情况下，应如何结合现有技术界定权利要求保护范围？**

### 【技术调查要旨】

专利审查档案、复审请求审查决定、无效宣告请求审查决定以及相关的授权、确权行政判决等材料，作为专利档案信息的一部分，对于权利要求的保护边界具有约束力。专利技术方案容易因语言模糊性和不确定性将现有技术方案纳入涉案专利保护范围中，专利审查以及无效宣告审查过程中，涉案专利技术方案与现有技术的比对得到充分的暴露，其保护边界也得到进一步明确的划定。

### 【技术调查事实】

一审：广州知识产权法院（2017）粤73民初166号

原告：仁豪公司

被告：太阳洲公司、新誉经销部

**技术争议焦点**

太阳洲公司、新誉经销部认为，被诉产品与涉案专利权利要求5、14存在以下区别：

1. 权利要求5记载涉案专利是圆弧形接触，但被诉产品是切线接触。

2. 权利要求14记载的曲弧面有其特定含义，不是一般的圆柱体。

**技术比对和分析**

1. 关于权利要求 5

针对权利要求 5，双方当事人的争议在于，被诉产品的陶瓷件的外侧是否构成圆弧形面，以及该陶瓷件是否共同围成一圆形送纱圆周面。

经勘验，被诉产品的陶瓷件为一圆柱体，其外侧构成圆弧形面，各陶瓷件围绕在上轮盖及下轮盖的外周均匀分布，如图 1 所示。

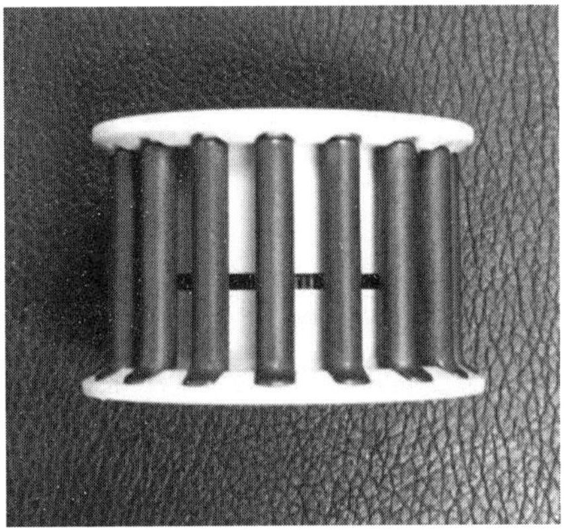

（a）

（b）

图 1　被诉产品结构图

根据原国家知识产权局专利复审委员会（以下简称复审委）关于权利要求 5 的论述，“证据 1 中陶瓷柱 42A 如同栅栏般围绕在上轮盖 10 及下轮盖 20 的外周（参见说明书第 66 段以及附图 12~15），由于相邻的陶瓷柱 42A 之间具有较大的间隔，故一圈陶瓷柱 42A 围成的是一正多边形，而不是圆形圆周面……上述附加技术特征起到了使送纱轮的轮面圆滑顺畅、不会产生动态棱角切线力的技术效果，故该权利要求 5 具备《中华人民共和国专利法》第二十二条第三款规定的创造性”，可知以一圈陶瓷柱围成的是一正多边形，而不是圆形圆周面。而被诉产品以圆柱形陶瓷件围绕上轮盖和下轮盖的外周，与现有技术的陶瓷件结构分布相同，其围成的应认定为一正多边形，而不是圆形圆周面。

因此，被诉产品的陶瓷件外侧构成圆弧形面，但陶瓷件共同围成的面不构成专利中所述的一圆形送纱圆周面。

2. 关于权利要求 14

针对权利要求 14，双方当事人的争议在于，被诉产品的陶瓷件的外侧是否构成曲弧形面，以及该陶瓷件的各曲弧面是否构成环状排列组成的一圆形。

根据复审委关于权利要求 14 的论述，“根据本领域的理解‘曲弧形’应是一种弧形形状，故证据 1 中圆形截面陶瓷件的外周显然不是‘曲弧形’”，可知复审委对现有技术的陶瓷柱的圆形截面与专利中所述的“曲弧形”作出区别处理，所以被诉产品与现有技术中相同的圆柱状陶瓷件的圆形截面外周不能认为是专利中所述的曲弧形。

因此，被诉产品陶瓷件的外侧不构成专利中所述的曲弧形面，其各外侧面也不构成专利中所述的环状排列组成的一圆形。

**技术调查结论**

被诉产品不具备权利要求 5 记载的“该等陶瓷件共同围成一圆形送纱圆周面”的技术特征，且缺乏涉案专利权利要求 14 记载的“该陶瓷件的外周设为曲弧面，各曲弧面环状排列组成一圆形”的技术特征。据此，技术调查官的意见为被诉产品不包含涉案专利权利要求 5、14 的全部技术特征。

一审合议庭采纳了技术调查官的意见，认定被诉产品未落入涉案专利权的保护范围，并据此判决驳回仁豪公司的全部诉讼请求。

一审判决后，仁豪公司未提起上诉。

## 【技术调查官评述】

在专利侵权诉讼中，若关于权利要求保护范围的认定发生分歧，法官必然需要通过对权利要求进行解释从而对冲突模糊的权利边界重新界定。在实践过程中，即使在权利要求内容看似描述清楚的情况下，若不阅读说明书、附图以及专利审查历史档案，则无法对权利要求的真实意思作出准确理解。专利审查档案、复审请求审查决定、无效宣告请求审查决定以及相关的授权、确权行政判决等材料，作为专利档案信息的一部分，对于权利要求的保护边界具有约束力。

在本案中，即使权利要求被维持或者被部分维持，无效宣告审查过程中的现有技术同样可供判定侵权时参考。被诉产品陶瓷柱如同栅栏般围绕在上轮盖及下轮盖的外周是否共同围成一圆形送纱圆周面，若按照严格定义，根据附图可将涉案专利陶瓷件的外侧构成圆弧面的轮廓解释为圆形送纱圆周面的一部分，则被诉产品不落入涉案专利权保护范围；但若将陶瓷柱如同栅栏沿圆周分布理解为共同围成一圆形送纱圆周面，陶瓷件足够多的情形下，圆形陶瓷柱也可以构成近似圆周面，按照语言学的角度来说也未尝不可。同样，按照定义，圆柱形也同样落入曲弧形的范畴。

若没有现有技术作为参考，则容易因语言模糊性和不确定性将现有技术方案纳入涉案专利权保护范围中。因专利审查以及无效宣告审查过程中，涉案专利技术方案与现有技术的比对得到充分的暴露，其保护边界也得到进一步明确的划定，则不必在权利要求字面意思层面再作推敲。

编写人：广州知识产权法院　练景峰

（编辑：杨春莲）

# 50

# 咖啡机专用IC的技术比对

## ——芯亿达公司与新宝公司等专利权权属纠纷案

**阅读提示：如何对集成电路布图设计进行技术比对？**

### 【技术调查要旨】

集成电路布图设计应当具有原创性或首创性。具体来说，布图设计是通过创作者的辛苦和努力而获得的，对集成电路布图设计专有权的独创性进行判断必须结合集成电路布图设计独创性的内涵与实质性相似判断标准予以综合分析。本案从集成电路布图的原理图、特征、功能方面进行比对，从而实现对集成电路布图设计独创性判断的客观和公正。

### 【技术调查事实】

一审：广州知识产权法院（2019）粤73知民初709号

原告：芯亿达公司

被告：新宝公司

第三人：中微公司

**技术争议焦点**

本案涉及多功能集成电路，双方当事人都主张申请专利的技术为自己独立研发，因此，双方都主张涉案发明专利权为自己所有，争议焦点如下：

1. 芯亿达公司认为，中微公司给芯亿达公司发来新宝公司要求集成的两个电路图，芯亿达公司作出承诺后按要求完成了集成设计，且集成设计出来的产品不只是新宝公司指定要求集成的部分内容。根据芯亿达公司的设计能力，设计出来的方案有很大改进，并非完全按照新宝公司给出的虚线框进行设计，而是有所创新，功能更加完善。故涉案专利权应归芯亿达公司所有。

2. 新宝公司认为，涉案专利保护的核心内容是整个“滴漏式咖啡机控制电路”，且集成 MCU 是根据新宝公司提供的原始电路原理图经过简单加工得出的，此部分简单加工具有承揽加工性质，也就是说整体的电路设计方案完全系由新宝公司提供，故新宝公司有权将该 MCU 电路模块连同电路原理图一起申请专利。

**技术比对和分析**

技术调查官对咖啡机集成方案 V2.4（最终版）与授权公告号为 CN105807691B、名称为“一种滴漏式咖啡机控制电路”的专利文件进行技术特征的比对分析。

1. 原理图比对

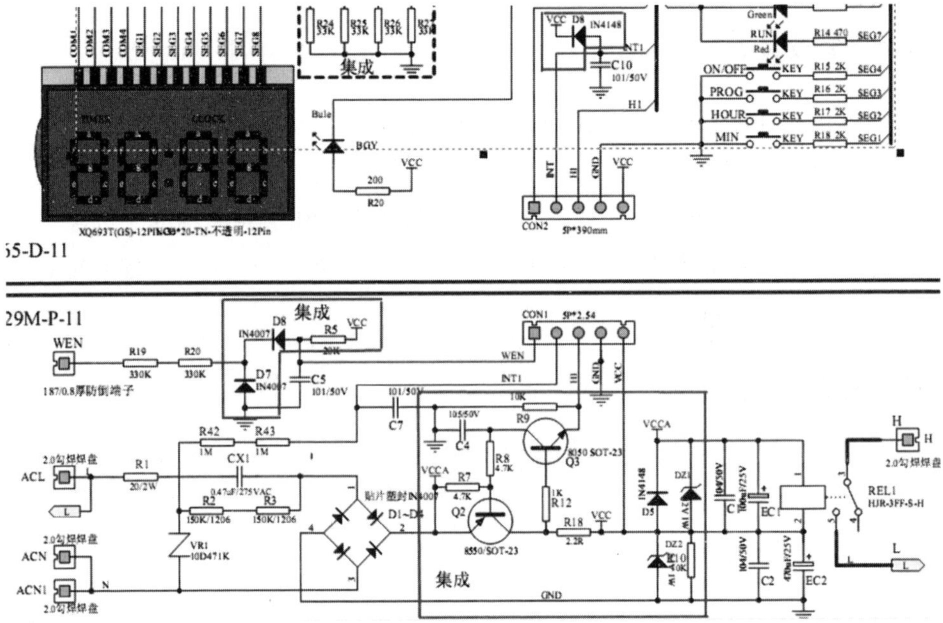


图 1　原分离器件线路图

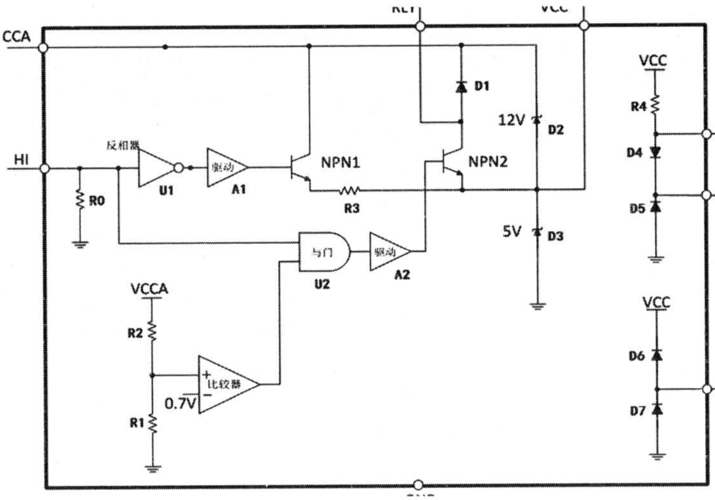


图 2　集成电路功能框图

2. 特征比对

| 序号 | 分离器件线路 | 集成器件线路 | 集成设计方案的技术贡献 |
|---|---|---|---|
| 1 | PNP 三极管（Q2） | NPN1 | PNP 管的直接集成将存在驱动能力弱的问题，故将 PNP 管改进为 NPN 管（Q2 → NPN1），同时，舍去原分离器件的 Q2 偏置电阻 R7、R8 |
| 2 | NPN 三极管（Q3） | 驱动器 A1<br>反相逻辑电路 U1 | 舍弃了 NPN 三极管 Q3 及偏置电阻 R12，改为反相逻辑电路 U1，该改进方案思想未在原分离器件方案中体现 |
| | | | 在反相逻辑电路 U1 的输出与 NPN1 的基极之间增加驱动器 A1，该改进方案与思想未在原分离器件方案中体现 |
| 3 | — | NPN2 | 增加继电器的直接控制器件 NPN2，原分离器件线路的继电器触发由 VCCA–VCC 之间的电压差实现，集成器件线路的继电器触发由 NPN2 的导通触发实现，控制原理不同，该改进方案与思想未在原分离器件方案中体现 |
| 4 | — | 比较器<br>电阻 R1<br>电阻 R2 | 增加 VCCA 的电压检测功能，有助于 NPN2 触发的电压参数设置，相比分离器件线路，解决了继电器导通电压没有明确限值的问题，原分离器件方案中未体现该设计意图 |
| 5 | — | 与逻辑电路 U2 | 由 HI 输入电压触发继电器导通的单逻辑控制变为结合 HI 输入电压与 VCCA 电压判断两者触发继电器导通的双逻辑控制，原分离器件方案中未体现该设计意图 |

续表

| 序号 | 分离器件线路 | 集成器件线路 | 集成设计方案的技术贡献 |
| --- | --- | --- | --- |
| 6 | — | 驱动器 A2 | 在与逻辑电路 U2 的输出与 NPN2 的基极之间增加驱动器 A2，原分离器件方案无该连接 |
| 7 | 发射极电阻 R9 | 下拉电阻 R0 | 分离器件线路中电阻 R9 为 NPN 三极管（Q3）的发射极电阻，需要结合 NPN 三极管才能发挥作用，且无论是否有 HI 信号输入，发射极电阻均有电流通过，功耗相对较高；下拉电阻 R0 确保上电时 NPN1 导通，仅在 HI 信号输入时有电流通过，功耗相对较低；原分离器件方案中未体现该设计意图 |
| 8 | — | RLY 引脚 | 改变继电器线圈的触发控制回路，由增加的独立的 RLY 引脚与 VCCA 连接继电器线圈控制；将分离器件的 VCCA-VCC 回路，改为 VCCA-RLY 控制。原分离器件方案中未体现该设计意图（VCCA-VCC → VCCA-RLY） |
| 9 | Q2、Q3 的连接结构 | 反相器、驱动器、NPN1、与门等电路连接结构 | 器件组成与连接方式已发生根本改变，分离器件方案中未体现集成方案的电路结构内容 |

3. 功能区别

| 序号 | 分离器件线路 | 集成器件线路的改进及技术贡献 |
| --- | --- | --- |
| 1 | 继电器导通电压没有明确限定值，在某些电压区间（如 13V 左右）由于电路设计的原理问题会处于弱导通状态，继电器簧片接触不良 | 继电器导通电压具有明确限定值，解决了继电器弱导通的问题，保证了继电器簧片的良好接触，分离器件的方案中无该功能或设计意图体现 |
| 2 | 继电器线圈直接作用于 VCC，关断时继电器线圈的反冲电压对 VCC 造成一定影响，相当于 VCC 直接连接了噪源，对滤波的要求更强 | 继电器线圈不直接作用于 VCC，VCC 没有直接引入的噪源，输出电压更干净，分离器件的方案中无该功能或设计意图体现 |
| 3 | 单逻辑控制继电器线圈导通（HI） | 双逻辑控制继电器线圈导通（HI 及 VCCA 电压），改变了继电器的单逻辑控制方法，分离器件的方案中无该设计意图体现 |
| 4 | Q2、Q3 两个三极管几乎同步导通或关断，虽然由 HI 信号控制，但 Q3 坏，Q2 无法切换导通 - 关断状态 | NPN1、NPN2 两个三极管导通关断的状态相反，且 NPN1 或 NPN2 的好坏不影响另一个三极管的工作，分离器件方案无该功能或设计意图体现 |
| 5 | 需要结合 Q3、R9 等元件确保 Q2 的导通，功耗相对较高 | 下拉电阻确保了上电时 NPN1 的导通，且功耗更低，分离器件方案无该功能或设计意图体现 |

**技术调查结论**

从原理图比对、特征比对、功能区别可以看出，芯亿达公司在新宝公司原设计思路基础上作了较大的改进，有很多的创新点，对涉案专利的贡献也比较大。因此，技术调查官的意见为芯亿达公司在新宝公司原来电路布图的基础上将其集成、优化并拓展，形成了集成电路布图专利。

一审合议庭采纳了技术调查官的意见。在诉讼过程中，芯亿达公司和新宝公司达成和解，约定双方共同拥有涉案专利，且在专利有效期内，双方均有权使用涉案专利。

## 【技术调查官评述】

本案涉及多功能集成电路，双方当事人都主张申请专利的技术为自己独立研发，因此，双方都主张发明专利的专利权为自己所有。技术调查官从集成电路布图的设计形成过程角度，通过对当事人双方集成电路进行原理图比对、特征比对、功能比对，从而实现对集成电路布图设计独创性判断的客观和公正。本案的专利设计既有被告原电路布图作为基础，也凝聚了原告后续的创新思维。在诉讼过程中，通过技术调查官对技术事实的查明，对核心技术贡献的比对分析，使双方当事人了解各自在发明过程中所起的作用，促使双方最终达成和解，双方约定共同拥有涉案专利。当事人之间的和解结果符合技术开发的实际，在专利有效期内，双方均有权使用涉案专利。

编写人：广州知识产权法院　付雄

（编辑：杨春莲）

# 51

# 计算机软件侵权源代码的技术比对

## ——乐网公司与联通广东公司著作权权属、侵权纠纷案

阅读提示：在软件侵权案件中，勘验前应如何确定勘验对象的版本及形成时间？确定勘验对象后应如何进行源代码比对？

**【技术调查要旨】**

对于被诉侵权源代码与原告源代码相似性的比对，除通过司法鉴定程序予以解决外，可充分发挥技术调查官在技术事实查明机制中的作用，由技术调查官组织当事人当庭进行比对。在双方当事人在场的情况下，对源代码在 SVN 服务器上的形成时间进行查验，并对双方固定的相应版本源代码进行抽取，使用第三方软件进行比对，以提高效率。庭审后，对争议的源代码进行阅读分析其实现功能，结合焦点问题给出技术意见，从而提高审判效率，节约诉讼成本，减少当事人的讼累。

**【技术调查事实】**

一审：广州知识产权法院（2015）粤知法著民初字第 18 号

二审：广东省高级人民法院（2018）粤民终 243 号

原告（反诉被告）：乐网公司

被告（反诉原告）：联通广东公司

**技术争议焦点**

对于乐网公司的“乐网运营商全业务全流程互联网化受理软件 V1.0”软件

和联通广东公司的“管控系统”软件，双方当事人争议的焦点技术问题主要有七个：

1. SVN 文件的建档日期是否能被修改？联通广东公司 Revision 为 330（2013 年 11 月 22 日）版本的代码是否被修改过建档日期？

2. 双方当事人 bu6.js 和 bu7.js 两个文件代码是否相同？乐网公司认为 bu6.js 和 bu7.js 与联通广东公司代码相同，但是这两个文件的代码来源于助销一期的无用代码，9 月 21 日勘验时乐网公司称这两个文件没有身份校验功能，9 月 22 日勘验时又称 bu6.js 实现收集订单的基本信息，其中一个重要功能是身份证号码校验；联通广东公司认为这两个文件具有实现身份证号码校验功能。

3. 联通广东公司关于涉案软件开发时间的证据是否客观？联通广东公司的证人称联通广东公司于 2013 年 7 月 26 日提出需求，2013 年 10 月 21 日便完成开发并将软件在全省范围内试运行，历时仅两个多月，乐网公司认为如此短的开发周期不合理。

4. 部署系统技术人员是否有源代码？联通广东公司认为其于 2013 年 11 月 3 日已在两个服务器上分别部署了集中受理系统和助销系统，因此其集中受理系统开发完成时间早于乐网公司开发完成时间 2014 年 2 月 28 日。

5. 乐网公司代码中出现的涉及联通字眼能否证明该源代码归联通所有？联通广东公司认为乐网公司代码中出现了“liuxj”“com.hg.od”“联通集中受理平台”等文字可以证实集中受理系统由广东联通所有。乐网公司认为其源代码出现这些文字是因为源代码包括了集中受理系统和助销系统，而助销系统也是为广东联通开发，所以才会出现联通相关字眼。

6. 联通广东公司 Revision 为 330（2013 年 11 月 22 日）的软件源代码与乐网公司提交给法院的源代码的相似程度。

7. 关于源代码中存在反编译痕迹的说明。双方当事人都确认乐网公司“集中受理系统”部分源代码中存在反编译特征，乐网公司认为这是由于乐网公司在测试软件过程中多人同时开发同一模块或人员离职导致的代码交接异常，在代码版本控制中出现异常导致部分代码混乱，为获取最新代码而需要从测试环境中通过反向工程的方式获取相应代码继续开发所导致的，并不是反编译联通广东公司软件所产生的，不能据此推定乐网公司软件源代码存在反编译情况，且存在反编译情况的代码数量是极少的，根本无法确认反编译或反向工程所对应的目标程序即为联通广东公司的目标程序。

**技术比对和分析**

1. 软件开发过程中会多次提交更新修改原有代码，而且一个项目可能会同时有多个人参与开发，为了方便管理和记录整个软件项目开发过程，业界通常的做法是使用 SVN 软件来实现软件开发过程中不同版本的控制和管理，在多个人员、设备之间，同步不同版本的文档和源代码。

SVN 服务器内文件的建档日期根据开发者提交代码的日期自动更改，但是该日期是可以被修改的，其中乐网公司提交了三种可以修改 SVN 服务器文件建档日期的方法。联通广东公司认为一旦修改了时间，文件的修改时间也会发生改变。技术调查官认为，联通广东公司的说法主要是针对乐网公司提交的第一种修改方法，该修改方法的确存在联通广东公司所说的问题，但是也存在其他修改后看不出痕迹的方法。

对于第二个问题，从现有证据并不能直接得出联通广东公司 2013 年 11 月 22 日版本的代码是否被修改过建档日期的结论。但是从现有证据可以看到联通广东公司 SVN 服务器上的源代码从 2013 年 8 月开始，多年来一直有不断提交和修改的记录，该记录具有合理的顺延性，且提交次数多达几千次，假如联通广东公司只有 2013 年 11 月 22 日一个版本的代码，那么该版本代码被修改过的可能性较高，但是联通广东公司提交的证据显示从 2013 年 8 月开始，该软件代码一直保持着多次更新，更新时间具有延续性，因此技术调查官倾向于认可联通广东公司 Revision 为 330（2013 年 11 月 22 日）版本代码的真实性，该日期被修改过的可能性较低。

2. 经阅读联通广东公司源代码文件，可以确认这两个文件仅实现身份证号码校验功能，且联通广东公司 Revision 为 330（2013 年 11 月 22 日）的版本源代码与法院保全的版本源代码中的 bu6.js 和 bu7.js 文件完全相同，乐网公司提交给法院的纸质版源代码中并没有明显标识文件名为 bu6.js 和 bu7.js 的两个文件，但是乐网公司指出两处代码认为与联通广东公司 bu6.js 和 bu7.js 相同。经分析，乐网公司所指出的相应代码段与联通广东公司 bu7.js 文件源代码完全不同，乐网公司所指出的集中受理系统中的相应代码段与联通广东公司 bu6.js 完全不同，乐网公司所指出的助销系统中的相应代码段与联通广东公司 bu6.js 有部分相同，但是乐网公司的 type 为 2 表示身份证号码，联通广东公司的 type 为

1 表示身份证号码，且该部分代码实现的是身份证号码校验功能，是通用代码，代码量仅有几十行，很多系统中都有该功能。

另外，联通广东公司确认“bu6.js”“bu7.js”未在“管控系统”软件中使用，但是认为助销系统也是其证人团队开发的，是开发技术人员把自己实现的功能作为技术沉淀。技术调查官认为，实际开发中存在无用代码有可能是开发人员将其作为技术沉淀继续保留，当然也有可能是开发人员忘记删除。

3. 分析涉案软件 330 版本实现的整体系统功能以及代码总行数（共 303 个文件，合计 63306 行），从第一次建档时间 2013 年 8 月 8 日到 330 版本时间 2013 年 11 月 22 日历经 3 个多月，按照普通开发人员每月可以完成 5000 行代码的工作量，假如投入足够多的人力成本和时间资源，三个多月时间是有可能完成涉案软件的开发任务的，且从当庭勘验 330 版本的过程中可以看到参与项目开发的提交代码开发人员至少涉及四个人以上。综上，由于 2013 年 10 月 21 日版本源代码行数肯定比 2013 年 11 月 22 日 330 版本的代码行数少，因此联通广东公司从 2013 年 7 月 26 日到 2013 年 10 月 21 日历时两个多月便完成软件开发投入试运行是有可能的。

4. 一般只有系统开发基本完成后才会将其部署到服务器上进行试运行，联通广东公司将集中受理系统部署到服务器上可以说明其已经完成基本功能的开发，但是依据目前证据无法判断联通广东公司在 2013 年 11 月 3 日之前部署的集中受理系统功能是否与乐网公司提交源代码的集中受理系统功能相一致，因此也无法判断联通广东公司在 2013 年 11 月 3 日之前是否已经有相应的源代码。另外部署到服务器上的是软件的目标程序，部署人员只要有目标程序就能部署，并不一定有源代码。

5. 乐网公司源代码中出现的相关字眼并不能直接证明集中受理系统归联通广东公司所有。

6. 经过 2017 年 9 月 21 日和 22 日两天的当庭勘验，经联通广东公司确认选取的是 Revision 为 330 的整个项目源代码作为比对对象，330 版本代码的日期为 2013 年 11 月 22 日，该项目有多个源代码文件，若某个源代码文件不存在 2013 年 11 月 22 日版本文件，则下载 330 版本源代码时系统会自动下载 2013 年 11 月 22 日前一次版本的文件，若某个源代码文件不存在 2013 年 11 月 22 及以前日期版本文件，则下载 330 版本源代码时系统默认不会下载该文件，即330版本的整个项目所有源代码文件的创建日期只会早于或等于2013年11月22日。由于整个软件源代码有500页，经过双方确认，比对的对象确认为前后各5页及中间随机选取的20页，技术调查官现场随机选取了中间的20页核心代码（即全部为java文件，不包括前台等脚本文件代码，且非公用代码）作为比对对象。经比对，30页代码总行数为2152行，其中相同的代码行数为1735行，相似程序达到80.62%。

7. 乐网公司辩称的情形在实践中并不常见，公司一般掌握着所有开发人员提交的源代码，即使有人离职公司通常也并不会因此而丢失相应代码。

**技术调查结论**

综合对技术争议焦点的分析，特别是从软件开发日志记录及源代码相似程度看，技术调查官的意见为涉案“管控系统”软件应为联通广东公司委托案外人开发。

一审合议庭采纳了技术调查官的意见，并据此判令乐网公司停止侵害联通广东公司的“管控系统”软件复制权和署名权，赔偿联通广东公司12万元等。

一审判决后，乐网公司不服，向广东省高级人民法院提起上诉。二审经审理后判决：驳回上诉，维持原判。

## 【技术调查官评述】

本案主要涉及的技术问题是分析原告主张的源代码以及被诉侵权源代码的相似性。首先，通常情况下，涉及源代码比对时，一般委托专业的司法鉴定机构进行，然而司法鉴定成本昂贵，需要的金钱和时间成本巨大，往往会拖延案件进程。如果由技术调查官组织对源代码当庭进行比对，则能节约司法成本。但是技术调查官不同于司法鉴定机构，由技术调查官比对则双方当事人必须在场并全程参与、充分发表意见，技术调查官在此基础上才能根据双方比对过程中的意见出具技术调查意见书，司法鉴定机构比对时当事人不能在场也不会看到对方源代码。然而，大部分计算机软件侵权案件，双方当事人都不同意对方看到彼此的源代码而更倾向于选择鉴定，因为源代码是最直接的技术成果，可能存在泄露技术秘密的风险。本案中，双方当事人均同意彼此可以看到对方的源代码，且在技术调查官主持下当庭进行比对。其次，涉案软件比较复杂，涉及源文件多达上千个，因此没有明确的对应关系是不可能进行比对的，但本案中双方源代码文件名基本一致且相互对应，因此不存在上述问题。为节约时间，经双方同意，技术调查官抽取了其中部分核心的源代码进行比对，并使用比对工具 Ultra Compare，提高比对效率，最终根据比对结果计算出两个软件的相似率，作为法官最终判断是否相似的参考。

编写人：广州知识产权法院 邹享球

（编辑：杨春莲）

# 52

# 著作权侵权案件中电子证据“可信时间戳”的合理运用

## ——中汉公司与华盖公司等侵害信息网络传播权纠纷案

**阅读提示：**使用“可信时间戳”认证的证据能否作为证明存在侵权事实的证据？

**【技术调查要旨】**

时间戳能表示一份数据在某个特定时间之前已经是存在的、完整的、可验证的，时间戳通常是一个字符序列，是一种唯一标识，来自时间上的某一刻。通俗来说，时间戳就是根据当前系统时间生成的一组随机数字，一般作为判断数据唯一性的一种依据。自建时间戳不具备法律效力。可信时间戳由国家法定时间源来负责保障时间的授时和守时监测，任何机构包括时间戳中心都不能对时间进行修改以保障时间的权威，只有这样产生的时间戳才具有法律效力。

**【技术调查事实】**

一审：广东省广州市白云区人民法院（2016）粤0111民初第3640号

二审：广州知识产权法院（2017）粤73民终138号

原告（被上诉人）：华盖公司

被告（上诉人）：中汉公司

被告：微梦公司

**技术争议焦点**

本案是侵害作品信息网络传播权纠纷，双方当事人就技术问题争议的焦点是对于时间戳证明力的认定问题。

**技术比对和分析**

**一、本案时间戳取证技术分析**

1. 本案可信时间戳取证

（1）第一步，登录时间戳中心网站 www.tsa.cn 注册用户；

（2）第二步，开启屏幕录像软件及外部录像软件，对整个取证过程进行录像记录；

（3）第三步，用户对自己的电脑进行一系列清洁检查，包括检查电脑 IP 地址、路由、病毒等，确保证据来源的真实性；

（4）第四步，使用时间戳固化电子证据。通过搜索引擎找到目标网站后打开，将侵权证据页面另存为电子文件，登录时间戳网站把获取的电子证据的文件申请时间戳固化，成功之后按提示下载一个时间戳（*.tsa）。侵权页面申请时间戳固化后，登录时间戳中心网站或国家授时中心网站查看显示的时间。把两个操作过程的录像文件分别申请一个时间戳认证，最后形成经过时间戳固化的电子证据，包括取证过程证明证据来源真实及电子证据的产生时间和内容未被篡改，时间戳文件和两个录像文件分别对应，形成完整的证据包，如图 1 所示。

图 2 所示为联合信任时间戳服务中心签发的可信时间戳认证证书。

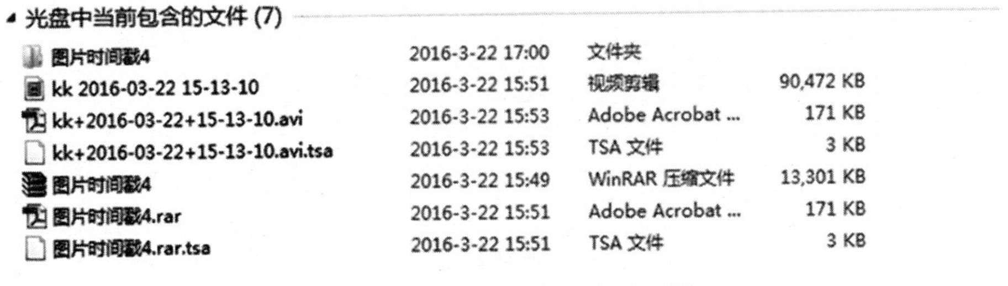
光盘中当前包含的文件 (7)

| | | | |
|---|---|---|---|
| 图片时间戳4 | 2016-3-22 17:00 | 文件夹 | |
| kk 2016-03-22 15-13-10 | 2016-3-22 15:51 | 视频剪辑 | 90,472 KB |
| kk+2016-03-22+15-13-10.avi | 2016-3-22 15:53 | Adobe Acrobat ... | 171 KB |
| kk+2016-03-22+15-13-10.avi.tsa | 2016-3-22 15:53 | TSA 文件 | 3 KB |
| 图片时间戳4 | 2016-3-22 15:49 | WinRAR 压缩文件 | 13,301 KB |
| 图片时间戳4.rar | 2016-3-22 15:51 | Adobe Acrobat ... | 171 KB |
| 图片时间戳4.rar.tsa | 2016-3-22 15:51 | TSA 文件 | 3 KB |

图 1　经过时间戳固化的电子证据

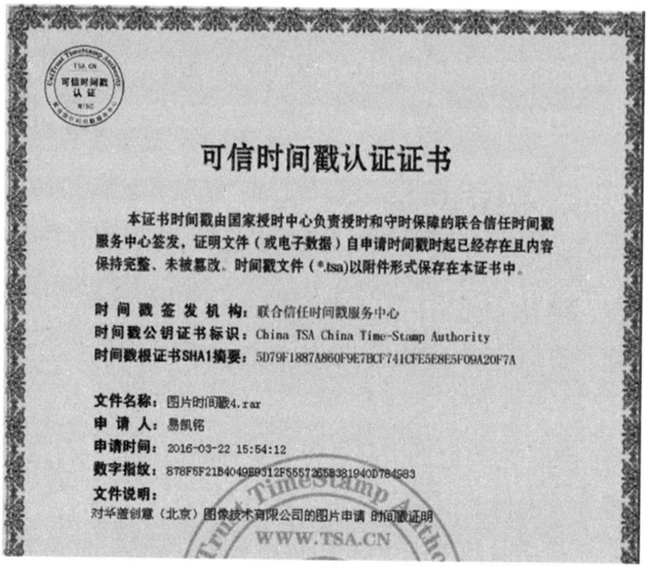

可信时间戳认证证书

本证书时间戳由国家授时中心负责授时和守时保障的联合信任时间戳服务中心签发，证明文件（或电子数据）自申请时间戳时起已经存在且内容保持完整、未被篡改。时间戳文件（*.tsa)以附件形式保存在本证书中。

时间戳签发机构：联合信任时间戳服务中心
时间戳公钥证书标识：China TSA China Time-Stamp Authority
时间戳根证书SHA1摘要：5D79F1887A860F9E7BCF741CFE5E8E5F09A20F7A

文件名称：图片时间戳4.rar
申请人：易凯铭
申请时间：2016-03-22 15:54:12
数字指纹：878F6F21B4049E9312F55572658381940D784983
文件说明：
对华盖创意（北京）图像技术有限公司的图片申请 时间戳证明

WWW.TSA.CN

图 2　可信时间戳认证证书

以上步骤由当事人在自己的电脑操作，没有第三方监管。

2. 本案可信时间戳验证

当事人负责把提交的证明文件（或电子数据）与产生的时间戳文件（.tsa）提交验证，通过进入中心的官方网站，点击需要验证的文件以及对应的时间戳文件，如图 3 所示。如果文件能够相互验证，则提示验证通过；如果文件有修改，则提示验证不通过。

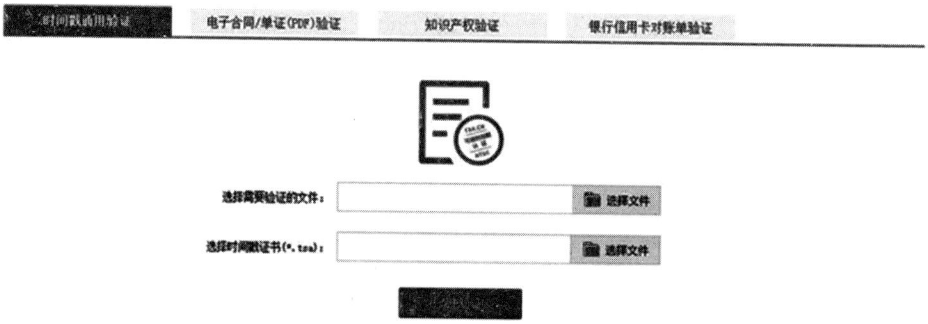


图 3　时间戳验证

本案中，一审法院当庭进行了验证，并且验证成功通过。

**二、本案时间戳证明力的认定**

华盖公司通过可信时间戳认证的方式所取得的证据，应当符合以下要件才可被采信为定案证据：一是华盖公司应证明其登录互联网取证之前对所用的电脑设备进行了相应的清洁性检查；二是华盖公司通过该电脑登录互联网涉案网页的过程是真实清晰的，华盖公司在该过程中不存在擅自修改、增删网页内容的可能；三是网页内容足以证明中汉公司未经华盖公司许可在其微博使用与涉案图片完全相同图片的事实；四是在本案诉讼过程中，华盖公司应证明其上述一、二、三项中所涉及的取证过程及内容固化后保持完整且不存在篡改与伪造的可能，法院及对方当事人可以随时查看核实。

**三、本案技术事实的认定**

华盖公司为证明中汉公司侵权所提交的可信时间戳认证证书所附视频显示华盖公司的取证过程如下：2015 年 6 月 5 日，华盖公司人员首先点击屏幕录像软件，对取证过程开始录制视频；其次，对所用电脑进行清洁性检查，包括杀毒及删除浏览器的历史记录等；再次，通过登录中汉公司的微博，可以搜索到与涉案图片完全相同的图片；最后，将以上证明内容提交给国家授时中心负责授时和守时保障的联合信任时间戳服务中心，该中心签发可信时间戳认证证书，证明文件（或电子数据）自申请时间戳时起已经存在且内容保持完整、未经篡改。在一审庭审中，一审法院当庭通过时间戳网站对涉案的时间戳文件进行验证，结果为验证成功。

**技术调查结论**

经庭审比对，技术调查官的意见为中汉公司在其微博中使用涉案的八张图片与华盖公司所有的八张图片在内容视觉上无差别。

二审合议庭采纳了技术调查官的意见，并据此判决驳回中汉公司的上诉请求，维持一审关于中汉公司侵害华盖公司涉案图片信息网络传播权的认定。

## 【技术调查官评述】

在证据信息化的大趋势下，以计算机及其网络为依托的电子数据在证明案件事实过程中起着越来越重要的作用。但是如何证明电子证据在某一时间点真实存在，是一个难题。而时间戳的出现，解决了这一难题。由于时间戳在电子取证中的重要作用及其法律地位，涉及网络中的知识产权权利人取证难、诉讼难的现状，时间戳解决了电子文件的内容和时间易被人为篡改、证据效力低、当事人举证困难的问题，时间戳的开发与运行有望逐步取代目前司法实践中存在部分瑕疵争议的网页公证保全等，系统的低成本、高效率运营也有望吸引更多的权利人使用。

本案技术调查官通过对网络信息传播侵权案件中可信时间戳进行技术原理分析，阐述了可信时间戳能够有效证明电子文件产生的时间及内容完整性。双方当事人争议的其中一个焦点是对于时间戳证明力的认定问题，由于此问题具有共性，广州基层法院反映尚有众多在审案件涉及时间戳技术的争议，本案的判决将为该类案件的裁判提供参考。

编写人：广州知识产权法院　付雄

（编辑：杨春莲）

# 53

# 网络交互服务模式的判断标准与形式

## ——电蟒公司与恒大公司侵害著作财产权纠纷案

**阅读提示：** 涉及网络交互服务案件中，如何获取云服务的真实提供者，进而通过服务的提供者判断服务模式是否为链接，再对链接细化为表层链接或深度链接？

**【技术调查要旨】**

本案技术调查的内容主要是针对恒大公司提供的公证书中通过抓包软件对用户使用被诉产品下载音乐时产生的数据包进行分析解读，从而对该下载资源的来源作出分析判断。通过对网络信息传播侵权案件中云服务模式底层技术实现原理进行分析，将云服务深层的技术实现方式展开透彻解读，并对各种链接方式在技术角度上的不同进行比对分析，形成了网络交互服务模式的判断标准与形式。

**【技术调查事实】**

一审：广东省广州市花都区人民法院（2015）穗花法知民初字第37号

二审：广州知识产权法院（2016）粤73民终905号

原告（被上诉人）：恒大公司

被告（上诉人）：电蟒公司

**技术争议焦点**

本案不同于传统的网络信息传播侵权案件，需要判断电蟒公司提供云音乐资源供用户使用的行为是否构成提供行为。电蟒公司生产的电蟒云音响连接互联网后可以在线播放涉案歌曲，对于云音乐资源的提供行为的底层技术实现方式的分析以及服务者的精确判断是本案双方当事人的争议焦点，也是案件裁判的关键技术点。

**技术比对和分析**

由电蟒公司网站上关于被诉产品电蟒云音响的说明描述以及公证书上的使用操作过程，可以知道被诉产品电蟒云音响主要是通过云音乐资源的形式为用户提供服务，用户必须首先通过 Wi-Fi 连接互联网后才可以使用云播放功能。在使用云播放功能时，用户并不需要提前将音乐下载至本地设备上，只要在网络带宽满足条件的情况下即可通过在线直接顺畅地播放云端音乐资源，音乐通过缓存在计算机内存中实现在线播放。相比于传统方式，云播放能极大地提高用户体验，该模式无异于现在流行的云播放视频、图片、文档等模式。用户在云音响的操作过程中，从产品的界面处并不能看到云音乐资源来源的任何相关标识，从用户的角度看，其自身使用感知会认为这些云音乐资源来源于被诉产品的生产商。

本案中，电蟒公司如果确实只提供了搜索链接服务，那么电蟒公司的服务器应该掌握被链网页的网址、链接路径等信息，最少应当有相关的数据日志。另外，电蟒公司可以提交其软件源代码以直接证明其提供音乐服务的源地址，这些信息恒大公司难以掌握，而电蟒公司可以随时提供，但是其并没有提供。

被诉产品电蟒云音响实现音乐云播放的方式是通过在服务器端云存储音乐资源，用户将电蟒云音响通过Wi-Fi连接互联网，然后检索找到感兴趣的音乐，通过云播放的在线播放形式来播放音乐。另外，电蟒公司并不只是提供搜索链接服务，因为存储音乐资源并为用户提供云播放功能的服务器端与电蟒公司所有的域名对应的服务器端为同一个服务器，即云音乐资源是由电蟒公司直接提供给用户，并非深度链接。

**技术调查结论**

技术调查官的意见为电蟒公司系被诉云音乐资源服务提供者。

二审合议庭采纳了技术调查官的意见，并据此判决驳回电蟒公司的上诉请求，维持一审关于判令电蟒公司停止侵权并赔偿损失的判决。

## 【技术调查官评述】

本案涉及云服务的模式，实际上云服务是基于互联网的相关服务的增加、使用和交付模式，通常涉及通过互联网来提供动态易扩展且经常是虚拟化的资源。由于云服务客观上也是一种网络交互模式，因此有必要参照传统的信息网络传播侵权案件对云服务模式进行深入的分析。

1. 获取云服务的真实提供者

网络中客户端和服务端之间信息的交互是通过数据包发送和接收实现的，为了获取云服务提供者的具体信息，必须对数据包进行抓取和分析。互联网中通用的网络通信架构为开放系统互联（OSI）模型，被公认为是计算机通信和internet网络通信的基本结构模型。OSI模型将通信处理过程定义为七层，由底层到高层分别为物理层、数据链路层、网络层、传输层、会话层、表示层和应用层。网络交互一般是采用HTTP协议，该协议为应用层协议中的一种，此外还有FTP、TENLET、SMTP和DNS等。结合OSI模型对客户端和服务端直接基于HTTP协议交互的数据包进行分析可以获取诸如源MAC地址、源IP地址、目的MAC地址、目的IP地址、网络协议类型、数据内容等信息。通过获取到的目的IP地址，便可以知道该服务的提供者。

本案中，公证处是通过使用从互联网上下载的“wireshark”软件对公证过程中产生的数据包进行抓取和分析。“wireshark”软件是业界常用的一款支持UNIX和Windows系统的开源网络协议分析器，主要作用是尝试捕获网络包，并尝试显示尽可能详细的情况。通过分析“wireshark”软件抓取的网络数据日志文件，选取其中一个数据包进行分析，该数据包的源MAC地址即被诉产品的地址为98:3b:16:a9:0d:e5，MAC地址与身份证一样具有唯一性，说明该数据包是从被诉产品上发送出去的，目的IP地址为61.145.118.135，request URI即统一资源标识符为“http://mdra.tingwin.com…”。以上网络数据包分析可以说明云音乐资源的云服务器端地址为61.145.118.135，用户是通过“http://mdra.tingwin.com……”地址获取音乐资源。当域名解析服务器获取客户端访问“mdra.tingwin.com”地址要求时，会将其解析成具体的IP地址，最终寻访到该云服务器端。

2. 通过服务的提供者判断服务模式是否为链接

链接模式的判断标准应当是，若该服务器为被告所有，则说明该服务由被告直接提供，并不属于链接；若该服务器并不是被告所有，说明服务由第三方提供，则属于链接模式。

本案第二步判断的关键点则落在了服务器“61.145.118.135”的所有者上。通过公证书可以知道域名“www.crazyboa”为电蟒公司所有，而从电信广州分公司的回复中可以得到域名“www.crazyboa.com”的IP地址为“61.145.118.135”。在互联网中每一台设备都有一个IP地址，但是IP地址由纯数字构成，难以记忆，于是便出现了URI域名，URI域名由一串有意义的英文字母或数字构成，相对容易记忆。当我们想访问一台远端服务器时，只要通过输入域名地址，域名解析系统DNS会将我们希望访问的域名地址翻译解析成具体的IP地址。在日常中，域名地址和IP地址的映射关系有所不同，一个域名可以对应多个IP地址，这样可以分散服务压力，将服务分散到多个服务器上，一个IP地址也可以对应多个域名，即一台服务器可以提供多种服务。因此，本案中服务器“61.145.118.135”同时提供了域名“www.crazyboa.com”和“mdra.tingwin.com”的服务，所以当用户访问这两个域名地址时，最后都会定位到该服务器上。

最后，服务器的所有者可以随时更改服务配置，即可以随时删除或修改服务器IP地址与提供服务域名的映射关系，故被告提供的证据显示域名“mdra.tingwin.com”对应的IP地址为“61.172.237.249”并不能说明该域名不属于被告所有，只能说明其相关配置已经发生更改。

3. 认定链接类型

在确定服务模式为链接后，由于表层链接和深度链接是否侵权的判断标准不同，深度链接下还有服务器标准、用户感知标准和链接不替代标准等，因此还有必要对链接的形式进行深入分析。表层链接应当是最传统的链接模式，即用户点击服务链接后直接跳转到提供服务的网站上，用户能直接客观地知道提供服务者。而深度链接则包括了聚合类平台链接、深度网址链接、加框链接等，这些链接模式的统一特点是被链接的内容，如视频、音频、文件等都存在于被链网站的服务器上，但是用户访问时客观感知为该服务提供者是设链网站，设链网站上也没有任何标识说明该服务内容的真实提供者，概括地说，即将本应在被链网页上呈现或者完整呈现的内容展示到自己的页面上。

编写人：广州知识产权法院　林奕濠

（编辑：杨春莲）

# 54

# 化工系统的技术比对

## ——中科金龙公司与达志公司侵害技术秘密纠纷案

**阅读提示：** 如何将化工系统中的常规化工设备、单元操作划定为技术秘密？评判标准该如何把握？

**【技术调查要旨】**

调查化工厂的技术秘密时，勘验过程中需要克服复杂恶劣的现场条件，采用一定的技术手段和装备来还原技术事实，令无法直接获取的结构特征和工艺参数直观呈现；技术比对应考虑实验室阶段的工艺参数相对工业生产阶段的实际差距，以此评判生产实践中技术改进的价值贡献；此外，认定化工产品的类属同一关系，也应综合考虑物料（原料和产品）在细分行业中的认识差异。本案依照法律对技术秘密的认定原则，从原告的角度查证其是否拥有该项技术特征，该技术特征是否具有秘密性；从被告的角度查证被诉产品是否具有相应的技术特征，其所用技术方案之特征是否为公知常识。

**【技术调查事实】**

一审：广州知识产权法院（2015）粤知法商民初字第 14 号

原告：中科金龙公司

被告：达志公司、刘某

**技术争议焦点**

中科金龙公司认为，达志公司的“利用二氧化碳制备聚碳酸亚丙酯多元醇”生产装置所用的原料、工艺、产品均与中科金龙公司相同，各项参数基本相同，侵犯了中科金龙公司的技术秘密。

达志公司、刘某认为，双方生产的聚碳酸亚丙酯多元醇产品仅使用相同的名称，但从化学结构、性能角度，两产品实质不同；就技术秘密点而言，达志公司的生产工艺与之不同；中科金龙公司称其技术秘密点为商业秘密，但中科金龙公司提供的证据不能证明所指技术点是中科金龙公司的技术秘密，同时也并不构成“不为公众所知悉”。

**技术比对和分析**

**一、技术调查工作**

2017 年 8 月，技术调查官随主审法官前往达志公司进行了现场勘验。勘验场地占地约 1000 平方米，有物料仓库和合成反应工作车间大小共计四间，车间内外各种物料、热能管路绵延数百米，塔釜高低交错堆叠，表、阀零星分布，是典型的中型合成化工厂。现场具有高温、高压危险和空气污染严重等诸多不利因素，由于本案是技术秘密类型，无法安排中科金龙公司技术人员进入现场指认涉案技术秘密点，因此，整个勘验过程只能由技术调查官独立调查取证。这既需要克服恶劣的环境影响，又需要有熟练的专业技术经验。技术调查官需要快速准确地查找到各个设备的名称、型号、工作状态、功能用途以及在整个工艺系统中的相互作用关系，不能有任何疏漏和错误，危险和困难交错重叠。

为了弄清以上技术信息，技术调查官在做好自身防护的前提下，从工厂的原料源头、能源源头顺藤摸瓜，逐一梳理，拍照、摄像，听取达志公司现场技术人员的解释和描述，最终形成了较为完整详细的整套工艺流程图，取得能与涉案技术秘密进行技术比对的现场资料。

**二、技术调查分析**

1. 双方生产的产品是否属同一类？判断的标准应该如何确定？

对于高分子聚合物的产品分类，应综合考虑基团位置、骨架结构、相对分子质量分布指数，包括热分解温度、黏度、颜色等理化性质。通常，即便是同一个反应体系，同一套设备生产的不同批次产品都不能确保是一模一样的，它们可能在参数上存在微小差异。所以，本案不能简单地以达志公司主张的相对分子质量分布不同、颜色不同及其细微的参数特征等主张双方产品不同，但也不能仅仅以单体分子通式是否相同这一较为宽泛的归属关系作为判定标准。应以该类产品在行业生产和应用的共识来判别，即生产的反应体系是否相同，产品的单体通式是否相同，以及应用方向和领域是否相同。本案中，二者反应体系相同，产品通式相同，应用领域及方向相同，应视为同一类产品，可以进行后续的技术秘密点的比对。

2. 关于中科金龙公司所诉 5 点技术秘密，勘验现场是否存在对应相同的技术特征。

分析及判断见表 1。

表 1　能否在勘验现场找到对应相同的技术特征

| 序号 | 法院勘验材料 | 分析 | 判断（技术性、独特性） |
|---|---|---|---|
| 秘密点 2 | 《案件勘验材料》第 3 组 | 进料泵为柱塞式往复泵 | 相同 |
| 秘密点 4 | 《案件勘验材料》第 5 组 | 由于现场勘验时无法直接看出反应釜内部的结构设计，故采用达志公司提供经许可认证的反应釜（$V$=6m$^3$）装配图判断，其显示反应釜内盘管分为内外两圈、上下四段，且内盘管的工作温度为 $T_1$，外夹套工作温度为 $T_2$~$T_3$，根据该设计可以得知两者并非联合加热，而是外夹套加热，内盘管冷却，且工作温度有明显差异 | 与中科金龙公司不同 |
| 秘密点 5 | 《案件勘验材料》第 6 组 | 反应釜内的加热介质是热水，温度 $T$ = $T_2$~$T_3$ ≤ 100 ℃，装置现场设有热水槽，用高温热油给热水加热，并非用蒸汽把水加热 | 与中科金龙公司不同 |
| 秘密点 7 | 《案件勘验材料》第 8 组 | 在出料工段，采用了刮板式薄膜蒸发器。但刮板式薄膜蒸发器中通的是蒸汽，并非热水 | 与中科金龙公司不同 |
| 秘密点 8 | 《案件勘验材料》第 9 组 | 在反应釜和薄膜蒸发器之间无闪蒸罐（釜或槽） | 与中科金龙公司不同 |

3. 关于中科金龙公司所诉 5 点技术秘密，中科金龙公司提供的证据能否证明其自身具有。

分析及判断见表 2。

4. 关于中科金龙公司所诉 5 点技术秘密，是否是公知技术。

分析及判断见表 3。

表 2　中科金龙公司提供的证据能否证明其自身具有

| 序号 | 中科金龙公司提供的证据 | 分析 | 判断（技术性、保密性） |
|---|---|---|---|
| 秘密点2 | 《核心技术秘密》附图中关于柱塞泵的图片《购买合同》 | 由图片④和合同可以基本判断是柱塞泵，但不能确定进的是什么料，也不能看出什么工段，是否将催化剂与调节剂混合也不能判断。<br>证据：究竟某一设备能否作为技术秘密进行认定，应当考虑该设备是否起到了独特的作用，是否用于工艺流程中的关键位点，解决工艺自身的特殊问题。鉴于中科金龙公司未尽举证责任，仅能够认为柱塞泵实际上作为进料泵实现原料和试剂的进料，根据其自身的作用方式实现进料功能，不认为该点构成技术秘密点 | 不能自证其有该技术手段，也不能证明该技术是保密的技术 |
| 秘密点4 | 补充证据的第4页，磁力驱动反应釜总装配图（FCH-30000/4.0） | 补充证据的第 4 页，只是设备简图，看不出是里外两圈、上下两段，而且写的是冷却蛇管，没有说联合加热。但装配图显示该“反应釜同时设计有内盘管 + 外夹套，可以联合加热；内盘管分里外两圈、上下两段”的技术特征 | 证明其有该技术 |
| 秘密点5 | 磁力驱动反应釜总装配图（FCH-30000/4.0） | 显示其加热介质为饱和蒸汽，并非中科金龙公司主张的热水；<br>而其主张的“装置现场设有热水槽（罐），用蒸汽给热水加热，热水温度可调节”未提交证据证明 | 不能自证其有该技术 |
| 秘密点7 | 原证据第 32/59 页，补充证据第 9/44/51 页。《核心技术秘密》附图中关于薄膜蒸发器的图片和《加工定作合同》《承揽合同》以及《会议记录》（2006 年 10 月 14—15 日） | 图⑥，原证据第 32/59 页，补充证据第 9/44/51 页，板式薄膜蒸发器经 70 次试验才最终确定，第 44/51/59 页记载的是薄膜蒸发器。但综合来看，可以认可中科金龙公司的说法。至于通热水而不是蒸汽，没有相关的证据 | 证明了其具有刮板式薄膜蒸发器作为该环节的关键设备，具有保密性；未证明通热水是其保密的技术 |
| 秘密点8 | 原证据第 32 页、补充证据第 48 页、购买缓冲罐、闪蒸式处理罐的记录、《核心技术秘密》附图中关于闪蒸罐的图片以及会议记录（2006 年 10 月 2—3 日） | 图⑦<br>补充证据第 48 页，有购买缓冲罐的记录，原证据第 32 页，有购买闪蒸式处理罐的记录。至于是否用在反应釜和薄膜蒸发器之间，没有相关的证据 | 不能自证其有该技术 |

表 3　中科金龙公司所诉 5 点技术秘密是否为公知技术

| 序号 | 达志公司提供的证据 | | 分析 | 判断（技术性、独特性） |
|---|---|---|---|---|
| 秘密点2 | 证据 4<br>证据 7<br>补充证据（二）-6 | 证据 4：时间是 1989 年，在诉讼之前。原文 27 页，记载了催化剂和调节剂，也有说明两者可以分别加入或混合加入。<br>证据 7：时间 2008 年，在诉讼之前。原文第 67 页，记载了将调节剂和引发剂混合后投料。<br>补充证据（二）-6：时间 2005 年，在诉讼之前。原文第 27~28 页，记载了各种泵的特点，并提及了柱塞泵，也有说明磁力泵的最高工作压力为 1.6MPa | 磁力泵由于受材料和磁性传动的限制，在国内一般只用于输送 100℃、1.6MPa 的介质。由公知（补充证据（二）-6 以及行业知识）显而易见，达志公司在此工段压力为 4MPa 的要求下不会选择磁力泵。<br>中科金龙公司基于自己的工艺要求，是可以根据公知（补充证据（二）-6）内容进行筛选的 | 是公知 |
| 秘密点4 | 补充证据（二）-7<br>补充证据（二）-8<br>证据 57 | 补充证据（二）-7：时间是 2003 年，在诉讼之前。记载了具有内盘管和外夹套的结构，并有内外两圈、上下两段的内盘管结构，还明确指出“当要求传热面积较大时，可以制成 2~3 个并联的同心圆蛇管组”。<br>补充证据（二）-8：时间是 2004 年，在诉讼之前。有和补充证据（二）-7 类似的图。<br>证据 57：时间是 2007 年，在诉讼之前。中科金龙公司公开了通过夹套及内换热管使反应物料保持在 60℃，但不能确定是两者联合加热 | 从举证的材料看，达志公司的对应工段与公开文件稍有区别，即内盘管有上下 4 段，而不是 2 ~ 3 段。但就该区别特征，本领域人员通常是可以根据自身反应体系的需要，对段数稍作增加或减少的 | 是公知 |

续表

| 序号 | 达志公司提供的证据 | | 分析 | 判断（技术性、独特性） |
|---|---|---|---|---|
| 秘密点5 | 证据36<br>证据57 | 证据36：时间是1998年；公开了反应温度。<br>证据57：时间是2007年。两者中确实记载了反应的温度是60℃ | 公开了反应温度为60℃，没有公开采用反应釜加热介质是热水，也没有公开加热介质用蒸汽加热。<br>但技术点无须证明，因为公开了反应温度是60℃的前提下，则自然想到加热方式中的介质是热水 | 不能证明是公知，但无须证明 |
| 秘密点7 | 证据74<br>补充证据1 | 证据74：时间为2009年，可用。流程图中出料使用薄膜蒸发器，是否是刮板式无法确定。<br>补充证据1：时间2002年，可用。可以看出该设备拥有薄膜蒸发器 | 证据没有公开薄膜蒸发器采用的是刮板式薄膜蒸发器。但根据薄膜蒸发器的类型通常就只有三类的常识，即升膜型、降膜型、刮板型。可以接受达志公司选择刮板型并非一定是窃取了中科金龙公司的该技术秘密点的观点 | 这两份文件是否在诉前公开，待定。如果已经公开，则秘密点已公开 |
| 秘密点8 | 补充证据1 | 补充证据1：时间2002年，可用。结合图4和1030页流程图可以推断蒸馏釜对应薄膜蒸发器，但不能确定两者之间的粗酯贮槽就是闪蒸罐 | 从该证据看不出粗酯贮槽就是闪蒸罐。该处实际上就是字面意义上的初级产品储罐，没有达志公司所说的闪蒸罐作用 | 不能证明已经公知该环节有闪蒸罐 |

**技术调查结论**

中科金龙公司不能自证具有其所主张的技术秘密，且被诉产品与中科金龙公司所称技术秘密点不完全相同，中科金龙公司所称技术秘密点有部分为公知常识。因此，技术调查官的意见为中科金龙公司所称技术秘密点不构成技术秘密。

一审合议庭采纳了技术调查官的意见。诉讼过程中，中科金龙公司申请撤回本案起诉。

## 【技术调查官评述】

知识产权纠纷案件中化工类的技术比对相对于机械类而言更为复杂和困难，通常是因为现场真实情况比较难获取。本案涉及整套化工生产的技术秘密，包括原料、设备、单元操作、工艺参数等，因此更具有复杂性和专业性。

在勘验过程中，需要在管路、反应塔等高温高压、有腐蚀性的区域攀爬行走，将原料、中间体、产品的各个进出料管路、温度、压力工艺参数准确查清，厘清关系，对每一操作单元之间的相互关系完整绘制成图，具有相当大的危险性和复杂性。

在技术比对时，应站在本领域研发设计人员的角度，权衡实验室阶段的化学反应规律能否跨越其与生产实际之间的工艺差距而直接适用于工业生产。尤其是，化工设备类型和化工单元操作通常来说都具有一定的公知性，但实践中有许多环节需要经过反复的工程实验，才具有明显的功能特效和经济实用价值。例如，反应体系、工艺流程均相同的情况下，设备选型的区别点能否作为技术秘密点就值得研究。作为本领域人员常知的技术信息，设备选型的区别点不应作为秘密。但是，设备选型如果需要经过工厂专业人员通过大量实验探索才能确定的具有明显优势的设备选型工作，应当视为技术秘密。再如，有的化工单元操作的工艺参数是从实验阶段的资料中获取的，在工业生产应用后，该工艺参数是否还是公知常识，这一问题也值得研究。通常，对这种情况应具体情况具体分析，不能一概而论。因为在实验阶段中获得的技术参数应用于工业化生产实践中时，会遇到许多瓶颈障碍，甚至无法实现，不一定能作为公知常识使用。但是，对于不是因为放大效应而可能导致产品失效、存在安全隐患的参数，通常可以将其作为生产实践的参考，应当视为公知常识。

此外，对原料和产品在生产链中的认识也存在很多差异。对于两种产品是否可评判为同一类属，往往容易因化学特征的分类繁杂而发生分歧，所以考察评判时应结合所在行业进行区分把握。比如本案中对某种高分子聚合物是否属于同类产品的判别，应以该类产品在行业生产和应用的共识来判别，即生产的反应体系是否相同、产品的单体通式是否相同，以及应用方向和领域是否相同。

编写人：广州知识产权法院　赵军

（编辑：杨春莲）

# 55

# 涂料配方的技术比对

## ——长诚涂料公司与爱粤公司等侵害商业秘密纠纷案

阅读提示：单个涂料配方和涂料配方体系如何被认定为技术秘密，如何分别进行技术比对？

### 【技术调查要旨】

涂料配方是为制作涂料而使用的各种原料之间的相互关系，主要体现为树脂、颜料、溶剂和各种添加剂（如增稠剂、流平剂、防霉剂）等组分之间的种类和比例关系。单个配方的比对方法为配方中的各组分种类和所占比例的一一对应比较；而涂料配方体系的比对方法应从整体把握，在针对单一系列配方比较基本相同的前提下，重点考察配方体系中的各个配方在数量和系列上是否相同。掌握配方的技术比对，对判断配方是否为公知技术至关重要。

### 【技术调查事实】

一审：广东省东莞市中级人民法院（2012）东中法民三初字第 26 号

二审：广东省高级人民法院（2016）粤民终 1484 号

原告（上诉人）：长诚涂料公司

被告（被上诉人）：爱粤公司、立粤公司、赖某等

**技术争议焦点**

长诚涂料公司未对其属于商业秘密的全部配方（近千份）加以固定，故能够用于比对的只有诉前固定的 EN368C、MY801CD 两种产品配方。长诚涂料公司主张，被诉的 LEN320、LMY8013 配方分别与长诚涂料公司 EN368C、

MY801CD 配方高度相似。

爱粤公司等认为，粉末涂料配方是由树脂、固化剂、填料流平剂、增光剂、蜡片、消泡剂、干燥剂等组成的，各组分的用量即使相差不到 1%，部分色料及添加剂即使相差不到 0.1%，做出的产品在性能外观上也是大相径庭；并且同一种原料不同牌号、不同供应商等都可能对产品的最终质量造成实质影响。只有当所有的组分和含量完全一致的时候，这两个配方才是相同或实质相似。由此应认定被诉配方与技术秘密不同。

**技术比对和分析**

关于涂料 MY801CD 配方，该配方在法院固定的证据中有对应配方内容，但其配方中还有子配方，当时该子配方没有详细的配方内容，故无法进行比对。关于涂料 EN368C 配方，因为组分和比例准确清晰，具备比对的条件。本案配方的比对方式为：将长诚涂料公司证据 EN368C 配方与其所指对应的爱粤公司等的 LEN320 配方中的各组分种类和所占比例一一进行比对。而爱粤公司等的 LEN320 配方具体内容有两种版本，一种是通过上海鉴定机构已检测出的具体的成分和比例，另一种是该公司移动硬盘中存有的具体成分和比例。根据案件审理需要，技术比对分别针对以上两种配方信息与长诚涂料公司的 EN368C 配方进行比对。

（1）与上海鉴定机构的结论比对

长诚涂料公司的涂料 EN368C 配方（表 1）的主体树脂为环氧树脂和其他某

表 1　上诉人涂料 EN368C 配方

<table>
<tr><th>组分物质名称</th><th colspan="2">组分比例</th></tr>
<tr><td>三氧化二铁和碳酸钙</td><td colspan="2">0.25%</td></tr>
<tr><td>疏水型气相二氧化硅</td><td colspan="2">0.1%</td></tr>
<tr><td>硫酸钡</td><td colspan="2">34.56%</td></tr>
<tr><td>滑石粉</td><td colspan="2">6%</td></tr>
<tr><td>聚乙烯蜡</td><td colspan="2">1%</td></tr>
<tr><td>聚四氟乙烯与改性聚乙烯微粉化蜡（砂纹剂）</td><td colspan="2">0.8%</td></tr>
<tr><td>铬锑钛金红石型颜料（铬黄）</td><td colspan="2">0.1%</td></tr>
<tr><td>某树脂 A</td><td>0.3%</td><td rowspan="3">56.3%</td></tr>
<tr><td>某树脂 B</td><td>17%</td></tr>
<tr><td>某树脂 C</td><td>39%</td></tr>
<tr><td>炭黑</td><td colspan="2">0.8%</td></tr>
<tr><td>合计</td><td colspan="2">99.91%</td></tr>
</table>

表 2　被上诉人经司法鉴定的涂料 LEN320 配方

| 组分物质名称 | 组分比例 |
|---|---|
| 硫酸钡 | 34.7% |
| 滑石粉 | 1.3% |
| 聚乙烯蜡 | |
| 树脂 | 64% |

种聚酯树脂，总含量为 56.3%，而爱粤公司等的上海鉴定机构的结论（表 2）中的 LEN320 配方主体树脂总含量为 64%，所以鉴于两者主要成分的比例差距较大，将导致各自产品的性能和效果明显不同，可以据此判定两个涂料配方不同。

（2）与爱粤公司等的移动硬盘中的配方比对

长诚涂料公司的配方见表 1，爱粤公司等的移动硬盘中保存的 LEN320 配方见表 3，二者比对发现：尽管长诚涂料公司的产品配方中主体树脂与爱粤公司等的产品配方中主体树脂在含量上基本一致，均约为 56%，但是双方配方中的颜料和助剂存在明显差异，可导致各自产品在性能和效果上的明显不同，同样可据此判定两个涂料配方不同。

表 3　被上诉人硬盘中保存的涂料 LEN320 配方

| 组分物质名称 | 组分比例 |
|---|---|
| 某树脂 D | 56% |
| 某树脂 E | |
| $BaSO_4$ | 37% |
| 聚乙烯蜡 | 1% |
| 滑石粉 | 3% |
| 气相二氧化硅 | 0.10% |
| 砂纹剂 | 0.60% |
| 流平剂 | 0.10% |
| 不详 | 1% |
| 膨润土 | 0.6% |
| 合计 | 99.4% |

## 技术调查结论

技术调查官的意见为现有证据不足以证明爱粤公司等的技术信息与长诚涂料公司的商业秘密相同或实质相同。

二审合议庭采纳了技术调查官的意见，认定长诚涂料公司关于被诉配方使用了与其秘密配方高度类似的产品编码方式和物质编码方式，进而认为侵害其商业秘密的指控依据不足，最终维持一审关于驳回长诚涂料公司诉讼请求的判决结果。

**【技术调查官评述】**

涂料主体树脂和助剂在涂料中都具有特定性能，主体树脂基本决定了涂料的整体功能，而助剂则主要影响涂料在制备、施工方面的难易程度和使用方面的应用效果。通常在主体树脂确定的情况下，对助剂的选择、用量的确定都必须按照涂料产品的具体情况（如使用环境、储存方式等客户要求）进行反复试验；随着各行各业对涂料的要求越来越高，功能性涂料发展迅猛，行业竞争愈加激烈。

关于涂料行业的配方是否是秘密的问题。通常，企业对于自己的配方都会视为核心秘密，具有商业价值，企业都要严格保密，为此会利用编码代替原料品名的方式流通在企业生产线。但是，在涂料行业里，涂料的配方又是十分广泛可得的，在许多书籍和网站上都有免费的大量配方可供学习使用。为什么会存在秘密和公开的巨大差别呢？这里从涂料配方的公开和秘密两个维度上来解释：一种是对于传统的涂料产品的配方来说，配方相对公开，如家具涂料、墙面涂料、汽车涂料等，这类产品的涂料配方技术已经相当成熟，涂料配方只需要做到主体树脂和主要助剂确定、施工工艺确定，则基本上具有大体相似的功能效果了；另一种是对于特别新颖高端的涂料，配方相对保密，如电路板涂料、航空涂料等，即便这类产品的涂料配方在主体树脂和主要助剂、制备及施工工艺确定的情况下，其功能和效果也不尽相同，因为此类涂料对成膜后的性能要求很高，配方中的组分种类和比例稍有不同，或者制备及施工工艺稍有区别，则性能效果差异明显甚至十分巨大。

关于涂料配方的相似性程度判断，也就是指一个涂料配方或整个配方体系的区别度的判断。这里也需要从两个层面考察。当单独就某一个配方来说时，其考察因素应该是针对发挥主要作用的主体树脂和具有明显效果的助剂，对于一些非关键助剂的种类和含量可以忽略，其中对于效果不产生明显影响的主体树脂的比例范围通常也应容许适当浮动；当针对某个产品的配方体系来说时，其考察因素应该是配方体系的中具有决定特征的若干关键配方的相同性，并且要考察这些关键配方是否与被比对的配方体系在数量上和体系位置上相似。简单来说，涂料配方体系的比较类似于两个打乱的魔方之间色块数量和色块位置的比较。配方体系中的各个配方在数量和系列上相同，任一系列配方的比较参照单个配方的比较方法进行主体树脂和主要助剂的比较，可忽略非实质性差异数值的不同。

涂料配方是否为技术秘密，分歧点通常是该配方是否为公知技术，而涂料配方的比对方法是判断是否是公知技术的重要手段。

编写人：广州知识产权法院　赵军

（编辑：杨春莲）